XINGSHI
YINAN ANLI JINGXI

刑事
疑难案例精析

编委会顾问
高铭暄

主　编　马长生　罗开卷
副主编　辜志珍　伍志坚

法律出版社 LAW PRESS·CHINA
北京

图书在版编目(CIP)数据

刑事疑难案例精析 / 马长生，罗开卷主编. -- 北京：法律出版社，2023
ISBN 978 -7 -5197 -8016 -6

Ⅰ. ①刑… Ⅱ. ①马… ②罗… Ⅲ. ①刑事犯罪–案例–中国 Ⅳ. ①D924.305

中国国家版本馆 CIP 数据核字(2023)第 108255 号

刑事疑难案例精析
XINGSHI YINAN ANLI JINGXI

马长生 罗开卷 主 编

策划编辑 朱海波
责任编辑 朱海波 李 军
装帧设计 贾丹丹

出版发行 法律出版社
编辑统筹 法律应用出版分社
责任校对 邢艳萍
责任印制 刘晓伟
经　　销 新华书店

开本 710 毫米×1000 毫米 1/16
印张 31.75 **字数** 500 千
版本 2023 年 11 月第 1 版
印次 2023 年 11 月第 1 次印刷
印刷 天津嘉恒印务有限公司

地址：北京市丰台区莲花池西里 7 号(100073)
网址：www.lawpress.com.cn
投稿邮箱：info@lawpress.com.cn
举报盗版邮箱：jbwq@lawpress.com.cn

销售电话：010 -83938349
客服电话：010 -83938350
咨询电话：010 -63939796

书号：ISBN 978 -7 -5197 -8016 -6
定价：110.00 元

凡购买本社图书，如有印装错误，我社负责退换。电话：010 -83938349

序　言

我一向认为，研究疑难刑事案例，是研究刑法的捷径。多研究疑难刑事案例，能够加深加快对刑法规定精神的理解和记忆，因而，无论对于初学刑法的年轻学子，还是刑事司法实务工作者，甚至是学富五车的刑法学研究人员，都是有利无害的。

马长生教授曾经先后在公安机关、审判机关、检察机关从事刑事司法实务工作，接触过大量疑难刑事案例。早在上世纪八十年代，他就在政法机关对大量的刑事案件特别是经济犯罪、职务犯罪案件进行研究，并先后主持了《经济犯罪的定罪与量刑》《渎职犯罪的定罪与量刑》两项课题。及至后来调到高校从事教学科研工作，他又先后主持了《刑法热点问题研究》《经济犯罪热点问题研究》《责任事故犯罪热点问题研究》等项课题，这些课题无疑都是在研究了大量相关刑事案例的基础上完成的。马长生教授早在上世纪八十年代关于强奸罪的几篇文章①，论述有理有据，都是他在从事刑事检察

① 《关于强奸犯罪中被害妇女的意志问题》《对强奸犯罪中有关违背妇女意志若干问题的探讨——与江任天同志商榷》《论强奸犯罪的构成要件与该罪本质特征的关系——同刘菊舟同志商榷》，参见马长生：《刑事法治的多方位思考——马长生教授法学文选》，法律出版社 2013 年版，第 393～407 页。

工作时经过大量的调查研究后写出的。马长生教授的科研实践充分说明，通过研究刑事疑难案例，对于搞好刑法学研究具有多么重要的作用。

马长生教授曾在2013年出版了他的90多万字的法学文选《刑事法治的多方位思考》，当时恰逢他从事法律法学工作50年暨70华诞(虚岁)，我曾经为他的文选作序，并且致函祝贺。我在贺函中写道："马长生教授是我国刑法学界的著名学者，其渊博的学识、严谨的态度和高尚的品格为学界所广泛赞誉。半个世纪特别是晚近20多年来，马长生教授勤勉治学、笔耕不辍、著述等身，取得了丰硕的学术成果，培养了一大批高素质的法学、法律人才，为发展我国刑法学研究和繁荣刑法学教育事业做出了突出贡献。"2023年6月，是马长生教授80华诞。从70岁到80岁，他虽然已经退休，但仍然担任多个学术组织的名誉会长、名誉主任，积极参加学术活动，还在报刊上发表学术文章，对弱者和特困企业进行法律援助。据悉，有个民营企业遭受了10年虚假诉讼，长生教授在已过古稀之年且身体状况已不复当年的情况下仍应邀担任该企业常年义务法律顾问，为该企业扶危解困，直到2021年底高级法院终审驳回了虚假诉讼者的全部诉讼请求，他还在研究如何预防和及时惩处虚假诉讼犯罪。他对党对人民对法律的忠贞之心，由此可见一斑。

马长生教授1964年从部队考入北京政法学院开始

他的法律法学生涯,到2023年就是60个年头了。在行将进入耄耋之年的时光里,长生教授和他的学生们编辑了两本书,一本书是《湖湘刑法学家论文精粹》,另一本就是这本《刑事疑难案例精析》。这两本书都是很有意义的。我已经应邀为《湖湘刑法学家论文精粹》做了序,今天又为《刑事疑难案例精析》写了上面的话,是为序。

高铭暄*

2023年7月13日

---

* 高铭暄先生系国家级荣誉“人民教育家”,现任北京师范大学刑事法律科学研究院名誉院长、特聘顾问教授、博士生导师,中国人民大学荣誉一级教授、博士生导师,中国刑法学研究会名誉会长。

前　言

记得是上世纪九十年代一个夏天,我参加全国刑法学年会期间,在分组讨论时曾经有幸听到新中国刑法学的主要奠基人和开拓者高铭暄教授发言。高老师说,研究刑事疑难案例,是研究和学习刑法的捷径。我非常赞同高老师这个看法,因为我自己就特别喜欢收集和研究刑事疑难案例,每每看到或者听到刑事疑难案例,就收集起来,或者记录到笔记本上,对我研究刑法理论和备课、授课都发挥了很大作用。我在给学生讲课的时候,总喜欢把高老师这句话讲给大家听,而且,我还曾经给湖南师大法学院刑法学专业的硕士研究生开设了“刑事疑难案例研究”课,我根据授课计划,每次选择若干刑事疑难案例,每讲一个案例,首先请同学们讨论,大家纷纷发言表达自己的看法,最后由我进行讲评,对案例进行理论分析。同学们很喜欢这门课程,甚至还有其他专业的学生来到课堂上听课。

我想,如同军人学习打仗,既需要在战争中学习,也需要研究古今中外的战例,通过对战例的研究提高打仗的本领一样,刑事司法人员学习办案,也需要研究刑事案例,通过对大量刑事疑难案例的研究,提高刑事司法人员办理刑事案件的能力。我曾经注意到,在我比较熟悉的刑事司法人员中，凡是平时有兴趣研究刑事疑难案例的，往往在办案中比较得心应手；反之，凡是很少关注刑事疑难案例的，则往往在办理疑难刑事案件时不得要领，甚至一头雾水。完全可以说，我们只有认真研究刑事疑难案例，才能真正办好刑事疑难案件，才能更好地落实习近平同志所强调的每一起司法案件的办理都要让人民群众感受到公平正义。

此外，我认为，对于刑法学者们来说，研究刑法学，也需要研究刑事疑难案例，研究司法实践中的问题，并以问题为导向，在对刑事案例的研究中加深对刑法学理论的理解，从理论与实践的结合上探讨、研究和发展刑法学理论。比如，曾经被刑法学界广泛关注的广州许霆案，在刑法学界就曾引起了热烈讨论，虽然最高法院对此案的定性做了司法解释，但学术界至今仍未能统一认识。科学在发展，经济在发展，社会在发展，刑事司法实践中还会出现一些特别疑难的问题和案例，需要实务部门与刑法学界共同研究。我本人也曾长期从事司法实务，在实践中曾经对研究刑事疑难案例的重要性有过深切的体会。从教之后，我也多次接受过审判机关、检察机关、公安机关的法律咨询，多次参与政法机关的刑事疑难案件讨论，从而深深感到，刑法学理论只有与刑事司法实践密切结合，才会有强大的生命力。

应当指出，研究刑事案例，兴趣确实是很重要的，因为兴趣是最好的老师，但是，仅仅依靠兴趣还是不够的，还必须掌握唯物辩证法，善于辩证地思考案件，全面的分析案情，由表及里，由浅入深，从现象到本质，绝不能孤立的、片面的看问题。特别是在刑事司法实践中，绝不能舍弃深入的细致的调查研究，抓住一点不及其余，更不能偏听偏信，主观臆断。对于刑事司法人员来说，唯有如此办理案件，才能使所办案件经得起历史检验，从而让人民群众在每一起司法案件的办理中感受到公平正义。

正是基于上述，我与上海市浦东新区人民法院副院长罗开卷法官共同商定，合作编辑出版《刑事疑难案例精析》，并在上海和湖南等地收集了110个案例，分为五编，第一编“罪与非罪”，25个案例；第二编“此罪与彼罪”，34个案例；第三编“故意犯罪形态、共同犯罪及罪数”，19个案例；第四编“个罪精释”，21个案例；第五编“量刑情节”，11个案例。合计大约50万字。这些案例的提供者，绝大部分是法官、检察官，也有部分案例由律师提供。本书所选案例的所有提供者，除了在每个案例末尾署名外，还将在本书“后记”中列明。

案例收集完成后，我请罗开卷法官为主，并邀请湖南省长沙市十佳律师辜志珍、广东省刑事辩护律师库首批入库律师伍志坚参加，共同对案例进行审阅编辑。

罗开卷系上海法院审判业务专家，已出版实务型专著3部，发表论文100余篇，具有比较丰富的实务经验。辜志珍是长沙市2019年评选的十佳律师，还是湖南省法学会刑法学研究会理事，曾多次参加全国和湖南省的刑法学年会；她的硕士学位论文“论我国刑法司法解释的问题与解决"被省教育厅抽查后给予高度评价。伍志坚系广东省人民政府法律顾问团成员,也是广东省发改委等行政机关的常年法律顾问,曾在《政法论坛》等核心期刊上发表刑法学术论文十几篇。这三位同仁既有丰富的实务经验,又有相应的知识储备和文字水平,非常适合本书所涉案例的编选和文字整理工作。

罗开卷、辜志珍、伍志坚对110个案例分别审阅、编辑、修改后,由罗开卷再次审阅、统稿。最后,由马长生教授对全书进行审阅、定稿。

本书的编委会成员以多种方式热情关注和支持本书的编辑和出版,为本书的面世助力良多。特别是,本书的编辑工作得到了我国的法学泰斗、获国家级荣誉的"人民教育家"、95岁高龄的高铭暄先生大力支持和指导,并拨冗为本书作序,我们谨向高先生致以崇高的敬意!湖南省刑法学研究会、湖南省刑事法治研究会的会长、副会长热情关注本书的编辑工作,大力推动了本书的编辑工作,也是本书编委会的核心成员。同时,法律出版社对本书的出版给予高度重视,我们谨致以衷心的感谢!

我相信,这部书的出版,对于刑事司法人员和律师界朋友办理刑事案件,对于政法院校广大学子学习和研究刑法,定会发挥有益作用,因而必将受到广大读者的欢迎。当然,书中或有瑕疵,恳切欢迎读者朋友们批评指正。

马长生

2023年7月14日

目录

第一编 罪与非罪

第二编 此罪与彼罪

第三编 故意犯罪形态、共同犯罪及罪数

第四编 个罪精释

第五编 量刑情节

第一编

罪与非罪

刑事疑难案例精析

1

涉互殴行为能否成立正当防卫

简要案情

某日凌晨，王某在公司宿舍（已关灯）下铺床上玩手机，因手机声音较大，故睡在上铺的陈某心生不满并与王某发生口角，后陈某持推出刀头的美工刀下床，二人继而发生冲突，致王某被美工刀划伤左头部等处，王某遂从陈某手中夺过美工刀后将陈某面部及左手划伤。同时，案发时王某所穿着的睡衣的右侧第三粒纽扣处及其内侧、左肩膀前侧、左袖口、右手臂上方共有五处破口。经鉴定，陈某因刀伤致面部创口，构成轻伤（一级）；左手创口，构成轻微伤；王某被伤致头皮7.4cm长瘢痕形成等，构成轻微伤。

主要问题

存在互殴行为的外观并造成客观损害时，是成立故意伤害罪还是正当防卫？

案例分析

涉互殴行为的伤害案件，不能仅凭客观“谁死伤谁有理”进行简单化处理，也不能因为存在互殴行为而一概排除正当防卫成立的可能，而应当在全面、完整查明案件事实的基础上，围绕《刑法》第20条的规定，对是否存在现实的不法侵害行为、不法侵害是否正在进行、主观上具有防卫意图还是互殴故意、有无明显超过必要限度造成重大损害进行重点审查。

一 是否存在现实的不法侵害行为

根据《最高人民法院、最高人民检察院、公安部关于依法适用正当防卫制度的指导意见》(以下简称《正当防卫意见》)的规定,正当防卫的前提是存在不法侵害。其中,不法侵害既包括侵犯生命、健康权利的行为,也包括侵犯人身自由、公私财产等权利的行为;既包括犯罪行为,也包括违法行为。不应将不法侵害不当限缩为暴力侵害或者犯罪行为。需要注意的是,此处的“不法”是指一种客观的不法行为,是从违法性层面进行的评价,而非在有责性层面进行的评价,故不法侵害不仅包括故意的犯罪行为,也包括过失的犯罪行为。当然,客观上的不法行为仍需要具有紧迫性。即便一方存在过失,但因其过失行为造成他人损害的,也应属于不法侵害。

本案中,是被害人陈某在下床后先捅划被告人王某,还是王某先动手与陈某发生肢体冲突后不慎被刀具划伤,双方各执一词,且无相关证据证明。但在案证据足以证实,王某与陈某因琐事发生口角,陈某为进行理论而选择携带推出刀头的美工刀下床,二人在发生肢体冲突后,王某的左颞部等处被美工刀划伤并流血,该伤口疤痕经鉴定有7.4cm长,且该伤口在案发当时即流血较多。因此,综合陈某的行为看,其处理矛盾不当且携带推出刀头的美工刀与王某进行交涉的行为本身存在不法性。在发生肢体冲突的过程中,陈某的刀具客观上造成了王某被划伤,且受伤部位又在重要的头部位置,因此,王某的人身法益受到了现实的侵害。即便如陈某所言系过失行为导致,但其携带刀具进行理论之时应当足以预见可能发生冲突升级的情况,而其过失行为本身即在客观上包含着造成王某伤亡结果的极大可能性甚至必然性,故在此情况下,即便是过失的不法侵害也属于不法侵害。可见,王某进行还击之时不法侵害行为现实存在,具备正当防卫的起因条件。

二 不法侵害是否正在进行

不法侵害正在进行是指不法侵害已经开始但尚未结束。根据《正当防卫意见》的规定,对于不法侵害已经形成现实、紧迫危险的,应当认定为不法侵害已经开始。对于不法侵害虽然暂时中断或者被暂时制止,但不法侵害人仍有继续实施侵害的现实可能性的,应当认定为不法侵害仍在进行。对于不法侵害是否已经开始或者结束,应当立足防卫人在防卫时所处情境,按照社会公众的一般认知,依法作出合乎情理的判断,不能苛求防卫人。因此,在判断防卫时间时,尤其应当注意侵害者攻击的行为可能是一个动态的过程,在持续进行的不法侵害过程中,即使表面上某段时间停止了不法侵害,但从整体上法益仍然处于紧迫、现实的侵害、威胁之中的,仍属于侵害行为正在进行,符合正当防卫的时间性要求。同时,判断不法侵害是否正在进行,需主要立足于防卫人在防卫之时所处的情境予以考察,而不能基于事后的理性判断来倒推,更不能苛求防卫人应作出最优选择。

本案中,被害人陈某在首份笔录中陈述:"王某头部受伤后,发现他手里有美工刀,就夺了过去,王某用美工刀砍他,他的脸部被划破了,就用左手挡住脸,左手也被砍伤了。"而在第二份笔录及庭审中陈述:"当时他见王某受伤了,就停下来,把刀放在床上,没想到王某拿起刀就将他的脸部和手划伤。"相对而言,被告人王某的供述较为稳定:"在受伤后,从陈某手中夺取了刀具并朝陈某的脸部划了一刀。"而且,相关证人在事发后向王某了解情况时,王某关于该节事实的描述亦是如此。因此,在案证据足以认定王某系在头部受伤后,从陈某手中夺取刀具并继而划伤陈某的脸部。在该过程中,并无证据证明陈某采取了积极的中止措施,且王某从陈某手中夺取刀具后,虽然不法侵害行为出现了暂时的中断,但陈某是否将进一步争抢刀具或者实施侵害行为尚处于不能确定的状态。对王某而言,在当时的情境下其主观上尚不能排除陈某是否还有继续实施侵害的现实可能性,其人身法益受到侵害的危险状态尚未解除,故可以认定不法侵害正在进行。

三　是否具有防卫的目的

由于正当防卫与相互斗殴都可能造成客观的损害,在外观上具有相似性,容易混淆,也往往是涉互殴型案件罪与非罪的争议焦点。为此,《正当防卫意见》规定,对防卫行为与相互斗殴的判断需坚持主客观相统一原则,包括对案发起因、对冲突升级是否有过错、是否采用明显不相当的暴力等进行综合判断,准确把握行为人的主观故意和行为性质,准确认定相关行为究竟是正当防卫还是相互斗殴。对于因琐事发生争执、双方均不能保持克制而引发打斗,对于有过错的一方先动手且手段明显过激,还击一方的行为一般应认定为防卫行为。可见,不是只要存在互相打斗的行为就认定是互殴,而应综合全部过程对主观目的和行为性质进行判断,且不应割裂事情发生的前因后果。同时,不能认为只要有攻击的目的就否认防卫的目的。人有七情六欲,在受到攻击时往往会产生愤怒等情绪,故防卫意志与攻击意志完全可能同时存在,不能因为行为人具有攻击目的就否认其具有防卫目的。

本案的案发起因,源于双方发生了纠纷。被告人王某受伤之后所发起的是基于互殴故意的伤害行为还是基于防卫目的而实施的自我保护行为,是决定本案是否构成正当防卫的至关重要因素。本案中,被害人陈某因王某手机声音过大,便对此不满而引发口角,且在口角升级后,陈某选择持推出刀头的刀具下床找王某理论,导致矛盾进一步升级,而陈某携带刀具处理纠纷的方式显然存在不当,客观上在冲突中也导致了王某头部重要位置受伤。王某在头部受伤并发现陈某手中持有刀具后,予以夺取并实施反击行为,可以认定陈某先动手且手段明显过激,王某的还击行为属于防卫行为。

即便如被害人陈某所言系无意伤害,但陈某也陈述到,之所以选择携带刀具下床理论,是担心打不过被告人王某,因此,陈某主观上已经预见到其下床后可能会与王某发生肢体冲突,客观上也确实造成了王某头部的重要位置受伤,故陈某携带刀具等行为对冲突的升级存在明显过错。在冲突处于混乱状态的情况下,王某头部受伤系陈某故意所致还是过失所致,难以苛责王某作出理智的判断。即便陈某因过失而伤害了王某,也不能排除王某主观上具有防卫的意图。从案发过程看,因临时矛盾而引发冲突,王某使用的工具又源于陈某,故在案证据难以证明王某事先具有互殴意图。

四 有无明显超过必要限度造成重大损害

根据《正当防卫意见》的规定,对防卫是否“明显超过必要限度”,应当综合不法侵害的性质、手段、强度、危害程度和防卫的时机、损害后果等情节,考虑双方的力量对比,立足防卫人防卫时所处情境,结合社会公众的一般认知作出判断。在判断不法侵害的危害程度时,不仅要考虑已经造成的损害,还要考虑造成进一步损害的紧迫危险性和现实可能性。不应当苛求防卫人必须采取与不法侵害基本相当的反击方式和强度。“造成重大损害”是指造成不法侵害人重伤、死亡。造成轻伤及以下损害的不属于重大损害。可见,在持续进行的不法侵害过程中,其危害程度也是一种动态的进展效果,不能仅从侵害行为的起点即判断其违法性程度,而应包括所能预判的可能的侵害程度。与此同时,在防卫的紧急情境下,不能苛求防卫人根据侵害程度而对防卫程度作出精准的回击,而应注重立足于防卫人的角度设身处地考虑防卫行为是否明显超过必要限度。

本案中,被害人陈某的行为客观上造成了被告人王某头部重要部位受伤,经鉴定左颞部头皮瘢痕长7.4cm,构成轻微伤。王某之所以采取反击行为是因为其受伤在先,且其使用的工具系从陈某手中夺取的刀具,而非事先准备的工具,反击部位亦是头面部,反击行为所造成的伤势为轻微伤。可见,王某的防卫行为从时机、手段、强度等情节来看,均未“明显超过必要限度”;从结果来看,造成的是轻微伤的损害,并未造成陈某重伤或者死亡,即未“造成重大损害”,故其防卫行为没有明显超过必要限度造成重大损害。

综上所述,本案中被告人王某在受到来自被害人陈某的持刀伤害后,为了保护本人人身权利免受正在进行的不法侵害,而采取夺刀反伤的制止不法侵害的行为,虽对不法侵害人陈某造成了轻微伤的损害,但未明显超过必要限度造成重大损害,属于正当防卫,不负刑事责任。将本案认定为正当防卫,彰显了“法不能向不法让步”的法治精神。

(案例编写人:上海市浦东新区人民法院 陆玮)

2

故意伤害还是正当防卫

简要案情

王某系某大学学生,因家境欠好,在读书的同时在学生宿舍一楼与同学合伙开了一个小商店。平时楼上总有人将一次性饭盒、茶杯、烟蒂等垃圾丢到小商店的遮阳棚上,这不仅妨害环境卫生,烟蒂也可能引起塑料棚失火。一天,王某亲眼看到楼上407寝室扔出的饭盒落到遮阳棚上,遂上楼去该室查问,但该室同学无人承认。正在该室房间内的胡某冲出来对王某说:“你吵死啊,打扰我休息了!”王某回答:“你们寝室有人扔饭盒,下次如再看见我一定追究到底”。胡某在与王某争吵的过程中,突然就冲上前挥拳打向王某的头部,该室另外两人也过来推打和脚踹王某,致王某头部和身上多处青紫,高度近视眼镜被打掉,王某未敢捡眼镜即慌忙跑下楼。感到十分委屈的王某喊来自己的4个同学陪同再次到407寝室门外,要求胡某等人赔礼道歉,胡某拒绝道歉且没有开门,王某只好下楼回到店里,并让同学各自散去。约一个小时之后,胡某带领十几个同学手持钢棍来到小商店前,王某和另外一个合伙开商店的同学两个人在店,胡某等人见面就挥舞钢棍殴打王某,王某见对方人多势众且手持钢棍,遂顺手拿起店门口的一把水果刀自卫。和胡某一起的另外两个人也从后面用钢棍击打王某的背部。王某拿着水果刀胡乱挥舞,吓唬他们要杀人了,但是胡某一伙并没有停手,在混乱中,王某与胡某近距离扭打,胡某脚下一滑导致重心失衡,恰巧被王某的水果刀刺伤,大家看到有人受伤就都停手了,胡某立即到校医务室进行包扎,但伤口仍在流血,遂被同学送到医院,后胡某被鉴定为重伤二级。对于胡某受伤的结果,王某的行为是故意伤害还是正当防卫?

主要问题

对于王某致胡某受伤的行为，存在两种意见：第一种意见认为，王某的行为构成故意伤害罪。王某的行为客观上造成被害人胡某的身体受伤，因此，王某的行为符合故意伤害罪的构成要件，应当以故意伤害罪追究其刑事责任。第二种意见认为，王某的行为属于正当防卫。本案中，胡某等人野蛮殴打王某且拒绝道歉，本就无理，又变本加厉持械行凶，严重危及王某的人身安全，王某是为了不让自己的人身权利遭受胡某等人的不法侵害，而采取制止行为导致胡某受伤，属于正当防卫。在这种情况下，王某采取防卫行为，既出于无奈，也属于合理合法，且不存在防卫过当问题。

案例分析

笔者同意第二种意见，王某构成正当防卫，且不存在防卫过当问题。根据《刑法》第 20 条的规定，正当防卫，是指为使国家、公共利益、本人或者他人的人身、财产和其他权利免受正在进行中的不法侵害，而采取的制止不法侵害的行为，对不法侵害人造成损害的，属于正当防卫，不负刑事责任。就本案而言，胡某等有错在先，反倒纠集十几个人且手持凶器到王某的小商店行凶，王某面对一群手持棍棒的人，并且对王某进行殴打行凶，已经严重危及王某的人身安全，王某拿起门口的水果刀制止胡某等人的侵害行为是为了保护自己的人身财产权利不受非法侵害，完全符合正当防卫的构成要件。

一 起因条件

正当防卫的起因条件，是指存在具有社会危害和侵害紧迫性的不法侵害行为。具体到本案，胡某等十几个人手持钢棍跑到王某的小商店行凶，此时实力对比如此悬殊的情况已对王某构成严重威胁，王某心里害怕是必然的，胡某等人先动手殴打其头部、背部，如果不是拿起门口的水果刀让对方害怕，那么这样的殴打行为很难说不具有致王某伤害的可能性。胡某等人的侵害行为具有现实性、暴力性、紧迫性。所以，胡某等持钢棍到小商店并且先动手殴打的行为属于不法侵害，王某的行为具备作为正当防卫的前提条件。

二 时间条件

正当防卫的时间条件,是指正当防卫只能在不法侵害正在进行之时实行,不能实行事前防卫和事后防卫。胡某带着十几个人手持钢棍等凶器跑到一楼王某的小商店行凶,致王某心里非常害怕是人之常情,王某在恐惧之下才顺手拿起店内的水果刀,这种行为不能视同为斗殴的预备行为。因为面对可能发生的危险,任何人都会作好防卫的准备。王某是在被对方几个人先动手殴打其头部、背部的情况下才开始回击的,王某拿着刀在空中挥动,主要是想驱赶胡某一伙人,由此可以看出,王某的防卫行为是在不法侵害行为正在进行之中实施的。

三 对象条件

本案中王某的防卫行为仅仅针对不法侵害者本人。

四 主观条件

对行为人是否具有伤害的主观故意的考察,不能仅凭行为人对受害人是否施加了外力损害行为来判断,而应从行为发生的全过程结合行为发生前后的具体背景予以综合分析。本案中,无论是从事发的原因还是从行为的前因后果来看,均只能得出王某不具有伤害的故意。

第一,从事情的起因及发展的过程来看。本案中,王某与胡某的接触起因是胡某所在寝室往下乱扔垃圾,王某只是去弄清楚是谁所为,却无故被胡某等三人殴打。王某觉得委屈,叫了几个同学一起到楼上要求胡某等人道歉,在胡某没有开门的情况下,王某主动让同学散去。这足以说明王某一直没有要伤害胡某的故意。约一个小时后,胡某却纠集了十几个人,个个手持钢棍到小商店找麻烦,并先动手打王某,王某由于心里害怕,顺手拿起水果刀挥动,想把他们赶走,因而谈不上有非给胡某造成伤害不可的故意。

第二,从打击的手段和力度来看。王某在被动还击过程中,胡某和王某扭打在一起，在这个过程中，胡某脚下打滑，倒地时正好撞上了王某的水果刀，因而被刺伤。从王某的行为来看，如果真想伤害胡某，他完全可以拿刀直接刺胡某，并且在胡某摔倒后可以连续捅刺胡某，但是王某并没有这样做，因为他的目的仅仅是想拿刀吓唬他们，把他们赶走来保护自己和他的同学。所以从王某打击的方式和连续性来看，王某没有伤害的故意。王某的行为也不存在防卫过当。《刑法》第 20 条第 2 款规定："正当防卫明显超过必要限度造成重大伤害的，应当负刑事责任，但是应当减轻或者免除处罚。"本案中，王某的行为并未"明显超过"必要限度。

五　本案是否属于斗殴

所谓斗殴，是指参与的双方都有目的、有准备地进行打斗，都想用暴力将对方制服，甚至不惜造成对方伤亡后果的行为。从本案看，胡某率众持械突然闯进小商店，当然具有伤害对方之目的，以及相应的思想准备与物质准备，但是，王某仅仅要求对方道歉，并无暴力制服甚至伤害对方的目的，当他突然面对胡某等十几个人的持械侵害时，为了保护自己的人身安全，匆忙间顺手拿起奶茶封口压棍与水果刀，在对方多人动手之后才开始有节制地进行反击：他没有直接刺向对方胸部，而是左右挥动水果刀企图将胡某等人赶走，正在这时胡某脚下打滑，在重心失去平衡的情况下，才造成受伤。显然，蓄意寻衅的胡某之行为是不法侵害行为，而毫无准备的王某的行为则是正当防卫行为。也就是说，二者的行为不是斗殴行为。综上所述，对王某的行为应该认定为正当防卫。

（案例编写人：湖南言顺律师事务所　辜志珍）

3

单位犯罪的认定与否定

简要案情

邵某在经营小邵水产行的过程中,通过杨某(在逃)经营的利盈加华公司等从境外进口象拔蚌等水产品。邵某以其妻子张某转作为法定代表人设立渔泰公司,经营上述相同业务。邵某明知报关价格低于实际成交价格,仍通过他人或直接委托运筹公司、连际公司、鱼盟公司(均另处)代理报关,向对方支付包含税款的代理费用,从机场海关进口象拔蚌等水产品共计700余票,偷逃应缴税额2516万余元。

主要问题

本案的争议焦点在于渔泰公司在经营进口水产品的业务中,采取低价报关的手段偷逃关税,是否属于"单位设立后以实施犯罪为主要活动",渔泰公司是否构成走私普通货物罪的单位犯罪?对此,应从单位犯罪的认定与否定两个方面展开探讨。

案例分析

一 单位犯罪的认定

单位犯罪的主体人格相当于自然人拥有的生命,自然人只有在出生之后才能享有权利能力,成为一个具有法律意义的主体,其死亡时自然人个体自然消失,不能再成为法律关系主体而只能成为客体。同理,单位只有具备单位犯罪主体人格,才是法律意义上的“拟制人”,如自然人一样享有独立的主体地位,从而得以采取具有法律意义的行为并对该行为的后果负责,即只有具备单位犯罪主体人格的才是单位犯罪中的“单位”。

(一)单位犯罪中“单位”的界定

根据《刑法》第30条的规定,公司、企业、事业单位、机关、团体实施的危害社会的行为,法律规定为单位犯罪的,应当负刑事责任。《最高人民法院关于审理单位犯罪案件具体应用法律有关问题的解释》(以下简称《单位犯罪解释》)第1条对公司、企业、事业单位作了进一步的规定,即《刑法》第30条规定的“公司、企业、事业单位”,既包括国有、集体所有的公司、企业、事业单位,也包括依法设立的合资经营、合作经营企业和具有法人资格的独资、私营等公司、企业、事业单位。可见,刑法上判断公司、企业、事业单位是否具有单位犯罪的主体资格,主要依据在于是否具有法人资格。办理了《企业法人营业执照》,取得了法人资格的私营公司、企业,应当属于单位的范畴。对于不具有法人资格的私营独资企业和私营合伙企业实施的犯罪行为,应当依照《刑法》有关自然人犯罪的规定定罪处罚。[①] 司法解释作出如此规定,正是契合了我国刑事法律中单位主体人格独立与民事法律关系中法人人格独立相一致的立法精神。

法人资格的取得必须由公司设立人向公司登记主管部门申请设立登记,提交包括公司章程在内的有关文件,注明公司的名称、住所、法定代表人、经营范围、注册资本、公司类型等事项,经过公司登记主管部门的审查,只有符合公司成立条件且不违反国家法律、行政法规内容的,才会颁发企业法人营业执照。需要说明的是,正在进行的公司注册资本认缴登记制度改革,改变了工商部门登记实收资本的传统,只登记公司认缴的注册资本,但其从事一般的生产经营活动仍然需要取得营业执照。因此,企业法人营业执照的颁发,也就意味着公司法人资格的取得。其中,营业执照上载明的经营范围就是经公司登记主管部门核准的允许公司、企业等法人单位从事业务活动的范围,即法人民事权利能力和行为能力的范围。这不同于普通的自然人主体,成年自然人享有完全的民事权利能力和行为能力,而公司只能在核准的特定业务范围内从事经营活动时才享有独立的主体人格,体现出单位意志,并对其行为承担法律

---

① 参见孙军工:《〈关于审理单位犯罪案件具体应用法律有关问题的解释〉的理解与适用》,载中华人民共和国最高人民法院刑事审判第一庭编:《刑事审判参考》(总第3辑),法律出版社1999年版。

责任。

当然,事实上法人也会超出登记机关核准登记的业务范围进行活动,特别是随着民法中对经营范围的限制逐渐被淡化的倾向,只要不是违反国家专营、专卖及法律禁止经营的规定,企业法人超出其经营范围所订立的合同应属有效,这属于单位人格的扩张。但无论如何,单位行为的核心还是在于从事核准的经营活动或者与经营业务相关的活动,只有在这种情况下,单位的主体人格才能得到法律和社会的认可,其实施的犯罪活动才能作为单位犯罪处理。

(二)单位犯罪的成立要件

单位具备单位犯罪的主体人格,只是解决了单位作为行为主体能够在法律意义上从事犯罪活动的资格前提,具体哪些行为可归入单位犯罪的范畴,还需要考察"单位行为"是否符合单位犯罪的成立要件,这也是区分单位犯罪与单位内部成员犯罪的标尺。

《全国法院审理金融犯罪案件工作座谈会纪要》指出:"以单位名义实施犯罪,违法所得归单位所有的,是单位犯罪。"《单位犯罪解释》第 3 条进一步规定:"盗用单位名义实施犯罪,违法所得由实施犯罪的个人私分的,依照刑法有关自然人犯罪的规定定罪处罚。"可见,区分单位犯罪与单位成员犯罪的关键,在于是否以单位名义从事该违法犯罪活动,违法所得是否归单位所有。

"以单位名义"实际上所表征的是行为与单位意志之间的联系,在具体案件中不能仅从行为对外明示的单位身份上判断,而应从行为的决策主体和决策程序两个方面考察。如果经过单位法定决策机构和决策程序,由单位的理事会、董事会等集体作出决定,或者由单位的董事长、总经理等个人代表单位作出决定的,那么,该决定应当被认为代表单位意志。换言之,"以单位名义"是确定被控行为中单位意志的形式要件,而单位意志是单位犯罪成立的一个实质要件。

"违法所得归单位所有"是为单位谋取不正当利益实施犯罪活动所呈现出来的客观结果。从违法所得的归属可以倒推某个特定的犯罪行为是否为了单位利益,从而体现出单位意志。因此,违法所得归单位所有归根结底也是为了证明单位意志的存在。由于单位意志和单位利益的整体性,"违法所得归单位所有"是指归单位全体成员享有,而不是归少数几个单位决策者或者具体实施人员享有。

因此,"以单位名义""违法所得归单位所有"从形式和实质两个层面上可以分解为"在单位意志支配下""以单位名义""违法所得归属于单位"三个要件,单位犯罪必须满足这三个要件,缺一不可。

二 单位犯罪主体人格的否定

由于现行《刑法》对单位犯罪规定了较自然人犯罪更为狭窄的成罪范围以及更为轻缓的刑罚,导致不少行为人借用公司、企业、事业单位的外壳,大肆进行违法犯罪活动,以此达到有罪不罚、重罪轻罚的目的。针对这一情况,《单位犯罪解释》第2条规定:“个人为进行违法犯罪活动而设立的公司、企业、事业单位实施犯罪的,或者公司、企业、事业单位设立后,以实施犯罪为主要活动的,不以单位犯罪论处。”

该条规定包括两种情况:第一,个人为进行违法犯罪活动而设立公司、企业、事业单位实施犯罪的,不以单位犯罪论处。显然在这种情况下单位根本没有合法的经营业务,公司登记主管部门也不可能核准登记。因此,名义上的公司、企业、事业单位既不具有法人成立的形式外壳(公司登记所需要的形式要件),也不具有因合法的经营业务所带来的单位主体人格的实质内容。第二,公司、企业、事业单位设立后,以实施犯罪为主要活动的,不以单位犯罪论处。公司、企业、事业单位设立后,以实施犯罪为主要活动的,是指基于不存在任何合法的经营业务所带来的单位主体独立人格的消失,其在公司登记主管部门处申请核准从事的合法经营业务被完全虚置。概言之,公司、企业、事业单位设立后,并未从事核定经营的业务,而是从事刑法所禁止的行为,业务行为违反刑法规定,当然不以单位犯罪论处。例如,公司以游艺娱乐为经营范围向公司登记主管部门申请登记,取得营业执照后,并未从事该业务,而是直接用于开设赌场,进行赌博活动,应认定为公司、企业、事业单位设立后,以实施犯罪为主要活动,不以单位犯罪论处。常见的还有公司、企业、事业单位成立后,直接从事非法经营、非法集资活动等,均不以单位犯罪论处。

值得注意的是,如果单位在合法业务的经营活动中采取了违法犯罪手段,则因单位业务内容的合法而具有了单位主体的独立人格,从而得以产生单位意志。在单位意志的支配下,单位成员采用违法犯罪的方法从事经营,行为的结果归属于单位,即违法所得归单位所有,所引起的刑事责任应由单位承担。在这种情况下,单位成员代表单位实施犯罪活动应当视为单位的犯罪行为,构成单位犯罪。即从事的业务本身合法但行为手段违反刑法规定,单位主体人格并未否定,但单位的行为违反刑法规定构成犯罪。这不同于以实施犯罪为主要活动将违法犯罪直接作为“单位业务”的情况，后者因单位主体人格的否定，导致不存在单位意志，违法犯罪只能被认为是单位成员共同合意下的结果，应追究单位成员共同犯罪的刑事责任。

三 本案行为性质的分析

具体到本案，渔泰公司的经营范围是水产品的进口销售业务，工商管理部门亦对此进行了核准登记，说明该公司经营的业务内容本身并不违法，但是为了降低业务成本，获取更多的利润，渔泰公司采取了低报价格、偷逃关税的走私犯罪方式，属于在经营合法业务活动中采取了违法犯罪手段，应认定为具有单位犯罪的主体人格。不能认定为公司、企业、事业单位设立后，以实施犯罪为主要活动，继而径行适用《单位犯罪解释》第2条的规定，排除单位犯罪的适用。

既然渔泰公司具备单位犯罪的主体人格，那么，渔泰公司的实际控制者邵某进行的水产品走私犯罪，是否可以归入渔泰公司单位犯罪的范畴呢？本案中，邵某作为渔泰公司的实际控制人，公司的意志与其个人意志高度统一，在明知报关价格低于实际成交价的情况下，以渔泰公司的名义与相关人员及相关公司达成协议，由后者代理进口及报关，是邵某在从事公司水产品进口业务时将自己的走私个人意志上升成为渔泰公司的走私犯罪单位意志，并在该意志支配下实际进行了走私活动，且相关证据均证实偷逃的关税利益最后归属于渔泰公司。因此，作为渔泰公司实际控制人邵某的走私行为，应当认定为渔泰公司的单位走私犯罪。

（案例编写人：上海市高级人民法院　金俊）

4

仅凭产品非法入境、印制张贴虚假内容标签等不能推定系伪劣产品

简要案情

徐某、桑某、汪某、刘某、郭某与境外供应商美国某公司，经过商议，由刘某、郭某以厦门某公司名义从美国进口杏仁果皮，作为饲料销售给徐某、桑某、汪某负责的上海某公司，再分销给境内各大牧场。刘某、郭某明知杏仁果皮未列入我国农业部公布的《饲料原料目录》，不能作为饲料进口，仍违反《进出口商品检验法》的规定，多次采用向海关等监管部门谎报商品用途为牛棚垫床的方法，将属于法定检验商品的植物性饲料的进口商品谎报为非法定检验商品的其他植物产品，以此逃避商检并骗取海关通关文件。徐某、桑某、汪某明知厦门某公司采用谎报用途的方法进口美国杏仁果皮，仍然购买再销售至多家牧场用于奶牛喂食。其间，为应对海关的监管核查，刘某、郭某主动提供杏仁果皮用于牛棚垫床使用的多份情况说明，徐某、桑某等人提供境内牧场名称及相关照片。徐某、桑某、汪某安排人工进行分拣、包装，并指使他人印制有本产品符合进口卫生标准、检验合格等虚假内容的商品标签，贴附在杏仁果皮的包装袋上。案发后，查获商品标签3000余份。经审计，厦门某公司进口6批杏仁果皮，共计1000余吨，合计美元19.4万余元。上海某公司从厦门某公司仓库内提取502.63吨，分别销售给多家牧场，销售合计人民币100余万元。

主要问题

具有鉴定能力但没有鉴定资质机构出具的《检验报告》能否作为刑事证据予以采信？以产品非法入境、制作张贴含有虚假内容的标签等行为，能否推定产品系伪劣产品，进而认定构成销售伪劣产品罪？

案例分析

本案中，侦查机关曾委托某公司上海实验室对查获的500余吨杏仁果皮进行取样检测，结论为根据GB 13078—2017饲料卫生标准之规定，亚硝酸盐、氟、镉、铅、铬、细菌总数、霉菌总数均不符合技术要求标准，被测物不符合国家饲料卫生标准。据此，能否认为徐某、桑某、汪某的行为构成销售伪劣产品罪？

一 某公司上海实验室及鉴定人员不具有相应鉴定资质，其出具的《检验报告》不能作为刑事证据采信

国家质量监督检验检疫总局（以下简称国家质检总局）2015年4月发布第163号令即《检验检测机构资质认定管理办法》，其中第3条规定："检验检测机构从事下列活动，应当取得资质认定：（一）为司法机关作出的裁决出具具有证明作用的数据、结果的……"第13条第2款规定："检验检测机构资质认定标志，由ChinaInspection Body and Laboratory Mandatory Approval的英文缩写CMA形成的图案和资质认定证书编号组成。……"第25条第1款规定："检验检测机构应当在资质认定证书规定的检验检测能力范围内……出具检验检测数据、结果。"第28条规定："……在其检验检测报告上加盖检验检测专用章，并标注资质认定标志。"根据上述规定，只有具备CMA资质的机构，在检验检测能力范围内，才能向司法机关出具具有证明作用的检验检测数据结果。

本案中的《检验报告》由某公司委托第三方实验室即下属上海实验室出具，《检验检测机构资质认定证书》与《中国合格评定国家认可委员会实验室认可证书》证实英斯贝克公司具有CMA资质证书，所属上海实验室具有实验室认可证书，但《检验检测机构资质认定证书附表》中明确规定上海实验室的检测能力范围为煤炭、各类石油产品，检测人员的批准授权签字领域为化工石油产品、燃料、矿石矿物、金属合金、煤炭

焦炭。另查实,某公司还取得由中国合格评定国家认可委员会颁发的检验机构认可证书即CNAS证书,上海实验室的检验项目仅限于各类金属与合金制品,不包括农产品或饲料产品等。换言之,上海实验室的检测范围及检测人员的行政许可授权签字领域均不包括农产品,即上海实验室不具有对CMA及CNAS证书项下农产品的鉴定资质。

另外,根据国家质检总局、商务部、国家工商总局第180号令即《进出口商品检验鉴定机构管理办法》(2016年5月1日施行)第2条规定,本办法适用于在中华人民共和国境内从事进出口商品检验鉴定业务机构的许可和监督管理;第3条规定,本办法所称进出口商品检验鉴定机构,是指依据我国有关法律法规及本办法规定,经国家质检总局许可,接受对外贸易关系人或者国内外检验机构及其他有关单位的委托,办理进出口商品检验鉴定业务的中资进出口商品检验鉴定机构及其分支机构和中外合资、中外合作、外商独资进出口商品检验鉴定机构及其分支机构。经查证,某公司取得由海关总署颁发的《进出口商品检验鉴定机构资格证书》,许可业务范围包括农产品,根据上述第180号令第3条,某公司具有对进出口环节农产品的检验鉴定资质。但本案中,由于杏仁果皮已经存放在厦门某公司的指定仓库且进入国内销售环节,应当认定属于进口行为实施完毕后的销售范畴,超出进出口的监督范围,故不符合第180号令所规定的进出口环节的适用范围。

还有一种观点认为,某公司的其他下属实验室如青岛实验室具有农产品的CMA检测资质,上海实验室与青岛实验室的检测能力、方法、设备、标准都一致,虽然上海实验室不能出具盖有CMA印章的报告,但仍具有实质性的检测能力,故《检验报告》应当作为刑事证据被采信。笔者认为,上述观点不符合法律规定。根据《最高人民检察院关于适用〈关于办理死刑案件审查判断证据若干问题规定〉和〈关于办理刑事案件排除非法证据若干问题的规定〉的指导意见》第19条的规定,审查鉴定意见,要着重审查鉴定机构或者鉴定人员是否具备法定资格和鉴定条件等。鉴定事项超出其鉴定范围,应当要求重新鉴定。《最高人民法院关于适用〈中华人民共和国刑事诉讼法〉的解释》第98条规定:"鉴定意见具有下列情形之一的,不得作为定案的根据:(一)鉴定机构不具备法定资质,或者鉴定事项超出该鉴定机构业务范围的技术条件……"司法部《司法鉴定程序通则》(2016年5月修订)第15条规定:"具有下列情形之一的鉴定委托,司法鉴定机构不得受理:(一)委托鉴定事项超出本机构司法鉴定业务范围的……"

综上所述,向司法机关提供数据结论,应当取得CMA资质认定。某公司上海实验室既没有获得农产品的CMA许可项目,鉴定人员的许可授权签字领域不包括农产品,CNAS证书中检验项目也不包括农产品。上海实验室出具超出其检验能力范围的《检验报告》,不符合刑事证据的合法性要求,不能作为刑事证据采信。

二 不能以产品系非法入境、制作张贴含有虚假内容的商品标签等行为,即推定系伪劣产品

经查证,徐某、桑某、汪某在销售过程中曾先后委托3家鉴定机构针对杏仁果皮中的黄曲霉毒素是否超标做过4次检测。第一次,由通标标准技术服务(上海)有限公司出具测试报告:黄曲霉毒素B1、B2、G1、G2、(B1 + B2 + G1 + G2)为ND(未检出);第二次,由青岛捷励行咨询有限公司出具技术咨询项目报告:黄曲霉毒素B1检出值均超标,为不合格产品;第三次,由山东众合天成检验有限公司出具检测报告:黄曲霉毒素B1、B2、G1、G2、总量为ND;第四次,由通标标准技术服务(上海)有限公司再次检测:黄曲霉毒素B1、B2、G1、G2、(B1 + B2 + G1 + G2)为ND。另外,被告人明知产品未取得任何检验检疫合格文件,为促进销售而擅自制作标有"符合进口卫生标准、检验合格"等虚假内容的商品标签;当部分牧场反馈因喂食造成有奶牛拉稀等不正常现象时,没有立即停止销售。

有观点认为,虽然《检验报告》不能作为刑事证据予以采信,但综合以下因素,本案仍可以认定销售伪劣产品罪:明知国家禁止进口杏仁果皮,仍采取逃避商检手段进口并在国内销售;自行制作含有产品符合进口卫生标准、检验合格等虚假内容的商品标签并贴附在包装袋上;虽然针对黄曲霉毒素进行过多次检测,但因检测方法不同出现结论反复时,没有继续委托有资质的检验机构做出权威性结论以排除黄曲霉毒素超标的隐患;当部分牧场反馈因喂食造成有奶牛拉稀等不正常现象时,没有立即停止销售行为,这些都反映出被告人对可能存在的产品隐患或质量问题有不负责任之心态,据此可以推定杏仁果皮系伪劣产品,进而认定构成销售伪劣产品罪。对此笔者认为,《刑法》第140条规定,生产、销售伪劣产品罪是指在产品中掺杂、掺假、以假充真、以次充好或者以不合格产品冒充合格产品的行为。2001年《最高人民法院、最高人民检察院关于办理生产、销售伪劣商品刑事案件具体应用法律若干问题的解释》对何为掺杂、掺假、以假充真、以次充好、不合格产品进行释明,"不合格产品"是指不符合《产

品质量法》第 26 条第 2 款规定的质量要求的产品。对上述行为难以确定的，应当委托法律、行政法规规定的产品质量检验机构进行鉴定。从上述规定看，伪劣产品的界定采用实质判断说，即从产品本身质量、使用性能及性能高低来判定，对于无关产品性能及质量的行为，如仅有伪造或冒用生产商、产地、认证标志、张贴含有虚假内容标签等，则排除在伪劣产品的范围之外。被告人委托进行 4 次检测中有 3 次检测结果为黄曲霉毒素 ND 即合格，仅有 1 次检测黄曲霉毒素 B1 超标，某一次检测中某一项指标不达标，仅说明该批次产品质量存在一定程度的瑕疵，但不能据此推定出“全部产品不合格、属于伪劣产品”的结论。同理，当部分牧场反馈有奶牛拉稀等现象时没有立即停止销售行为，仅说明被告人对产品质量存在的瑕疵有疏忽、侥幸或不认真对待之嫌，不能以此推断销售的产品属于伪劣产品。对于非法入境的产品，不能仅凭国家禁止进口的行政规定，就推定属于刑法意义上的伪劣产品。

本案中，因国家禁止作为饲料进口杏仁果皮，故国内暂时没有针对杏仁果皮的质量检验标准，但仍可以对饲料成分进行检测。国家质检总局、国家标准委《饲料卫生标准》（GB 13078—2017）对饲料卫生标准及试验方法等有明确规定。据此，认定构成销售伪劣产品罪，必须有产品质量检验机构依据上述国家标准对杏仁果皮作出系不合格产品的鉴定结论。由于上海实验室的鉴定资质存在明显瑕疵，导致《检验报告》不能作为证据采信。同时在走访海关、质检部门时了解到，因杏仁果皮在仓库中存放较长时间，相关指标会随着时间的推移发生重大变化，目前已不能重新鉴定，无法还原案发时的产品质量情况。

综上，在无法对产品质量进行实质性检测的情况下，仅凭非法入境、印制张贴虚假内容标签等行为，不能推定产品系伪劣产品，故本案不能认定构成销售伪劣产品罪。根据《最高人民法院、最高人民检察院关于办理危害食品安全刑事案件适用法律若干问题的解释》的相关规定，违反国家规定，生产、销售国家禁止生产、销售、使用的农药、兽药、饲料、饲料添加剂，或者饲料原料、饲料添加剂原料，情节严重的，依照非法经营罪定罪处罚。故此，应认定徐某、桑某、汪某向国内牧场销售国家禁止销售的进口杏仁果皮作为饲料使用的行为，构成（单位）非法经营罪。

（案例编写人：上海市浦东新区人民法院　刘娟娟）

5

"BDK"标识与注册商标"BBK"是否属于相同的商标

简要案情

广东步步高电子工业有限公司依法注册了"BBK"商标,核定使用的商品范围包括移动电话。陈某租借一商铺,以虚构的公司名义从事手机销售。该商铺以每部390元的价格销售给他人"步步高"品牌i508+型和K303+型手机各40部,销售金额3.12万元。后又以同样的价格销售"步步高"品牌i508+型手机50部,销售金额1.95万元。两次交易的销售金额共计5.07万元。经鉴定,上述130部手机均系假冒"步步高"品牌手机,其中i508+型手机使用了"BDK"标识,K303+型使用了"BBK"标识。

主要问题

本案的争议焦点在于"BDK"标识与注册商标"BBK"是否属于刑法中"相同的商标",如是,陈某构成销售假冒注册商标的商品罪,应依法追究其刑事责任;如否,陈某不构成犯罪,承担相应的民事责任即可。对此,存在以下观点。

第一种观点认为,刑法中"相同的商标",是指与被假冒的注册商标完全相同,或者与被假冒的注册商标在视觉上基本无差别,足以对公众产生误导的商标。本案中"BDK"标识与注册商标"BBK"显然不完全相同,但容易对公众产生误导,因此,关键在于判断"BDK"标识与注册商标"BBK"在视觉上是否基本无差别。一般情况下,只要稍加注意,就会发现"BDK"与"BBK"存在差别,故两者既不属于“完全相同”的商标,也不属于“基本相同”的商标。第二种观点认为,“BDK”标识与注册商标“BBK”属于近似商标,不属于刑法中“相同的商标”,因此,陈某销售使用“BDK”标识的假冒“步步高”品牌手机的行为,不属于销售假冒注册商标的商品的行为。扣除贴附“BDK”标识的手机的销售金额,陈某的销售金额达不到刑法规定的数额较大即销售金额在5万元以上,其行为不构成犯罪。① 第三种观点认为,比较“BDK”标识与注册商标“BBK”,只要施以普通的注意,就能发现“D”和“B”在视觉上的差别,故两者不属于刑法上的“基本相同”商标。但按照民法上对“近似”商标的要求,中间字母“D”和“B”在外形上有一定的相似度,读音相近,使相关公众误认为两者之间存在特定的联系的意图十分明显,因此,两者应构成近似商标。尽管陈某的行为不构成犯罪,不需要承担刑事责任,但其行为属于民事侵权行为,应依法承担民事责任。

案例分析

笔者认为,“BDK”标识与注册商标“BBK”不属于刑法中“相同的商标”。销售假冒注册商标的商品罪要求行为人销售的对象必须是假冒注册商标的商品,而成为假冒注册商标的商品必须同时符合两个条件:一是行为人销售的商品必须与注册商标所有权人的商品属于同一种商品;二是这种商品上所贴附的是与他人注册商标相同的商标。本案中销售的商品与权利人的商品均属于同一种商品即移动电话,因此,关键在于判定销售的商品所贴附的商标“BDK”与权利人的注册商标“BBK”是否属于相同的商标。若判定为相同的商标,销售金额达到刑法规定的数额较大即销售金额在5万元以上,构成犯罪;反之,则不构成犯罪。

一 关于刑法中“相同的商标”的具体规定

《最高人民法院、最高人民检察院关于办理侵犯知识产权刑事案件具体应用法律若干问题的解释》第8条第1款规定,《刑法》第213条规定的“相同的商标”,是指与

① 本案在2021年《刑法修正案(十一)》实施前生效,故销售假冒注册商标的商品罪的定罪量刑标准适用原《刑法》及相关司法解释规定的标准。

被假冒的注册商标完全相同,或者与被假冒的注册商标在视觉上基本无差别、足以对公众产生误导的商标。该解释明确"相同的商标"分为两类:一类是与被假冒的注册商标"完全相同";另一类是与被假冒的注册商标"基本相同"。"完全相同"商标是指两商标相比较,文字、图形或者文字与图形的组合完全相同。"基本相同"商标是指两商标相比较,在商标整体、细节上,单从视觉上看都不容易分辨出差异,足以对公众产生误导。"完全相同"和"基本相同"都坚持视觉判断这唯一标准,实践中容易把握的是"完全相同"的情况,不容易把握的是"基本相同"的情况。基于此,2020年《最高人民法院、最高人民检察院关于办理侵犯知识产权刑事案件具体应用法律若干问题的解释(三)》(以下简称《知产刑事案件解释(三)》)第1条规定,具有下列情形之一的,可以认定为《刑法》第213条规定的"与其注册商标相同的商标":(1)改变注册商标的字体、字母大小写或者文字横竖排列、与注册商标之间基本无差别的;(2)改变注册商标的文字、字母、数字等之间的间距,与注册商标之间基本无差别的;(3)改变注册商标颜色,不影响体现注册商标显著特征的;(4)在注册商标上仅增加商品通用名称、型号等缺乏显著特征要素,不影响体现注册商标显著特征的;(5)与立体注册商标的三维标志及平面要素基本无差别的;(6)其他与注册商标基本无差别、足以对公众产生误导的商标。本案中,涉案的注册商标"BBK"由广东步步高电子工业有限公司依法注册,受国家法律保护。销售的手机既有使用"BBK"标识的,也有使用"BDK"标识的。对于使用"BBK"标识的,与权利人注册商标完全相同,这部分商品符合假冒注册商标的商品的要求。使用"BDK"标识的,显然可以排除与权利人注册商标"BBK"完全相同的情况,只能从"基本相同"的角度予以审查。

二 "基本相同"商标的判断标准

从"基本相同"的定义来看,判断两商标是否基本相同,应把握两个方面的条件:第一个条件是两商标相比较,视觉上基本无差别。正确理解这一点,应与民法上的"近似商标"相区分。民法上界定商标侵权中使用商标的情况也分为两种,一是使用与注册商标相同的商标,二是使用与注册商标近似的商标。对"基本相同"商标和"近似商标"作适当合理的区分,可以划清刑法调整商标犯罪和民法调整商标侵权的范围和边界。《最高人民法院关于审理商标民事纠纷案件适用法律若干问题的解释》第9条第2款规定:《商标法》第57条第2项规定的商标近似,是指被控侵权的商标与原告的注册商标相比较，其文字的字形、读音、含义或者图形的构图及颜色，或者其各要素组合后的整体结构相似，或者其立体形状、颜色组合近似，易使相关公众对商品的来源产生误认或者认为其来源与原告注册商标的商品有特定的联系。相比判定“基本相同”商标的标准的单一性，“近似”商标的判定标准要宽泛得多，而且涵盖了“基本相同”的判断标准。“基本相同”的商标主要从“形”上进行比较，而“近似”商标除了从“形”上进行比较外，还包括从“义”“音”“色”“比例”等方面进行比较。换言之，“基本相同”商标对一般公众而言，视觉上基本分不清假冒商标和被假冒注册商标的区别，但就“近似”商标而言，两者之间的区别通过施以普通注意，其差别还是显而易见的。

第二个条件是两商标在视觉上的基本无差别足以对公众产生误导，使公众对商品来源产生误认，或者产生当事人与注册商标人之间存在某种特殊联系的错误认识。这里的误导公众，以相关公众通常的识别能力为标准。相关公众是指与注册商标的商品有关的一般消费者，他们在购买某种品牌的商品时一般都会作出其所购买的商品的注册商标与其先前所知的注册商标是否相同的判断，并进而影响其购买的决策。所谓普通的识别能力，不要求普通消费者具有特别的知识经验或者在购买商品时对商标的观察施以特别的注意力，只要以普通的消费知识经验，施加普通的注意力，在合理观察的情况下，不能区分两个商标的细微差别，即可认定两个商标属于“相同的商标”。

三 “BDK”与“BBK”不属于刑法中“相同的商标”

本案中，注册商标“BBK”系文字商标，文字商标的显著部分表现在文字上，因此，假冒商标和注册商标在文字上的相似程度对于“基本相同”的认定具有重要意义。根据刑法及相关司法解释、规范性文件对“基本相同”的要求，文字商标认定为“基本相同”的首要条件是两个商标的文字必须相同，否则视觉上难以达到基本无差别的要求。例外的是英文字母或拼音字母存在大小写的情况，视觉上有明显差别，但字母大小写仍然不能改变文字相同的事实，这正是《知产刑事案件解释（三）》将这种情况列为“基本相同”的原因。据此，比较使用的“BDK”标识与注册商标“BBK”，只要施以普通的注意，就能发现“D”和“B”在视觉上的差别，故而两者不属于刑法上的“基本相同”商标。反之，按照民法上对“近似”商标的要求，从形、音、义等方面比较“BDK”

标识和注册商标“BBK”,两者在同一种商品上使用,均为三个大写字母,排列方式相同,首、尾两字母相同,中间字母“D”和“B”在外形上有一定的相似度,读音相近,使相关公众误认为两者之间存在特定的联系的意图十分明显,因此,两者应构成近似商标。

综上,使用的“BDK”标识与注册商标“BBK”不属于相同的商标,贴附“BDK”标识的手机自然就不属于假冒注册商标的商品。扣除贴附“BDK”标识的手机的销售金额,陈某的销售金额达不到刑法规定的数额较大即销售金额在5万元以上,因此,陈某的行为不构成销售假冒注册商标的商品罪。但其行为属于民事侵权行为,应由民法予以调整。

(案例编写人:上海市浦东新区人民法院　罗开卷)

6

先消费后办理信用卡透支还款的能否认定恶意透支

简要案情

杨某办理信用卡并开通使用,透支本金累计 11 万余元。银行通过杨某办理信用卡时留存的手机号码、地址,以电话、信函等方式多次向其进行有效的催收,而杨某在案发前仍未归还。

主要问题

关于先消费,后办理信用卡透支还款的行为是否属于"恶意透支",出现了不同意见。第一种意见认为,行为人先前因为归还债务办理信用卡时,对后期不能还款缺乏预期,其在透支后因为经营不善、经济状况恶化而导致不能还款,属于客观因素导致,非法占有的目的不明显。第二种意见认为,"恶意透支"的认定并不受债务持卡人先前债务产生的时间和原因的影响,持卡人在办理和使用信用卡透支时,对其还款能力应当有基本的预期。该类信用卡透支中,持卡人前期已经出现还款能力不足,但仍使用信用卡进行透支。持卡人在形式上为合法的信用卡持有人,在客观上实施了透支信用卡的行为,在透支后拒不归还,可以推定其在主观上已经具有了非法占有的目的,该行为完全符合信用卡诈骗罪的规定,因此应当属于"恶意透支"。

案例分析

笔者赞同第二种意见,即杨某的行为构成信用卡诈骗罪。

金融业既是经济发展的工具,也是经济发展程度的标志,现代市场经济必然伴随着高度发达的金融产业。信用卡作为一种金融工具,因其具有预付费、流通广、易操作、携带便捷等特点,信用卡的广泛使用对于便捷人民生活、活跃市场经济、促进社会发展起到了至关重要的作用。但是,因为信用卡具有先消费、后还款的特点,同时某些银行在信用卡申请审核方面把关不严,一些不法分子利用这些漏洞,盗用、套用、恶意透支信用卡牟取不当利益,损害了银行的利益,同时也扰乱了正常的金融秩序。信用卡诈骗犯罪数量持续增长,并且呈现出涉案金额大、地域广和作案手段多样化、智能化、隐蔽化、新型化的特征。

近年来,使用信用卡归还经营、购物欠款的现象日益增多。部分经营者由于经营期间缺乏资金,为了归还前期欠款,而向银行办理信用卡进行透支。一些商品销售厂家为了刺激消费,推出了一系列依附于信用卡的"先消费,后办卡扣款"的销售方式,即在消费者需要购买一种商品,但暂时又没有这么多积蓄时,由商家先将商品交付消费者,同时,商家要求消费者向银行申请一张信用卡,待信用卡审批后,再从信用卡的额度中将购买相关商品的费用予以扣除,消费者后续将透支的信用卡归还即可。这是一种新型的信用卡透支方式,与传统类型的信用卡透支相比,这些持卡人在申领信用卡时,即已经存在债务,后来为了归还前期债务而办理信用卡进行透支消费。如果持卡人在后期经银行合法催收后,未能如期归还透支额度,其行为是否属于信用卡诈骗罪中的"恶意透支"呢?笔者认为,认定信用卡诈骗罪中的"恶意透支"并不受债务持卡人先前债务产生的时间和原因的影响,而应看持卡人是否基于非法占有的目的透支了信用卡,并经银行合法催收后仍不归还透支款项。这是因为:持卡人在形式上为合法的信用卡持有人,在客观上实施了透支信用卡的行为,在透支后拒不归还;在主观上具有非法占有目的,其行为符合信用卡诈骗罪的规定,属于"恶意透支"。

一 透支者为合法持卡人

《刑法》第196条对信用卡诈骗罪的客观行为方式规定有4种,分别为:(1)使用伪造的信用卡,或者使用以虚假的身份证明骗领的信用卡;(2)使用作废的信用卡;(3)冒用他人信用卡;(4)恶意透支信用卡。从上述规定可以看出,前三种信用卡诈骗罪中行为人使用的是伪卡、废卡或冒用的卡实施的诈骗,在认定时较为容易,只要行为人使用上述三种信用卡进行了诈骗活动,数额较大的,即可以认定为构成信用卡诈骗罪。第四种为“恶意透支”,刑法对此予以单独规定,由此可以判断,“恶意透支”的持卡人应当是信用卡的合法持有者。《刑法》第196条第2款指出,“恶意透支”是指持卡人以非法占有为目的,超过规定限额或者规定期限透支,并且经发卡银行催收后仍不归还的行为。该条文也印证了“恶意透支”的主体应当为合法的持卡人这一判断。

所谓合法“持卡人”,是指依照规定提交相关材料,向发卡银行提出申请,由发卡银行进行审核通过后,给付其信用卡并准予其使用的人。第一,从形式上看,该信用卡必须为持卡人通过申请后从银行合法获得。持卡人必须是以自己的真实身份证明,依照银行要求提交相关资料,由银行信用卡管理部门进行正常的审核、核准后,依照相应的申领程序由发卡行向其发放信用卡的人。对于持卡人而言,其在申领信用卡时必须使用的是自己的真实身份证明,否则就属于信用卡诈骗罪中第一种“使用虚假的身份证明骗领信用卡”的行为,而非“恶意透支”。第二,从法理上看,刑法条文的规定要求“恶意透支”的主体应当为合法持卡人。《刑法》第196条规定信用卡诈骗罪的行为方式共有4种,其中前三种均是持有的非法信用卡,第四种为“恶意透支”,由此可见,立法机关对使用伪卡、废卡或冒用卡等非法信用卡直接以信用卡诈骗认定,而对“恶意透支”进行专门规定,其用意就是要让“恶意透支”的主体与前面三种行为的主体有所区别。然而,从根本上来讲,使用伪卡、废卡或冒用信用卡的行为均属于“恶意透支”,使用非法信用卡的人并未取得银行的许可,其系通过欺诈的方式骗取银行对其授予信用额度而进行恶意透支消费。法理中要求立法时对条文应当尽量简练,如果“恶意透支”中的主体包括非法持卡人,那么刑法对前三种行为也就没有必要单独列明表述了。由此可见,刑法规定的恶意透支行为理应属于合法持卡人利用有效真卡进行透支的行为。第三,从逻辑上讲,只有合法持卡人使用信用卡进行透支才有“善意”与“恶意”之分。就逻辑上而言,只有合意双方均知情并许可时才能称之为“善意”。信用卡透支亦如此,信用卡持卡人透支的合法基础在于银行的授权。持卡人所持信用卡如果系通过真实资料申请,由银行审核后申领而来,在后续使用中严格按照信用卡使用流程正常透支、还款的,即可以认定其为“善意的透支”;而如果持卡人通过真实身份证明申领信用卡,透支使用后拒不归还的,则其具有了“非法占有的目的”,违反了信用卡使用的规定,属于“恶意透支”。行为人如果使用伪卡、废卡或冒用信用卡的,因其使用的信用卡并未取得银行的授权,而系通过欺诈的方式取得,其行为本身即为违法,属于“恶意透支”,而无须在刑法条文中再专门规定。

二 持卡人具有非法占有目的

2018年修正的《最高人民法院、最高人民检察院关于办理妨害信用卡管理刑事案件具体应用法律若干问题的解释》(以下简称《信用卡案件解释》)第6条对"恶意透支"作了更为具体的规定,即"持卡人以非法占有为目的,超过规定限额或者规定期限透支,并且经发卡银行两次有效催收后超过三个月仍不归还的,应当认定为刑法第一百九十六条规定的'恶意透支'"。具体而言,需要从主观和客观两个方面进行解读和认定,遵循从客观行为方式推定主观目的,同时还应结合具体案情进行系统判断把握,把持卡人申领信用卡时和后续使用信用卡的情况综合起来予以考量。

从客观方面来看,持卡人使用其合法从银行申领的信用卡进行了透支消费,但在到期后不按期归还透支本息。从主观方面来看,持卡人透支后在主观上具有非法占有的目的和意思表示,这种主观方面的认定需要结合持卡人的客观行为进行判断。从法律规定来看,持卡人进行了透支行为,且经过发卡银行合法的催收程序后,超过3个月仍不归还的,即可认定持卡人具有非法占有的目的,除非持卡人是基于客观因素而非主观原因致使其无法还款,如持卡人病重住院或因违法犯罪被司法机关羁押等。《信用卡案件解释》第6条第2款中规定了6种行为:(1)明知没有还款能力而大量透支,无法归还的;(2)使用虚假资信证明申领信用卡后透支,无法归还的;(3)透支后通过逃匿、改变联系方式等手段,逃避银行催收的;(4)抽逃、转移资金,隐匿财产,逃避还款的;(5)使用透支的资金进行犯罪活动的;(6)其他非法占有资金,拒不归还的情形。其中,前5种情形规定了行为方式,即只要行为人具有上述5种情形之一的,即可推定其具有非法占有的目的。第6种情形是一个兜底条款,因为法律条文毕竟有限,不可能穷尽所有的具体行为方式。但也正是这一个笼统的兜底条款,导致在案件审理过程中容易出现分歧。前5种行为方式可以直接推定持卡人在主观上具有非法占有的目的和意思表示。

对于其他类型"恶意透支"非法占有目的的认定,在司法实践中,应综合以下因素予以考量:(1)持卡人申领信用卡时资料的真伪。银行要求信用卡申请者如实提交自己的身份证明、收入状况、家庭情况、工作单位等一系列资料,作为审核申请人是否具有申领信用卡的资格及给予的额度,同时对风险进行评估。如果持卡人在申请信用卡时隐瞒或者虚报自己的收入、工作、财产等信息,从而骗得额度更高的信用卡,后透支后不予归还的,可以认定其具有非法占有的目的。(2)持卡人的财力状况和还款意愿。持卡人在透支后具有良好的还款能力,但是经银行合法、有效催收,超过规定期限后仍然拒不还款的话,那么其主观上就具有非法占有的目的。(3)持卡人经济状况发生变化后仍大额消费的。持卡人在申领信用卡时,具有较好的经济基础,但在用卡过程中,经济状况发生变化,其在明知无力偿还的情况下,仍大额透支信用卡,导致不能还款的。(4)持卡人虚报用卡情况的。持卡人进行透支后,向银行虚报用卡情况,谎称信用卡被冒用、盗刷等,逃避还款义务的,可以认定其具有非法占有的目的,属于恶意透支行为。(5)肆意挥霍自己财产的。持卡人使用信用卡进行透支,在银行向其催收后,为了防止银行向法院起诉自己的财产被法院执行,肆意挥霍自己的财产,导致不能还款的。(6)持卡人使用信用卡进行套现的。信用卡取现和套现是不同的,信用卡取现是使用信用卡的额度在银行进行取款的行为,而信用卡套现则是在没有实际交易的情况下,使用他人的 POS 机进行刷卡,再扣掉一定的手续费后持卡人拿走现金的行为,使用信用卡进行套现是一种违法行为,如果持卡人使用信用卡进行大额套现后,拒不归还的,可以认定其具有非法占有的目的。

三 先消费后办卡扣款仍然属于信用卡透支

1. 先消费后办卡扣款中存在两个法律关系

在先消费后办理信用卡扣款的消费模式中,存在两种不同的法律关系:一种为持卡人与债权人之间的债权债务关系;另一种为持卡人与银行之间的信用卡申领、使用关系,银行与持卡人的债权人之间并不存在直接的法律关系,银行仅是帮助持卡人代偿债务。在前一个债权债务关系中,持卡人并非当场偿付债务,而是先从债权人处取得财物,后向银行申领信用卡,用信用卡支付债务,此时,持卡人与债权人之间形成了民事中的债权债务关系。在第二个法律关系中,购买者向银行申请信用卡并获得通过后,其即成为该银行的合法持卡人,依照约定,其有使用信用卡的额度进行透支消费的权利。其在拿到信用卡后使用信用卡支付前期拖欠债务的行为,为正常的透支消费,与其他透支行为并无区别,属于信用卡透支。因此,如果持卡人透支后,经银行二次合法、有效催收后,超过 3 个月仍不归还的,亦属于“恶意透支”。

2. 恶意透支金额的计算

《信用卡案件解释》第 9 条第 1 款规定:“恶意透支的数额,是指公安机关刑事立案时尚未归还的实际透支的本金数额,不包括利息、复利、滞纳金、手续费等发卡银行收取的费用。归还或者支付的数额,应当认定为归还实际透支的本金。”根据这一规定,信用卡诈骗罪中的“恶意透支”的数额只能计算正常的本金,其他费用不应当计算在内。但在先付费后办卡扣款中则有所区别,在该类消费中,持卡人与债权人之间除了本金之外,往往还有债权人额外收取的手续费、利息、滞纳金等费用,但是这些费用因为属于持卡人的债权人收取,持卡人在使用信用卡进行透支时,银行一并进行了支付,这些费用并非由于银行的原因而产生,应当属于持卡人透支的本金,在计算恶意透支金额时,应当一并计入。

(案例编写人:上海市松江区人民法院 刘磊)

7

从洋垃圾中分拣出外国残损硬币进行加工出售的行为性质

简要案情

贾某长期在A市开设店铺，从事古钱币、国外硬币的销售业务。贾某以每公斤13元至1000多元人民币不等的价格从赵某、钱某、孙某和李某等人处购买从国外洋垃圾中分拣出来的欧元、西班牙元、爱尔兰镑等国外残损硬币，并指使毕某购买清洗机、甩干机、冲床、榔头等加工设备，在其老家B市设立加工点，对上述购买的国外残损硬币进行分拣、清洗、甩干、冲压、磨光，并提供一本外币的图册，让毕某按照图册上欧元硬币的照片，将已经分离的硬币的内芯外圈根据不同国家融合在一起等加工，然后对外发运。贾某负责联系客户，按照硬币上的面值，基于并低于银行汇率，或指使毕某将上述硬币向周某、吴某、郑某和王某等直接发售，或指使毕某将上述硬币发运至贾某前述经营场所用于出售。其中郑某等人在德国银行兑换上述欧元硬币时，因涉嫌走私假欧元被德国警方逮捕。

B市公安局在对毕某的加工点搜查时，扣押了毕某对外发出的已加工的国外残损硬币的销货清单。经A市某会计师事务所审计，销货清单记录的国外残损硬币折合人民币100余万元。

贾某在案发前接受公安人员的询问中，始终避重就轻，隐瞒自己开设加工点，指使他人加工外国硬币的行为，其在获知有人在德国因兑换欧元硬币被抓后，再也不做欧元硬币生意；贾某到案后对自己销售加工后的残损外国硬币的事实供认不讳，但称其销售的是真币，并以购买人多次在外国银行兑换成功为依据予以证明，以及证人的证言笔录证明贾某还提供一本外币图册，让毕某按图册上欧元硬币的照片,将内芯外圈按不同国家进行敲合。在德国查获的部分欧元硬币就有因敲合错误导致外圈和内芯属于不同国家制造的情况。

主要问题

本案中,对行为人的行为定性,在罪与非罪和此罪与彼罪之间存在以下不同意见。

第一种意见认为,应认定为变造货币罪。理由是本案用于制造涉案货币的"原料"是流通或者至少曾经流通的货币,且行为人只是对"原料"进行了清洗、冲压、敲合等简单的加工,并不是刑法意义上的伪造,应当认定为变造行为。

第二种意见认为,应认定为伪造货币罪。理由是伪造货币是一个"从无到有"的过程,本身不存在真币,是以非真币的"原料"作为犯罪对象。本案中,涉案的"原料"是残损货币,已经退出流通市场,丧失了真币承载的货币公共信用,已不是刑法或经济学意义上的货币,只是物理意义上的金属,因此,只能成为伪造货币而非变造货币的犯罪对象。本案中,行为人虽然只是对"原料"进行清洗、冲压、敲合等简单加工,但已足以造成冒充真币的效果,完全具备进入流通领域的现实可能性,符合伪造货币的本质特征,而只需简单加工的唯一原因在于"原料"的特殊性,这其实跟伪造货币的本质特征并无直接关系。

第三种意见认为,应认定为非法经营罪。理由是行为人到案后对自己销售加工后的残损外国硬币的事实供认不讳,且有多名证人证言、相关书证予以证实。但行为人辩称其销售的是真币,在国家指定交易场所外进行外汇买卖,因此应以非法买卖外汇予以惩处。

第四种意见认为,应认定无罪。理由是:本案涉案对象均非本国货币,流通于他国或在他国银行兑换,并未侵犯我国货币发行制度及货币公共信用;行为人是按斤收购,销售比照汇率的5~9折进行,即在行为人看来,这些硬币不是直接对应汇率的外币,仅是作为普通商品在销售,且收购和销售均有固定客户,并非面对社会公众或者不特定多数人,其与客户的交易,仅是从运输入境到运输出境之间的一个环节;再加上境内的银行或者其他的外汇兑换机构自2000年以后即不兑换上述外币硬币,虽无明确规定,但已是业内的做法。故外币硬币在境内既无支付功能,也无汇兑功能,故该行为不应以货币犯罪论处。同时,由于境内没有任何合法的渠道可以进行场内、合法的外币硬币兑换,也就没有合法经营,从而也就无所谓非法经营。典型的场外外汇交易是对国内金融市场秩序的破坏,而本案涉及的外币硬币不可能介入境内的流通和兑换机制,仅通过境内的转手、境外的兑换才能重新回到兑换、流通领域,其货币属性完全体现在境外。因此,根据罪刑法定原则,行为人的行为应无罪。

可以看出,对本案行为的定性,首先取决于行为人的行为是否侵害了刑法所保护的法益;在行为人的行为侵害了法益的前提下,是属于破坏金融管理秩序的货币犯罪还是属于扰乱市场秩序的非法经营犯罪,便在于其行为符合何种犯罪的构成要件。

案例分析

一　客观行为分析

从实质上来讲,“只有具备以下两个条件,才能认定为犯罪:其一,发生了违法事实(违法性);其二,能够就违法事实对行为人进行非难(有责性)”,[①]即一个行为若在客观层面是违法的并不具有违法阻却事由,且行为人在主观层面是有责任的并不具有责任阻却事由的话,那么便可以认定行为人的行为是犯罪行为。进一步而言,之所以行为具有违法性,形式上是指违反了刑法规范,实质上便是指具有法益侵害(或危险)性。

刑法通过保护货币的公共信用,以此来保障金融秩序。对货币进行伪造或者变造使人们对货币的真实性产生疑惑,进而侵犯了货币的公共信用。需要注意的是,刑法在保护货币的公共信用的同时也保护货币的发行权。因为若不保护货币的发行权,任何单位和个人都可以随意发行任意种类的货币,则货币的公共信用也必将随之倾覆。

---

① ［日］前田雅英:《刑法总论讲义》,东京大学出版会 2006 年版,第 36 页。转引自张明楷:《以违法与责任为支柱构建犯罪论体系》,载《现代法学》2009 年第 6 期。

本案中,贾某等人加工并出售欧元等外国的残损硬币给他人,使得他人带至德国当地银行兑换,后被德国警方查获并被德国检方起诉,引起外国媒体一定程度的关注,造成了较为恶劣的国际影响。尽管涉案硬币是境外的,但在当今世界经济国际化的浪潮中,各国几乎都成为国际市场不可缺少的一部分,保护每一个国家法定货币的信用已经成为世界各国的共同义务。当今世界许多国家对货币犯罪的处罚,都是站在"世界主义"的立场上规定的。同时,对我国人民币的保护,不仅要靠自己,亦需其他国家的配合性保护。根据国际交往中的互惠原则,货币的保护也应是相互的。[①] 所以,将境外货币纳入我国假币犯罪的对象范围,对其予以同等保护这一做法符合当前各国刑事立法的发展方向,有利于国际合作共同打击假币犯罪,特别是在人民币区域化、国际化已经迈出实质性步伐的背景下,强调对外国货币的刑事保护具有重要的现实意义。可见,贾某等人的行为是具有法益侵害性的,若同时违反了刑法规范,则应当予以定罪处罚。是故,基于上述案情,笔者认为行为人的行为符合伪造货币罪的构成要件。具体论述如下。

1. 对"伪造"的解释

由于《刑法》第 170 条对伪造货币罪的客观构成要件行为未作明确规定,只是简单地表述为"伪造货币的,处……"尽管 2010 年《最高人民法院关于审理伪造货币等案件具体应用法律若干问题的解释(二)》(以下简称《伪造货币等解释二》)第 1 条第 1 款规定,"仿照真货币的图案、形状、色彩等特征非法制造假币,冒充真币的行为",应认定为"伪造货币"。但是,这只不过是对现有的并未穷尽的伪造行为手段,作通常的自然意义上的概括性规定,不能认为就是对"伪造"一词的内涵和外延的精准性穷尽解释。

《现代汉语词典》中将"伪"解释为:"有意作掩盖本来面貌的;虚假(跟'真'相对)。"可见,"伪造"行为,便是有意作掩盖本来面貌的制造行为,即假造。同时,由于没有对应真币的伪造行为,也是必须仿照真币的特征而进行伪造,否则天马行空式地随意伪造出的货币,是无法冒充真币的。因而,伪造货币虽然需要以"仿照真货币"为要件,但却不以是否存在对应的真币为要件,只要所伪造的货币与真实存在的货币具有一定的相当性即为伪造。因为一旦所伪造的货币与真币具有了一定的相当性,则会足以使得一般人误认为是真币,便满足了"冒充真币"这一要件。需要注意的是,

---

① 参见于蕾:《假币犯罪司法认定若干问题研究》,大连海事大学 2010 年硕士学位论文。

"冒充真币"即为冒充真币使用,而这种使用可能是伪造者直接实施,也可以是交付第三者后由其行使。因此,在规范意义上,若对"伪造"一词进行解释,可以是没有货币制作发行权的人,非法制造出外观上足以使一般人误认为是货币的假币的行为。

本案中,贾某以每公斤13元至1000多元人民币不等的价格从赵某、钱某、孙某和李某等人处购买从国外洋垃圾中分拣出来的欧元、西班牙元、爱尔兰镑等国外残损硬币,然后指使毕某购买清洗机、甩干机、冲床、榔头等加工设备,在其老家B市设立加工点,对上述购买的国外残损硬币进行分拣、清洗、甩干、冲压、磨光,并提供一本外币的图册,让毕某按照图册上硬币的照片,将已经分离的内芯外圈根据不同国家分别敲合在一起等加工,然后对外发运的事实表明:其一,行为人将从国外洋垃圾中分拣出来的残损硬币,通过清洗、甩干、冲压、磨光,并按照外币的图册对残缺、污损的硬币进行敲合等制造工序,即属于一种有意掩盖残损硬币本来是已经报废或不能再流通的面貌的造假行为。

其二,行为人辩解其加工的都是"真币",仅仅是对残损的"真币"进行修复,并未制造出新的硬币。行为人的辩解若得以成立,必须基于这样一个前提,即行为人可以对残损、污损的硬币进行所谓的"修复性"加工,使其重新进入流通领域。但事实上并非如此。《中国人民银行法》第18条第1款规定,人民币由中国人民银行统一印制、发行;第21条规定,残缺、污损的人民币,按照中国人民银行的规定兑换,并由中国人民银行负责收回、销毁。《人民币管理条例》第15条规定,人民币由中国人民银行统一发行;第22条规定,办理人民币存取款业务的金融机构应当按照中国人民银行的规定,无偿为公众兑换残缺、污损的人民币,挑剔残缺、污损的人民币,并将其交存当地中国人民银行;中国人民银行不得将残缺、污损的人民币支付给金融机构,金融机构不得将残缺、污损的人民币对外支付;第23条规定,停止流通的人民币和残缺、污损的人民币,由中国人民银行负责回收、销毁;具体办法由中国人民银行制定;第39条规定,人民币有下列情形之一的,不得流通:(1)不能兑换的残缺、污损的人民币;(2)停止流通的人民币。可以看出,对于残缺、污损的人民币,若能兑换,则应兑换后再进入流通;不能兑换的,则不能再流通。

人民币进入流通不外乎两种途径:通过中国人民银行发行进入流通和残缺、污损的人民币经过兑换后再流通。这便意味着,除了中国人民银行可以发行人民币以外,任何单位和个人都无权针对残缺、污损的人民币进行任何形式的加工、组装等行为,因为这种加工等行为,一般不可能不再进入流通,而是为了让其顺利地再进入流通。

再根据前述法律规定,对于残缺、污损的人民币,按照中国人民银行的规定兑换后由中国人民银行负责收回、销毁。即具有货币发行权的中国人民银行也不会将残缺、污损的人民币再加工后进入流通,而一般的自然人和单位是当然的不具有发行人民币的权力,其也无权针对已经残缺、污损的硬币进行伪造性复原加工等行为使其再进入流通。

根据《伪造货币等解释二》的规定及前述国际上对货币保护的互惠原则,将境外货币纳入我国假币犯罪的对象范围,并对其予以同等保护没有疑问。因而便可以得出行为人的行为不可能是兑换,故其实质乃伪造。可以说,"伪造的方法是没有限制的,将已经报废处理残破货币,重新加工之后作为真货币使用的,也是伪造"。①

其三,行为人按照其伪造的硬币上的面值,基于并低于银行汇率,将伪造的硬币向其他人出售,让其他人冒充真币去银行兑换,即满足了"伪造……冒充真币"这一构成要件。

2. 对"假币"的解释

《现代汉语词典》中将"假"解释为:"不真实的,伪造的,人造的(跟'真'相对)。"可以说,只要不是真币,那就是假币。为了厘清"假币"的概念,首先明确什么是"真币"。所谓"真币",应是由有权机关根据法律规定发行的可以流通或兑换的货币。需要注意的是,此处的"真币"是不能包含材料是真币的材料,但已不能再流通或兑换的"货币"。因为真实的货币是国家有权机关发行的,能起到其应有的流通、支付手段等作用,一旦其失去货币的功能,无论其形态是完整的还是残损的,便回到了其材料所具有的本来属性。换句话说,"真币"的属性只是国家赋予一些能制造成货币的材料的社会属性,而非其自然属性。所以,当"真币"已不再流通或兑换时,其所体现的社会属性也随之消逝,剩下的便只有材料本身的自然属性,不再也不可能是真实的货币。

此外,2003 年中国人民银行发布的《中国人民银行假币收缴、鉴定管理办法》第 3 条第 2 款明确规定,本办法所称假币是指伪造、变造的货币。易言之,只要前述的"伪造"行为能够认定,则所造出来的就必然是"假币",反之也可以说,只要能够论证行为人所制造的是"假币",则行为人的行为就是伪造或变造。伪造与变造的关键区别就在于,行为对象是否是真币。对真币进行加工的即为变造行为,此外的便是伪造

① 黎宏:《刑法学》,法律出版社 2012 年版,第 536 页。

行为。

结合本案,行为人到案后对自己销售残损外国硬币的事实供认不讳,但辩称其销售的是真币。如前文所述,行为人之所以辩称是真币,在于其未能理解真币的实质含义。但仍然需要注意的是,本案涉及的残损硬币除了欧元之外,还包括欧元区的西班牙元和爱尔兰镑,由于自 2002 年 7 月 1 日起,欧元区各国原货币已退出流通,欧元将成为欧元区内的法定货币。因此,对于欧元区各国原货币持有者,则只能由中国银行办理托收,即由中国银行负责运至原发行国,向该国央行进行兑换,托收期间产生的费用,由原有货币持有人承担。

根据 2000 年《最高人民法院关于审理伪造货币等案件具体应用法律若干问题的解释》第 7 条第 1 款的规定,即"本解释所称'货币'是指可在国内市场流通或者兑换的人民币和境外货币"。因此,不能流通的或者不能兑换的货币是不构成本解释所称的"货币"。据此,行为人可能认为,其所加工的"货币"不符合上述解释。但是,上述解释中对"货币"的限定已被 2010 年《伪造货币等解释二》所否定。该解释第 3 条第 1 款规定:"以正在流通的境外货币为对象的假币犯罪,依照刑法第一百七十条至第一百七十三条的规定定罪处罚。"但行为人依然可能认为,其加工的部分"货币"在欧元区原有国家现已停止流通,依然不符合上述解释。

对此,笔者认为,本案中除欧元外的部分硬币虽已不可在国内市场兑换,只表明其在我国境内无支付功能和汇兑功能,但并不表明其在境外的情况。事实上,本案中的"货币"就是以其在境外能够流通或兑换为前提的,否则行为人的行为也就不构成伪造货币罪。因为,境外货币既可以包括可在我国自由兑换的外国货币,也可以包括目前尚不可以在我国自由兑换的外国货币,但依然是可以在境外兑换的境外货币。对《伪造货币等解释二》中的"以正在流通的境外货币"之"流通"的合理解释,应当是"不是指具有强制流通力,而是指其事实上处于流通状态"。① 行为人与他人之间的买卖行为也表明,其所加工出来的"货币"在事实上的确处于流通(或可兑换)状态。

再者,行为人仍然可能认为,其所加工、敲合出来的一些货币是错币(有些硬币的内芯和外圈相似,容易将 A 的内芯与 B 的外圈敲在一起),即其伪造出来的货币没有与之相对应的真币,所以其行为就不是"冒充真币"的行为。对此,一般而言,伪造假币冒充真币,通常情况下应存在与伪造的货币相对应的真币;但事实上行为人完全可

---

① 周光权:《刑法总论》(第 2 版),中国人民大学出版社 2011 年版,第 218 页。

能伪造一种外观上足以使一般人误认为是货币的没有真币对应的假币。因为,即使是无对应真币的伪造行为,也必须仿照真货币的图案、形状、色彩等特征,否则随心所欲、天马行空般地伪造出来的货币是不可能足以使一般人误认为是货币的。而事实上,行为人提供一本外币的图册,让他人按照图册上欧元硬币的照片,将内芯外圈根据不同国家敲合在一起,也表明行为人的行为是满足"仿照真货币"这一要件的要求的。

最后,行为人也可能依然辩解到,若是假币,购买者就不可能按照汇率多次购买,正是因为这些铸币被带入有关国家能实际使用、兑换,所以,其加工出来的都是真币。这恰恰表明行为人伪造货币,并冒充真币的行为性质。试想,若伪造出来的货币,没有人相信可以流通、兑换,即不足以使一般人误认为是真币,而伪造货币罪对行为的要求就是指伪造出来的货币能冒充真币,否则便不会侵害到货币的公共信用,则行为也就不构成伪造货币罪。

3. 行为的排他性分析

基于前文对伪造货币构成要件的分析可以看出,伪造货币与变造货币的关键区别在于"相关的制造行为是否是在'失去货币同一性'的物体基础上进行的",①或者说行为对象是否是真币。需要注意的是,曾经是真实的货币,当其失去了货币的同一性时,当然不再是真币,只是生产货币的材料而已。可见,变造货币的行为对象必须是真币。据此,本案不构成变造货币。此外,行为也不构成非法经营(非法买卖外汇),因为构成非法经营的前提,同样是涉案硬币必须是在国内有合法交易场所进行交易的真币。

综上,行为人的行为在客观上是一种伪造货币的违法行为。

二 主观层面分析

当行为符合构成要件时,一般就可以推定行为违法,即行为已具有法益侵害性。只要行为人主观上具备责任事由且没有责任阻却事由,便可以认定行为人构成伪造货币罪。

《刑法》第14条第1款规定:"明知自己的行为会发生危害社会的结果,并且希望

① 刘宪权:《货币犯罪若干司法疑难问题探析》,载《犯罪研究》2008年第2期。

或者放任这种结果发生,因而构成犯罪的,是故意犯罪”。可见,我国刑法对故意采取容忍说。所谓容忍,“只要行为人对结果的发生‘不介意’,对可能发生的结果‘完全不关心’”,①并“认可、忍受该结果的发生”,②就足以成立故意。进一步而言,在认识要素中,行为人对自己行为性质的认识是“对于行为的自然性质或是社会性质的认识”,③行为人必须是认识到行为的社会意义,其行为对他人、国家和社会是有害的,即法益侵害性。此外,行为人也必须认识到其行为必然或可能会发生某种危害结果(包括侵害结果和危险结果)。对这种结果的认识,不需要是明确的具体的,可以是一种概括的认识。在意志要素中,表现为行为人希望或放任上述的危害结果的发生。

具体到本案,行为人在案发前接受公安人员的询问中,始终避重就轻,隐瞒自己开设加工点,指使他人加工外国硬币的行为,其在获知有人在德国因兑换欧元硬币被抓后,就再也不做欧元硬币生意;行为人到案后虽然对基本犯罪事实始终不持异议,但始终认为不构成犯罪,认为涉案硬币都是真币,并以购买人多次在外国银行兑换成功为依据予以证明,以及证人的证言笔录证明行为人还提供一本外币图册,让其按图册上欧元硬币的照片,将内芯外圈按不同国家分别进行敲合。在德国查获的部分欧元硬币,因敲合错误导致外圈和内芯属于不同国家制造等事实表明:其一,虽然行为人认为其不构成犯罪,认为涉案硬币都是真币且也兑换成功,但其不敢光明正大地加工硬币则恰恰表明其已经认识到其行为是对外国硬币进行不法加工,如果是合法的,或者说非货币发行主体有权对残损、污损进行修复、加工,使其重新进入流通,则其完全可以光明正大地做此种“生意”。即行为人知道自己没有权力对这些残损、污损硬币进行修复加工。同时,也意味着行为人已经认识到其行为必然或可能会对他人、国家和社会有害,尽管其对危害结果的认识不是很明确、具体,但是其也是能够认识到会给他人造成损失。因而其行为是具有社会危害性的,而“行为的社会危害性与违法性是一致的。当行为人认识到自己的行为的社会危害性时,通常能表明他认识到了行为的违法性,没有必要再要求其一定明知行为的刑事违法性”,④即当行为人认识到自己行为的内容、社会意义与危害结果,并希望或者放任这种结果发生时,就反映出行为人积极侵犯法益的态度,并不是只有认识到违法性时,才能反映这种态度,因而

---

① 张明楷:《外国刑法纲要》(第2版),清华大学出版社2007年版,第216页。
② 陈兴良:《教义刑法学》,中国人民大学大学出版社2010年版,第429页。
③ 周光权:《刑法总论》(第2版),中国人民大学出版社2011年版,第111页。
④ 刘宪权主编:《刑法学(上)》(第5版),上海人民出版社2020年版,第156页。

也就不需要行为人认识到其行为违反了刑法规定。其二,行为人在已经认识到其行为具有法益侵害性的社会危害性质的基础上,对法益侵害的结果的发生完全不介意,继续其所谓的"生意",即表现为其希望或放任上述的危害结果的发生。因而,行为人在主观上具有伪造货币的故意,并且不具有责任阻却事由。

综上,对行为人的行为应认定为伪造货币罪。此外,对行为人伪造货币并出售的行为,根据《刑法》第170条的规定,伪造并出售假币的按伪造货币罪定罪处罚。

本案之所以会有罪与非罪、此罪与彼罪的争论,是没有妥当理解"构成要件符合性"所致,而不是遵守罪刑法定原则的表现。所谓构成要件符合性,就是指案件的客观事实符合刑法所规定的具体犯罪的构成要件;某种事实'符合'构成要件即为某种事实具备了构成要件所要求的要素及其内在联系,即不缺少构成要件所要求的内容,亦即多了可以,但少了不行。本案中,行为人的行为就在于将残损的不具有货币功能但与真币具有相同材料属性的假币当作原材料进行加工,并出售,其并不缺少伪造货币罪中"仿照(行为人还特地提供一本外币的图册,让他人按照图册上欧元硬币的照片,将内芯外圈根据不同国家分别敲合在一起)真货币的图案、形状、色彩等特征非法制造假币(不具有货币发行权的人将已经不具有货币功能的硬币重新加工欲使其具有货币功能,就应当认定为是假币),冒充真币的行为"的构成要件要素。所谓的极具吸引人目光的材料是与真币一样的因素只不过表明,行为人伪造货币所用的材料与一般的伪造货币所用的材料不一样,具有特殊性,表象上显得更加真实。行为人就是利用已经是残损的根本就不再具备货币功能的假币材料与真币材料一致性的事实而已,这种原料的特殊性与伪造货币的实质特征没有关系。因此,该案的案件事实便是行为人将残损的不具有货币功能但与真币具有相同材料属性的假币当作原材料进行加工,并出售。由此可见,在归纳案件事实的时候,不能将目光盯在与构成要件不相关的事实上,进而影响了对案件事实的归纳与定性。

(案例编写人:上海市徐汇区人民法院　彭涛;
华东政法大学、上海市徐汇区人民法院　赵拥军)

8

持有他人大量信用卡交易虚拟货币的是否构成犯罪

简要案情

陈某等人明知在Okex平台上交易虚拟货币时使用的银行卡可能因电信诈骗等“黑钱”的流入而被司法机关冻结，为了避免银行账户被冻结后无法买卖虚拟货币，出于牟利目的指使多名亲友办理信用卡共计49张，用于交易虚拟货币。后被害人忻某被电信网络诈骗分子诈骗了190余万元，其中近5万元转入陈某指使亲友办理的信用卡内。

主要问题

明知在平台上交易虚拟货币时使用的银行卡可能因电信诈骗等“黑钱”的流入而被司法机关冻结，为了避免银行账户被冻结后无法买卖虚拟货币，出于牟利目的持有他人大量信用卡交易虚拟货币，是否构成犯罪，构成何罪？

案例分析

自区块链技术以及基于该技术产生的比特币进入公众视野以来，投资者对虚拟货币的投资热情便以只增不减的态势席卷全球。未来几十年间，虚拟货币或许将在世界范围内趋近常态化。然而，由于虚拟货币的“匿名化”以及区块链技术的“去中心化”特点，大量暗网交易及黑市交易将通过虚拟货币支付，同时虚拟货币也可为逃税、洗钱、贿赂、集资诈骗、非法套汇等犯罪行为提供便利。对于利用虚拟货币实施违法犯罪活动以及在交易虚拟货币过程中衍生的其他违法犯罪行为，如何运用刑法进行监管与规制，已成为应当予以高度关注的问题。

本案中，陈某持有他人大量信用卡交易虚拟货币的行为是否构成犯罪，构成何罪？第一种观点认为构成非法经营罪；第二种观点认为构成帮助信息网络犯罪活动罪；第三种观点认为构成妨害信用卡管理罪；第四种观点认为不构成犯罪。

一 关于持有、交易虚拟货币是否入罪的判断

2017 年，为监管国内大量涌现的代币、虚拟货币发行融资活动，中国人民银行、中央网信办、工业和信息化部等发布了《关于防范代币发行融资风险的公告》（以下简称《公告》）。《公告》载明，“代币发行融资中使用的代币或‘虚拟货币’不由货币当局发行，不具有法偿性与强制性等货币属性，不具有与货币等同的法律地位，不能也不应作为货币在市场上流通使用”“任何组织和个人不得非法从事代币发行融资活动”“任何所谓的代币融资交易平台不得从事法定货币与代币、‘虚拟货币’相互之间的兑换业务，不得买卖或作为中央对手方[①]买卖代币或‘虚拟货币’，不得为代币或‘虚拟货币’提供定价、信息中介等服务”。2021 年 9 月，中国人民银行、中央网信办、最高人民法院等十部门发布《关于进一步防范和处置虚拟货币交易炒作风险的通知》（以下简称《通知》），进一步明确虚拟货币不具有与法定货币等同的法律地位，虚拟货币相关业务活动属于非法金融活动，参与虚拟货币投资交易活动存在法律风险。任何法人、非法人组织和自然人投资虚拟货币及相关衍生产品，违背公序良俗的，相关民事法律行为无效，由此引发的损失由其自行承担。

从《公告》及《通知》来看，其一，虚拟货币的货币属性虽被明确否定，但仍应承认其财产属性。因虚拟货币系基于区块链技术形成，而区块链上的数据并非掌握在某个中心化的数据管理机构手中，而是由整个区块链系统中的全部节点对区块链上的信息独立进行记录。[②] 如此一来，虚拟货币的记录方式将更加透明、更难篡改。但同时，因其“去中心化”的特征，虚拟货币作为区块链中的一串数据并无任何国家、地区或权威组织为其背书，如果认可其货币属性，将不仅严重挑战法定货币的地位，更对

① 中央对手方，亦称共同对手方或共同交收对手方。

② 参见于程远：《论民法典中区块链虚拟代币交易的性质》，载《东方法学》2021 年第 4 期。

既存的社会经济秩序产生威胁。故《公告》和《通知》指出虚拟货币不具有货币的法律地位,也不可作为货币与法定货币进行兑换。然而不可否认的是,虚拟货币存在被市场广泛认可的财产价值。虽然,虚拟货币本身作为一串数字代码不具有内在价值,但投资者在交易时可将其作为商品,为其定义相应的价值,在得到交易相对方认可后,这一价值将被视为交易时该虚拟货币所具有的价值。并且,虚拟货币须"矿工"耗费大量人力、物力、电力"挖矿"产生,如将"挖矿"消耗的能源及劳动力时间看作虚拟货币的成本,那么购买虚拟货币便应给付相应的对价,而购买者由此给付的对价也将成为该虚拟货币所具有的价值。故由于虚拟货币具有相应的价值,其财产属性不应被否定。

其二,个人持有、自由买卖虚拟货币并未被明令禁止。在世界维度上比较,我国对虚拟货币的监管较为严格。我国现在是将虚拟货币当作一种网络灰产对待,体现鲜明的金融风险防控意识。我们虽然对区块链技术总体上持鼓励态度,但对基于区块链技术产生的虚拟货币是充满警惕和防范的,离全面禁止只有一步之遥。[①] 正如《公告》和《通知》中明确的,禁止开展法定货币与虚拟货币兑换业务、虚拟货币之间的兑换业务、作为中央对手方买卖虚拟货币、为虚拟货币交易提供信息中介和定价服务、代币发行融资等。但对于个人投资者,《公告》和《通知》未明文禁止个人投资者持有、交易虚拟货币,《通知》提示投资者,参与虚拟货币投资交易存在法律风险,引发的损失自行承担。

《刑法》第225条规定的非法经营罪,规制的是违反国家规定,严重扰乱市场秩序的非法经营行为。根据《刑法》第96条的规定,刑法中的"国家规定"是指全国人民代表大会及其常务委员会制定的法律和决定,国务院制定的行政法规、规定的行政措施、发布的决定和命令。上述《公告》《通知》系部门规章,且未禁止个人投资者持有、交易虚拟货币。因此,根据罪刑法定原则,陈某等人持有、交易虚拟货币的行为不构成非法经营罪。

二 关于帮助信息网络犯罪活动罪中"明知"的理解

本案案发源于被害人忻某被电信网络诈骗分子诈骗了190余万元,其中近5万元

① 参见苏宇:《如何监管数字代币》,发表于2021世界人工智能大会法治青年论坛。

转入陈某指使亲友办理的信用卡内,陈某明知虚拟货币交易平台可能有“黑钱”流入,而为他人提供帮助,有观点认为陈某的行为构成帮助信息网络犯罪活动罪。

《刑法》第 287 条之二规定的帮助信息网络犯罪活动罪,规制的是明知他人利用信息网络实施犯罪,而为他人实施犯罪提供技术支持或者帮助的行为。判断陈某的行为是否构成帮助信息网络犯罪活动罪,关键在于对“明知”的理解,具体可以从“明知”的内容和“明知”的程度这两个方面予以把握。

其一,“明知”的内容。所谓明知他人利用信息网络实施犯罪,既包括对被帮助者的明知,也包括对其利用信息网络实施犯罪的明知。概言之,包括明知对象和对象实施了信息网络犯罪。由于帮助者和被帮助者均隐藏在各自的虚拟身份之后,只是通过网络的资源和信息共享机制发生关联,故而对作为帮助对象的他人的明知,并不需要知道被帮助者的准确身份信息,也不需要知道被帮助者是否达到刑事责任年龄、具备刑事责任能力,但是需要知道其系利用信息网络实施犯罪的行为人。此处对他人利用信息网络实施的“犯罪”,应当理解为犯罪客观方面的危害行为而非犯罪构成意义上的犯罪。因为在网络世界中,往往会出现“一对多”的情形,即帮助者帮助了多人,尽管被帮助者分别实施的危害行为尚未达到犯罪的程度,但是帮助者多次帮助多人的行为具有严重的社会危害性,需要用刑法予以规制,如此可以避免“一对多”情形下个体受帮助行为危害性不够的评价困境。

其二,“明知”的程度。对帮助信息网络犯罪活动罪主观“明知”的程度,大致有三种观点:一是认为“明知”就是“确知”,不包括“可能知道”。若行为人仅是模糊地知道,或仅有一定的合理怀疑,不能认定为“明知”。二是认为“明知”包括“知道”和“应当知道”。“知道”指有证据证明行为人知道他人利用信息网络实施犯罪的事实;“应当知道”即行为人在提供技术支持或者帮助行为时,根据现实情况,应当知道他人是利用信息网络实施犯罪。三是认为“明知”在客观事实层面包括“确知”和“或知”,两者在法律事实层面均可体现为“实知”,即司法人员运用确实充分的证据查实行为人主观上知道他人利用信息网络实施犯罪。

第一种观点,将“明知”限定在“明确知道”这一狭窄的范围内,容易为犯罪分子利用,借口未被明确告知而不明知。帮助信息网络犯罪活动罪独立成罪的根由在于网络帮助犯罪出现异化,帮助者与受帮助者无直接、明确的犯意联络成为常态,以致传统的共犯理论已难以应对。在此情形下,提供网络服务的帮助者更为常见的心态是明知他人可能利用自己所提供的支持、帮助实施犯罪行为,但却听之任之、放任不管。如果把“明知”限定为“确知”,会将更为常态的法益侵害对象排除在外,不符合网络帮助犯罪的现实情况。①

第二种观点中所谓的“应当知道”,从字面意思解读就是行为人本来可以知道,但由于诸多原因导致最终的结果为不知道,其侧重点应当归结于行为人的“不知道”。把应当知道这种明显具有过失成分的认识因素解释成故意的内容,不适当地扩大了故意的范围,属于将过失强行解释为故意。张明楷教授指出,“明知”是一种现实的认识,而不是潜在的认识,即“明知”是指行为人已经知道某种事实的存在或可能存在,而不包括“应当知道”某种事实的存在,否则便混淆了故意和过失。若将“明知”扩大到“应当知道”,则会违反罪刑法定原则。②

基于以上两种观点都存在立法、司法层面的瑕疵,笔者更倾向于第三种观点,即行为人的主观“明知”在程度上应当包括“确知”和“或知”,两者在法律事实层面均可体现为“实知”。在很多情况下,作为提供支持、帮助的帮助者可能并不“确知”对方实施的具体犯罪行为,但是根据对方的要求、具体的操作流程及其业务经验,可以判断对方利用信息网络所实施的行为之法益侵害性,只是为了谋取利益而采取放任的态度。“或知”不是“可能知道”和“不可能知道”之间各半的关系,而是根据案件的具体情况可以判断行为人可能知道的概率很大,可能知道的盖然性远远高于可能不知道,故而可以认定其存在明知。在具体案件中,可以由司法人员结合案件的直接、间接证据加以判断,最终由最初的“或知”确定为“实知”。2019 年《最高人民法院、最高人民检察院关于办理非法利用信息网络、帮助信息网络犯罪活动等刑事案件适用法律若干问题的解释》(以下简称《帮信罪解释》),采用“列举 + 可反驳的客观推定”的方式对帮助信息网络犯罪活动罪中的“明知”进行了解释。其列举了经监管部门告知后仍然实施有关行为,接到举报后不履行法定管理职责,交易价格或者方式明显异常,提供专门用于违法犯罪的程序、工具或者其他技术支持、帮助,频繁采用隐蔽上网、加密通信、销毁数据等措施或者使用虚假身份,逃避监管或者规避调查,为他人逃避监管或者规避调查提供技术支持、帮助共 6 种司法实践中较常见可以认定为“明知”的客观事实,同时设置兜底条款,并指明前述客观事实的推定可以被相反的事实推翻。2021 年《最高人民法院、最高人民检察院、公安部关于办理电信网络诈骗等刑

---

① 参见阴建峰:《准确把握帮助信息网络犯罪活动罪“明知”之内涵》,载《人民法院报》2021 年 6 月 24 日,第 2 版。

② 参见张明楷:《如何理解和认定窝赃、销赃罪中的“明知”》,载《法学评论》1997 年第 2 期。

事案件适用法律若干问题的意见(二)》对“明知”予以进一步明确,提出认定“明知”,应当根据行为人收购、出售、出租信用卡、银行账户、非银行支付账户、具有支付结算功能的互联网账号密码、网络支付接口、网上银行数字证书,或者他人手机卡、流量卡、物联网卡等的次数、张数、个数,并结合行为人的认知能力、既往经历、交易对象、与实施信息网络犯罪的行为人的关系等主客观因素,予以综合认定。无论是在“确知”还是“或知”中,“实知”就是司法机关运用确实充分的证据查实的行为人主观方面“明知”。

本案中,依据陈某的供述、相关证人证言、具体的操作流程等,陈某等人与电信网络诈骗犯罪分子没有任何线上或线下的联络,并不是根据电信网络诈骗犯罪分子的要求使用相应的银行账户买卖虚拟货币。因此,就“明知”的内容而言,陈某既不明知特定的被帮助者,也不明知被帮助者所实施的相应信息网络犯罪;就“明知”的程度而言,陈某不具备《帮信罪解释》中所列举的6种可以认定为“明知”的客观事实,结合陈某的交易对象、与电信网络诈骗犯罪分子的关系等,陈某既不确知也不或知他人利用信息网络实施犯罪。综上,无法认定陈某明知他人利用信息网络实施犯罪,陈某不构成帮助信息网络犯罪活动罪。

三 关于非法持有他人信用卡中“非法”的把握

随着我国信用卡产业的高速发展,各类信用卡犯罪也日趋严重,呈现出犯罪数量增长迅速、大案发案率升高、跨境犯罪明显增多、分工专业化等特点。为了更有力地打击信用卡犯罪,维护我国的金融管理秩序、防范金融风险,《刑法修正案(五)》在《刑法》第177条后增加一条,作为第177条之一,增设了妨害信用卡管理罪,具体列明了4种构成该罪的情形,其中第2项规定,非法持有他人信用卡,数量较大的,构成妨害信用卡管理罪。本案中,陈某及其辩护人提出陈某系委托亲友办理信用卡,持有他人信用卡具有亲友的授权,来源合法,不具有“非法性”。因此,判断陈某等人持有他人大量信用卡买卖虚拟货币的行为是否构成妨害信用卡管理罪,关键在于对该罪法条中表述的非法持有他人信用卡“非法性”的把握。笔者认为,应当综合行为人的主观方面、客观行为、是否具有社会危害性作出认定。

首先,行为人主观上明知持有的是他人信用卡,且具有破坏信用卡管理秩序的故意。本案中,陈某明知Okex虚拟货币交易平台可能有“黑钱”流入,为了避免银行账户被冻结后无法买卖虚拟货币，出于牟利的目的，而与同伙指使他人办理大量信用卡供其进行虚拟货币交易，具有破坏信用卡管理秩序的故意。

其次，行为人客观上持有他人信用卡，且信用卡来源非法或来源合法但为非法目的而持有。中国人民银行发布的《银行卡业务管理办法》规定，银行卡及其账户只限经发卡银行批准的持卡人本人使用，不得出租和转借。本案中，陈某等人违反上述规定，指使亲友办理大量信用卡供其使用。即便经过亲友授权，但授权也应当限定于信用卡的合理使用范围内，违背社会公序良俗、侵害社会法益的授权无效。陈某等人为了逃避监管而使用大量他人信用卡交易虚拟货币，明显具有非法目的，应当认定为为非法目的而持有他人信用卡。

最后，行为人持有他人信用卡的行为具有社会危害性。妨害信用卡管理罪侵犯了国家金融管理秩序，属于社会法益而非个人法益。本案中，陈某等人持有大量他人信用卡在 Okex 平台上交易虚拟货币，客观上为其他犯罪分子实施犯罪提供了便利。从最终影响上来看，其持有他人信用卡的行为成为电信网络诈骗犯罪中的一环，严重扰乱了国家的金融管理秩序，具有社会危害性。

综上所述，陈某等人持有大量他人信用卡交易虚拟货币的行为具有刑事违法性、社会危害性和应受刑事处罚性，构成妨害信用卡管理秩序罪。

（案例编写人：上海市第二中级人民法院　沈言）

9

私募违法违规与非法集资犯罪的界限

简要案情

胡某在收购巨和投资管理公司、巨谷股权投资基金有限公司之后组建巨如集团，并担任法定代表人，其后又设立丽贯金融信息服务公司等公司，并逐步围绕上述公司组建“巨如意”“巨和宝”“币优铺”“爱理不离”“山海金”“佑途物联网”“巨如众吧”“巨谷基金”等网络借贷或者融资平台，延续其所收购巨和公司的经营模式，通过销售各类理财产品等方式非法集资，筹集资金由巨如集团、胡某统一支配使用。

胡某指使巨如集团金融板块负责人马某、前述各平台负责人严某等人，违反国家有关规定，伪造借款人信息，虚构债权转让、股权转让及融资项目等，通过业务员上门推销、网络及新闻媒体宣传等方式，承诺7% ~22%的高额回报，向社会公众公开销售理财产品。

其中，“巨如意”“巨和宝”“爱理不离”“山海金”“巨如众吧”等平台假借P2P形式，虚构借款人信息，虚设风险准备金，承诺虚假担保，诱骗投资人出借资金；“币优铺”平台虚设债权转让人，进行虚假债权转让；“佑途物联网”进行虚假的新三板股份转让；“巨谷基金”违反私募基金关于客户应为合格投资者、单个客户投资限额、基金产品备案及资金托管等相关规定，以投资巨荣投资管理合伙企业文化产业项目及洛秦投资管理合伙企业供应链项目为名违规销售基金产品。至案发，累计向2.9万余名投资人非法集资共计39.4亿余元，用于向投资人兑付本息29亿余元，造成被害人实际经济损失共计10.4亿余元。

主要问题

本案中，胡某辩称其发行的是私募基金，虽发行过程中存在一些违法违规行为，但不影响产品的私募基金性质，不属于非法集资。

案例分析

所谓私募基金，是指在中华人民共和国境内，以非公开方式向投资者募集资金的投资基金，具有募资主体和产品依法登记备案、募资项目真实、募资方式非公开、募资对象系合格投资者并有金额及人数限制、不得承诺或者变相承诺收益、募集资金设立银行托管账户、专款专用等特征。相较于公募基金而言，私募基金的募集对象是少数投资者而非大众，募集方式是非公开，在投资理念和管理模式上两者也有显著不同。2014 年 8 月 21 日，中国证监会公布了《私募投资基金监督管理暂行办法》（证监会令〔105〕号），对私募基金相关内容进行了规范。

私募基金是一种合法的金融业态，但是近年来，以私募基金之名实施非法集资的案件逐渐多发。也有很多非法集资案件的被告人辩称其发行的是私募基金，虽发行过程中存在一些违法违规行为，但不影响产品的私募基金性质，不属于非法集资。对此，办理“私募类”非法集资案件，首先应审查涉案“私募”是否存在违法违规行为。如果存在违法违规行为，则应当进一步分析判断该违法违规行为是否影响产品的私募基金性质。最后，再审查涉案“私募”是否具备非法集资的“四性”，从而决定是否以非法集资犯罪论处。

一　审查涉案“私募”是否存在违法违规行为

根据《私募投资基金监督管理暂行办法》[①]等的规定，应重点审查涉案“私募”在登记备案、合格投资者、资金募集、投资运作等方面是否存在违法违规行为。

第一，在登记备案方面，结合涉案公司的营业执照、相关经营资质文件、中国证券投资基金业协会（以下简称基金业协会）登记备案情况等证据，审查涉案公司是否存

① 《私募投资基金监督管理条例》已经于 2023 年 6 月 16 日国务院第 8 次常务会议通过后公布，自同年 9 月 1 日起施行。

在未向基金业协会申请登记、涉案基金产品是否存在未向基金业协会办理备案手续等违法违规行为。

第二，在合格投资者方面，结合投资人的转账汇款记录、证人（包括投资人）证言等证据，审查涉案“私募”是否存在向非合格投资者募集资金、单只私募基金投资者人数累计超过法律规定的特定数量等违法违规行为。

第三，在资金募集方面，结合宣传资料、投资人的转账汇款记录、证人（包括投资人）证言等证据，审查涉案“私募”是否存在通过网络、媒体、推介会、传单、手机信息等方式向不特定对象进行宣传推介即面向社会公众进行公开宣传募集资金等违法违规行为。结合投资协议、相关产品宣传资料、证人（包括投资人）证言等证据，审查涉案“私募”是否存在向投资者承诺投资本金不受损失或者承诺最低收益等违法违规行为。

第四，在投资运作方面，结合募集资金项目有关证据以及募集资金流向等证据，审查涉案“私募”是否存在虚构募资项目、募集资金流入资金池等违法违规行为。

具体到本案，围绕上述4个方面进行重点审查后发现，巨如集团旗下的“巨谷基金”虽然系拥有基金业协会颁发的机构备案会员证书的私募基金公司，但其以投资巨荣投资管理合伙企业文化产业项目及洛秦投资管理合伙企业供应链项目为名发行“巨荣”“洛秦”私募基金产品，并未按照《私募投资基金监督管理暂行办法》规定的要求到基金业协会办理备案手续，也未设立银行托管账户，募集过程中还违反应当向合格投资者募集、单只私募基金投资者人数累计不得超过法律规定的特定数量的规定。更为重要的是，在基金产品说明书中写明业绩基准为10%、按季度付息、到期还本等字样，即变相向投资者承诺还本付息。且募集的资金存在流入资金池，供胡某统一支配使用的情况。可见，巨如集团的募集资金行为存在多处违法违规。

二 判断违法违规行为是否影响产品的私募基金性质

经审查，如涉案“私募”存在违法违规行为，则需进一步判断该违法违规行为是否影响产品的私募基金性质。据了解，私募基金违法违规问题，多数在资金募集、投资运作等方面存在违规行为；少数存在从事损害基金财产和投资者利益等严重违规行为，或者存在涉嫌非法集资、挪用基金财产等严重违法违规行为。也就是说，违法违规行为中多数属于一般性违规，只有少数属于严重违法违规。对于一般性违规行为，应予整改,加强行政监管,给予行政处罚,但实际上并不影响产品的私募基金性质。而对于严重违法违规行为,则需判断该行为是否背离了私募基金的本质特征。如以私募基金为名,却公开宣传,向社会不特定公众募集资金的,就背离了私募基金的本质特征,应否定其私募基金性质。

具体到本案,巨如集团以私募基金为名实施的募集资金行为,在产品备案、合格投资者、资金募集、投资运作等方面存在多处严重违法违规行为,背离了私募基金的本质特征,故应彻底否定其私募基金性质,不再认定其系私募基金。

三 以私募基金为名实施的募集资金行为,只有同时具备非法集资"四性"的,才能以非法集资犯罪论处

私募基金可以在一定范围内实现资金大量募集的特点,使其容易偏离合规募集的范畴,如有的进行公开宣传,向非合格投资者吸收资金,承诺高额回报等,以实现其集资目的;有的甚至假借私募基金之名,行非法集资之实。故此,《私募投资基金监督管理暂行办法》第5条规定,依法严厉打击以私募基金为名的各类非法集资活动。

司法实践中,存在严重违法违规行为的"私募类"案件,尤其是背离私募基金本质特征、应否定其私募基金性质的案件,有相当部分属于非法集资,有的构成非法吸收公众存款罪,有的因为采用诈骗手段,并非法占有所募集的钱款而构成集资诈骗罪。但凡事总有例外,绝不能因为"私募类"案件与非法集资之间的常态联系而将两者画上等号。对于是否属于非法集资,仍然需要根据法律和司法解释的规定进行认定。根据《最高人民法院关于审理非法集资刑事案件具体应用法律若干问题的解释》(法释〔2022〕5号)第1条的规定,认定"非法吸收公众存款或者变相吸收公众存款"须同时具备4个条件,即"(一)未经有关部门依法许可或者借用合法经营的形式吸收资金;(二)通过网络、媒体、推介会、传单、手机信息等途径向社会公开宣传;(三)承诺在一定期限内以货币、实物、股权等方式还本付息或者给付回报;(四)向社会公众即社会不特定对象吸收资金"。这4个条件即非法集资的"四性":"非法性"、"公开性"、"利诱性"和"社会性"。

存在违法违规的"私募类"案件,同时具备非法集资"四性",构成犯罪的,依法追究刑事责任;反之,对于不需要追究刑事责任的违法违规行为,给予一定的行政处罚或者采取行政监管措施即可。比如,在符合其他私募基金特征的情况下,仅在募集人

数上超出规定人数限制或者仅在募集资金的使用上未能做到专款专用,而在募集资金过程中并未进行公开宣传、募集资金对象仅限于合格投资者、也未承诺还本付息或者给付回报等,就难以认定该募集资金行为具有“公开性”“利诱性”“社会性”特征,进而不能认定为非法集资。《私募投资基金监督管理暂行办法》第九章规定了法律责任,如第 38 条规定,私募基金管理人、私募基金托管人、私募基金销售机构及其他私募服务机构及其从业人员违反本办法关于登记备案、合格投资者、资金募集、投资运作等相关规定的,责令改正,给予警告并处 3 万元以下罚款;对直接负责的主管人员和其他直接责任人员,给予警告并处 3 万元以下罚款……构成犯罪的,依法移交司法机关追究刑事责任。第 39 条规定,私募基金管理人、私募基金托管人、私募基金销售机构及其他私募服务机构及其从业人员违反法律法规和本办法规定,情节严重的,中国证监会可以依法对有关责任人员采取市场禁入措施。第 40 条规定,私募证券基金管理人及其从业人员违反《证券投资基金法》有关规定的,按照《证券投资基金法》有关规定处罚。①

本案中,巨如集团的非法集资项目种类繁多,“私募类”只是其中一种,该“私募”募集资金行为在“非法性”“公开性”“利诱性”“社会性”特征方面都比较明显。如发行的“巨荣”“洛秦”私募基金产品,并未按照私募基金管理规定的要求到基金业协会备案,即未经有关部门依法许可,也未设立银行托管账户,具有“非法性”;通过业务员上门推销、网络及新闻媒体宣传等方式,向社会公众公开销售,具有“公开性”;在基金产品说明书中写明业绩基准为 10%、按季度付息、到期还本等字样,变相向投资者承诺还本付息,具有“利诱性”;募集过程中违反私募基金应当向合格投资者募集、单只私募基金投资者人数累计不得超过法律规定的特定数量的规定,向社会公众公开销售,具有“社会性”。因而说巨如集团的集资项目“四性”具备,属于非法集资行为。

四 本案构成集资诈骗罪

本案属于以私募基金之名实施非法集资的典型案例,具体是构成非法吸收公众存款罪还是集资诈骗罪,需要根据案情作进一步分析判断。而且,该判断需建立在对巨如集团全部非法集资行为进行全面分析的基础之上,而不应仅针对其某一种产品

① 鉴于《私募投资基金监督管理条例》已经颁布,今后处理此类案件,应依照该条例执行。

或某一部分非法集资行为。在案证据证实,巨如集团和胡某系以非法占有为目的,违反有关金融法律、法规规定,使用诈骗方法进行非法集资,其行为均构成集资诈骗罪。

具体而言,第一,使用诈骗方法进行非法集资。如假借 P2P 等名义集资、提供虚假担保、隐瞒资金去向及用途、营造公司良好运营的假象等。第二,对所募资金的使用决策具有随意性,其投资项目大多不具备盈利能力。如主要由胡某决策使用募集资金,其在项目选择上具有很强的主观性、随意性,部分项目甚至纯属消耗性支出,不能直接产生收益;而且,所投资项目没有盈利能力,其收益水平无法覆盖融资成本。第三,用于项目投资的资金与募集资金的规模明显不成比例。如用于项目投资的资金仅为 3.8 亿余元,不到集资总额的 10%;其余资金主要用于兑付投资人本息、公司经营支出、归还债务及个人消费等。第四,归还本息主要通过借新还旧来实现。如所募集的 39 亿余元资金中,有高达 29 亿余元用于向投资人兑付本息。巨如集团融资、经营成本高企,所投项目又基本未能盈利,其维持运营的主要手段就是借新还旧,如此必然不可持续,成为"庞氏骗局",故可以认定本案巨如集团和胡某具有非法占有目的。

综上,根据案件的事实、情节,巨如集团和胡某以非法占有为目的,假借私募基金之名,使用诈骗方法非法集资的行为构成集资诈骗罪。

(案例编写人:上海市浦东新区人民法院　罗开卷;上海市高级人民法院　许浩)

10

工程项目真实与否是否影响合同诈骗罪的认定

简要案情

江某在长江岩土公司尚未中标海花岛项目的情况下，以能够从该公司分包海花岛项目并和被害人杨某等人合作开发为由，在上海江苏饭店和杨某等人签订《关于共同经营围海造田项目合作协议》，并详细约定了项目的规模、施工期限、出资比例、工程款结算期限、利润分配等事项，取得杨某的信任。江某在明知尚未分包到海花岛项目的情况下，分别以项目正在施工等理由分三次共骗取杨某为海花岛项目支付的投资款7000万元，并在每次收取钱款后随即将其用于归还大量个人债务、支付其他工程款、个人消费、对外借款等用途。江某在杨某一再追问项目进展的情况下，又向杨某提供了伪造的《分包合同书》，继续欺骗杨某。至案发，江某既未分包到海花岛项目，又无法按约定归还被害人杨某的7000万元投资款。

主要问题

本案主要涉及两个问题：一是工程项目真实与否是否能够阻却合同诈骗罪的认定？二是本案的犯罪数额如何认定？

案例分析

一 对被害人是否陷入错误认识交付财物的评判

本案合同诈骗行为较为特殊,起因于真实的海南海花岛填海工程项目,对此环节江某并没有虚构,且江某与他人一起为承接到这项工程确实做了一些诸如实地考察、与分包方协商等前期工作,但这些客观行为并不能阻却江某构成合同诈骗罪。众所周知,合同诈骗罪是指以非法占有为目的,在签订、履行合同过程中,骗取对方当事人财物,数额较大的行为。陈兴良教授认为,合同诈骗罪与合同欺诈的根本区别在于合同诈骗罪是利用签订、履行合同而无对价地占有他人财物;而民事欺诈是在签订、履行合同过程中,通过欺诈方法,谋取非法利益。① 笔者赞同此观点,以往认为区分两者的关键在于有无非法占有目的,但两者的外在客观行为表现并没有明显区别,非法占有目的的认定又需要利用客观行为进行事后推定,至于占有财物后用以非法活动、偿还他人债务、挥霍、携款逃匿或隐匿财物拒不返还等典型行为,却在当前犯罪行为表现中并不常见,只能说诈骗行为以及非法占有目的在民事欺诈中均表现得并不明显或者在合同的某些方面弄虚作假,往往具有一定的偶然性。合同诈骗罪成立的核心要件是使被害人陷入错误认识处分财产和非法占有目的,被害人陷入错误认识是因为江某实施了虚构事实(积极作为)或隐瞒真相(不作为)的行为。因为任何犯罪都是客观上危害社会的行为在人的主观心理活动支配下对社会的破坏,隐瞒真相或虚构事实是行为人的直接故意实施,日本学者山口厚教授指出:"明明知道对方就要陷入错误,或者已经陷入错误,却不告知真相以消除错误,就可以认定属于不作为的诈骗。"②同理,既然市场主体双方基于信用和真诚签署了合同,就应按照合同约定履行义务。如果行为人在签订合同之前或履行合同之中带有非法占有的心态虚构事实或隐瞒真相,以骗取被害人信任而使对方履行或继续履行合同,显然是合同诈骗。或许在工程领域资金的拆借行为是一种普遍现象,但一旦隐瞒或虚构合同的订立和履行

① 参见陈兴良:《合同诈骗罪的特殊类型之"两头骗":定性与处理》,载《政治与法律》2016年第4期。即使在先履行小额合同或者部分履行合同,诱骗对方当事人继续履行合同,然后非法予以占有的情况下,也应认定为无对价的占有他人财物。因为虽然先前的合同已经履行或者部分履行,但这种履行只是一种"钓鱼"手段。之后合同根本没有得到履行,同样不存在真实的合同关系。

② [日]山口厚:《日本刑法总论》(第2版),王昭武译,中国人民大学出版社2011年版,第294页。

相关活动，加上客观上无法归还被害人财物，行为的性质就会发生改变，或许在评判行为之初非法占有目的尚不明显，但从行为的跨度、长度和整体来看，是可以认定构成合同诈骗罪的。

本案中，海花岛填海工程项目虽然存在，但这个工程项目与江某尚无直接关系，根据查明的事实，江某等人要想最终承接到这项填海工程，至少经过两关：一是长江岩土公司能够中标海南海花岛填海工程项目，而是否中标大约在 2013 年 4 月才有结果，事后证明，长江岩土公司并没有中标该项目；二是即使长江岩土公司中标，江某想要挂靠的华磊公司与长江岩土公司所签订的意向合同书必须转化为正式分包合同书，且华磊公司需满足对方所要求的资质、资金、期限等条件，即使华磊公司满足上述条件，还要计算自身获取的收益是否大于成本。事后证明，华磊公司在长江岩土公司中标之前，就因成本过高于 2012 年年底终结了合作意向。显然这两个环节均存在较大的不确定性，尤其是中标环节，故海花岛项目看似与江某有关系，但实际上江某与该项目并无关系。根据查明的事实，江某在实施合同诈骗过程中逐步使被害人陷入错误认识：第一，江某在明知长江岩土公司尚未承接到海花岛项目，华磊公司更未从长江岩土公司分包到该项目的情况下，将高度不确定性的工程项目描述成确定性。尤其是双方签订的《关于共同经营围海造田项目合作协议》书面证据更能证明工程承接的确定性，协议中对项目名称、付款期限、账户名称、利润分配、本金回款时间等作了明确约定，签约当日江某还向杨某出示了未签字盖章的长江岩土公司与华磊公司之间的《分包合同书》，对被害人形成误导，使被害人相信江某等人可以承接到海花岛工程项目。第二，被害人分三次共向江某个人账户支付投资款 7000 万元，从逻辑上讲，若明知该项目仍处于不确定状态，被害人不可能在签订协议后第 4 天便实际出资 1500 万元，故其签订合同时对江某及该项目具有相当的信任度，对能够拿到填海工程项目深信不疑。同理，被害人若不是相信江某所说的工程项目正在进行、且投资款用到工程上，就不会在不到两个月的时间又依约支付后续的两笔投资款共计 5500 万元。现有证据证明，其间被害人杨某多次向江某询问工程进度，江某并没有告知工程的真实情况，也未告知投资款的去向。第三，江某在 2012 年年底明知华磊公司已承接不到工程项目后，仍未将真相告知被害人，且继续接受被害人打来的第三笔投资款。第四，面对被害人对分包合同书的询问，江某 2013 年 1 月中旬将盖有长江岩土公司公章的《分包合同书》交给杨某，但上面的盖章和签字均为伪造。第五，在无法按照约定归还被害人的投资款本金后，为了应付被害人，将骗取的投资款转换为双方之间的借款，以掩盖合同诈骗之实。另外，因未签订正式的承包合同，合同协议涉及的另外三名投资人始终并未实际出资，显然江某等人知道工程项目承接的具体细节。

综上，梳理整个诈骗过程，江某在不同的环节均虚构或隐瞒了部分或全部事实或真相，当然虚构或隐瞒的程度有所差异。从逻辑上讲，如果江某如实告知被害人工程项目的实际情况，被害人就不会轻易转投资款，正是江某隐瞒了真实情况，才导致杨某逐步陷入错误认识并处分财物。

二 非法占有目的的认定

非法占有目的的认定是诈骗类犯罪认定的难点，也是辩护人辩论的焦点，有时需从行为人的主体身份、资信状况、经营情况、履约能力、合同标的物处置、未履行合同的原因以及行为人事后的态度等多个方面进行综合判断，避免仅根据财物损失客观归罪。对于非法占有目的的认定，除兜底性条款外，1996 年《最高人民法院关于审理诈骗案件具体应用法律的若干问题的解释》规定了 3 种行为表现、2001 年《全国法院审理金融犯罪案件工作座谈会纪要》规定了 6 种行为表现、2010 年《关于审理非法集资刑事案件具体应用法律若干问题的解释》规定了 7 种行为表现，但是在疑难复杂案件中对非法占有目的认定有时需要引用兜底性条款。对于兜底性条款的理解和适用，有学者提出不能突破行为的同质性，以《刑法》第 224 条为例，“以其他手段骗取对方当事人财物”的“其他”范围必须受《刑法》第 224 条前四项行为同质性所要求的“根本没有履行合同的任何诚意与合理基础”以及“骗取的属于‘财物’的基本解释限制”。① 但笔者认为，鉴于经济行为的复杂性和多变性，以及行为人主观心态的不稳定性和放任性，对兜底性条款应坚持适度扩张性解释，而非限制性解释，需要留给法官根据案件的事实和证据自由裁判的空间，这样有利于打击犯罪、挽回被害人的经济损失。对兜底性条款的解释当然要符合同类解释规则，但只要行为人利用经济合同实施了诈骗行为，符合合同诈骗罪的犯罪构成，具有诈骗故意与非法占有目的，就当然符合兜底性条款的立法宗旨。非法占有目的是主观见之于客观，除被告人供述确认外，往往需通过客观行为并结合逻辑规则和经验法则综合推定证明。从通常的观念和长期的司法实践来看，非法占有目的乃是诈骗的应有之义。

---

① 蔡道通：《经济犯罪“兜底条款”的限制解释》，载《国家检察官学院学报》2016 年第 3 期。

本案的被害人基于信任向江某三次支付投资款,按照协议约定,使用人要确保资金安全使用和专款专用。但江某收到投资款后随即用于别处,根据司法鉴定意见,经统计江某将7000万元用于个人消费、归还债务、对外借款、不明用途占比接近60%,未发现与海花岛项目相关的资金往来。即使江某将部分投资款用于其他工程项目,但在案证据已证实,江某的经营状况糟糕、诉讼缠身、负债严重,缺乏基本的盈利能力。对比侦查阶段的供述,除有罪供述外,大多数供述笔录则辩解投资款用于缴纳保证金、租赁船只等,但均无证据证实,反而有罪供述可以得到相关证据的证实。非法占有目的基本的客观事实是在案发前被害人遭受巨额投资款损失,一旦江某无法退还就初步具有了非法占有的嫌疑(此外还需要其他要件),除非能排除江某主观上的恶意占有,毕竟江某非法占有财物的背后其实是对被害人财物所有权的直接侵害,在危害后果面前,江某对其无主观恶意负有一定的证明责任。从情理上讲,江某在拿到投资款后并不是不可以挪用到其他项目上,但所谓的其他项目是否能够产生效益以及能否按照合同约定偿还或者赔付被害人,这是需要江某事先充分评估的,而江某对自身经营困难、项目难以盈利的情况是清楚的,江某在未告知被害人的情况下,将需专款专用的投资款用于难以产生收益的领域,本身就说明他对被害人的财物至少持一种恣意的放任态度,其主观恶性较为严重,非法占有目的较为明显。另外,行为人事后的态度也是区分合同诈骗与合同纠纷的重要标志,江某在非法占有被害人的投资款后,为应对被害人对分包合同书的询问,以及确保海花岛工程项目的顺利合作,又向被害人提供了签字和盖章均为伪造的《分包合同书》,进一步强化了其非法占有目的的认定。

三 犯罪数额的准确认定

辩护人认为即使认定江某构成合同诈骗罪,其诈骗的数额也仅应认定第三笔投资款即2000万元。笔者认为,对合同诈骗罪的认定必须满足陷入错误认识处分财产和非法占有目的这两个基本要件,两者并不能截然分开,两者之间不是先后的关系,而是交叉或者动态持续的行为状态表现,毕竟行为人伪造事实或隐瞒真相是以一种故意的心态实施,行为的欺骗本身就附随非法占有目的,而后续的行为表现只不过是进一步强化和验证了合同诈骗的事实。辩护人观点成立的前提是江某在获取前两笔投资款之前没有虚构事实或隐瞒真相以及非法占有的目的,但在案证据证明并非如此。三笔投资款虽然是依合同分三次转给江某,但是被害人每次转投资款之前是基于相信告知的情况真实,但恰恰相反,江某从签订合同之前进行确定性描述、到欺骗被害人工程项目正在施工、再到明知工程合同无法承接后仍隐瞒事实继续接受被害人投资款、最后又伪造分包合同书等环节均实施了虚构事实、隐瞒真相的行为,诈骗行为是连贯和紧密的,并没有分别独立的行为;尤其在每次获得被害人的投资款后随即转出,更是凸显对被害人投资款极端不负责任、肆意转嫁投资风险的恶意心态,辜负了合同相对方的期待和信任,故本案应对江某合同诈骗 7000 万元进行整体评价和认定。

(案例编写人:上海市高级人民法院 潘庸鲁)

11

买卖快递空单号供电商平台进行刷单炒信的能否认定为非法经营

简要案情

郭某等人以营利为目的，将快递空单号销售给网店卖家，并收集、整理、传递其用于“刷单”的快递单号上虚假的发货、收货信息，由他人在快递公司官网上发布相对应单号的虚假物流信息，躲避淘宝等电商网络平台系统的稽查，为网店卖家“刷单炒信”提供服务，通过虚假销售记录提升网店卖家的销量、信誉、排名，欺骗买家。

主要问题

买卖快递空单号并发布虚假物流信息，供他人进行刷单炒信的行为，能否认定为非法经营罪？

案例分析

买卖快递空单号发布虚假信息能否入罪，在实践中存在争议。有观点从刑法的谦抑性及当前该问题的普遍性出发，认为该行为不构成犯罪，且缺少法律依据；亦有观点从社会危害性及存在法律依据的角度出发，认为该行为具有刑事可罚性。对买卖快递空单号行为能否入罪进行研究，一方面可以回应当前理论和实务界对非法经营罪合理定性的关切，另一方面也回答了信息化时代网络犯罪与传统犯罪碰撞下的新问题。是否构成犯罪，首先应当厘清该行为的具体过程和行为特征，其次从法律层面寻找法律支撑,最后从社会危害程度方面决定是否构成犯罪,构成何种犯罪。

一　关于本案行为的厘清认定

有观点认为本案不构成非法经营罪,主要理由是,没有实施在信息网络上有偿发布虚假信息的行为,发布虚假信息是由他人实施完成,郭某等人仅是在网上买卖快递空单号,也就是说,单纯的买卖快递空单号因法律无禁止性规定,所以不构成犯罪。但经查明,以营利为目的,将事先购买的快递空单号层层转售给电商平台的网店卖家,随后又将网店卖家在快递空单号上编造的虚假信息再层层收集、整理,最后由其他人员在快递公司官网上发布相对应单号的虚假物流信息,躲避淘宝等电商网络平台系统的稽查,最终形成网店卖家在电商网络平台上虚假的销售记录。

上述行为系完整的、不可割裂的整体,网店卖家所支付的钱款不仅包括快递空单号的费用,也当然包括经整理、流转最终在快递公司官网上发布相对应单号的虚假物流信息的费用,本案郭某等人所经手的不仅是快递单号,还包括带有虚假买卖内容的物流信息,在各自环节层层抽成、牟利,为网店卖家虚构物流信息在快递公司网站上发布和虚构销售记录在电商网络平台上发布搭建渠道、提供服务。郭某等人明知其行为是帮助网店卖家"刷单炒信",主观上具有在快递公司网站、电商平台网上发布虚假信息的故意,客观上实施了层层转售、层层传递的服务行为,最终亦完成了虚假信息的发布,郭某等人的行为足以认定以营利为目的,对明知的虚假信息,通过信息网络有偿提供发布信息等服务。也就是说,郭某等人买卖的不仅是快递空单号,更重要的是各单号所对应的虚假物流信息,虚假物流信息经层层推进后在快递公司网站上发布。同时,虚假物流信息亦在网络电商平台向社会公众虚假"披露"。故本案所实施的行为,并非单纯买卖快递空单号,而应当被认定为发布虚假信息,扰乱市场秩序。

二　对"违反国家规定"的阐释

《刑法》第225条规定,"违反国家规定,有下列非法经营行为的……"由此可见,"违反国家规定"是构成非法经营罪的前置要件,正确认识这一要件也是罪刑法定的基本要求。对"国家规定"的范围,理论界和实务界主要有两种观点:限制解释论认为,犯罪与刑罚只能由“法”来规定,而这里的“法”是指刑事基本法,不包括行政法规或行政措施、行政命令。扩张解释论认为,“国家规定”的制定主体不限于全国人大及其常委会和国务院,国务院所属部门制定的规范性文件也属于“国家规定”。对这一问题,《刑法》第 96 条已经作出了明确规定,即“本法所称违反国家规定,是指违反全国人民代表大会及其常务委员会制定的法律和决定,国务院制定的行政法规、规定的行政措施、发布的决定和命令”。因此,在追究非法经营犯罪的刑事责任时,必须明确所违反的具体的国家规定,该国家规定的制定主体限于上述三个机关,除此之外,任何机关所发布的规范性文件均不能作为追究非法经营犯罪刑事责任的依据,这有助于防止部门保护主义和地方保护主义对刑事司法的侵袭。

回到本案,有观点认为郭某等人不构成非法经营罪,理由便是没有违反规定。买卖快递空单号的行为是否构成非法经营罪,一个重要判断标准即看其是否违反了全国人民代表大会及其常务委员会制定的法律和决定,国务院制定的行政法规、规定的行政措施、发布的决定和命令。《全国人民代表大会常务委员会关于维护互联网安全的决定》第 3 条规定,为了维护社会主义市场经济秩序和社会管理秩序,对利用互联网对商品、服务作虚假宣传,构成犯罪的,依照刑法有关规定追究刑事责任;《互联网信息服务管理办法》(国务院令第 292 号)第 13 条规定:“互联网信息服务提供者应当向上网用户提供良好的服务,并保证所提供的信息内容合法。”《全国人民代表大会常务委员会关于维护互联网安全的决定》系由全国人民代表大会常务委员会制定,《互联网信息服务管理办法》系国务院令,依法均属于《刑法》第 96 条规定的“国家规定”的范畴。本案中,郭某等人明知其行为是帮助网店卖家“刷单炒信”,虚增信誉,主观上具有在快递公司网站、电商网络平台上发布虚假信息的故意,客观上实施了层层转售、层层传递的经营行为,为虚假信息的发布搭建渠道、提供服务,其行为符合《全国人民代表大会常务委员会关于维护互联网安全的决定》第 3 条的禁止性规定,应当依照刑法有关规定追究刑事责任。同时,电子商务是市场经济的重要组成部分,郭某等人的行为有损互联网交易公开透明的诚信体系,侵害了正当竞争的交易秩序,对互联网交易秩序的扰乱亦属于扰乱市场秩序。《电子商务法》第 17 条规定:“电子商务经营者应当全面、真实、准确、及时地披露商品或者服务信息,保障消费者的知情权和选择权。电子商务经营者不得以虚构交易、编造用户评价等方式进行虚假或者引人误解的商业宣传,欺骗、误导消费者。”第 85 条规定:“……实施虚假或者引人误解的商业宣传等不正当竞争行为,滥用市场支配地位,或者实施侵犯知识产权、侵害消费者权益等行为,依照有关法律的规定处罚。”第 88 条规定:“违反本法规定,构成违反治安管理行为的,依法给予治安管理处罚;构成犯罪的,依法追究刑事责任。”综上,可以看出无论是从维护互联网安全、互联网信息服务的整体要求,还是电子商务法的具体要求,都对以买卖快递空单号的方式在互联网上发布虚假信息,扰乱市场秩序的行为作出了禁止性的“国家规定”。

既然国家规定层面对买卖快递空单号供电商平台发布虚假物流信息进行刷单的行为有禁止性规制,那么该行为如触犯刑律构成犯罪,亦应有相对应的刑事法律规定。《最高人民法院、最高人民检察院关于办理利用信息网络实施诽谤等刑事案件适用法律若干问题的解释》第 7 条规定,违反国家规定,以营利为目的,通过信息网络有偿提供删除信息服务,或者明知是虚假信息,通过信息网络有偿提供发布信息等服务,扰乱市场秩序,达到相应数额标准的以非法经营罪定罪处罚。本案中,郭某等人的行为既违反国家规定,又属于以营利为目的通过信息网络有偿提供发布信息等服务的其他严重扰乱市场秩序的非法经营行为,完全符合非法经营罪的认定标准,且属情节特别严重。

三　此类犯罪的社会危害性及与近似犯罪的区分

买卖快递空单号供电商平台发布虚假物流信息进行刷单的行为严重侵害了电子商务市场秩序,以及行政犯的二次违法性要求。从侵犯法益情况看,买卖快递空单号的经营者作为刷单炒信行为的关键环节,至少侵犯了三个方面的法益,即消费者利益、其他卖家的正当利益以及电子商务的信用评价机制,严重危及电子商务这一新兴业态的健康发展。从快递空单流转的行为模式看,买卖快递空单号发布虚假物流信息,是刷单炒信产业链中的关键环节,经营者的行为实质系设立专门用于违法犯罪的网站进行虚假交易,其经营模式、行为本身不具有合法性。从涉案规模看,买卖快递空单号网站针对成千上万的网店卖家,销售金额、快递单号数量大,呈现规模化、产业化的特征,涉案金额和获利金额越来越大,仅通过行政处罚难以遏制。从比较法的视野看,在韩国,网购商城可以举报参与刷单的商家和刷评公司,以“业务妨害罪”处罚,《韩国刑法》第 313 条规定,业务妨害行为会处以 5 年以下有期徒刑。相较而言,职业刷手的危害性要小于公司化、规模化运作的销售快递空单号的网站公司。快递空单号经营者的行为严重侵害了电子商务市场秩序,与其他非法经营行为具有同质性,情节严重的可以以非法经营罪规制。如前所述,快递空单号经营者侵犯的法益与市场秩序有关,与非法经营罪侵犯的法益具有一致性,与《刑法》第 225 条及相关司法解释规定的各种非法经营行为具有同类性或同质性,能够解释为“其他严重扰乱市场秩序的非法经营行为”。事实上,该类犯罪不仅多发,而且具有较大的社会危害性,用非法经营罪规制具有一定的现实意义。随着信息技术的快速发展,以互联网为主体的信息网络日益普及,并成为公众工作、学习、生活不可或缺的组成部分。由于网络信息具有公共性、匿名性、便捷性等特征,在印证科技进步的同时,也被诸多不法分子利用,扰乱了正常的经济秩序。若是放任该类行为,势必会影响社会的经济发展和人民的生活稳定。

在本案认定过程中,亦有观点认为,郭某等人的行为应属其他网络犯罪。笔者认为,本案郭某等人的犯罪行为虽然利用网络有偿发布了不实信息,但实质上侵害的是市场经济秩序,而非法利用信息网络罪或帮助信息网络犯罪活动罪侵害的是正常网络秩序和社会管理秩序。非法利用信息网络罪,是利用信息网络设立用于实施诈骗、传授犯罪方法、制作或销售违禁物品、管制物品等违法犯罪活动的网站、通信群组,或发布有关制作或销售毒品、枪支、淫秽物品等违禁物品、管制物品或其他违法犯罪信息,或为实施诈骗等违法犯罪活动发布信息,情节严重的行为。非法利用信息网络罪实际上是将某些特定犯罪的网络预备行为犯罪化,与本案截然不同。而帮助信息网络犯罪活动罪的实质是帮助行为的正犯化,需要以被帮助的实行行为构成犯罪为前提,与本案的犯罪行为亦明显不同,故对本案以非法经营罪定性更为合理。

综上,买卖快递空单号的经营者出售快递空单号供电商平台发布虚假物流信息进行刷单炒信,经营者的行为违反了相关“国家规定”,严重扰乱了电商平台网络秩序和经济秩序,属于“其他严重扰乱市场秩序的非法经营行为”,符合非法经营罪的构成要件。

(案例编写人:上海市奉贤区人民法院　李晓杰;

上海市松江区人民法院　胡亚斌)

12

前法律婚后事实婚的是否构成重婚罪

简要案情

2013年6月30日，经双方家长安排，葛某与唐某初次见面，次日葛某即赴英国读书。同年12月中旬葛某回国，12月28日举行订婚仪式，12月31日登记结婚。2014年1月，葛某赴英国继续读书，直到2014年9月回国工作。2014年6月，唐某大学毕业到武警工作，其间由于工作原因，葛某与唐某一直分居两地。

2015年7月，葛某在工作期间结识同事张某，2016年年底葛某与张某发生性关系，2017年9月8日葛某在美国产子。后葛某父亲与张某共同出资购买房产，葛某与儿子在此居住至今，其间张某在此处短期居住。

2017年4月，法院立案受理葛某的离婚诉讼。2017年6月，葛某提出撤诉。2018年3月，葛某起诉离婚，法院因保护军人婚姻判决不予离婚。2018年年底，葛某再次向法院起诉离婚。

主要问题

葛某在婚姻关系存续期间，与张某形成事实婚姻关系，是否构成重婚罪？

案例分析

司法实践中，重婚罪大多是自诉案件，提起公诉的情况甚少。近年来，随着中国婚姻登记制度与信息体系的规范完善，因前事实婚后法律婚、前后两次法律婚或前后两次事实婚，进而触犯重婚罪的案件已经鲜有发生，大多数都属于前法律婚后事实婚的情况。这种情况是否构成重婚罪,如何判定成立事实婚姻关系,在具体案件中仍存有一定争议。笔者针对上述问题,结合具体案情进行逐项疏理。

一 对于前法律婚后事实婚的行为,应当认定构成重婚罪

从民事法律对事实婚姻的规定情况看,经历了从承认、有条件承认、否认再到有条件承认的4个发展阶段:第一阶段,新中国成立初期至1986年3月15日民政部颁布《婚姻登记办法》之前,未办理结婚登记手续即以夫妻名义同居生活,群众也认为是夫妻关系的,如果双方在起诉时均符合结婚的法定条件,可认定为事实婚姻关系;第二阶段,1986年3月15日至1994年2月1日,《婚姻登记办法》施行之后,对于上述情况,如果同居时双方均符合结婚的法定条件,可认定为事实婚姻关系;第三阶段,1994年2月1日至2001年4月28日,民政部颁布《婚姻登记管理条例》规定,没有配偶的男女,未办理结婚登记即以夫妻名义同居生活的,按非法同居关系处理;第四阶段,2001年4月28日《婚姻法》颁布至今,男女双方符合结婚实质要件以夫妻名义共同生活而未办理结婚登记的,应当补办登记。

在刑事法律方面,1979年《刑法》与1997年《刑法》第258条均规定,有配偶而重婚的,或者明知他人有配偶而与之结婚的,处2年以下有期徒刑或者拘役。1994年12月14日,最高人民法院公布《关于〈婚姻登记管理条例〉施行后发生的以夫妻名义非法同居的重婚案件是否以重婚罪定罪处罚的批复》(以下简称1994年批复)规定,新《婚姻登记管理条例》发布施行后,有配偶的人与他人以夫妻名义同居生活的,或者明知他人有配偶而与之以夫妻名义同居生活的,仍应按重婚罪定罪处罚。根据2013年1月14日最高人民法院公布的《关于废止1980年1月1日至1997年6月30日期间发布的部分司法解释和司法解释性质文件(第九批)的决定》,《婚姻登记管理条例》已废止,因刑法已有明确规定,故将上述批复予以废止。结合2002年6月公布《最高人民法院关于适用〈中华人民共和国婚姻法〉若干问题的解释(一)》的理解与适用之(二),如果有配偶者在外与其他婚外异性公然以夫妻名义共同生活,则属于重婚,可能构成重婚罪,应由刑法和婚姻法等有关规定调整,纵使双方对外不以夫妻名义相称,根据法律规定及实际情况,人民法院也可能会依法认定其构成重婚罪。

综上所述,由于民事法律侧重于维护婚姻当事人的各种人身权益及财产利益,对事实婚姻的评判经历"承认—有条件承认—否认—有条件承认"的反复过程。刑事法

律中重婚罪的保护法益是一夫一妻婚姻制度，1979 年《刑法》与 1997 年《刑法》对重婚罪的规定完全一致，对于先法律婚后事实婚构成重婚罪的评判标准亦一直保持不变。虽然 2013 年明确废止了 1994 年批复，但废止理由是刑法已有明确规定。换言之，1994 年批复仅是对先法律婚后事实婚可以认定重婚罪进行再次重申与强调，2013 年从形式上废止该批复，并不意味着推翻先法律婚后事实婚认定重婚罪的实质内容，而是回归刑法，围绕刑法条文的立法解释与法条本意进行评判。概言之，对于先法律婚后事实婚，只要客观上存在事实婚姻关系，破坏一夫一妻的婚姻制度，就应当纳入刑事法律的评价范畴，认定构成重婚罪。具体到本案，将重点围绕是否构成事实婚姻关系展开论证。

二　结合居住情况、经济情况、生育情况及社会关系等综合判断葛某与张某之间形成事实婚姻关系

婚姻关系的实质是夫妻双方以共同生活为目的而建立一种特殊的身份关系，具体表现为以下特征：一是共同居住，即双方长期在某个私密空间内共同生活，在对外隔离的封闭空间内共同居住；二是财产混同，双方对各自的财产进行统一支配使用，或者虽然各自控制，但有共同投资房产及车辆、共同购置生活用品、共同对外承担债权债务等行为；三是生育抚养子女，双方基于自愿生育子女，且共同承担抚养义务；四是以夫妻名义相称共同维系社会关系，在亲戚朋友及社交圈中，以夫妻名义相称，以夫妻关系对待，共同处理外部社会关系。

本案中，首先疏理葛某与张某的交往时间节点：2015 年 7 月葛某与张某结识—2016 年 7 月 27 日至 7 月 30 日共同往返泰国—2016 年 7 月共同出资购买房产—2016 年 12 月 19 日至 2017 年 1 月 10 日共同往返英国期间发生性关系—2017 年 2 月葛某发现怀孕待产—2017 年 7 月 5 日共同赴美国，葛某产子，7 月 17 日张某单独回国—2017 年 9 月 2 日张某赴美国，10 月 11 日与葛某一起回国—2019 年 10 月 3 ~ 10 日共同往返斯里兰卡。另查实，张某车辆于 2019 年 9 月、10 月、12 月较长时间停留在共同购买房产的小区内，张某曾两次支付葛某家中保姆的工资，张某与葛某有共同陪孩子散步、一起购物吃饭等情形。

结合上述情况及相关证据，本案依法认定葛某与张某之间形成事实婚姻关系，具体理由如下：第一，从居住情况看，孩子出生前，双方未见有明显的长期共同居住情

况，仅有几次共同外出旅游的短暂相处。但孩子出生后，基于共同抚养之目的，葛某与孩子曾在所购买的房产中长期居住，张某曾在该房产中有共同居住的行为。第二，从经济情况看，葛某与张某因同事关系结识一年后，双方即同赴泰国，共同出资购置价值2000余万元的房产，共同支付住家保姆的工资，同赴斯里兰卡旅游等，双方在经济上有互助混同的行为。第三，从生育情况看，双方发生性关系致怀孕，后同赴美国产子，出生证明上登记为孩子的父亲母亲，孩子出生后分别在葛某父母老家、张某父母老家、共同购置的房产中居住，由葛某与父母长期抚养，张某及父母参与抚养，双方及父母方均有共同抚养孩子的意愿及具体行为。第四，从社会关系看，虽然葛某与张某没有拍过婚纱照、没有办过结婚仪式、没有明确对外口头宣称系夫妻关系等行为，但双方的同事均证实从日常行为及言谈举止判断应当是夫妻关系，居住小区的工作人员亦证实观察到双方带孩子同进同出等行为应当是夫妻关系，双方父母亦支持认可夫妻关系，有共同资助购置房产、帮助抚养照顾孩子起居生活等行为。

综上所述，葛某在明知与唐某婚姻关系仍然存续的情况下，向张某隐瞒其已婚事实，与张某同赴泰国、英国、斯里兰卡等地旅行，共同购置房产，发生性关系致怀孕同赴美国产子，共同抚养孩子，共同居住在同一住所，双方父母、周围同事及群众均认为二人系夫妻关系，葛某与张某之间形成事实婚姻关系，葛某的行为符合重婚罪主客观构成要件，依法认定构成重婚罪。

（案例编写人：上海市浦东新区人民法院　刘娟娟）

13

已受行政处罚并作为劣迹评价的盗窃行为能否计入“多次盗窃”的次数

简要案情

李某(男,作案时17岁),某年4月24日晚,以向朋友借钱为由,推门入室,趁被害人熟睡之际窃得其手机一部,价值1584元;同年5月因上述行为被处行政拘留5日(拘留不执行)。同年6月3日下午,李某经朋友安排至被害人家中暂住,其见被害人熟睡,继而起意实施盗窃,窃得手机一部,价值3170元;同年8月法院以盗窃罪判处其拘役3个月,并处罚金500元。同年11月28日,李某再次因涉嫌盗窃罪被逮捕。公诉机关指控,某年4月24日晚,李某以向朋友借钱为由,推门入室,趁被害人熟睡之际窃得其手机一部,价值1584元;同年10月6日、15日、19日先后在三地,窃得手机4部,共计价值2876元。

主要问题

已受行政处罚并作为劣迹评价的盗窃行为能否计入多次盗窃的次数?

案例分析

本案中,李某于某年4月实施盗窃行为,被行政处罚;同年6月实施盗窃行为构成犯罪,被判处刑罚,在本次刑罚中,李某于同年4月实施的盗窃行为被法院作为劣迹予以评价;同年10月先后三次实施盗窃行为,涉嫌犯罪被逮捕并起诉至法院。关于李某于某年4月实施的并已被行政处罚的盗窃行为,能否与同年10月实施的三次盗窃行为一起认定为多次盗窃，存在争议。

第一种观点认为，已受行政处罚并作为劣迹评价的盗窃行为应计入盗窃次数，主要理由是受过行政处罚的盗窃行为能客观地反映行为人的盗窃习性。第二种观点认为，已受行政处罚并作为劣迹评价的盗窃行为应计入盗窃次数，主要理由是为了避免公安机关“怠于执法”或防止惯犯规避刑罚。首先，虽然第一次盗窃行为已经受到处罚，但不能排斥该行为可以作为判断行为人是否形成盗窃习性的事实依据。其次，能避免公安人员对前两次盗窃行为不处理，在犯罪嫌疑人达到三次盗窃行为后再累计处理的情形。最后，能杜绝每次盗窃（入户盗窃、携带凶器盗窃、扒窃除外）均未达到数额较大标准的惯犯，通过每次主动接受行政处罚来规避刑事处罚。第三种观点认为，已受行政处罚并作为劣迹评价的盗窃行为不应计入盗窃次数。根据禁止重复评价原则，已被行政处罚并被法院作为劣迹评价的盗窃行为不应再计入“多次盗窃”予以评价。李某于某年4月24日的盗窃行为已被行政处罚并在其第一次盗窃犯罪中作为劣迹予以评价，并实质性影响了该次量刑幅度，故不应再作为第二次犯罪中“多次盗窃”的次数认定。

针对本案情形，笔者认为，已作为劣迹评价的行政处罚行为应排除在“多次盗窃”之外，李某已被行政处罚的盗窃行为不应计入多次盗窃的次数。

一 从法理上看符合禁止重复评价原则

禁止重复评价原则是我国刑法适用的重要原则，是指在一次定罪量刑活动中，被告人的一个行为或者一个情节，不能两次以上作为定罪量刑的事实依据。[①] 有些学者认为，禁止重复评价原则是在同一犯罪构成事实、同一诉讼之内实现的。只有针对同一犯罪构成事实、在同一诉讼之内才存在禁止重复评价的问题，在不同犯罪处理、不同诉讼中将已经受到行政处罚或刑事处罚的事实（行为、情节）作为评价行为人人身危险性的因素，则不存在禁止重复评价的问题。[②] 笔者认为该观点过于绝对，该原则的适用范围应该看评价行为的实质是否有重复。一个行为不能受到两次以上的处罚，禁止重复评价原则的实质是约束公权力从而保障公民权利。治安管理处罚法和刑法都是公权力约束公民行为的法律，行为人需对自己的错误行为接受公权力给予

---

① 参见黄祥青：《认定多次盗窃的事实与法理依据》，载《人民司法》2009年第9期。

② 参见刘宪权：《盗窃罪新司法解释若干疑难问题解析》，载《华东政法大学学报》2013年第6期。

的处罚。因此,除非法律有特别规定,否则已经被行政处罚的行为不应该再给予刑事处罚,既包括定罪,也包括量刑。本案中,李某4月24日的盗窃行为已被公安机关作了行政处罚决定,并在李某前次盗窃罪中作为劣迹予以评判,也作为量刑情节予以评价。如果本案继续认定该盗窃行为,则会导致把一个事实作为两次定罪量刑的依据,重复评价一个行为,违背了刑法禁止重复评价原则,出现"一个行为两头挑"的现象。

二 从法律上看具有间接的法律依据

《刑法》第201条第4款规定:"有第一款行为,经税务机关依法下达追缴通知后,补缴应纳税款,缴纳滞纳金,已受行政处罚的,不予追究刑事责任……"由此可见,行为人因逃避税款已受过行政处罚的,刑法不予追究其刑事责任。有学者根据该条的但书规定,"五年内因逃避缴纳税款受过刑事处罚或者被税务机关给予二次以上行政处罚的除外",认为行为人因逃避缴纳税款受过的刑事处罚或行政处罚,正是再次追究其刑事责任的重要依据之一。[①] 笔者不认同该观点。但书规定是特殊规定,该条的一般规定是将已受行政处罚的行为排除在刑事评价之外的。另外,该但书规定应理解为刑法追究的是曾受刑事处罚或者行政处罚以外的新行为,而不是对以前的行为进行重复评价。《刑法》第153条第1款第1项规定:"走私货物、物品偷逃应缴税额较大或者一年内曾因走私被给予二次行政处罚后又走私的,处三年以下有期徒刑或者拘役,并处偷逃应缴税款一倍以上五倍以下罚金。"从立法意图和实践来看,该条是对"又走私"的行为处3年以下有期徒刑或者拘役,并处罚金。已经受过的2次处罚作为劣迹予以考虑,刑法不会予以重复评价进行定罪。这两个规定反映了我国刑法相关的立法精神和理念,其完全可以适用于盗窃罪的规定中,即已经行政处罚且被作为劣迹评价的盗窃行为,不应计入"多次盗窃"的次数。

三 从实践中看符合宽严相济的政策要求并且有利于对未成年人的特殊保护

从立法来看,宽严相济刑事政策要求犯罪圈划定合理,刑罚总体走向轻缓化,在司法适用中,应坚持轻缓宽和的人道主义理念,对待一些犯罪尽量从宽,但是,对某些

① 参见刘宪权:《盗窃罪新司法解释若干疑难问题解析》,载《华东政法大学学报》2013年第6期。

特定类型的犯罪,仍要保持高压态势,讲求从严的一面。[①] 刑法及相关解释规定,2 年内实施 3 次以上的盗窃行为,即可认定为多次盗窃。如果将已受行政处罚的盗窃行为计入盗窃次数,那么就会发生 2 年内因为盗窃行为被处罚 2 次后,只要再实施一次盗窃就可以计入盗窃的次数,这意味着其后只要实施任何一次小偷小摸的行为,就必然构成多次盗窃而成罪。如果在实践中不加限制,"多次盗窃"只看次数,而无论次数发生的时间以及是否受过处罚等,势必会造成刑罚严苛之弊。笔者认为,"重刑"在适用中更需谨慎、把握有度,不能肆意进行扩大解释。实践中,应该对多次盗窃的认定把握一个度,避免刑罚打击面过大而罚过其罪。

在宽严相济刑事政策的时代背景下,我国刑法对未成年人犯罪一直强调宽宥,"教育为主,惩罚为辅"始终是处理未成年人犯罪问题的基本原则。《刑法修正案(八)》明确规定不满 18 周岁的人不构成累犯,自此彻底废除了未成年人的累犯制度,即未成年人实施前罪时不满 18 周岁,就不能依据前罪而对后罪从重处罚。根据未成年人不构成累犯的立法精神,不能根据前罪从重处罚后罪,那么前次较轻的行为(行政处罚行为)更不能作为后罪从重处罚的依据或者在后罪中进行重复评价。将已受行政处罚的盗窃行为排除在多次盗窃的次数之外,符合未成年人特殊保护的立法精神以及对未成年人从轻处罚的刑事政策。根据我国刑法的规定以及对未成年人特殊保护的原则,应该从有利于李某教育挽救的角度出发,将已经受到行政处罚且被作为劣迹评价的盗窃行为排除在"多次盗窃"之外,不宜再次评价。

四 关于李某行为的评析

本案中,李某以非法占有为目的,某年 10 月多次扒窃他人手机,系多次盗窃,其行为已构成盗窃罪。李某于该年4 月的盗窃行为,因公安机关对李某的该行为已作了行政处罚决定,法院又在李某前罪的判决中采纳了公诉机关当时的起诉意见,将该行政处罚作为李某的劣迹予以相应评判,故不应再将该次盗窃行为计入本案"多次盗窃"的次数。

(案例编写人:上海市浦东新区人民法院　张奕)

---

① 参见李希慧、焦阳:《刑事政策与刑法解释的关系简论》,载《中南民族大学学报(人文社会科学版)》2014 年第 3 期。

14

故意毁坏网络游戏装备的是否属于故意毁坏财物

简要案情

陈某与杨某分别在《帝国舰队》游戏中的两个公会担任会长，且二人所属公会经常发生矛盾。陈某以非法手段获得杨某游戏账号及密码后，为毁坏杨某在《帝国舰队》游戏账号内的战船、宝石、道具等，陈某建立了微信群并将公会成员忻某、靳某、李某拉进群中，将杨某的游戏账号和密码发在4人的微信群中，在群中部署破坏计划。之后，陈某等人登录杨某的账号，将其游戏账号内战船上的攻防装备卸下后，多次以裸船撞击己方人员登陆的已经处于武装防御状态的战船，造成其游戏账号内的战船、宝石、道具被大量毁损。陈某还将展开攻击，致使杨某战船、宝石、道具等被毁损的情况同步公示于该游戏公屏中。

主要问题

网络游戏装备是否属于刑法意义上的财产？陈某纠集忻某、靳某、李某3人建立微信群，非法获得他人游戏账号及密码并登录杨某的账号后，恶意损毁其游戏装备，并在游戏公屏中同步公示的行为，是否具有公然性？

案例分析

近年来，随着网络的普及，网络游戏高速发展，购买游戏道具、装备的玩家大量出现，促使网络游戏市场迅速壮大，进一步带动通信、出版、影视以及其他游戏周边产品的发展，网络游戏市场对我国国民经济的增长具有不可估量的价值。但是由于空间的虚拟性，网络游戏市场缺乏必要的法律规制，利用技术手段侵入他人游戏账号，毁坏游戏装备的现象时有发生，不仅造成网络游戏玩家合法财产利益的损失、精神上的痛苦，而且妨害了网络游戏产业的健康发展。2020 年 5 月 28 日第十三届全国人大第三次会议表决通过的《民法典》，在总则编中也明确了对网络虚拟财产的保护。笔者认为，对于其中危害严重，构成刑事犯罪的，应当运用刑事手段予以制裁和打击。

一 网络游戏装备是否属于刑法意义上的财物

网络游戏装备系以电磁记录方式存储于游戏服务器中的计算机数据代码。有观点认为，网络游戏装备究其本质系一段计算机数据代码，其依附特定的网络游戏环境而存在，不具有普遍的价值，因而不能成为财产犯罪的对象。① 相对应的观点认为，获得网络游戏装备需要游戏玩家耗费大量的时间、精力或者使用现实货币购买，且与现实货币之间存在交易市场，在现实中有其固有的价值，应当受到法律的保护。

笔者赞同第二种观点，网络游戏装备是网络衍生物——虚拟财产——中的一种，本身依附于网络游戏载体，其存在方式不具有实体性，但这并不能否定其具有真实的财产价值，其具备刑法意义上的财物属性。

与德日刑法明确区别规定财物与财产性利益不同，我国刑法统一使用“财物”这一概念作为财产犯罪的对象，这就需要对财物的内涵和外延作出解释以确保财产犯罪对象的适当性。对于财产犯罪的犯罪对象能否包含无形财产的问题，当前我国法条并无明文规定。随着现代科技的进步与发展，一些无形财产逐渐进入大众生活，这类财产虽然无形化，但普遍认为其具有一定的经济价值且能够被人支配、管理。因此，笔者认为，财产犯罪的“财物”应作广义理解，除刑法另有规定构成其他犯罪的特定财物外，该概念应包含各种形式的财物，将符合财产特征的财物均纳入刑法保护范畴，这不仅是对社会财产权保护的必然要求，也能为不断涌现的新类型财产提供保障，符合刑法原则以及相关犯罪的立法精神。② 本文将通过对网络游戏等虚拟财产特征的分析，论证网络游戏装备作为财产犯罪对象的财物的适当性。③

首先，网络游戏装备具有管理的可能性。虚拟财产虽然以电磁记录形式存放于

① 参见赵秉志主编：《刑法分则要论》，中国法制出版社 2010 年版，第 427 页。

② 参见王作富、刘树德：《刑法分则专题研究》，中国人民大学出版社 2013 年版，第 177 ~ 178 页。

③ 参见张明楷：《刑法学(下)》(第 6 版)，法律出版社 2021 年版，第 1218 页。

特定游戏玩家的个人账号中,从表面上看是无形的,但其仍是客观存在的。或者根据游戏规则通过货币充值购买或打怪升级而获得,或由于账号降级而丧失,它在游戏中依据玩家意愿转换与转移,由玩家对其进行支配与控制,实现排他性的占有、使用、收益、处分。游戏账号作为存放游戏装备的仓库,是玩家占有、管理个人游戏装备的标志。

其次,网络游戏装备具有转移可能性。网络游戏装备与现实货币之间存在市场交易空间,由于存在现实的市场需求,游戏装备可以通过游戏运营商确定的充值方式和交易机制与现实货币进行转换,玩家之间通过双方协商价格进行有偿交易,转移装备使用权的情况也十分常见。这些游戏装备的交易从本质上说与普通商品交易没有区别,可以通过货币交换,具有可转移性。

最后,网络游戏装备能够满足人们的需求,具有价值性。一方面,个人劳动以及与之相伴的现实货币投入是获取游戏装备最主要的方式。网络游戏玩家通过花费现实货币兑换游戏点券购买、游戏账号升级或游戏竞技获得游戏装备。游戏运营商将游戏装备价格与游戏点券数额绑定,玩家根据游戏运营商规定的兑换比例购买游戏点券与游戏运营商进行交易,从而获得游戏装备。在这种情况下,游戏装备的价值与现实货币挂钩,具有现实价值。通过游戏账号的升级以及竞技获胜获取游戏装备,则需要游戏玩家付出劳动,花费大量的时间、精力参与游戏活动,通关打怪等完成游戏要求,这种价值虽难以界定,但不能据此否定其所具有的现实价值。玩家在游戏中通过复杂的脑力劳动与肢体配合,不断攻关、升级账号获得游戏装备,不仅能满足玩家自身的精神需求,还能够使玩家的游戏账号增值,这与个人在现实生活中通过劳动获得现实货币具有等量性,不能否认其具有的价值。① 另一方面,游戏装备具有客观的交换价值。游戏玩家之间通过协商,有偿转让游戏装备已成为常态,甚至当前游戏市场已经出现专业代打游戏装备并贩卖的情况,虚拟财产早已突破网络空间进入现实社会,虚拟财产与现实货币之间存在相对固定的兑换机制。

综上,游戏装备等虚拟财产在本质上与有体财产无异,具有真实的财产属性,符合我国财产犯罪对财物的评价与认定规则,能够成为财产犯罪的对象。

就本案而言,首先,杨某账号内的战船、宝石、道具等游戏装备归其所有,其能够对所获得的游戏装备独立地进行控制与操作,且该管理亦独立于游戏服务商,即其享

① 参见陈兴良:《虚拟财产的刑法属性及其保护路径》,载《中国法学》2017 年第 2 期。

有排他性的管理权。其次,杨某被损毁的宝石与现实货币之间按照特定交易机制和比例进行兑换,战船可以通过消耗宝石"抽取",且可随着个人账号的转卖而转移占有,这些游戏装备具有可转移性。最后,被毁损的宝石、道具本身具有客观价值,可以根据宝石实际交易价格确定损失数额。战船既可通过宝石"抽取",也可由玩家游戏竞技"练出",只是由于战船获取具有随机性,战船数量多用于评判个人账号价值,直接转卖的可能性较小,因此其具体价值难以进行有效评判。但杨某在游戏中投入大量货币用于购买游戏装备、宝石,且作为游戏的忠实玩家,其为了个人账号升级在游戏中投入了大量时间与精力,与日常劳动具有等量性,因此虽不能确定其战船的具体金额,但足以证明战船本身具有价值。

二 如何认定纠集三人以上"公然"毁坏他人财物

"毁坏"是认定故意毁坏财物罪最为关键的构成要件要素,由于刑法条文过于精练,因此"毁坏"的理解对本罪的认定具有十分重要的意义。当前学界和判例就"毁坏"的解释主要有以下观点:一是物质毁弃说,此学说源自生活中"毁坏"的概念,认为毁坏即是从物质上破坏、毁损财物的部分或全部;二是有形侵害说,认为毁坏就是通过对财物的有形力,毁损财物本身的完整性或其无形的价值;三是效用侵害说,由于侵害财物效用与对财物的物质性破坏均会导致财物的价值与使用价值减损或灭失,因而凡是造成财物效用减损的行为均属于毁坏。其中一般的效用侵害说认为,一切使财物的效用丧失或减损的行为均是毁坏;本来的用法侵害说认为,物质性损害财物的部分或全部,致使财物无法遵循原本的用法进行使用的行为即为毁坏。[①] 在这些学说中,物质毁弃说最为贴近文本原意,但随着社会的发展,对财物的毁坏不能局限于物理层面的损毁,保护财物使用价值的观点也逐步受到学界关注,因此,不少学者主张对毁坏概念进行适当扩张,当前效用侵害说占据通说地位。[②] 笔者持一般的效用侵害说观点,所谓毁坏,即毁灭和损坏,不限于从物理上消灭或毁损财物的形体,还包括使用各种方法使财物的效用丧失或减少的行为。

通过上述论述可知,网络游戏装备系虚拟财产,具有管理可能性、转移可能性和

① 参见张明楷:《刑法学(下)》(第6版),法律出版社2021年版,第1342页。

② 参见张梓弦:《论故意毁坏财物罪中的"毁坏"——"有形的影响说"之提倡》,载《法学》2018年第7期。

价值性,符合刑法财产性犯罪的财物要求。本案中,陈某等人登录杨某的游戏账号,卸下其账号内战船的攻防装备,并多次以裸船撞击己方已处于防御状态的战船,致使其账号内的战船、宝石、道具等大量损毁,该“撞击”行为虽存在于网络虚拟空间之中,不具有实体性,但根据《帝国游戏》的游戏规则,战船100%被撞毁意味着战船本体以及在游戏中竞技等效用的全部丧失,且不具有修复的可能性,该撞击行为已经导致战船效用的丧失,因此对陈某的行为可以评价为故意毁坏财物罪中的“毁坏行为”。

《最高人民检察院、公安部关于公安机关管辖的刑事案件立案追诉标准的规定(一)》(以下简称《立案追诉标准规定》)第33条规定:“故意毁坏公私财物,涉嫌下列情形之一的,应予立案追诉:(一)造成公私财物损失五千元以上的;(二)毁坏公私财物三次以上的;(三)纠集三人以上公然毁坏公私财物的;(四)其他情节严重的情形。”根据《立案追诉标准规定》,有三种情形被明文规定构成本罪,或是故意毁坏财物数额较大,或是多次故意毁坏财物,在数额或次数均未达到构罪标准时,则考察实施毁坏行为的人数以及行为的公然性。本案中,由于游戏战船可以通过宝石“抽取”,也可由玩家游戏竞技“练出”,战船的具体客观价值难以认定,而宝石、道具折合现实货币约1000余元,不符合故意毁坏财物“数额较大”的立案标准,且陈某只实施了一次毁坏行为,因此,陈某毁坏财物的数额和次数均未达到故意毁坏财物罪的构罪标准。此时,需要考虑陈某纠集3人建立微信群并在群中部署破坏计划,分工配合使被害人杨某账号中的游戏装备受损严重的行为,是否符合《立案追诉标准规定》第33条第3项“纠集三人以上公然毁坏公私财物”之规定。根据上述论证,本案中陈某基于毁坏他人财物的故意,创建4人的微信群并在群中部署破坏计划,分工配合实施毁坏杨某游戏装备等虚拟财物的行为,符合“纠集三人以上”和实施“毁坏财物”的行为要求,但本案发生于网络游戏虚拟空间之中,对陈某的行为能否认定“公然”则有一定的争议。

当前我国刑法中,仅《刑法》第246条侮辱罪中明确提到“公然”一词,但并未对该概念进行明文解释。有学者认为,所谓“公然”,即采用不特定或多数人可能知悉的方式对他人进行侮辱。① 考虑到法条的统一性,笔者认为,故意毁坏财物罪中的“公然”是指采用能够使不特定或多数人可能知悉的方式实施毁坏财物的行为,主要体现为场所、手段行为以及结果的公开性。当前,网络虚拟空间被认定为公共空间的观点已

---

① 参见张明楷:《刑法学(下)》(第6版),法律出版社2021年版,第1195页。

成为通说,本案中的《帝国舰队》是面向社会公开发行的网络游戏,参与游戏的玩家具有不特定性,在游戏中玩家可以通过游戏界面交流沟通,游戏公会通过游戏群对公会成员进行管理,完全符合场所公开性的要求。陈某登录杨某的游戏账号后展开攻击,致使其战船损失的情况均同步公示在游戏公屏,能够被即时及之后登录的游戏玩家知悉,其手段行为与结果的公开性不言而喻。某一玩家证人在接受公安人员的询问时,明确表示其通过游戏群中公开发出的战报得知杨某战船损毁的情况,证明了陈某攻击被害人战船的行为与被害人相关游戏装备被毁损的结果完全可以被不特定的玩家知悉,陈某的行为具有公然性。

三 毁损他人游戏装备行为之危害性

网络游戏玩家通过辛勤劳动以及金钱投入不断升级个人账号,获得珍稀装备,不仅给玩家带来经济利益的收获,也极大地满足了玩家精神上的成就感。近年来,随着网络游戏产业的日渐壮大,利用技术手段盗窃、毁坏他人游戏装备等侵犯虚拟财产的现象增多,严重损害了游戏玩家的合法财产权益,甚至给玩家造成精神上的痛苦。网络游戏玩家通过大量劳动与金钱投入,不断升级个人账号获得珍稀装备以及达到相应的游戏排名,有些甚至是在大量现实货币的堆砌下实现的,其价值并不亚于现实生活中的劳动与财产获得。以本案为例,杨某自 2013 年开始玩帝国游戏,多年的辛苦经营才使其成为该游戏服务器的第一名,为此其先后为账号"皇家近卫军"及".000006"花费 70 余万元,这还不包括其为账号升级、装备获取、活动参与等投入的时间、精力以及"情感"成本,而游戏战船被损毁,直接造成玩家为之倾注的大量时间、金钱"打水漂"。根据游戏运营商的数据,排除抽取战船的概率性,要想重新恢复原有的成绩,杨某需耗费 720 天的时间或者一次性花费 1.2 亿元,由此可以看出,毁损他人网络游戏装备等虚拟财产的行为从物质上、精神上都给他人造成严重的损害,具有相当的社会危害性。

网络游戏装备作为可以购销的商品,由运营商按照虚拟财产与现实货币之间相对固定的市场交易机制实现交易,能够为人们带来现实的经济利益,为运营商、玩家等带来可观的利润,其现实价值不可忽视。此外,网络游戏中存在的利益冲突已蔓延至现实生活之中,不仅直接危及新兴网络游戏产业的稳定发展,还引发一系列的社会矛盾甚至违法犯罪活动,扰乱正常的社会秩序。就本案而言,陈某等人的游戏账号因长期打不赢杨某的账号，为了能够在服务器内排名第一，遂起意非法获得杨某的账号及密码，破坏其账号内的装备。不得不说，就玩家而言，游戏账号及装备具有十分重要的意义，本案起因于网络游戏玩家在游戏竞技中对排名的追求，若不对其进行有力规制，则既不利于网络游戏竞技的健康发展，也不符合最基本的游戏竞技精神。因此，陈某纠集3人公然毁坏他人财物的行为与传统的故意毁坏财物罪并无本质区别，陈某应当承担相应的刑事责任。

（案例编写人：上海市第二中级人民法院　沈言）

15

承运人扣箱"留置"以收取拖欠货运费的能否认定为敲诈勒索

简要案情

马某系某物流公司总经理,在为货运运输代理公司承运A公司、B公司的10个集装箱货物的过程中,马某以扣箱不予进港的方式要挟该货运运输代理公司结清此前已累计拖欠马某公司的60余万元货运费,后A公司、B公司因上述货物亟待海运出口,无奈只好代为向马某公司支付60万元,马某方将货物运输至指定港区。

主要问题

货代拖欠货运费情况下承运人扣箱并借此收取货主钱款能否认定承运人构成敲诈勒索罪?

案例分析

敲诈勒索罪,是指以非法占有为目的,对被害人实施威胁或者要挟的方法,强行索取数额较大的公私钱款的行为,其中要挟方法通常是指抓住被害人的某些把柄或者制造某种迫使其交付财物的借口,其客观行为可分为4个阶段,分别为:行为人实施威胁、要挟,被害人产生恐惧、害怕心理,被害人不得已交付财物,行为人获得财物。主观上要求行为人具有非法占有他人财物的目的。

在货代公司拖欠货运费用的情况下,承运人扣箱并借此收取货主钱款的行为,客观行为符合上述敲诈勒索罪4阶段:第一阶段,马某以扣箱不运要挟;第二阶段,A公司、B公司即货主对货物无法按时发货造成的违约后果产生害怕;第三阶段,A公司、B公司迫不得已在已经支付货代公司货款的情况下又向马某支付钱款而受损失;第四阶段,马某方最终也在收款后才将货物运至指定港口。虽然客观上不能排除马某具有取得钱款的合法性,从而出罪,故需考虑其取得钱款的行为是否为行使合法权利。从以下两个要素分析敲诈勒索罪与合法权利行使,可以确定马某的行为不构成敲诈勒索罪。

一　马某行使的权利具有事实根据和法律依据

权利基础的两个要素为事实根据和法律依据,具备了这两个要素,行为人的权利才具有民事上的可诉性,才是可主张和可实现的权利。如果权利的产生没有事实根据或者行使时无法律依据,则不能称为行使权利,则其所谓行使"权利"就缺乏正当性。虽然缺乏正当性的权利行使并不一定全部都可以认定为具有非法占有目的并构成敲诈勒索罪,但具有正当性的权利行使一般可排除非法占有的主观目的,进而阻却敲诈勒索罪的构成。在货物运输过程中,承运费用产生于承运人与托运人之间,承运费用的履行逾期时,承运人对托运人欠付的费用是基于合同产生的债权,这种情况下,法律给予承运人依据合同法实现债权的多种权利行使方式,其中一项权利便是留置权。留置权,是指债权人依照合同的约定占有债务人的动产,债务人不按照合同约定的期限履行债务时,债权人有权留置该动产,并依照法律的规定将动产折价或者以拍卖、变卖后的价款优先受偿的权利。托运人欠费的情况下,承运人即可对托运人所有的交付其承运的货物采取适当的留置措施以实现自己的债权。但当托运人是货代公司时,托运人与货物实际所有人分离,承运人能否行使留置权?一般通说认为,动产以占有为所有权的公示,此时货代公司对货物属于间接占有,故承运人可视货代公司即为货主,就货代公司逾期支付运费的行为亦可对货代公司托运的货物行使留置权。本案中,马某在货代公司拖欠其运费的情况下,即对货代公司再次委托其运输的A公司、B公司的货物采取了扣箱行为,要求货代公司支付拖欠的货款,其实质就是依据合同法行使留置权。且不论本案留置权行使的方式方法等是否正确,可以明确的是,马某此情况下行使留置权既有事实根据,亦有法律依据。当然,留置权的行使应仅限于债权人向债务人行使,因此马某的留置权仅能对抗货代公司的返还请求。

二 马某扣箱后留置权的行使尚未超限

权利的行使仍应需遵循一定的限度,否则权利的行使就成为权利的滥用,在主观上,限度外的部分易转为非法占有,如再辅以威胁、要挟手段行使的,则有可能构成敲诈勒索罪,甚或其他犯罪。对具有事实根据和法律依据的权利行使,仍应考察下面几点进一步判断是否构成敲诈勒索罪。

1. 行权要求不可超出权利范围

一般而言,行为人采用胁迫、要挟手段行使财产权,如果实际获取财物的数额与其权利的数额相同或者基本相同时,其当然不具有敲诈勒索罪的非法占有目的。但是如果行为人主观上为获取超过自己有权获得的之外的财物,客观上获取的财物价值也远大于应获得财物的,则不应视为正当权利行使,其主观上已转化为非法占有目的,可构成敲诈勒索罪。权利为内容确定的债权时,以该确定的数额债权加实现债权所花费的其他合理的经济损失为限;权利为内容不确定的债权时,只要行为人提出的财产性要求与债权直接相关且未超出一般常规合理想象的数额,便应视为在权利的范围之内。本案中,马某对货代公司所有的债权为确定的数额 60 万元,其在扣留货物后,对货代公司提出的要求也仅为等额的 60 万元,未超出权利范围。

2. 行权手段的必要性与相当性

行为人所使用的手段必须具有必要性及相当性。所谓必要性,指的是在具体案件中,行为人的行权做法符合社会经验和逻辑认可,符合常识、常理、常情;所谓相当性,是指手段相对于权利本身的重大性、侵害相对方权益的程度、紧急程度等综合情况下可为一般大众所接受和容忍。公民行权的手段各种各样,在此仅讨论可能涉及敲诈勒索罪的要挟、威胁手段。

敲诈勒索罪中的要挟、威胁方式上既有口头的也有书面的,其内容上有以施加杀、伤等伤害生命、身体、自由的暴力,有以揭发、张扬被害人隐私、违法行为等损害名誉、财产的,还有利用某种权势或者优势地位损害被害人切身利益的,从造成被害人精神恐惧、害怕的程度上看,显然暴力相威胁的程度大于非暴力的程度。在权利合法确定后,行为人即使以会施加暴力相要挟、威胁,只要未实际实施暴力行为,也未采取长期滋扰形式严重影响被害人生活的,便未超出以要挟、威胁手段的私力救济,不成立敲诈勒索罪。仅当没有行使权利的真实意思,单纯以行使权利为借口时,则可以以敲诈勒索罪论处。

本案中,马某的要挟行为是利用了其优势地位,货物由于天气原因落箱堆场,已经耽误了流转时间,此时马某又在货物急需出港交易时扣押货箱并向托运人主张运费,既实现了向托运人施压,又实现了由托运人向货主转压的目的。本案的特殊性在于,虽然马某行使权利的指向对象与最终付出钱款的相对方是分离的,但是其行使的权利仍是法律规定的留置权,而紧急扣押货物不予运输是留置权的必然手段,其手段与其债权不仅具有相当性更加具有匹配性。故马某行使权利的手段具有必要性与相当性。货物的实际所有人 A 公司、B 公司基于自身考虑,因害怕耽误运输影响交易向马某直接支付货款的行为,系第三人主动为债务人代为履行,其所受损失可依据法律向货代公司索偿,第三人的主动代为履行不能改变马某依法行使留置权的行为性质。

综上,马某在货物运输中,因货代公司欠款而采取扣留货物并索要运费的行为,属于依法行使留置权,马某要求并最终所得的金额与货代公司所欠金额一致,对该钱款主观上没有非法占有的故意,客观上该钱款虽然由第三人货主给付,但基于合法留置权行使,且第三人的给付行为系主动为债务人履行,马某客观上未对货主实施敲诈勒索行为,主客观均不符合敲诈勒索罪的犯罪构成。

(案例编写人:上海市第二中级人民法院 陈春丹)

16

通过 DNS 劫持流量的是否需要追究刑事责任

简要案情

付某、黄某等人租赁多台服务器,使用恶意代码修改互联网用户路由器的DNS 设置,进而使用户登录“2345. com”等导航网站时跳转至其设置的“5w. com”导航网站,付某、黄某等人再将获取的互联网用户流量出售给某科技有限公司(系“5w. com”导航网站的所有者),违法所得合计 75 万余元。

主要问题

通过 DNS 劫持流量的行为是否构成犯罪,应该如何定性?

案例分析

流量,就是网络上传输的数据量,网络用户支付对价购买的流量是用户上网的通行证。“流量劫持”,是指利用各种恶意软件修改浏览器、锁定主页或不停弹出新窗口等技术手段,强制网络用户访问行为人指定的网站,从而造成用户流量被迫流向指定网页的情形。本案的争议焦点在于:第一,“流量劫持”是否应当入罪;第二,“流量劫持”行为如果入罪应该定什么罪名。在以往对“流量劫持”行为的处理中,由于犯罪主体的专业化、犯罪手法的隐蔽性、证据认定困难等原因,往往面临入罪难的问题,基本上作无罪化或者民事化处理。但“流量劫持”行为具有严重的社会危害性,该行为如果破坏计算机信息系统功能、数据或者应用程序,后果严重的,将构成破坏计算机信息系统罪,应予定罪处罚。

一　流量劫持行为具有严重的社会危害性

"流量劫持"行为侵害的客体并不限于计算机信息系统的安全等社会管理秩序,也涉及公共安全、公私财产所有权(如计算机系统所有人的排他性权益:所有权、使用权和处置权等)甚至国防利益等,且客体侵害的反射效果严重,因为基于互联网信息传播的独有特点,其所带来的社会影响迅速且广泛,对公众心理的影响难以消除。对于网络用户而言,"流量劫持"行为会使其面临购买的流量被无端浪费的经济损失,同时面临主页被篡改、弹窗不断、网页强制跳转等,直接导致网络使用体验感极差。且因恶意软件、代码强行植入造成计算机信息系统的破坏,可能泄露各类账户、密码等重要的个人信息资料,危及网络账户安全。对于网络服务提供商而言,"流量劫持"行为将影响其网站的用户访问量和市场份额,致使网站用户大量流失,造成经济损失和名誉损害,商业利益受损,更会严重影响互联网行业的健康发展。对于网络管理秩序的维护者而言,"流量劫持"行为人开发各类木马插件、恶意代码、病毒程序等并恶意传播,隐蔽性强、功能强大、删除困难,且"流量劫持"行为稍纵即逝,监管尤为困难,严重扰乱网络运行秩序,增加互联网的运营、维护成本。"通常而言,法律发展要滞后于科技的发展,科技的普及应用达到一定程度后,其消极作用到了社会无法容忍的地步时才用刑法予以规制。"①随着互联网行业的发展,"流量劫持"行为已成为互联网安全问题的恶疾、顽疾之一,超出了社会的容忍度,具有严重的社会危害性,已不限于单纯的不正当竞争问题,应当适用刑法进行规制。

二　通过 DNS 劫持流量的行为具有犯罪故意

通过 DNS 劫持流量的,行为人在主观方面具有犯罪故意,即主观上积极追求或者放任自己的行为对计算机信息系统功能进行删除、修改、增加、干扰,或者对计算机信息系统中存储、处理或者传输的数据和应用程序进行删除、修改、增加。本案中,付某和黄某共同商量实施 DNS 劫持获取非法利益,通过植入代码,让用户路由器内的 DNS 的 IP 地址设置变更为他们的 DNS 服务器 IP 地址,使大量用户跳转到他们想让

---

① 谢国刚:《关于破坏计算机信息系统罪的理论思考》,载《宜宾学院学报》2006 年第 9 期。

用户访问的网站,为了防止杀毒软件报毒而选择 DNS 劫持。可见,二人均明知其行为会影响计算机信息系统的功能,具有破坏计算机信息系统的主观故意。

此外,付某和黄某对实施的"流量劫持"行为的违法性及危害后果等也有一定认识,如二人的聊天记录中提到"一般网监是不会去管我们的,除非是用户投诉多了""最好隐藏窗口执行""如果想要收益高,用户就得更反感,因为用户体验会越差"等。为逃避侦查,他们将使用的电脑均不定期删除记录、重装系统,租用境外服务器并不定期格式化或者重启等以销毁作案痕迹。付某和黄某选择劫持导航网站的流量也主要考虑到把用户从一个导航网站劫持到另一个导航网站,用户不会很介意,不会引起大批量的投诉和网站的注意。

三 通过 DNS 劫持流量的行为符合破坏计算机信息系统罪的犯罪构成

《刑法》第 286 条对破坏计算机信息系统罪依次规定了 3 种行为样态:一是违反国家规定,对计算机信息系统功能进行删除、修改、增加、干扰;二是违反国家规定,对计算机信息系统中存储、处理或者传输的数据和应用程序进行删除、修改、增加的操作;三是故意制作、传播计算机病毒等破坏性程序。"流量劫持"有多种技术手法,本案中,行为人实施的是 DNS 劫持。首先,修改互联网用户的路由器 DNS 设置。架设好租用的 DNS 服务器,在弹窗广告内植入能修改用户 DNS 设置的代码,并以"看片神器"等名称诱导网络用户点击弹窗广告,从而让用户路由器内 DNS 的 IP 地址设置变更为行为人设置的 DNS 服务器 IP 地址。其次,将互联网用户访问网站的流量劫持到行为人设置的指定网站。在 DNS 服务器及其他相关的服务器内进行设置,使得使用"2345. com"等导航网站访问网页的用户被强制跳转到行为人设置的"5w. com"导航网站,从而将用户对其他导航网站的访问流量劫持到行为人设置的"5w. com"导航网站,并根据用户访问数进行结算牟利。在此过程中,二人利用恶意代码攻击 DNS 解析的行为,明显对网络用户的计算机信息系统中存储的数据进行了修改,符合《刑法》第 286 条第 2 款规定的"违反国家规定,对计算机信息系统中存储、处理或者传输的数据和应用程序进行删除、修改、增加的操作"的客观行为样态。

此外,刑法具有谦抑性,"流量劫持"行为虽然具有严重的社会危害性,但是至少也要达到"后果严重"的程度方能入罪。根据《最高人民法院、最高人民检察院关于办理危害计算机信息系统安全刑事案件应用法律若干问题的解释》的规定,"流量劫持"

行为,具有以下4种情形之一的应当认定为"后果严重":第一,造成10台以上计算机信息系统的主要软件或者硬件不能正常运行的;第二,对20台以上计算机信息系统中存储、处理或者传输的数据进行删除、修改、增加操作的;第三,违法所得5000元以上或者造成经济损失1万元以上的;第四,造成为100台以上计算机信息系统提供域名解析、身份认证、计费等基础服务或者为1万以上用户提供服务的计算机信息系统不能正常运行累计1小时以上的。需要指出的是,"计算机信息系统的主要软件或者硬件不能正常运行,不能仅仅理解为计算机信息系统不能启动或者不能进入操作系统等极端情况,而是既包括计算机信息系统主要软件或者硬件的全部功能不能正常运行,也包括计算机信息系统主要软件或者硬件的部分功能不能正常运行"。[①] 同时根据前述司法解释的规定,数额达到违法所得5000元的5倍以上,应当认定为破坏计算机信息系统"后果特别严重"。本案中,可以查实的能够量化的危害后果只有违法所得,经济损失及受影响的计算机台数、受影响的时长等均无法证实,但行为人的违法所得已明显符合入罪标准。

四 关于付某、黄某行为的评析

付某、黄某以牟利为目的,通过DNS劫持流量并转售获利,对网络用户的计算机信息系统中存储的数据进行了修改,违法所得达到75万余元,其行为符合破坏计算机信息系统罪的犯罪构成,且属于后果特别严重。

(案例编写人:上海市浦东新区人民法院 李俊、白艳利)

---

① 喻海松:《解读〈关于办理危害计算机信息系统安全刑事案件应用法律若干问题的解释〉》,载李少平主编:《解读最高人民法院司法解释、指导性案例(刑事卷·下)》,人民法院出版社2016年版,第662页。

17

制作、出租翻墙软件牟利的是否构成犯罪

简要案情

胡某为非法牟利,租用国内、国外服务器,自行制作并出租翻墙软件,为境内网络用户非法提供境外互联网接入服务。公安机关先后两次约谈胡某要求其停止联网服务,后作出责令胡某停止联网、警告、罚款、没收违法所得的行政处罚。胡某拒不改正,继续出租翻墙软件,违法所得共计236,167元。经鉴定,翻墙软件采用gotunnel程序,可以实现代理功能,适用本地计算机通过境外代理服务器访问境外网站。

主要问题

制作、出租翻墙软件牟利行为能否认定拒不履行信息网络安全管理义务罪?

案例分析

本案符合拒不履行信息网络安全管理义务罪的以下特征。

一 胡某的主体身份属于网络服务提供者

2019年11月1日起施行的最高人民法院、最高人民检察院《关于办理非法利用信息网络、帮助信息网络犯罪活动等刑事案件具体应用法律若干问题的解释》(以下简称《网络犯罪解释》)将网络服务提供者分为3种情形:一是网络接入、域名注册解

析等信息网络接入、计算、存储、传输服务；二是信息发布、搜索引擎、即时通信、网络支付、网络预约、网络购物、网络游戏、网络直播、网络建设、安全防护、广告推广、应用商店等信息网络应用服务；三是利用信息网络提供的电子政务、通信、能源、交通、水利、金融、教育、医疗等公共服务。上述解释及时填补了法律的长期空白，对司法实践起到重要的指导作用，但细究其内容仍有待完善之处。采用列举式将网络服务性质、网络应用服务类型、涉及重要行业领域规定为 3 种情形，无法涵盖社会生活中不断更新的所有网络服务工作者。笔者认为，应当借鉴国外相关规定，首先设立一项标准，即将是否对计算机网络及信息、数据、资源具有支配或控制能力，作为判定是否符合网络服务提供者身份的统一标准。在遵循《网络犯罪解释》的前提下，可以将网络服务提供者分为 3 种类型：一是网络内容服务提供者，包括对网络信息、数据等内容的发布者，其对信息的产生具有直接支配和控制力，与信息关联度最为紧密，还有允许他人直接发布信息的网络平台，虽然平台没有直接提供信息数据，但是允许用户登录发布信息就视为默认信息内容且具有支配或控制力，如微信、微博、大众点评等通信媒体或网络平台；二是网络接入服务提供者，是指为网络运行提供必要通信、电缆等硬件设备及上网服务通道的电信网络运营商，如中国电信、中国联通等，这类主体仅提供接入通道和数据传输服务，不对内容进行发布、分析、编辑或修改等；三是网络技术服务提供者，为网络运行提供软件类型的技术服务，如信息存储、建立搜索引擎、链接、加密及各种技术处理服务。例如，快播案涉及的快播公司，通过服务器或云存储方式提供存储服务，对信息数据实现远程物理式的控制，发现有违法信息时有能力进行删除或屏蔽。又如，百度等提供搜索引擎服务，发现违法信息时也可以进行拦截、删除或封锁通道。按照对信息数据支配控制及审核监管能力的强弱程度排序，应当是第一类主体最强、第三类主体次强，第二类主体最弱。

胡某既可以依法认定属于《网络犯罪解释》中的第一种情形，同时隶属笔者划分的第二类主体即网络接入服务提供者，符合网络服务提供者的身份条件。

二　胡某负有信息网络安全管理义务，经监管部门责令采取改正措施后拒不改正

拒不履行信息网络安全管理义务罪属于义务犯，先要厘清信息网络安全管理义务的来源及内容。我国对互联网监管问题一直非常重视，涉及网络服务提供者监管义务的法律法规包括 1997 年《计算机信息网络国际联网安全管理办法》、2000 年《关

于维护互联网安全的决定》《互联网信息服务管理办法》、2007 年《互联网视听节目服务管理规定》、2012 年《关于加强网络信息保护的决定》、2013 年《信息网络传播保护条例》、2017 年《网络安全法》等。结合这些规定，可以将网络安全管理义务大致归纳为 4 种类型：一是对用户信息的保护义务，网络服务提供者在获取和使用个人信息时应当使用有效的加密技术及不公开的传输渠道和方式，以充分保障用户个人信息的保密性；二是对违法信息的管控义务，对含有恐怖主义、淫秽物品、毒品等违法信息进行管理、审查、删除等，以确保网络信息的健康安全；三是对信息数据的留存义务，采用必要的技术手段对用户的信息数据在一定期限内予以保留、备份，以确保提取使用的便利性；四是协助执法的义务，协助相关行政或刑事执法部门获取、提供、披露相关信息数据，发现违法信息时消除处置、主动报告等。刑法条文还要求满足经监管部门责令采取改正措施后拒不改正这一必要条件，《网络犯罪解释》第 2 条规定，监管部门责令采取改正措施，是指网信、电信、公安等依法法律、行政法规的规定承担信息网络安全监管职责的部门，以责令整改通知书或者其他文书形式，责令网络服务提供者采取改正措施。应当综合考虑监管部门责令改正是否有法律、行政法规依据，改正措施及期限要求是否明确合理，网络服务提供者是否具有按照要求采取改正措施的能力等因素进行判断。所谓拒不改正，字面含义是指置之不理，或消极怠慢、整改不力的情况。

2015 年，胡某制作土行孙翻墙软件，同时租用 5 台国内服务器（阿里云、华为云、移动云、青云）和 5 台国外服务器（日本樱花、美国 linode）分别设置账号和密码；设置 2 个专门用于客户联系的邮箱；开设网站发布代理服务器信息，包括使用方法、付款方法、产品介绍等内容；注册上海丝洱网络科技有限公司并开通支付宝即时到账功能，后开始进行出租牟利。2016 年 3 月，公安机关约谈胡某并制作了询问笔录，其间胡某承认运营代理工具，并承诺将立即关闭土行孙软件。之后继续经营土行孙，同年 6 月，公安机关第二次约谈胡某并制作了询问笔录，胡某承认未关闭土行孙，再次承诺将立即关闭并写下书面保证书。之后为逃避监管，胡某制作四十二 VPN 软件继续从事出租营利行为。同年 9 月，公安机关第三次约谈，胡某承认因心存侥幸开设四十二 VPN 向他人出售的行为。同年 10 月，因擅自建立、使用非法定信道进行国际联网的违法行为，胡某受到公安机关没收违法所得 40, 445 元并罚款 15, 000 元的行政处罚。同年 11 月，胡某关闭四十二 VPN，重新开设土行孙进行经营直至 12 月案发，经统计自 2016 年 10 月 20 日至 12 月 30 日，收入总额为 236, 167 元。胡某供述，土行孙与四十二VPN都属于翻墙软件,是一种加密国内和国外服务器之间的通信,用户在终端和国内服务器之间是明文传输,其在网站上建立用户配置文件,用户只要付费并下载该文件,其即提供用户名和密码,用户就可以连接到其境内的代理服务器,再连接境外的代理服务器,最终访问到境外网站。

胡某提供国际联网通道让用户绕过防火墙浏览境外网站,其既没有上传或发布违法信息、对违法信息实施储存、设立搜索引擎等服务,也没有直接下载或利用违法信息实施危害行为;换言之,其对用户浏览境外网站的理由、内容、用途等均不予关注,行为目的仅限于获取经济利益。如果没有发生被约谈及行政处罚的情况,胡某的行为属于单纯的网络技术行为,实难与刑事犯罪相关联。但是面对发生3次约谈及行政处罚时,胡某仍然采取置之不理、不予整改的态度,明显违反网络服务提供者负有的协助执法义务,符合拒不履行信息网络安全管理义务罪的客观行为要件。

三　胡某的行为符合有其他严重情节的入罪标准

《刑法》第286条之一第1款第4项规定的"有其他严重情节"属于兜底条款,具体如何适用?本案审理时,《网络犯罪解释》尚未颁布,全国范围内没有可供参考的案例。笔者认为,参照相关法律法规将"在一定期限内受到行政处罚"作为认定主观明知、入罪数额减半、定罪标准、刑罚升格、酌情从重处罚等情形的立法设定模式,本罪名亦可将"在一定期限内受过行政处罚"认定为属于有其他严重情节的情形之一。这一方面是主观恶性更加明显,因同类行为受过行政处罚,其主观上明知行为之违法性与危害性仍实施同类行为,主观恶性较之初犯偶犯更加明显;另一方面是法益侵害性更加严重,在受到行政处罚时已经具有一定社会危害性,继续实施同类行为增加了客观危害的程度与风险。由于胡某在一年内有过3次被公安机关约谈及1次行政处罚的情况,时间间隔较短、约谈与处罚次数较多,完全可以参照上述法律法规的规定,将这种情况列入拒不履行信息网络安全管理义务罪的其他严重情节。

综上所述,胡某的行为符合拒不履行信息网络安全管理义务罪的主体身份、客观行为要件及入罪标准。

(案例编写人:上海市浦东新区人民法院　刘娟娟)

18

农用地被首次毁坏复垦未达标后遭二次毁坏时能否认定为犯罪

简要案情

某合作社及唐某某以经营农业项目为名，从镇南村租得农用地51,856.54平方米，后将地面硬化、水泥覆盖并建造房屋厂房等，严重毁坏农用地的种植条件。在土地被租用前，该地块曾被某驾校租用并铺设水泥路，后被卫片拍摄到，村委要求进行复垦，复垦施工方没有撬掉水泥路面，仅在路面上直接覆盖50公分的泥土，没有相关单位组织验收，之后村委将该土地二次租给某合作社及唐某某使用。

主要问题

农用地被首次毁坏复垦未达标，后遭二次毁坏时能否认定非法占用农用地罪？

案例分析

一　非法占用农用地罪构成要件的厘清

非法占用农用地罪系行政犯，首先要判断是否违反行政法规。根据全国人大常委会《关于〈中华人民共和国刑法〉第二百二十八条、第三百四十二条、第四百一十条的解释》，违反土地管理法规，是指违反土地管理法、森林法、草原法等法律及有关行政法规中关于土地管理的规定。即违反土地管理法等法规是构成本罪的前提条件，如果没有违反行政法规，应当断然否定行为的犯罪性，如果行为定性在行政法上存有争议，也必将成为刑法出罪的理由。《土地管理法》第75条规定："违反本法规定，占用耕地建窑、建坟或者擅自在耕地上建房、挖砂、采石、采矿、取土等，破坏种植条件的，或者因开发土地造成土地荒漠化、盐渍化……构成犯罪的，依法追究刑事责任。"本案中，唐某某让金某某以某合作社的名义与镇南村签订土地流转使用协议，后将土地西面原有危房改建婚庆会所，东面土地平整后出租给道砖厂、碎石厂。该行为符合上述《土地管理法》的规定，首先确认其行政违法性。

本罪系结果犯，必须满足数量较大与造成耕地大量毁坏的双标量化结果。根据2000年《最高人民法院关于审理破坏土地资源刑事案件具体应用法律若干问题的解释》第3条的规定，非法占用耕地数量较大，是指非法占用基本农田5亩以上或者基本农田以外的耕地10亩以上；造成耕地大量毁坏，是指造成农田5亩以上或者基本农田以外的耕地10亩以上。另据《最高人民检察院、公安部关于公安机关管辖的刑事案件立案追诉标准的规定（一）》，非法占用基本农田5亩以上或者基本农田以外的耕地10亩以上的应予立案追诉。据此，所谓数量较大，指私自非法占用耕地，达到上述数量标准；所谓造成耕地大量毁坏，指改变耕地用途后，使达到数量标准的土地种植条件遭到破坏，不再符合耕地标准的情况。本案中，土壤分析鉴定报告显示，镇南村51,856.54平方米为灌溉水田性质，地块内表层土壤普遍被厚度超过40厘米的碎石、砖块、泥沙等填埋，这些区域农用地种植条件已遭严重毁坏，无法正常发挥农用地的作用，合计毁坏耕地面积51,856.54平方米（77.74亩），其中毁坏永久基本农田面积为2189.06平方米（3.28亩），这充分说明镇南村土地符合入罪数量较大与造成耕地大量毁坏的双重数量标准。

构成本罪还要求具有非法占有并改变用途的行为。非法占有是手段行为，通常有3种形式，一是没有经土地行政管理部门审核，也未经当地政府批准擅自占用；二是实际占用数量超出政府批准的数量；三是通过伪造文件、谎报土地用途、使用他人名义等非法手段取得占有。改变用途是目的行为，根据《土地管理法》的规定，改变用途是指把耕地改为非农用地使用，如在耕地上建窑、建坟、建房、挖砂、采石、采矿、取土等。非法占有与改变用途是并列关系，同时具备才符合客观要件，仅满足其中一项，即只有非法占有而没有改变用途，或只是改变用途而没有非法占有，则不符合犯罪要件。本案中，某合作社与镇南村村委签订土地流转使用合同，约定土地仅用于农业用途。后唐某某在土地上铺设三合土，谎称有政府批文，将土地租给他人用于碎石厂、道砖厂,另将原有危房改建为婚庆会所及停车场。从手段行为看,虽签订土地流转使用合同,但未遵守合同中土地仅限农业用途的约定,以签订合法的合同形式掩盖非法改变土地用途的真实目的,属于非法占有性质。从目的行为看,谎称有政府批文将部分土地转租给他人建厂,另将部分土地建成婚庆会所及停车场,符合为牟取利益擅自改变土地用途的条件。综上,某合作社及唐某某租用镇南村土地,改变用途租借给他人建造厂房的行为,属于行政违法,同时亦满足入罪的数量标准。

二 耕地被首次毁坏且复垦未达标后遭二次毁坏不能认定犯罪

造成耕地大量毁坏是刑法设定的结果要件,如果将耕地改为其他农用地,这明显不属于毁坏的范畴,此处通过常识判断就是出罪的标准。那么入罪是否同样坚持常识判断标准呢?答案是否定的。《土地管理法》第 75 条强调毁坏耕地的几种形式:占用耕地建窑、建坟、建房、挖砂、采石、采矿、取土等破坏种植条件的,或者因开发土地造成土地荒漠化、盐渍化。从字面含义看,只要符合 7 种用途之一,就是毁坏耕地的判定依据。从语义解释看,仅列举 7 种用途尚未穷尽所有情形,应当理解为,只要将耕地改为建设用地的,无论是建坟、建窑、建房或是铺路等,共同点都是对耕地固化破坏种植条件,均定性为毁坏耕地。本案中,多名证人均证实,镇南村土地原系农用地,曾租给某驾校将土地固化修建多条马路,因被国土资源局卫片拍摄遂叫停。铺设道路与上述列举的 7 种用途具有同质性,都属于对土地固化破坏种植条件的情形,将此定性为毁坏耕地行为并无异议。

某驾校铺路被卫片拍到叫停后,村委要求驾校进行复垦,考虑到后期水泥路面可能再利用,为应对卫片的继续拍摄,施工方没有撬掉水泥路面,仅在路面上直接覆盖 50 公分泥土,没有相关单位组织验收。首先要厘清概念,根据 2011 年《土地复垦条例》第 2 条的规定,土地复垦是指对生产建设活动和自然灾害损毁的土地,采取整治措施,使其达到可供利用状态的活动。简言之,就是恢复被毁坏耕地的种植条件。其次要分析复垦标准,是依据常识判断,由复垦施工人员或村干部用肉眼可见来判定,还是需要由专业机构进行专业判断。《土地复垦条例》第 28 条、第 29 条规定,土地复垦义务人完成土地复垦任务后,应当向所在地县级以上地方政府国土资源主管部门申请验收。土地复垦验收,应当邀请有关专家进行现场踏勘,查验复垦后的土地类型、面积和质量等情况;经验收合格的,出具验收合格确认书。由此可见,土地复垦不能由任何个人或单位仅凭经验、依据常态作出常识判断，必须由相关部门组织专家到现场踏勘，查验类型、质量等情况，出具书面合格确认书，才能视为土地复垦达标、被毁坏耕地已恢复种植条件，即土地恢复耕地的性质，进而判断后续的毁坏行为是否构成犯罪等。本案中，一方面，施工队没有撬掉固化的水泥路面，仅直接覆盖50公分泥土，这种敷衍了事的做法，即便是依据常识、常情与常理来判断，都足以判定这部分土地不符合种植条件，不可能作为耕地使用，对此村干部、驾校及复垦人员都心知肚明；另一方面，覆盖泥土后，没有相关单位组织专家进行现场勘查并出具书面确认书，依据专业鉴定标准，这块土地根本达不到复垦的实质标准。结合上述情况，驾校铺路属于毁坏耕地行为，施工方在水泥路面上覆盖泥土，没有恢复耕地种植条件，未达到复垦标准，土地仍然属于被毁坏的状态，不能认定为耕地。

公诉机关依据土壤分析鉴定报告结论，指控涉镇南村土地的行为构成非法占用农用地罪。审理期间，因唐某某提出土地曾被驾校铺路的辩解，为查明事实，法院依职权走访相关证人取证，证实确实存在驾校铺路后在道路上覆盖泥土的真实情况。依据刑事诉讼法的举证规则，证实被告人有罪的证据应由公诉机关承担，此时公诉机关可以继续调取证人证言、向国土资源部门了解是否进行复垦鉴定等，以证实复垦达标的情节。但在补侦期间，公诉机关未能提交任何新证据。故法院认为，土壤分析鉴定报告仅证实耕地被毁坏的最终结论，但在时间节点上，无法判断究竟是驾校初次毁坏还是与被告人二次毁坏的叠加所致，不能排除因驾校初次毁坏后复垦不达标、被告人二次毁坏仅加重毁坏的面积或程度的合理怀疑。因二次毁坏前的土地已经不具备耕地性质，不符合法条设定“非法占用耕地”的入罪要件，故遵循刑法谦抑原则与有利于被告人的判断标准，应当进行出罪判定，即涉镇南村土地的行为不能认定构成非法占用农用地罪。

（案例编写人：上海市浦东新区人民法院　刘娟娟）

19

“单招考试”是否属于“普通高等学校招生考试”

简要案情

王某为实现其子在普通高等学校运动训练、武术与民族传统体育专业招生考试(以下简称“单招考试”)中取得较好成绩的目的,与芮某等人约定在体育“单招考试”(乒乓球项目)中,如遇其子,则故意让球,芮某因此获利2.1万元。王某、芮某又共谋,考试当日由芮某在考场内寻找与王某之子对赛的考生,安排让球及谈妥报酬等事宜,事后由芮某向王某报账。次日,芮某在与王某之子考试对赛中故意让其赢球,又当场找到与王某之子对赛的考生胡某等多人,收买上述人员故意让王某之子赢球。芮某事后又从王某处获取报酬共计18万元,其中分给胡某等人7万元,芮某从中获利11万元。

主要问题

本案的争议焦点在于涉案考试是否属于《最高人民法院、最高人民检察院关于办理组织考试作弊等刑事案件适用法律若干问题的解释》(以下简称《解释》)中第2条第1项规定的“普通高等学校招生考试”。依照上述《解释》,在“普通高等学校招生考试”中组织作弊,属组织考试作弊情节严重,依法应当判处3年以上7年以下有期徒刑,并处罚金。经查明,涉案的“普通高等学校体育单招(乒乓球项目)统一考试”属于“单招考试”,故此,本案的争议焦点可类型化为“单招考试”是否属于“普通高等学校招生考试”?在“单招考试”中组织作弊是否属于组织考试作弊情节严重?

案例分析

关于该考试是否属于“普通高等学校招生考试”,出现两种观点。第一种观点认为涉案考试不属于解释中规定的“高考”,《解释》中的“高考”仅指普通高等学校招生统一考试,包括全国及各省市依照法律规定组织的考试。理由在于:第一,从实质角度上看,“单招考试”从性质上看与统一高考不同,不具备统一高考的关注度、影响面、涉及面。第二,从法律规定角度上看,“单招考试”并非全国人民代表大会及其常务委员会指定的法律所规定的考试,其入罪的根据在于《解释》第1条第3款的法律拟制,再把“单招考试”认定为“情节严重”的范畴,违反刑法“禁止重复评价”的原则。第三,虽然目前教育部等单位将特殊类型的招生考试认定为“普通高等学校招生考试”,但教育部的认定不能等同于司法机关的认定,司法机关的认定更应当从实质角度进行,故此在法律没有明确规定的情况下,应当作出有利于被告人的判断,将“普通高等学校招生考试”狭义理解为“普通高等学校招生统一考试”。第二种观点认为“单招考试”属于“高考”。《解释》中的“高考”是指普通高等学校选拔录取本科、专科学生的国家教育考试,不仅包括统一高考,也包括自主选拔录取、艺术类专业、体育类专业、保送生等类型的高校招生考试。理由在于:第一,从语义解释的角度上看,“普通高等学校运动训练、武术和民族传统体育专业招生考试”是“普通高等学校招生考试”一词增加定语所形成的,前者是后者的子集,当然属于后者的范畴;第二,从立法原意上看,“普通高等学校招生考试”明显有别于“普通高等学校招生统一考试”,如果立法原意是仅将在全国或地方普通高等学校招生统一考试中组织作弊的,认定为情节严重,则可以直接明确为“普通高等学校招生统一考试”。

笔者赞同第二种观点,认为《解释》中的“高考”是指普通高等学校选拔录取本科、专科学生的国家教育考试,不仅包括统一高考,也包括本案涉案考试在内的自主选拔录取、艺术类专业、体育类专业、保送生等特殊类型的高校招生考试。理由如下。

第一,从实质上看,“单招考试”属于“普通高等学校招生考试”的组成部分。《解释》将“高考”作为从重处罚情节,是因为高考的关注度、影响力、涉及面等超过一般法律规定的国家考试,故此认定为情节严重。“单招考试”的全称为“普通高等学校运动训练、武术和民族传统体育专业招生考试”,指的是依法设立运动训练、武术和民族传统体育专业的普通高等学校,招生对象是二级运动员(含)以上运动技术等级称号的符合普通高考报名条件的学生，通过国家教育考试或者国家认可的入学方式选拔录取《普通高等学校运动训练、武术与民族传统体育专业招生管理办法》中规定专业的本科、专科学生的活动，其是普通高等学校特定专业招生的最主要途径；换言之，普通高等学校的特定专业主要就是通过该考试招生，该考试可以最终决定参与考试的学生能否进入普通高校就读，取得相应的学位学历证书。该考试中的文化考试由教育部考试中心组织命题和印制试卷；省级招生考试机构负责试卷接收和文化考试的组织实施，并通过机要方式将考后试卷发送指定的教育考试机构统一评阅，所有考生必须参加高考报名所在地省级招生考试机构组织的文化考试，且参与考生不能再行参与当年统一高考。专业考试分项目采用全国统考和分区统考方式，由国家体育总局委托院校负责组织实施，执行国家体育总局制定的《普通高等学校运动训练、武术与民族传统体育专业体育专项考试方法与评分标准》。考试的目的是为高校的特定专业选拔新生；考试成绩是普通高等学校特定专业招生的基本依据；最终学生通过该考试进入高校就读毕业后取得的学历学位等均和通过统一高考进入高校就读的学生没有差异。

涉案“单招考试”的形式和内容虽然与普通高等学校统一招生考试有所区别，但是从关注度看，特定专业的考生及家庭对该考试的关注与参与统一高考的考生对统一高考的关注并无差别；从影响力看，其决定考生是否能够进入高校就读取得相应文凭，对考生的影响亦与统一高考相同；从涉及面看，其涉及特定专业的核心招生方式，招生广度上看甚至超过一定地区的统一高考。综上分析，涉案考试性质、地位、作用以及对高校招生工作的实际功效、影响，均和统一高考没有明显差距，认定“普通高等学校运动训练、武术和民族传统体育专业招生考试”属于“普通高等学校招生考试”既符合一般语义认知，亦符合其实质属性。

第二，从法律规定上看，各类行政法规均明确“单招考试”属于“普通高等学校招生考试”。高等教育法明确规定，高级中等教育毕业或者具有同等学力的，经考试合格，由实施相应学历教育的高等学校录取，取得专科生或者本科生入学资格。“单招考试”符合上述规定，通过该考试合格的学生，由实施相应学历教育的高等学校录取，取得专科生或者本科生入学资格。《普通高等学校运动训练、武术与民族传统体育专业招生管理办法》中亦明确“普通高等学校运动训练、武术与民族传统体育专业招生考试是普通高等学校招生工作的一部分”。《普通高等学校招生工作规定》《普通高等学校招生违规行为处理暂行办法》等规制“普通高等学校招生考试”的行政法规中，均对“单招考试”等特殊类型的考试进行了规定。在行政单位的实践中,长期将“单招考试”等普通高校特殊类型考试作为高考的一个类型进行管理,教育部下发的多个通知中,均明确普通高校特殊类型招生是高校考试招生工作的重要组成部分,包括普通高校艺术类专业、高水平艺术团、高水平运动队、保送生招生工作等。故此,从法律规定的角度上看,“单招考试”也是“高考”的组成部分。

第三,从法理角度上看,《解释》第1条第3款“前款规定的考试涉及的特殊类型招生、特殊技能测试、面试等考试,属于‘法律规定的国家考试’”是“注意规定”而非“法律拟制”。法律拟制是指将原本不符合某种规定的行为也按照该规定处理,一般表述为“……的,依法本法第……的规定定罪处罚”,《解释》起草过程中,曾对特殊类型招生、特殊技能测试、面试等考试是否属于“法律规定的国家考试”存在不同理解,为此,最高人民检察院法律政策研究室专门听取了教育部、人力资源和社会保障部等单位的意见,最终才将此类型考试认定为法律规定的国家考试,这种认定并非突破法律规定进行的拟制,而是听取行政机关意见后,对性质的明确。《高等教育法》规定,“高级中等教育毕业或者具有同等学力的,经考试合格,由实施相应学历教育的高等学校录取,取得专科生或者本科生入学资格”;“普通高等学校运动训练、武术与民族传统体育专业招生考试”属于《高等教育法》规定中的“考试”,司法解释的定性并非扩大入罪范围的法律拟制,而是明确属性的注意规定。同时,应当注意到该司法解释中对普通高等学校招生考试的描述也是属于“法律规定的国家考试”,故此认为该规定是法律拟制,显然并不适宜。

综上,本案中王某、芮某在普通高等学校招生考试中组织作弊,应予认定构成组织考试作弊罪,且属情节严重。

(案例编写人:上海市黄浦区人民法院　孙明德、郑莹)

20

诉讼前转移财产的能否认定为拒不执行判决、裁定

简要案情

刘某驾驶小型普通客车搭乘阳某等人发生车祸，致阳某等人受伤，经交通警察大队认定刘某承担此次事故的全部责任。刘某与其妻子谭某办理离婚手续，并协商将婚姻存续期间的共同财产，即位于某镇政府出门左手边的门面(未办理房产证)及五菱牌宏光车一台归谭某所有，债务4万元归刘某偿还。阳某起诉至法院，要求刘某赔偿损失。法院判决刘某赔偿阳某各项损失227,499.30元。阳某向法院申请强制执行。法院依法向刘某发出执行通知书、报告财产令，刘某收到文书后未履行法院生效判决，亦未申报财产，因拒不履行法院已生效的法律文书，法院对刘某处以司法拘留15日。刘某仍未履行法院生效判决。另查明，刘某与谭某离婚后一直共同居住和生活在一起，使用谭某名下的小型普通客车从事跑租业务，每月收入约3000元，具有部分执行民事判决的能力。

主要问题

实践中，从时间上看，构成拒不执行判决、裁定罪的行为的起算点是裁判生效后，但在民事裁判生效前，甚至在进入民事诉讼程序前，转移财产的行为是否构成拒不执行判决、裁定罪？

案例分析

近年来，规避执行行为的问题越来越严重，被执行人的“花招”越来越多，比如采

取转移、隐匿、毁坏、放弃、虚构债权、虚假诉讼等方式“隐匿”财产，极大地挑战人民法院的司法公信力和司法权威，破坏了人民群众对法律的信仰。为了有效遏制裁判生效后恶意转移、隐匿财产等逃避执行的行为，人民法院通过罚款、拘留、拒不执行法院判决、裁定罪等方式予以打击。但是，“道高一尺魔高一丈”。为了逃避将来履行债务，债务人隐藏、转移财产的行为大为提前，在诉讼之前或者诉讼过程中就转移财产，更有甚者从债权债务形成之后，就开始隐藏转移财产了，成为无任何财产的自然人或企业“主体”，已经严重影响到执行到位率和执行完毕率。司法实践中，从时间上看，构成拒不执行判决、裁定罪的行为的起算点是在裁判生效后，那么在民事裁判生效前，甚至在进入民事诉讼程序前，转移财产的行为是否构成拒不执行判决、裁定罪？此问题在司法实践中存在分歧。在诉讼之前或者诉讼过程中就转移财产，更有甚至从债权债务形成之后，就开始隐藏转移财产（比如“假离婚”的方式），致使人民法院判决无法执行的行为，笔者认为构成拒不执行判决、裁定罪。

一　本案涉及对被执行人“假离婚”的认定问题

从法律角度上看，我国并不存在“假离婚”的情况，也就是说，夫妻双方一旦到民政部门领取离婚证或者被人民法院判决准许夫妻双方离婚，即构成法律意义上的“真离婚”，一旦离婚，夫妻双方不再是合法夫妻。但是，一些被执行人在离婚后，事实上却居住在一起，仍然共同生活，共同经营，共同维持家庭的稳定与完整，构成了人们常说的“假离婚”。通过多年的执行实践发现，目前一些被执行人具备履行能力，在债务产生之后或诉讼或执行阶段，甚至有的在债务产生之后诉讼之前就以协议离婚的方式，将夫妻名下全部的共同财产转移到丈夫或者妻子名下，自己名下毫无可供执行的财产，甚至承担所有的债务，致使判决裁定无法执行。本案涉及被执行人在明知自己即将负担法定履行义务的前提下，通过“假离婚”躲避债务，在债权人提起诉讼之前转移财产逃避执行，致使人民法院判决无法执行。这种“假离婚”规避执行的行为能否阻碍强制执行呢？笔者认为，这种“假离婚”规避执行的行为理应受到打击，不能成为阻碍强制执行的理由。

本案中，虽然刘某与其妻子谭某在交通事故发生之后、诉讼之前就协议离婚了，协议离婚时，双方协商将婚姻存续期间的共同财产，即位于某镇政府出门左手边的门面（未办理房产证）及五菱牌宏光车一台归谭某所有，债务 4 万元归刘某偿还；即约定将全部财产归夫妻一方所有，对外欠债的被执行人一方则承担全部债务，导致被执行人在表面上无财产可供执行，以达到逃避债务的目的。虽然法律上无"假离婚"的情况，但是，刘某与其妻子谭某离婚后仍然"离婚不离家"，仍然共同生活，共同经营，共同维持家庭的稳定与完整，是典型的规避执行行为，并不能阻却强制执行的。

二 本案涉及为逃避执行，在诉讼前转移财产致使人民法院判决无法执行的行为如何定性的问题

在诉讼之前或者诉讼过程中就转移财产，更有甚者从债权债务形成之后，就开始隐藏转移财产（含转移、隐匿、毁坏、放弃、虚构债权、虚假诉讼、假离婚等方式），致使人民法院判决无法执行的行为，是否构成拒不执行判决、裁定罪呢？

从理论上看，存在两种观点：第一种观点是行为状态持续说。即在判决生效前，行为人为了逃避执行而实施隐藏、转移财产，判决生效后继续隐匿财产的，可视为行为处于持续状态。第二种观点是执行能力保有说。即为拒不执行法院判决、裁定罪扩张适用至诉前或诉中"转移"财产行为是行为人在生效裁判之前的"转移"财产并不导致其丧失民法上的财产权利，在裁判生效之后，被执行人仍然保有执行能力。所以裁判生效之前的"转移"行为是否导致行为人丧失财产权利才是判断的关键。笔者认为，拒不执行法院判决、裁定罪扩张适用至诉前或诉中"转移"财产行为的理论基础，并不在于隐匿财产的行为状态持续至裁判生效后（行为状态持续说），毕竟绝大多数的财产"转移"行为都有终结时间点，并不是持续性行为，而是在于裁判生效之前转移、隐匿财产行为并不导致债务人丧失民法上的财产权利，其在裁判生效后仍然保有执行能力（执行能力保有说）。

从立法上看，《全国人民代表大会常务委员会关于〈中华人民共和国刑法〉第三百一十三条的解释》规定了"有能力执行而拒不执行，情节严重"的情形（以下称拒不执行法院判决、裁定罪立法解释）。这些"转移"财产的情形是否包括在裁判生效之前的"转移"行为，存在不同看法：第一种观点认为，从《刑法》第 313 条"对人民法院的判决、裁定有能力执行而拒不执行，情节严重的"来看，"有能力执行"应该从判决、裁定发生法律效力之日起进行判断。而裁判生效之前"转移"财产导致裁判生效后被执行人客观上已经不具备执行能力的，不符合本罪的构成要件。根据罪刑法定以及刑法谦抑原则，拒不执行法院判决、裁定罪立法解释中的"转移"财产行为应当理解为仅限

于裁判生效之后,不应当扩大解释至裁判生效之前。至于由此产生的规避法律问题,仍然需要立法进行修改或完善。目前,部分司法机关采纳此种观点,不会将裁判生效之前的财产“转移”行为定性为拒不执行法院判决、裁定罪。第二种观点认为,拒不执行法院判决、裁定罪立法解释明确将“转移”财产的行为确定为拒不执行法院判决、裁定罪的情形之一,并没有排除裁判生效之前的“转移”财产行为。而且,债务人在裁判生效之前的转移、隐匿财产行为应视为一直处于持续状态,持续至执行阶段仍未纠正,则可构成拒不执行法院判决、裁定罪。目前,已有越来越多的司法机关采纳此种观点。比如,《浙江省高级人民法院、浙江省人民检察院、浙江省公安厅关于依法惩处拒执犯罪若干问题的会议纪要》第7条规定:“在判决生效前,行为人为了逃避执行而实施隐藏、转移财产,判决生效后继续隐匿财产的,可视为行为处于持续状态。”笔者赞同第二种立法观点。

从司法实践上看,构成拒不执行判决、裁定罪的行为起算点存在较大分歧,笔者进行了归纳:第一种观点为“诉始说”,持有这种观点的学者认为应以诉讼开始的时间为节点判定行为人是否存在拒执行为。第二种观点为“义务知晓说”,认为构罪时间是以被执行人知道或者应当知道法律文书所确定的权利义务关系为时间点,当事人是否已经签收、是否已过履行期、法律文书是否已经发生法律效力在所不问。第三种观点为“执始说”,认为行为人的犯罪行为时间节点应为人民法院执行立案之日起。认可这种观点的司法实务者不在少数。第四种观点为“生效说”,即行为人是否存在拒执行为应以文书生效的时间为起算节点。2016年12月28日最高人民法院发布的第71号指导案例“毛建文拒不执行判决罪”的裁判要旨中,首次提出指导性意见,“拒不执行判决、裁定的时间从判决、裁定发生法律效力时起算”。当前,拒不执行判决、裁定罪一般是从裁判生效后开始计算,那么在民事裁判生效前,甚至在进入民事诉讼程序前,被执行人转移财产等行为是否构成拒不执行判决、裁定罪?最高人民法院指导案例第1396号“杨建荣、颜爱英、姜雪富拒不执行判决、裁定罪”,明确:为逃避执行,在民事裁判前转移财产并持续至执行阶段的行为以拒不执行判决、裁定罪论处。笔者认为,在债务产生之后,被执行人蓄意转移财产等行为虽然发生在诉讼之前,但是其行为后果延续至民事裁判生效后,情节严重的,即可构成拒不执行判决、裁定罪。有研究建议:“具有执行内容的法律文书生效前,当事人为规避法律风险或逃避承担法律责任,恶意转移、隐匿、毁损将来可供法院执行的财产,导致执行不能,以拒不执行生效法律文书罪论处。"①为此,在最高人民法院指导案例第1396号的基础上,将在民事判决确定前拓展到债务形成之后、提起诉讼之前。

当前,在执行实践过程中,对于本案中"假离婚"规避执行的行为,存在两种观点:第一种观点认为,夫妻蓄意转移财产的行为发生在诉讼之前,根据拒不执行判决、裁定罪是以判决、裁定生效时间点起算的规定,故不构成拒不执行判决、裁定罪。第二种观点认为,虽然夫妻蓄意转移财产的行为发生在诉讼之前,但是发生在债务形成之后,其转移财产的行为处于持续状态,影响到执行,只要情节严重,其行为即构成拒不执行判决、裁定罪。笔者赞同第二种观点,对本案进行如下剖析:刘某等的行为属于"有能力执行而拒不执行,情节严重"的行为。拒不执行法院判决、裁定罪立法解释规定了"有能力执行而拒不执行,情节严重"的5种情形,具体情况如下:(1)被执行人隐藏、转移、故意毁损财产或者无偿转让财产、以明显不合理的低价转让财产,致使判决、裁定无法执行的;(2)担保人或者被执行人隐藏、转移、故意毁损或者转让已向人民法院提供担保的财产,致使判决、裁定无法执行的;(3)协助执行义务人接到人民法院的协助执行通知书后,拒不协助执行,致使判决、裁定无法执行的;(4)被执行人、担保人、协助执行义务人与国家机关工作人员通谋,利用国家机关工作人员的职权妨害执行,致使判决、裁定无法执行的;(5)其他有能力执行而拒不执行,情节严重的情形。

本案中,刘某及其妻子协商将婚姻存续期间的共同财产全部归谭某所有,债务4万元归刘某偿还,由此可见,在诉讼之前被执行人刘某与其妻子约定将全部财产归妻子一方所有,而对外欠债的被执行人刘某一方则承担全部债务。虽然夫妻协议离婚发生在债务形成之后、诉讼之前,但是本案中协议离婚的转移、隐匿财产等行为状态持续至民事裁判生效后,已经影响到后面判决的履行。故本案刘某应以拒不执行判决、裁定罪论处。

三 本案涉及全部无法执行与部分无法执行的问题

拒不执行法院判决、裁定罪立法解释中规定的"致使判决、裁定无法执行",在笔者看来,这里的"致使判决、裁定无法执行",既包括判决、裁定全部无法执行的情形,

① 胡云腾、崔亚东主编:《拒不执行判决、裁定罪——审判实务与典型案例》,法律出版社2015年版,第36页。

也包括部分无法执行的情形。无论是全部无法执行,还是部分无法执行,都不是主观事实,而是不以人的意志为转移的客观事实。认定被执行人是否存在“致使判决、裁定无法执行”需要结合全部案情,包括被执行人的自身收入、开支情况、能否履行完毕等诸多方面综合分析之后作出判断。在拒不执行判决、裁定罪中,不仅要考虑被执行人名下全部无法执行的财产,也要考虑被执行人名下部分无法执行的财产。如被执行人名下虽然没有全部可供执行的财产,但是在生活中确实存在部分可供执行的财产,如果被执行人拒不履行法定义务,仍可认定被执行人“致使判决、裁定无法执行”。也就是说,除了被执行人及其家庭生活必需外,如果被执行人确实存在部分可供执行的财产,仍然可以认定被执行人“致使判决、裁定无法执行”。

本案中,被执行人刘某与谭某离婚后一直共同居住和生活在一起,使用谭某名下的小型普通客车从事跑租业务,每月收入约 3000 元,具有部分执行法院民事判决的能力。相较于法院已判决刘某赔偿阳某各项损失 227,499.30 元而言,被执行人刘某只是具有一定的履行能力,并不属于具有全部履行债务的能力,属于拒不执行法院判决、裁定罪立法解释规定的“致使判决、裁定无法执行”中判决、裁定部分无法执行的情形。

(案例编写人:湖南省郴州市中级人民法院 陈建华)

21

持灭火器殴打他人是否属于“持凶器随意殴打他人”

简要案情

乐某饮酒后请代驾段某代为驱车送其回家。在乐某小区地下车库，两人因停车问题发生纠纷，乐某踢踹段某被对方闪避后，遂打开附近灭火器箱拎起消防灭火器继续追打段某。经鉴定段某未有轻微伤。

主要问题

根据《最高人民法院、最高人民检察院关于办理寻衅滋事刑事案件适用法律若干问题的解释》（以下简称《寻衅滋事解释》）第2条第1项的规定，致1人轻伤以上或者2人以上轻微伤的，属于“情节恶劣”。但本案中的段某经鉴定后并未有轻微伤，进而不满足该要求。同时，该司法解释第2条第4项规定，持凶器随意殴打他人的，也属于“情节恶劣”。因此，本案中乐某所持有的灭火器能否认定为“凶器”，便成为其是否构成寻衅滋事罪的关键。

案例分析

如何理解上述司法解释中涉及的“凶器”？可否参照相关司法解释或者规范性文件关于“凶器”的界定？下面予以分析。

一 规范意义上的“凶器”

在规范意义上，对于凶器可以根据以下两种情形进行认定。一是本身的凶器属性。这种凶器属性源于其本身的属性，主要为国家管制类器械，即该类器械本身属于国家管制类。其中，枪支、爆炸物本身社会危害性较大，国家对其严格管制，《枪支管理法》和《民用爆炸物品安全管理条例》对枪支、爆炸物的持有资格、使用范围和使用区域等都作出了明确规定，行为人未获许可或者超出许可使用范围、区域而持有的即属违法或者犯罪，如果携带进行犯罪活动，自应认定为凶器。关于管制刀具，公安机关也有明确的认定标准，并非只要是刀就是管制刀具。管制刀具主要包括匕首、三棱刮刀、带有自锁装置的弹簧刀(跳刀)，以及其他相类似的单刃、双刃、三棱尖刀等。也就是说，携带国家禁止个人携带的器械本身就是一种违法行为，在一定程度上反映出行为人的犯罪倾向。

二是作为犯罪行为使用的凶器。该种凶器原本不属于凶器的范畴，但是根据其在具体犯罪行为中所具备的杀伤力属性而被认定为凶器。如为实施犯罪而携带的砖头、菜刀等便是如此。对于这类因具体犯罪而被认定的凶器，须结合行为人的主观目的进行判断。如果行为人是为了实施犯罪而携带，且未超出一般人对凶器的理解范围就应认定为凶器。比如，《最高人民法院关于审理抢劫案件具体应用法律若干问题的解释》第 6 条规定，“携带凶器抢夺”，是指行为人随身携带枪支、爆炸物、管制刀具等国家禁止个人携带的器械进行抢夺或者为了实施犯罪而携带其他器械进行抢夺的行为。《最高人民法院关于审理抢劫、抢夺刑事案件适用法律若干问题的意见》规定，行为人随身携带国家禁止个人携带的器械以外的其他器械抢夺，但有证据证明该器械确实不是为了实施犯罪准备的，不以抢劫罪定罪。行为人将随身携带的凶器有意加以显示、能为被害人察觉到的，直接适用抢劫罪定罪处罚。《最高人民法院、最高人民检察院关于办理盗窃刑事案件适用法律若干问题的解释》第 3 条第 3 款规定，携带枪支、爆炸物、管制刀具等国家禁止个人携带的器械盗窃，或者为了实施违法犯罪携带其他足以危害他人人身安全的器械盗窃的，应当认定为“携带凶器盗窃”。在这些情形下，虽然器械本身没有反映出违法性，但是行为人实施犯罪而携带的意图反映出强烈的犯意，更具有法益侵害性和人身危险性。因此，在刑法中往往将携带凶器作为从重情节，以彰显罪责刑相适应原则。如果行为人携带其他器械的目的不是实施犯罪,也实际并未显示或使用,就不应认定为凶器。

二 寻衅滋事罪中“凶器”的具体认定

由上可见,对于持国家管制器械殴打他人的,认定为持凶器殴打他人理当无异。但是,对于实践中持有的大量器械、工具、生活用品等物殴打他人是否属于持“凶器”殴打他人?对此不应进行泛化解释,而应坚持规范意义的解释,否则容易扩大凶器一词在刑法上所蕴含意义的边界,可能违反罪刑法定原则,也违背了刑法的谦抑性原则。对其他器械是否认定为凶器,应从以下几个方面进行综合判断:第一,从物品的致伤、致残能力判断。即在不借助大量外力、动能或少量借助的情况下,物品本身具有相当的致伤、致残能力。通常致伤、致残能力越强的物品,越容易被认定为凶器。相反,如小石块、塑料板在借助极端外力的情况下,虽具有巨大的杀伤力,但仍然不应认定为凶器,因为其本身具有的致伤、致残能力是非常有限的。第二,根据对一般人造成胆怯、恐惧心理的程度判断。并非使人能够产生恐惧心理的物品就可能被认定为凶器,如持玩具枪(外形高度仿真)等。即需对法益是否能够造成危险或者损害结果做实质判断,据此认定是否为凶器。第三,从所持物品与行为匹配的盖然程度判断。根据一般人的观念,在当时情况下,行为人持有此类物品是否具相当的盖然性。即通常实施该行为携带此类物品的可能性越大,越容易被认定为凶器。

综上,本案中乐某殴打他人所持的灭火器并非国家管制类器械,使用灭火器进行殴打是为了扩大自己的攻击半径,其不具有致人重伤、死亡的故意。在灭火器本身的致伤、致残能力以及对一般人造成胆怯、恐惧心理的能力均非常有限的情况下,不能认定该灭火器为刑法意义上的凶器。乐某持灭火器殴打他人不符合“持凶器随意殴打他人”,不属于情节恶劣。因此乐某的行为不构成寻衅滋事罪。

(案例编写人:上海市徐汇区人民法院　陈涛)

22

收受利害单位人员赌资分成的可否认定为受贿

简要案情

国有公司董事长朱某结识了赵某，在朱某的关照下，赵某以挂靠单位的名义承接了该国有公司的工程，朱某与赵某均喜赌博，常结伴至境外赌博，后赵某在朱某未至境外赌博现场、未支付赌资本金的情况下，由赵某赴境外赌博并给予朱某赌博获利名义的钱款30万元及手机1部。

主要问题

国有公司人员收受利害单位人员赌资分成能否认定为受贿？

案例分析

最高人民法院、最高人民检察院于2007年联合颁布的《关于办理受贿刑事案件适用法律若干问题的意见》中第5条对赌博型受贿作了明确规定："根据《最高人民法院、最高人民检察院关于办理赌博刑事案件具体应用法律若干问题的解释》第七条规定，国家工作人员利用职务上的便利为请托人谋取利益，通过赌博方式收受请托人财物的，构成受贿罪。"一些请托人为谋取利益，利用国家工作人员对赌博的喜好，不时以娱乐消遣的名义，邀请国家工作人员参与赌博，在赌博中，请托人或者为国家工作人员提供赌资，或者帮其支付赌债，或者采取各种方式保证国家工作人员只赢不输，赌博成为新形式的行贿手段。本案中，朱某利用职务上的便利关照赵某，又在未出赌资本金、未到赌博现场的情况下分取赵某至境外赌博的获利，其行为似与该解释中的赌博型受贿相符。但对其行为仍应结合多种因素进行判断,对实质为权钱交易、仅形式为分成的应认定为受贿罪,对存在拼赌可能、获取赌资分成的原因同国有公司人员的职权无关系的仍应排除受贿罪的认定。

本案中,朱某与赵某均喜赌博,两人结伴赌博多次,之前曾有过在朱某未到场、未拿出资金的情况下,赵某赌输后朱某依据比例承担输掉部分资金损失的情况,双方拼赌分成确有存在可能性,朱某虽利用职务便利对赵某承包其任职公司的工程加以关照,但对其收受赵某赌资分成的行为不应认定为受贿。理由如下。

一 对赌博的背景、场合、时间、次数的考察显示朱某与赵某具有拼赌可能

普通的赌博活动往往是随机性的且参与人员身份、地位平等,包括国家工作人员在内的参赌人员,其聚在一起的主要目的在于赌博而非背后的利益谋取联系。而赌博型受贿的行为通常具有较为深刻的背景,即请托人存在因某事有求于受托人,希望受托人为其提供“方便”甚至利益,受托人则存在利用职务便利为请托人谋取利益的客观行为或者约定承诺,双方在参与赌博时却在赌博之外另有“交易”。同时,赌博的场合如果是经过精心策划,甚至牌局输赢在开局前就已确定,那么行贿受贿的可能性就较大。对赌博的时间和次数的考察对赌博型受贿的认定虽相对影响较小,如一次偶然性的赌博与经常性的赌博在行贿概率上是相等的,仅可能在行贿的跨度时间上会有差异,但也会略有影响。查看本案朱某与赵某的关系,能发现两人均喜赌博,所至赌博场所无法直接安排输赢,两人也常有结伴至境外赌博,双方拼赌分成确有存在的可能性。

二 朱某与赵某无事先通谋的故意

普通赌博活动中,由于各参与者总是极力追求自身利益的最大化,他们之间通常处于一种非合作性的博弈状态,输赢的结果往往具有较大的偶然性和不确定性。而在赌博型受贿中,请托人往往与参赌人事先通谋,赌局输赢确定,一般均为故意输钱给受贿人,保证受贿人只赢不输或者多赢少输,系人为地将赌博结果的偶然、不可控、不确定变成必然、可控、确定。本案中,朱某与赵某均喜赌博,且此前也曾多次共赴澳门赌博,赌博的结果实际不受二人控制,二人之前有过在朱某未到场、未拿出资金的

情况下参与赌博结果的风险和利益承担的约定，也确实在赵某输钱的情况下，朱某按比例承担了输掉的部分资金损失。因此，同样是未到场、未拿出资金，但依约定享受赢钱的利益也可以说得通。朱某同赵某就赌博的约定实际是一种拼赌约定，只有在拼赌约定系虚假的情况下，即拼赌只拼赢不拼输，才可以认定为受贿。

三　朱某与赵某分成的赌资与通常输赢金额大小相致、结果未事先设定

输赢钱物的具体情况包含两层意思：一是赌博输赢钱数的数额，二是赌博结果是否与请托人与其他参赌者的"配合"具有因果关系。普通赌博活动中，赌博输赢钱数的数额更多的是由赌博技术和运气等因素决定的，但是在赌博型受贿中，这种输赢是请托人和其他参赌人员"精心设计"力求达到的结果。输赢钱物金额大小，主要是综合请托人谋求的利益、日常赌博输赢大小、国家工作人员日常消费水平的情况予以判断，如果请托人和国家工作人员存在"利益输送"，同时存在明显输赢过大、不符合常理的输赢大小等，基本可以认定为赌博型受贿。朱某收取的钱款虽然已经超出一般情况下赌博输赢，但相较其之前至境外赌博多次且每次金额也与该次相当，仍不属于明显输赢过大或不符合常理。故朱某与赵某二人均有赌博的喜好，确有事先约定按比例共同出资参赌，且之前已经践行并共担输赢，此次朱某收取赌资分成系按原有拼赌的约定分成，朱某收取钱款的行为并非由其职务行为造成，不应认定该行为为受贿罪。

（案例编写人：上海市第二中级人民法院　陈春丹）

23

父子关系能否阻却对合型贿赂犯罪的成立

简要案情

雍某1、杜某系某租赁公司高级客户经理与高级经理。雍某2系雍某1的父亲。雍某2知晓某交通建设公司有融资需求,作为融资中介与某交通建设公司进行初步沟通谈妥中介费后,为避嫌遂请托杜某进行具体洽谈,称事后会表示感谢。雍某1、杜某利用担任融资项目A、B角,负责撰写融资调查报告、申请审批、建议其他部门参与融资等职务便利,为上述公司获得融资款项3.2亿元谋取竞争优势,最终促成融资项目。雍某2收到融资中介费395万元,向雍某1、杜某行贿共计206万元,雍某1、杜某各分得103万元。

主要问题

父子关系能否阻却行贿罪、受贿罪的成立?在不存在明显竞争对手时,单纯促成商业项目顺利开展完成的行为,是否认定为谋取不正当利益?

案例分析

一 父子关系不能阻却行贿罪、受贿罪的成立

雍某2给予雍某1钱款的行为符合贿赂犯罪权钱交易的本质特征。权力与金钱的交换互易是贿赂犯罪的本质特征,受贿人不当行使权力与行贿人付出金钱代价之

间是桥梁和因果关系。雍某2、雍某1知晓某交通建设公司有巨额融资需求、某租赁公司有融资能力，名义上由杜某出面洽谈进行具体操作，实际上是利用雍某1、杜某共同的职务便利，包括因某交通建设公司不符合融资要求而向租赁公司提出放宽导入条件、申请加急付款等，帮助取得融资款3.2亿元，后某交通建设公司按照约定支付服务费395万元。这是整体行为的前半段，如果没有后续行为的发生，雍某1、杜某虽然有利用职务便利的行为，但没有因此获得钱款，尚不能认定犯罪。整体行为的后半段是雍某2为表示感谢，给予杜某206万元，杜某再将一半分给雍某1。两段行为经过整合呈现出事件的全貌，雍某2利用雍某1的职务便利为某交通建设公司谋取利益，将获取钱款的一部分给予雍某1，雍某1的权力换取雍某2的钱款，形成对价交换与互易关系，符合贿赂犯罪权钱交易的本质特征。

雍某2与雍某1的父子关系不能阻却对合型贿赂犯罪的成立。行贿罪与受贿罪属于典型的对合犯，行为人之间意思合意，两种犯罪相对独立、互相依附、彼此共存。通常情况下，行贿人与受贿人都是财产权益的独立个体，对各自财产享有占有、使用、收益与处分权，相互之间没有交叉或重叠关系。有一种观点认为，父与子在财产权益上具有共同性，不能严格区分或绝对割裂，因此父子关系可以阻却对合型贿赂犯罪的成立。笔者认为，如果儿子系未满18周岁的未成年人，不具有完全民事行为能力与责任能力，其与监护人即父母的财产视为一体，儿子不是财产权益的独立个体，不能擅自使用或处置家庭财产，因此父子关系可以成为阻却贿赂犯罪成立的抗辩理由。本案中，雍某2、雍某1均系成年人、分别组建家庭，虽然共同居住，但各自有财产来源与经济收入，对各自财产有独立的处置权，在财产法律关系上都是独立的个体，在这种情况下，父亲利用儿子职务便利后给予儿子钱款的行为，当然应当分别认定为行贿罪与受贿罪。反推，如果一概将父母与子女的直系亲属关系作为阻却贿赂犯罪成立的理由，将为犯罪分子逃避法律惩罚提供一条便捷通道，只要效仿这种模式取得钱款就可以逍遥法外、逃之夭夭，这明显违反罪刑法定与罪刑相适应的刑法基本原则。

二　不存在明显竞争对手、单纯促成商业项目完成的行为，认定为谋取不正当利益

《刑法》第389条行贿罪、第164条对非国家工作人员行贿罪中都规定，为谋取不正当利益属于犯罪构成要件。具体如何理解谋取不正当利益，一直是困扰理论和实务界的难题，司法解释的立场也在不断变化。2008年“两高”《关于办理商业贿赂刑

事案件适用法律若干问题的意见》(以下简称《商业贿赂意见》)规定,谋取不正当利益是指谋取违反法律、法规、国家政策和国务院部门规章规定的利益,以及要求国家工作人员或者有关单位提供违反法律、法规、国家政策和国务院部门规章规定的帮助或者方便条件。该意见规定违反实体法和程序法所取得的利益属于谋取不正当利益。《商业贿赂意见》、2012 年"两高"《关于办理行贿刑事案件具体应用法律若干问题的解释》(以下简称《行贿案件解释》)中,除继续重申上述内容之外,还规定在招标投标、政府采购等经济、组织人事管理等活动中,违背公平原则,给予相关人员财物以谋取竞争优势,属于谋取不正当利益。该意见与解释在非法利益的基础上增加不确定利益的内容。不确定利益包括不确定的合法利益与不确定的非法利益,其中,不确定的非法利益属于《商业贿赂意见》中规定非法利益的范畴,笔者不作讨论。重点讨论的是不确定的合法利益,指行贿人谋取的不确定利益虽然合法,但在能否取得、取得利益多少等方面仍处于不确定状态,如果通过行贿谋取利益,就属于谋取竞争优势,应当纳入谋取不正当利益的范畴。所谓谋取竞争优势,是指在经济、组织人事管理等活动中,通过行贿手段谋取超过竞争对手的条件,最终取得竞争利益的行为。具体包括两种情况,一种是与竞争对手势均力敌、为超越竞争对手而行贿;另一种是本身具有竞争优势、为维持这种优势而行贿。一般情况下,有两个或以上竞争对手时才能称为竞争,但是在特殊情况下,没有明显竞争对手的商业活动,也属于竞争行为。首先,竞争对手是一个广义概念,包括显性对手和隐性对手,没有竞争对手是指尚没有出现显性对手,但不排除市场中存在大量隐性对手,且隐性对手随时可能参与竞争成为显性对手的情形;其次,竞争优势是一个动态过程,在商业项目进行中,随时可能突然出现竞争对手或竞争对手自愿退出的现象,随时可能发生因遭遇困难导致项目中断前功尽弃、因具备条件促使项目中断后继续完成的情形,最终获得利益少于、多于或相当于预期利益的情况,正是由于存在多种可能性和不确定性,行为人为确保项目顺利完成获得预期利益,遂通过行贿方式保证商业行为与利益归属的确定性,这属于违反程序正义取得的不确定利益,符合上述解释规定,既属于非法利益中违反程序的非法利益,又属于不确定利益,属于谋取竞争优势、谋取不正当利益的范畴。

本案中,某交通建设公司需要拆借资金,通过银行贷款及发放公司债的途径均不能融资,遂主动联系多家融资租赁公司,当时除雍某 2 的公司提供融资建议书之外,其他公司均没有回复,在没有竞争对手也没有组织招标投标的情况下,某交通建设公司与雍某 2 商定服务费 395 万元,由雍某 2 负责寻找资金方、协调资金方审批及融资到位等相关服务，后与某租赁公司的杜某直接洽谈项目细节。其间，雍某1、杜某发现某交通建设公司并不符合融资要求，故向某租赁公司提出要求放宽导入条件，因融资数额巨大，故联系其他同事共同参与，在某交通建设公司与某租赁公司签约后，还向某租赁公司提出申请加急付款，某租赁公司将3.2亿元融资款划入某交通建设公司账户。从提出融资需求直到取得巨额融资款，中间仅有3个月间隔期，在初期，某交通建设公司曾联系过多家融资租赁公司，但最终仅有雍某2的公司给予回复且提出了可行性方案，当时市场上并没有竞争对手，某交通建设公司也认为没有必要组织招投标。虽然没有竞争对手，但融资项目在进行过程中，仍存在诸多不确定性，如因不能满足融资条件导致项目中断、融资钱款少于预期数额、或融资钱款拖延到账等情形。某交通建设公司为促成项目顺利进行，向雍某2支付395万元服务费。雍某2为确保项目成功取得服务费，与雍某1商量后让杜某出面负责洽谈且暗示会给其好处费，最终支付雍某1、杜某206万元；雍某1、杜某为促成融资项目，利用职务便利，通过放宽融资导入条件、申请加急付款等，确保某交通建设公司在3个月内获得3.2亿元的巨额融资款。在某交通建设公司、雍某2与雍某1、杜某三方的共同努力下，促使这个充满不确定性的巨额融资项目得以实现。虽然某租赁公司向某交通建设公司提供融资贷款的行为本身并不违法，但雍某2采用向雍某1、杜某行贿的方式，属于程序性违法，雍某1、杜某合谋利用职务便利违规操作，属于实体性违法，这种违反实体法与程序法而获取的利益在性质上属于非法利益，符合《商业贿赂意见》中谋取不正当利益的规定。同时，在经济活动中雍某2为谋取竞争优势给予雍某1、杜某甫以财物，符合《商业贿赂意见》《行贿案件解释》中谋取不正当利益的规定。综上所述，虽然本案中不存在明显的竞争对手，由双方共同促成融资项目的开展和完成，但由于雍某2采用行贿方式以谋取竞争优势，符合行贿罪要求谋取不正当利益的犯罪构成要件。

（案例编写人：上海市浦东新区人民法院　刘娟娟）

24

承包经营分公司期间行贿是否属于单位行贿

简要案情

王某长期从事建筑行业，后与某建筑公司签订“承包协议”，承包经营某建筑公司广州分公司，某建筑公司任命王某为广州分公司的总经理。王某与某建筑公司通过“承包协议”约定：王某对某建筑公司广州分公司进行承包经营，自负盈亏，广州分公司承接的业务，必须由某建筑公司直接与业主签订施工合同，主体工程由某建筑公司负责完成（工程款由广州分公司与某建筑公司按约定价格进行结算），辅助工程由广州分公司在当地找施工队负责完成（施工费用由王某与施工队协商确定）；业主支付的所有工程款必须先汇入某建筑公司的银行账户，某建筑公司在扣除其应收取的主体工程款、税费、管理费等款项之后，余款汇入广州分公司的银行账户，由王某负责支配和处理。

承包经营期间，王某在承接工程过程中，为谋取不正当利益，多次送给业主方管理人员李某共计200余万元。

主要问题

本案贿送200余万元，事实清楚，证据确凿。争议焦点在于，王某的行为是个人行为还是单位行为？构成行贿罪还是单位行贿罪？

案例分析

一种观点认为，王某是“挂靠”某建筑公司，其行贿行为未征得某建筑公司同意和授权，不能代表某建筑公司，是个人行为。行贿犯罪的非法收益归王某个人所有，某建筑公司只是收取工程管理费，以及按主体工程实际施工量结算收取主体工程款，业主方支付的建筑工程款扣除成本、税费、管理费之后，剩余收益全部汇入广州分公司的银行账户，归王某个人支配和处理。另一种观点认为，虽然王某对涉嫌行贿200余万元的客观事实供认不讳，但是，该行为不是王某的个人行为，而是单位行为，犯罪主体是某建筑公司广州分公司，不是王某个人，本案不是行贿罪而是单位行贿罪。笔者赞同第二种观点，主要理由如下。

一 从主体身份来看——王某与某建筑公司除了签订“承包协议”外，还签订了劳动合同，王某是某建筑公司派往广州分公司的负责人，其行为和意志代表广州分公司，王某不是“挂靠”某建筑公司承接工程

1. 王某是某建筑公司派往广州分公司的负责人，负责广东地区的业务开拓。王某是某建筑公司派往广州分公司的负责人，具体负责广东地区的业务开拓。王某在本案中的行为和意志，均代表广州分公司，而非个人行为。虽然在工商登记档案中，王某不是广州分公司的负责人，但是，无论是王某对外使用的“名片”，还是某建筑公司的内部文件，均足以证实王某是广州分公司的实际负责人。

2. 王某与某建筑公司签订了劳动合同，某建筑公司每月均向王某发放固定的基本工资，并为王某缴纳社保和住房公积金等，这与“挂靠”存在显著区别。不管王某是否为某建筑公司承接了业务，王某每月均可以从某建筑公司领取固定的基本工资，而且，每月均固定享受社保、住房公积金等五险一金福利待遇。

二 从利益归属来看——涉案工程款全部归某建筑公司所有，王某在本案中的行为是履行职务的行为，是为了单位的利益

1. 涉案工程款全部归某建筑公司所有，王某无权支配工程款。本案中，相关工程均由某建筑公司直接与业主签订工程施工合同，相关工程款确实也全部进入某建筑公司的银行账户，相关工程款发票也是由某建筑公司出具。王某作为广州分公司的负责人，负责业务开拓等工作，对工程款并不享有所有权和支配权。

2. 王某在本案中的行为，是履行其作为广州分公司负责人职责的职务行为，是为了单位的利益。本案中，王某作为广州分公司的负责人，负责业务开拓以及在施工过

程中代表某建筑公司与各方联络协调。因此,无论是感谢李某帮助某建筑公司进入业主单位的推荐名单,还是后来为了某建筑公司能够顺利拿到工程款、不被刁难,王某的行为(给李某送钱)都是为了单位的利益考虑,是履行其作为广州分公司负责人职责的职务行为,而非个人行为。

三 从施工主体来看——涉案工程由某建筑公司亲自组织施工,这与“挂靠”存在本质区别

本案中,签订合同、收取工程款以及开具工程款发票的主体均是某建筑公司,更重要的是,涉案工程项目均是由某建筑公司直接组织施工,这与挂靠存在本质区别。除一些零星辅助项目由广州分公司在当地找施工队处理外,工程主体均由某建筑公司直接调派工程技术人员和工程物资进场组织施工,施工中的原材料均是由某建筑公司直接生产或者采购,王某完全服从某建筑公司的施工安排。

四 从业务开拓经费来源来看——某建筑公司曾拨付专款300万元,专门用于支持广州分公司开拓业务;支付给李某的贿赂款,部分款项就来源于该300万元业务开拓经费

为了支持广州分公司在广东地区顺利开拓业务,某建筑公司曾向广州分公司拨付专款300万元,作为广州分公司的业务开拓经费。本案中,王某作为广州分公司的负责人,其支付给李某的贿赂款,部分款项直接或者间接来源于上述业务开拓经费。如果某建筑公司在本案中没有利益,或者说,如果某建筑公司在本案中的利益较小(不是利益的主要享受者),那么,某建筑公司为何又要凭白无故向广州分公司提供300万元业务开拓经费呢?

五 从法律属性来看——“内部承包经营”受法律保护，王某的身份仍然是某建筑公司的职工，王某从某建筑公司领取的“业务提成”，是单位向王某支付的劳动报酬，符合按劳分配原则

1.“内部承包经营”依法受法律保护，王某的身份仍然是某建筑公司的职工。王某作为某建筑公司的职工，通过“内部承包经营”的方式代表某建筑公司开拓广东地区的业务，这一做法并不违反法律规定。在承包经营过程中，王某的身份并没有发生改变——仍然是某建筑公司的职工，某建筑公司以“业务提成”“承包收益”等方式向王某支付劳动报酬，完全符合“按劳分配”的原则，符合法律规定。

2. 王某从单位领取的“业务提成”或者“承包收益”，是单位向王某支付的劳动报酬，不能因为“业务提成”（劳动报酬）与工程款存在联系，就将王某履行工作职责的行为认定为个人行为。虽然王某会从涉案工程项目中领取一定的“业务提成”，但这是单位内部的劳动报酬分配问题，不影响认定某建筑公司是涉案工程项目的权利主体。不能因为王某从单位领取的“业务提成”（劳动报酬）与工程款存在联系，就将王某履行工作职责的行为认定为个人行为。

3. 民营企业负责人的行为尚且可以认定为“单位犯罪”，企业内部承包经营者的行为更应认定为“单位行为”。根据我国刑法的规定，民营企业负责人（投资者、老板）在企业经营管理过程中，为了单位的利益而行贿（涉嫌犯罪），其行为应当认定为“单位行贿”，而非个人行贿。对于企业内部承包经营者而言，其身份仍然是企业的职工，为了单位的利益，为了领取劳动报酬（业务提成），其行为理所当然更应当认定为“单位行为”。

六 本案不符合认定为“个人行贿”的法定情形——王某没有“盗用单位名义”，而且，工程款也进入了公司，并未归王某个人所有或者私分

《刑法》第 393 条规定：“单位为谋取不正当利益而行贿，或者违反国家规定，给予国家工作人员以回扣、手续费，情节严重的，对单位判处罚金，并对其直接负责的主管人员和其他直接责任人员，处五年以下有期徒刑或者拘役，并处罚金。因行贿取得的违法所得归个人所有的，依照本法第三百八十九条、第三百九十条的规定定罪处罚。”《最高人民法院关于审理单位犯罪案件具体应用法律有关问题的解释》第 3 条规定：

"盗用单位名义实施犯罪,违法所得由实施犯罪的个人私分的,依照刑法有关自然人犯罪的规定定罪处罚。"但是,本案并不符合上述情形,因为:第一,本案并不存在"盗用单位名义",某建筑公司对承接工程是知情、同意的,合同上加盖的公章是真实的、合法的;第二,涉案工程收益,也没有"归个人所有"或者"由实施犯罪的个人私分",工程款全部进入了某建筑公司,然后才由公司进行内部报酬分配。因此,本案并不具备刑法以及相关司法解释认定为"个人行贿"的法定情形,依法应认定为单位行贿。

综上所述,王某作为广州分公司的负责人,其在本案中的行为是履行职责的职务行为,是为了单位的利益,因此,本案涉嫌单位犯罪即某建筑公司广州分公司涉嫌单位行贿罪,而非王某个人行贿。

(案例编写人:广东国智律师事务所　伍志坚)

25

烟草稽查员向销售假烟者通风报信的是否构成帮助犯罪分子逃避处罚罪

简要案情

黄某在担任烟草专卖局稽查支队稽查员期间，在查禁销售假冒伪劣卷烟违法犯罪的活动中，采用通风报信的手法，多次将稽查支队突击检查假烟销售行动的部署安排，事先泄露给其辖区内的杂货店经营者蔡某(另案处理)。某年春节期间，黄某因私事离开单位前，还指使其同事滕某将稽查支队春节期间突击检查的部署安排事先泄露给蔡某。由于黄某事先通风报信，致使蔡某销售假冒注册商标卷烟的犯罪行为多次得以逃避检查和处罚。黄某还多次介绍他人至蔡某处购买假冒注册商标的中华卷烟，而后与蔡某共同分利。黄某以上述方式伙同蔡某将假冒注册商标的中华卷烟销售给毛某、张某等人共计200余条，销售金额达8.6万余元。

主要问题

本案的争议焦点在于黄某向蔡某通报稽查支队突击检查部署的行为，是否构成帮助犯罪分子逃避处罚罪。其中，关键的问题是黄某作为烟草稽查员是否具备帮助犯罪分子逃避处罚罪的主体资格。

案例分析

一 烟草稽查员在查禁烟草违法犯罪活动中属于有查禁犯罪活动职责的国家机关工作人员

根据《刑法》第417条的规定,帮助犯罪分子逃避处罚罪是指有查禁犯罪活动职责的国家机关工作人员,向犯罪分子通风报信、提供便利,帮助犯罪分子逃避处罚的行为。可见,本罪主体为特殊主体,即“有查禁犯罪活动职责的国家机关工作人员”,《最高人民检察院关于人民检察院直接受理立案侦查案件立案标准的规定(试行)》将之详细规定为:有查禁犯罪活动职责的司法及公安、国家安全、海关、税务等国家机关工作人员。因此,对本罪主体的认定,不仅要看其是否负有查禁犯罪活动的职责,而且要看其是否具备国家机关工作人员身份。根据全国人大常委会《关于〈中华人民共和国刑法〉第九章渎职罪主体适用问题的解释》之规定,国家机关工作人员,是指依照法律、法规规定行使国家行政管理职权的组织中从事公务的人员,或者在受国家机关委托代表国家机关行使职权的组织中从事公务的人员,或者虽未列入国家机关人员编制但在国家机关中从事公务的人员。具体来说,“有查禁犯罪活动职责的国家机关工作人员”包括:(1)依照法律、法规规定有查禁犯罪活动职责的人员,如司法工作人员、有查禁犯罪活动职责的行政执法机关、纪检、监察机关工作人员;(2)接受国家机关委托代表国家机关从事查禁犯罪活动或者虽未列入国家机关人员编制但在国家机关中从事查禁犯罪活动的人员。因此,既不负有查禁犯罪活动职责,又不具有国家机关工作人员身份的,或者虽然具有国家机关工作人员身份,但不负有查禁犯罪活动职责的,不能成为本罪主体。接受国家机关委托代表国家机关从事查禁犯罪活动的非国家机关工作人员,因其接受国家机关委托代表国家机关行使职权而使其具有了查禁犯罪活动职责和国家机关工作人员身份,可以成为本罪主体,仍然体现了职责与身份的统一。①

就本案而言,首先,根据《行政处罚法》第18条第1款、第19条第1项的规定,行政机关依照法律、法规或者规章的规定,可以在其法定权限内,委托依法成立的管理公共事务的组织实施行政处罚。烟草专卖局系依法成立的管理公共事务的组织,受

---

① 参见马长生、罗开卷:《帮助犯罪分子逃避处罚罪疑难问题探析》,载《法律适用》2009年第9期。

国家行政机关的委托,依法行使烟草专卖市场稽查和烟草专卖案件查处的行政执法权,具有国家机关的职能。根据全国人大常委会《关于〈中华人民共和国刑法〉第九章渎职罪主体适用问题的解释》的规定,在受国家机关委托代表国家机关行使职权的组织中从事公务的人员,在代表国家机关行使职权时,构成犯罪的,依照刑法关于渎职罪的规定追究刑事责任。因此,烟草专卖局稽查人员属于受国家机关委托代表国家机关行使职权的组织中从事公务的人员,其在代表国家机关行使职权时,应以国家机关工作人员论。其次,2009 年 12 月 29 日工业和信息化部审议通过的《烟草专卖行政处罚程序规定》(2010 年 5 月 1 日起施行)第 39 条规定:"烟草专卖行政主管部门应当根据案件的不同情况,分别作出下列决定:……(四)违法行为涉嫌犯罪的,依法移送司法机关处理。"第 69 条规定:"烟草专卖行政主管部门对应当依法移送司法机关追究刑事责任的案件不移送,以行政处罚代替刑罚的,由上级烟草专卖行政主管部门责令改正;拒不改正的,对直接负责的主管人员给予行政处分;徇私舞弊、包庇纵容违法行为构成犯罪的,依法追究刑事责任。"据此,法律赋予了烟草专卖局稽查人员对烟草犯罪进行查禁、收集犯罪证据,并将烟草犯罪案件移交司法机关的职权,因而烟草专卖局稽查人员具备法律所赋予的查禁犯罪活动的职责。综上,本案中黄某作为烟草专卖局稽查员,在查禁烟草犯罪活动中,属于有查禁犯罪活动职责的国家机关工作人员。

与本案类似,对实践中单位保卫人员、社区保安人员向其职责范围内的犯罪分子通风报信、提供便利,帮助犯罪分子逃避处罚的行为能否以本罪论处,也涉及单位保卫人员、社区保安人员在此情况下是否属于"有查禁犯罪活动职责的国家机关工作人员"的问题。笔者认为,如果单位保卫人员、社区保安人员接受国家机关委托,代表或者协助国家机关从事查禁犯罪活动,则在其职责范围内系接受委托代表国家机关从事查禁犯罪活动的工作人员,符合本罪的主体要件。如果向其职责范围内的犯罪分子通风报信、提供便利,帮助犯罪分子逃避处罚的,应以本罪论处。例如,王某、金某原系受国家机关委托辅助治安巡逻的某社区保安大队副大队长、中队长,王某在社区内查获涉嫌盗窃某公司的物品共计价值 5000 余元的李某及涉嫌收赃的范某,在此过程中,接受范某丈夫杨某的请托,私放了李某和范某,并将盗窃所得赃物交给范某处理。王某、金某在社区内查获涉嫌盗窃前述公司之物品共计价值 1 万余元的李某、葛某及准备收赃的杨某,在此过程中,接受杨某的请托,当场私放了李某、葛某及杨某,并将盗窃所得赃物交给杨某处理。法院认为,王某、金某作为受国家机关委托负责辅助治安巡逻的社区保安大队副大队长、中队长，明知自己负有协助公安机关查禁犯罪活动的工作职责，却为犯罪分子提供便利，帮助犯罪分子逃避处罚，其行为均构成帮助犯罪分子逃避处罚罪。笔者认为，法院的判决是正确的。

当然，接受国家机关委托代表国家机关从事查禁烟草违法犯罪活动的烟草专卖局稽查人员，其行为只有在其职责范围内才符合本罪的主体条件。超出了职责范围，则不再属于受国家机关委托从事查禁犯罪活动职责的工作人员。如果对不属于其职责范围内的犯罪分子通风报信、提供便利，帮助犯罪分子逃避处罚的，不以本罪论处，而构成窝藏罪或者包庇罪。事前有通谋的，应以共同犯罪论处。

二 黄某实施了帮助犯罪分子逃避处罚的犯罪行为

本罪的行为方式为“通风报信、提供便利”。所谓通风报信，是指向犯罪分子泄露、提供有关查禁犯罪活动的情况、信息，既可以当面口述，也可以通过电话、电报、传真、书信等方式告知，还可以通过第三人转告。所谓提供便利，是指向犯罪分子提供钱物、隐藏处所、交通工具、通讯设备等便利条件。通风报信和提供便利的目的是帮助犯罪分子逃避处罚。《最高人民检察院关于渎职侵权犯罪案件立案标准的规定》(2006 年)指出，涉嫌下列情形之一的，应予立案：(1)向犯罪分子泄露有关部门查禁犯罪活动的部署、人员、措施、时间、地点等情况的；(2)向犯罪分子提供钱物、交通工具、通讯设备、隐藏处所等便利条件的；(3)向犯罪分子泄露案情的；(4)帮助、示意犯罪分子隐匿、毁灭、伪造证据，或者串供、翻供的；(5)其他帮助犯罪分子逃避处罚应予追究刑事责任的情形。

本罪是行为犯，但是对本罪的既遂标准，存在不同认识。一种观点认为，只要行为人出于帮助犯罪分子逃避处罚的目的，实施了向犯罪分子通风报信、提供便利的行为即成立既遂，至于犯罪分子是否实际逃避了处罚，在所不问，但可以作为一个量刑情节考虑。[①] 另一种观点则认为，行为人只要实施了向犯罪分子通风报信、提供便利，帮助犯罪分子逃避处罚的行为，即构成本罪，是否事实上致使犯罪分子逃避了处罚，是区分本罪既遂与未遂的标准。[②]

---

① 参见周道鸾、张军主编：《刑法罪名精释(下)》(第 4 版)，人民法院出版社 2013 年版，第 1167 页。
② 参见王作富主编：《刑法分则实务研究(下)》(第 5 版)，中国方正出版社 2013 年版，第 1999 页。

笔者赞同第一种观点。第一，所谓行为犯，是指以实行法定的犯罪行为作为犯罪构成必要条件的犯罪，而结果犯是指实施的行为必须造成实际的损失结果才构成既遂的犯罪。既然本罪是行为犯，则只要实施了法定的犯罪行为——向犯罪分子通风报信、提供便利，就成立本罪的既遂，如果还要求"致使犯罪分子逃避了处罚"这一结果，就是将本罪认定为结果犯，与认为本罪是行为犯的观点相矛盾。第二，"帮助犯罪分子逃避处罚"只是"向犯罪分子通风报信、提供便利"行为的主观目的所在，而非该行为的实然结果。根据我国刑法条文对结果犯的表述，如果"帮助犯罪分子逃避处罚"是表示结果，一般应将其表述为"致使犯罪分子逃避处罚"。综上，行为人出于帮助犯罪分子逃避处罚的目的，是否实施了向犯罪分子通风报信、提供便利的行为是区分本罪既、未遂的标准，犯罪分子是否逃避了处罚，不影响本罪既遂的成立。

此外，根据《刑法》第417条的规定，本罪系情节加重犯，即情节严重的，法定量刑幅度升格。何谓"情节严重"，一般是指对犯罪行为的社会危害性的综合评价。就本罪而言，并不是致使犯罪分子逃避了处罚就一定是情节严重，也并不是犯罪分子没有逃避处罚就一定不是情节严重。只有综合考虑多种因素，如既要考虑行为人的犯罪动机、目的，又要考虑行为人的犯罪手段、后果；既要考虑犯罪对象，即"犯罪分子"罪刑的轻重，又要考虑犯罪分子是否逃避了处罚等，才能准确把握本罪中的"情节严重"。司法实践中，帮助犯罪分子逃避处罚的下列情形可视为"情节严重"：(1)向性质严重的犯罪分子或者犯罪集团通风报信、提供便利的；(2)多次向犯罪分子或者向多名犯罪分了通风报信、提供便利的；(3)犯罪动机、手段恶劣的；(4)因向犯罪分子通风报信、提供便利，造成严重后果的；(5)其他情节严重的情形。

本案中，黄某在担任稽查支队稽查员期间，采用通风报信的手法，多次将稽查支队突击检查的部署安排事先泄露给蔡某，致使蔡某销售假冒注册商标卷烟的犯罪行为多次得以逃避检查和处罚，系情节严重，其行为属于帮助犯罪分子逃避处罚的犯罪行为，构成帮助犯罪分子逃避处罚罪。

三 对黄某的行为应当以帮助犯罪分子逃避处罚罪、销售假冒注册商标的商品罪两罪并罚

在本案中，黄某多次介绍他人至蔡某处购买假冒注册商标的中华卷烟共计200余条，销售金额达人民币8.6万余元，而后与蔡某共同分利。黄某的上述行为，属于

销售假冒注册商标的商品的共同犯罪行为,构成销售假冒注册商标的商品罪。黄某有与蔡某共同销售假冒注册商标的中华卷烟的行为,并不影响其向蔡某通风报信的行为又构成帮助犯罪分子逃避处罚罪。黄某向蔡某通风报信,固然有防止自己罪行败露的主观目的,但不能因此否定其具有帮助蔡某逃避刑事处罚的目的。因此,关于黄某向蔡某通风报信的目的是使自己得以逃脱处罚,应以销售假冒注册商标的商品罪一罪论处的观点不能成立。其实,本案中黄某实施的通风报信行为是在其业已构成销售假冒注册商标的商品罪的情况下实施的,是独立的帮助犯罪分子逃避处罚罪的实行行为。综上,笔者认为,本案中黄某实施了两个犯罪行为:一是基于牟取暴利的目的而实施的销售假烟的行为,二是基于帮助犯罪分子逃避处罚而实施的向犯罪分子通风报信的行为。这两个犯罪行为在主观上具有不同的犯罪目的,出于不同的犯罪故意,符合两个犯罪的犯罪构成,且不存在牵连关系,应以销售假冒注册商标的商品罪与帮助犯罪分子逃避处罚罪两罪并罚。

(案例编写人:上海市浦东新区人民法院　罗开卷)

第二编

此罪与彼罪

26

因自身业务过错导致发生重特大交通事故的罪名认定

简要案情

赵某驾驶大型客车,因俯身捡拾掉落在其右侧的手机致车辆向右偏离并碰擦道路右侧路肩,后又因向左急打方向,造成车辆失控向右侧翻,致使车上乘客6人当场死亡、3人重伤、21人轻伤、4人轻微伤,其余15人均有不同程度的受伤。与此同时,经鉴定,该事故造成肇事车辆损坏的直接物质损失为11万余元;造成部分道路设施毁损的直接物质损失为3万余元,上述直接物质损失共计15万余元。

经鉴定,涉案肇事车辆事故发生时的行驶车速达70~75公里/小时,系超速行驶(事发路段限速60公里/小时);又经交通事故认定,赵某在驾驶机动车行驶的过程中,未按规定使用安全带且超速行驶,途中又有捡拾掉落的手机这一妨碍驾驶安全的行为,随后又操作不当(向左急打方向),致使车辆失控并发生侧翻,造成本次交通事故,赵某承担本起事故的全部责任。

主要问题

当前,随着国民经济的日益蓬勃发展,公共交通运输业也正进入快速发展期,与之相对应的是,由于承担公共营运车辆驾驶任务的司机素质和驾驶技术良莠不齐,故而造成重大人员伤亡、巨额财产损失的重特大交通事故也早已屡见不鲜。司法实践中,对于上述因大型营运车辆司机自身业务过错导致发生重特大交通事故的司法认定则颇为复杂,既有以交通肇事罪认定,也有以危险方法危害公共安全罪认定,更有以重大责任事故罪认定,争议较大。对于赵某的行为究竟应构成何罪即存在上述分歧意见。第一种意见认为,赵某作为大型公共交通运输车辆的司机,因自身业务过错,违反交通运输管理法规,因而发生特大交通事故,应认定为构成交通肇事罪;第二种意见认为,赵某作为大型公共交通运输车辆的司机,在从事营运过程中实施足以危及公共安全的高度危险行为并放任该种危害结果的发生,应认定为以危险方法危害公共安全罪;第三种意见认为,赵某违反公交公司安全生产规章制度,因而发生重大伤亡事故,造成严重后果,应按重大责任事故罪处理。

案例分析

笔者同意第一种意见,赵某的行为构成交通肇事罪。具体理由如下。

首先,肇事司机的犯罪主观心态是认定此类犯罪构成交通肇事罪还是以危险方法危害公共安全罪的重要标准。交通肇事罪与以危险方法危害公共安全罪,侵犯的都是不特定多数人的人身和财产安全。作为正在从事公共营运中的大型客车的肇事司机赵某既有超速行驶行为,又有置正在行驶中的车辆于不顾,进行捡拾掉落手机并向左急打方向的举动,一方面固然是进行一种足以危及公共安全的高度危险行为或者说错误地采取了危险方法,另一方面从该行为性质本身而言,因违反《道路交通安全法》《道路交通安全法实施条例》,也可以视为一种严重违反交通规则的交通违章行为。一般而言,严重违反交通规则的交通违章行为,往往也包含着一定程度危及公共安全的危险,如酒后驾车等。但是,酒后驾车等违反交通规则的违章行为虽然客观上也包含着一定程度危及公共安全的危险,但这种危险仅仅是可能,而非必然。酒后驾车人主观上虽然有应当预见自己的行为可能会危及公共安全的义务,但这种预见仅仅是一种可能,任何人包括酒后驾车人本人都无法预见到其行为必然会危及公共安全。酒后驾车人往往总是基于某种自信,如自己的车技好、经验丰富、喝酒不足以影响自己对车辆的控制等,设想自己可以避免可能发生的交通事故,其既不希望也不想放任危害公共安全的后果发生,因此其对发生的交通事故要么是已经预见的过于自信的过失,要么就是应当预见而没有预见的疏忽大意的过失。总之,交通肇事罪的主观方面只能是过失,而以危险方法危害公共安全罪则不然,该罪的主观方面只能是故意,包括直接故意和间接故意。

本案中,赵某的行为究竟是构成以危险方法危害公共安全罪还是交通肇事罪,关键要看赵某行为时的主观状态。这一点只能从其行为时的客观环境上加以判断。首先,就赵某以往的工作表现来看,其作为一个从事固定路线车辆运营多年的A照驾驶员,日常工作中虽偶有交通违章行为,但从未发生过较大的交通事故,更未有任何造成人员死伤或者重大财产损失的重大情况,一贯工作表现较为良好,显然并无故意犯罪之明显动机。其次,从此次事故发生的过程和细节来看,虽然当天在车辆行驶中,其既有超速行驶行为,又有置正在行驶中的车辆于不顾,进行捡拾掉落手机的举动,但无可否认,按其到案后供述,当时其自认为该过程十分短暂,易于及时掌控,不致引发事故危险,事故的最终发生系出乎其本意之外,而多名事发时一直坐于前排座位的受伤乘客也证明,他们甚至根本没有注意到赵某有捡拾手机这一危险举动就发生了翻车事故,足见当时事故发生时间之霎那,根本无由赵某产生故意犯罪的念头,而事后当其一旦发现车头即将向右偏离并碰擦道路右侧路肩致撞击时,其即采取向左急打方向的避让举措,虽然该错误处置方式最终导致车辆失控而倾倒,但亦从另一个角度来看,正是这一举动足以推测出赵某实有为避免车辆发生碰撞的危险事故,而不得以采取了紧急避险之举措,由此可以排除赵某是出于直接故意(追求危害结果的发生)或者间接故意(放任危害结果的发生),而是一种过失犯罪的心态(排斥犯罪结果的发生),故应对其按交通肇事罪,而不是按以危险方法危害公共安全罪处罚。

其次,重特大交通事故发生的地域范围是区别构成交通肇事罪还是重大责任事故罪的关键环节。从刑法罪名的章节排列位置来看,尽管交通肇事罪和重大责任事故罪都处于刑法危害公共安全罪一章,基本法定刑的设置也几乎一致(交通肇事因逃逸致人死亡这一加重情节除外),但就理论上而言,两者在某种程度上,确实存在一定的法条竞合关系,即就公司、企业生产、作业、运营过程中发生的重大事故来看,如果事故发生在公共交通运输领域,那么交通肇事罪就是一个特殊法条,而重大责任事故罪则相应成为普通法条,两者相竞合时,应遵循特殊法条优于一般法条的应用规则。这一点也得到了有关司法解释的印证,如1992年3月23日最高人民检察院发布的《关于在厂(矿)区内机动车造成伤亡事故的犯罪案件如何定性处理问题的批复》指出,在厂(矿)区内机动车作业期间发生的伤亡事故案件,应当根据不同情况,区别对待:在公共交通管理范围内,因违反交通运输规章制度,发生重大事故,应按交通肇事罪处理;违反安全生产规章制度,发生重大伤亡事故,造成严重后果的,应按重大责任事故罪处理;在公共交通管理范围外发生的,应当定重大责任事故罪。这一司法解释强调公共交通管理范围,在此范围外的,均定重大责任事故罪;在此范围内的,根据业务活动的性质,分别定重大责任事故罪与交通肇事罪,据此可以正确地区分重大责任事故罪与交通肇事罪。根据此精神,本案中,赵某驾驶营运车辆的肇事行为显然是发生在公共交通管理范围内,同时相较而言,其行为又主要是违反交通运输管理法规的交通违章行为(因而事后接受了交警部门的事故认定和违章责任处理),而非主要违反所在公交公司制定的安全生产规章制度,综上,根据上述情况对赵某的行为认定为交通肇事罪更为合理。

(案例编写人:上海市高级人民法院　叶琦)

27

交通肇事逃逸案件中不作为间接故意杀人的认定

简要案情

李某驾驶二轮摩托车营运载客时搭载了被害人章某，在驾驶过程中，因操作不当使得二轮摩托车车头撞到路边的隔离带，导致被害人章某从摩托车后座甩出倒地。李某下车查看后，发现章某躺在机动车道内因受伤而无法动弹，为逃避自身责任，李某不顾被害人可能被后续过往车辆碾压身亡的危险情况发生，自行驾车逃逸，将被害人独自遗留在该机动车道内且未采取任何保护措施。后被害人章某被途径该处的大货车碾压当场致死。案发后，经现场勘查、调查取证、技术鉴定，交警部门认定李某对本起事故负全部责任。同时经《尸体检验报告书》认定：被害人章某系因在交通事故中造成复合伤而死亡。

主要问题

对本案李某的行为符合交通肇事罪中"逃逸致人死亡"的加重情节还是构成间接故意杀人存在分歧意见。第一种意见认为，李某持放任危害结果发生的间接故意犯罪心态，且被害人的死亡结果系其先行行为所引发，应当构成不作为的间接故意杀人罪；第二种意见认为，李某持危害结果可以避免的过失犯罪心态，且其实施的先行行为与被害人死亡这一危害结果的发生之间不具有因果关系，应当构成交通肇事罪且符合逃逸致人死亡的加重情节。

案例分析

笔者同意第一种意见,即李某的行为构成不作为的间接故意杀人罪。具体理由如下。

一 李某的行为符合不作为犯罪的构成模式

我国刑法理论将犯罪行为分为作为与不作为两种基本类型,不作为犯罪又分为纯正的不作为与不纯正的不作为。所谓纯正的不作为犯,是指由刑法明文规定的只能由不作为构成的犯罪,它是以不履行特定义务为构成要件的犯罪。所谓不纯正的不作为犯,是指行为人以不作为的形式实施通常以作为形式实施的犯罪。本案涉及的就是不纯正的不作为犯的问题,至于其行为是否符合不纯正不作为犯罪的构成要件,笔者认为,当从不作为犯罪的"应为能为而不为"这一行为模式开始考察。

1."应为"——不纯正的不作为犯罪的行为人必须负有作为义务,而且必须是一种法律意义上的作为义务。《道路交通安全法》第 70 条规定:"在道路上发生交通事故,车辆驾驶人应当立即停车,保护现场;造成人身伤亡的,车辆驾驶人应当立即抢救受伤人员,并迅速报告执勤的交通警察或者公安机关交通管理部门。……"据此,本案李某作为一名机动车车辆驾驶人,理应遵守道路交通安全法律的相关规定,在车辆发生交通事故后,即负有抢救受伤人员并迅速报告执勤交通警察或交通管理部门的法定作为义务。

2."能为"——不纯正的不作为犯罪的行为人有能力履行特定的作为义务而不履行。法律要求行为人履行作为义务,是以行为人能够履行为前提的。只有在行为人有能力履行而不履行的前提下,才是不作为。本案李某因驾车时操作不当,引发交通事故后,自身并未受伤,是完全有能力对被害人加以救助、施以援手或采取一定的防范措施以避免危害结果发生的。

3."不为"——不纯正的不作为犯罪的行为人因不履行特定作为义务,可能或者已经造成的危害结果与作为犯罪可能或者已经造成的危害结果具有等价性。之所以要具备等价性条件,是因为不纯正不作为与作为共用一个犯罪构成要件,刑法对不纯正的不作为犯罪并未作出专门规定,在罪刑法定原则的内在约束下,只有与作为具有等价性的不纯正不作为才能纳入刑法的评价范围。本案李某驾车时因操作不当致使被害人在凌晨时分受伤摔倒在交通干线的机动车道上无法动弹,存在被后续车辆碾压致死的高度危险,因此其上述不作为杀人行为所可能造成的危害结果与作为的杀人行为所可能造成的危害结果具有等价性。综上,李某的犯罪行为符合不作为犯罪的行为模式。

二 李某不作为犯罪与危害结果之间具有因果关系

刑法上的因果关系是指危害行为与危害结果之间具有引起与被引起关系,是行为人承担刑事责任的客观依据。值得探讨的是,作为义务的不履行与已经造成或可能造成的危害结果之间是否具有因果关系?在某种危害行为引起或正在向引起某种危害结果的发展过程中,有其他因素介入导致危害结果发生时,该介入因素能否中断前行为与最终结果之间的因果关系?

关于因果关系的中断论是由德国刑法学者李斯特为限制条件说的惩罚范围过于宽泛而提出的,该理论认为,当意思活动所针对的结果被一个新的、独立的原因链造成时,则意思活动与结果的因果关系尤其应当被排除;如果新的原因链是由行为人以外的第三人的意思活动造成的,亦是如此。相反,如果新的原因链是因为先前的意思活动或者只有与先前的意思活动共同起作用才导致结果发生,那么意思活动和结果之间的因果关系就已出现。如果该新的意思活动没有先前的意思活动即不可能出现,那只有与先前的意思活动有因果关系才能促使结果的产生,就得认为有因果关系。根据上述理论,如果第三人的行为不以先前行为为必要而独立造成结果发生,则因果关系中断;如果第三人的行为与先前行为共同造成结果发生,则因果关系不中断。在上述理论的基础上,我国学者在因果关系中断这一问题的考察上还加上了一个相当性的判断标准。对因果关系相当性的判断,需要在客观上综合考虑三个方面的因素:第一,最早出现的实行行为导致最后结果发生的可能性高低;第二,介入因素异常性的大小;第三,介入因素对结果发生的影响力。因此在判断介入因素下的刑法因果关系时不能一概而论,而应当根据先行行为的危害性大小、介入因素本身性质、对结果发生影响力大小等多方面因素加以考察,综合确定因果关系是否中断。结合本案案情,事发时间虽为凌晨时分,但当时该路段的车辆往来仍较为频繁,在此情况下,李某交通肇事后逃逸,将被害人留置于有车辆来往的机动车道内,很可能产生更为严重的伤亡后果,而且事实上也正是如此。据此,可以认定李某为逃避责任而对被害人不予救助的行为导致被害人被后续车辆碾压致死这一危害结果发生的可能性较高。同时,《尸体检验报告书》认定,被害人章某符合在交通事故中因复合伤而死亡。因此,被害人死亡结果的发生系李某交通肇事致其受伤倒地无法动弹的先行行为和后续过往车辆实施碾压共同作用所致,李某不履行法定作为义务的行为与被害人死亡结果之间的因果关系不中断。

综合上述不作为犯罪的构成模式和介入因素下刑法因果关系的判断,李某的不作为与被害人的死亡结果之间具有因果关系,其行为构成不作为犯罪。

三 李某的主观心态应认定为间接故意

根据刑法理论,故意杀人罪的本质是故意犯罪,其犯罪主观心态可以分为直接故意与间接故意;交通肇事罪的本质是过失犯罪,其犯罪主观心态可以分为疏忽大意的过失与过于自信的过失。在司法实践中,如何正确区分交通肇事逃逸致人死亡行为的犯罪主观心态是过于自信的过失还是间接故意杀人,是刑法中较为困难和较有争议的问题,其本质在于对间接故意犯罪心态与过于自信过失犯罪心态的区分。根据我国《刑法》第 14 条和第 15 条的规定,笔者认为,区分二者应当从认识因素和意志因素这两个方面入手。首先,从认识因素上看,间接故意是“明知”结果发生的可能性,轻信过失是“预见到”结果发生的可能性。两者的区别就在于:行为人对结果发生的可能性转化为现实性的认识程度不同。就前者而言,行为人已明知只要其实施既定行为,由此引起和促成结果发生的趋势十分明显,极有可能导致危害结果的发生;而后者只是一种“预见”而非“明知”,行为人即使实施了既定行为一般也不会引起和促成结果的发生,因此,结果发生的概率相对较低。其次,从意志因素上看,对间接故意和轻信过失来说,行为人对行为的性质、对象和结果均已有所认识,对结果的发生也均不抱有希望的态度,其至关重要的分水岭就在于,当行为人另有所求并仍然持续原有行为,从而出现了另一结果发生的孪生现象时,其面对两可性结果所作出的选择。如果行为人在主观上毫无防范措施,听任行为的自然发生而导致结果的发生,那就说明其已作出了容忍结果发生的选择,该行为性质当属间接故意;如果行为人在主观上确信有避免结果发生的相关知识和经验,或者具备了一定的防范意识,在客观上实施了特定防范措施,因太依赖自身的知识经验或采取的防范措施并不科学、缺乏防范能力,以致行为的实施导致了危害结果的发生,则表明其作出的选择是否定结果的发生，该行为性质应属轻信过失。易言之，“轻信过失”这一心理活动必须具有明显的心理基础和客观事实依据才能予以认定。正是基于行为人在明知的认识基础上所持的不同意志心态，我国刑法将容忍的意志心态界定为间接故意，否定的意志心态界定为轻信过失。结合本案案情，李某先前的交通肇事行为虽是过失，但当其发现并已明知被害人在凌晨时分受伤摔倒在交通干线的机动车道上无法动弹，存在被后续车辆碾压致死的高度危险时，仍未采取任何救助措施或防范措施来避免危害结果的发生，而是不顾被害人的安危，选择了自行逃逸。就上述事实而言，既无法认定李某在主观上确信自己有避免危害结果发生的知识经验，也无法认定其在主观上具有防范意识或在客观上采取了防范措施，如设置路障、警示牌，或将被害人挪至非机动车道等，相反，因没有采取上述任何保护性措施，从客观立场来看，在此情况下，李某被后续车辆碾压身亡的概然性是相当高的，就此认定李某对被害人死亡结果的发生持轻信过失的心态缺乏事实依据和客观行为表现，其主观心态当属放任危害结果发生的间接故意。

综上，李某作为一名机动车车辆驾驶人，应当负有救助、报警的法定作为义务，但其有能力履行而不履行，并明知不履行可能导致被害人死亡结果发生的情况下，仍然放任该危害结果的发生，最终导致被害人死亡，应当构成故意杀人罪。

（案例编写人：上海市高级人民法院　叶琦；华东政法大学　蔡恩璇）

28

用农药毒杀鱼类致水体大面积污染的定性

简要案情

马某、汪某、宋某与俞某某(在逃)一起商量后决定在河道内投放"甲氰菊酯"农药毒鱼,后马某在一个农资经营部购买了15瓶"甲氰菊酯"农药。当晚6时许,四人骑摩托车到距离供水公司自来水厂取水口上游的交界河段,由俞某某下河将15瓶"甲氰菊酯"农药投放到河水中,之后四人离开投药现场。当晚10时许,四人携带捕鱼工具开始从投药点下河顺流而下捞鱼。次日早上,四人将捕获的200多斤鱼在菜市场销售,每人分得赃款200余元。经公安机关提取河流水样进行鉴定,该供水公司自来水厂取水口附近水体含有"甲氰菊酯"成分。此次事件致使部分河段大面积污染,野生鱼类大量死亡,县城供水中断近9个小时,城区居民正常用水受到严重影响,同时造成社会恐慌。本案公安机关以投放危险物质罪立案侦查,移送审查起诉后检察机关以重大环境污染事故罪提起公诉,三名被告人对公诉机关指控的犯罪事实及确定的罪名不持异议。汪某的辩护人提出汪某犯重大环境污染事故罪证据不足,不构成刑法上的重大环境污染事故罪,应宣告其无罪。

主要问题

本案在审理过程中,对三名被告人涉案的犯罪事实无异议,但对四名被告人用农药毒杀鱼类致水体大面积污染的行为应如何定性存在迥然相异的4种观点:第一种观点认为,被告人马某等四人主观上是以捕捞鱼类为目的,客观上违反国家规定向水体中投放了有毒物质,按照主客观一致的原则,应以非法捕捞水产品罪追究被告人的刑事责任。第二种观点认为，被告人马某等四人虽然主观上是以捕捞鱼类为目的，但其客观上违反国家规定向水体中投放了有毒物质，应以投放危险物质罪追究被告人的刑事责任。第三种观点认为，被告人马某等四人主观上是以捕捞鱼类为目的，但其客观上违反国家规定，向水体中投放有毒物质，造成了重大环境污染事故，应以污染环境罪追究被告人的刑事责任。第四种观点认为，被告人马某等四人主观上是以捕捞鱼类为目的，但其客观上违反国家规定，向水体中投放有毒物质，且造成了相应的社会危害，应以危险物品肇事罪追究被告人的刑事责任。

案例分析

笔者赞同上述第四种观点，认为三名被告人用农药毒杀鱼类致水体大面积污染的行为应以危险物品肇事罪追究其刑事责任。分析如下。

在认定本案被告人应以何种罪名追究其刑事责任之前，首先应明确甲氰菊酯的基本属性。甲氰菊酯俗称灭扫利，是农业上普遍使用的一种杀虫剂，主要灭杀蚜虫等小型害虫，其理化特性属神经毒剂，尽管目前尚无甲氰菊酯对人体毒害的试验数据的报告，但实践中可以发现其沾染、误食很少即能引起人体全身性中毒，接触量大时也会引起头痛、头昏、恶心呕吐、双手颤抖，重者抽搐或惊厥、昏迷、休克等现象。据调查，该农药对水稍有危害，不能让未稀释或大量的产品接触地下水、水道或者污水系统。基于该农药的特殊用途、对人体可能导致的损害、客观上对环境生物以及人可能造成的毒害，通常情况下，其生产、运输、储存、使用都有较为严格的标准，相关人员违反这些规定给社会造成相应危害的，理应承担相应的民事、行政及至刑事责任。

一 对本案被告人的行为不宜以非法捕捞水产品罪定罪处罚

非法捕捞水产品罪是指违反保护水产资源法规，在禁渔区、禁渔期或者使用禁用的工具、方法捕捞水产品，情节严重的行为。非法捕捞水产品罪侵犯的客体是国家保护水产资源的管理制度，危害水产资源的存留和发展，即非法捕捞水产品罪所侵害的法益是理应用刑法手段保护国家的自然资源，保障水生资源（动物和植物）种群的保存（生存）。

其客观方面以违反渔业法、水产资源繁殖保护条例等保护水产资源的法律法规为前提，在禁渔区、禁渔期或者使用禁用的工具、方法捕捞水产品的行为。本罪的主观方面为故意，即行为人明知违反保护水产资源法规，仍然实施非法捕捞行为，并且放任水产资源遭受破坏的结果发生。即故意非法捕捞水产品的行为必须达到情节严重的程度，才构成犯罪，至于是为了营利或者其他目的，均不影响本罪的成立。过失不构成本罪。所谓情节严重，主要是指非法捕捞水产品数量较大的，一贯或多次非法捕捞水产品的，为首组织或聚众非法捕捞水产品的，采用炸鱼、毒鱼、滥用电力等方法滥捕水产品，严重破坏水产资源的，非法捕捞、抗拒渔政管理等。本罪的主体为一般主体，即凡是达到刑事责任年龄具有刑事责任能力的人，均可构成本罪。单位也可成为本罪的主体。

从本案被告人涉案的犯罪事实来看，其使用农药甲氰菊酯毒杀鱼类，致水体大面积污染行为符合《最高人民检察院、公安部关于公安机关管辖的刑事案件立案追诉标准的规定(一)》第63条第4项和第6项之规定，即"在禁渔期内使用禁用的工具或者禁用的方法捕捞的"和"其他情节严重的情形"。由此可以判断，四名被告人的行为均符合非法手段捕捞水产品罪的构成要件，如果本案没有其他特殊情形，通常情况下完全可以以非法捕捞水产品罪追究其刑事责任，然而四名被告人的行为毕竟远超过了通常情况下非法捕捞水产品的界限，其犯罪行为所侵害的法益不仅限于非法捕捞了200斤鱼类，客观上还造成了部分河段大面积污染，野生鱼类大量死亡，县城供水中断近9个小时，城区居民正常用水受到严重影响，同时造成社会恐慌的严重后果，故其所侵害的法益显系生态环境之安全，由此，单纯以非法捕捞水产品罪追究其刑事责任不符合刑法罚当其罪的基本原则，不宜以非法捕捞水产品罪定罪处罚。

二 对本案被告人的行为不宜以投放危险物质罪定罪处罚

投放危险物质罪源自投毒罪，《刑法修正案(三)》将其扩展为投放危险物质罪，是指故意投放毒害性、放射性、传染病病原体等物质，危害公共安全的行为。[①]"毒害

① "毒害性"物质，系指能对肌体发生化学或物理化学作用，因而损害肌体、引起功能障碍、疾病甚至死亡的物质。如氯化钾、氰化钠、砒霜及其他各种剧毒品。"放射性"物质，系指含有核素的核材料或其他放射性物质，可自然衰变，同时放射一种或多种致电离射线，如y射线、中子射线、K射线等，其放射性质能造成人员伤亡或对财产、环境造成重大损害的物质。"传染病病原体"，指能在人与人、动物与动物、或人与动物之间相互传播疾病的致命微生物或寄生虫，如炭疽杆菌、能引起斑疹伤寒的普氏立克次体、蝇蛆等。参见屈学武:《投放危险物质罪探析》，载《法学杂志》2002年第6期。

性”物质系指能对肌体发生化学或物理化学作用，因而损害肌体、引起功能障碍、疾病甚至死亡的物质，如氰化物、砒霜及其他各种剧毒品、放射性物质、传染病病原体等。投放危险物质并不要求造成严重后果，只要足以威胁不特定的多数人的人身和财产安全，就构成犯罪，即应当立案追究。投放危险物质罪侵犯的客体是公共安全，其客观方面表现为行为人实施了投放毒害性、放射性、传染病病原体等物质，危害公共安全的行为；其主体是一般主体；其主观方面表现为故意，既可以出于直接故意，也可以出于间接故意，即行为人明知自己的投毒行为会造成对公共安全的破坏，而希望或放任这种结果发生的心理状态。投放危险物质的动机可以是各种各样，但不同的动机并不影响定罪。

本案被告人固然以非法手段捕捞了 200 斤鱼类，客观上造成了部分河段大面积污染，野生鱼类大量死亡，县城供水中断近 9 个小时，城区居民正常用水受到严重影响，同时造成社会恐慌的严重后果，但其主观上并无任何直接故意，也无任何间接故意，即行为人虽然也能明知自己投放甲氰菊酯农药的行为势必会造成对公共安全的破坏，但其内心并无任何希望或放任这种结果发生的心理状态，故不宜以投放危险物质罪定罪处罚。

三 对本案被告人的行为不宜以污染环境罪（重大环境污染事故罪）定罪处罚

本案发生于《刑法修正案（八）》出台前，因而有观点认为应以重大环境污染事故罪予以定罪处罚，本案检察机关也是以此罪名提起公诉。经《刑法修正案（八）》第 46 条的修正，《刑法》第 338 条所规定的犯罪构成要件发生了改变，罪名也由“重大环境污染事故罪”转变为“污染环境罪”。其中，最突出的改变是，将“发生重大环境污染事故，致使公私财产遭受重大损失或者人身伤亡的严重后果”表述修改为“严重污染环境”。污染环境罪的主观方面既包括故意，也包括过失。污染环境罪主要考察造成的后果，财产损失、人员伤亡，给饮用水、保护区等敏感保护目标带来多大的影响。

污染环境罪属结果犯，行为人非法排放、倾倒、处置有毒物质等危险物品的行为是否构成犯罪，应对其行为所造成的后果加以认定，如该行为造成严重后果，则以本罪论处，否则不能以本罪论处。尽管本案四名被告人固然以使用“甲氰菊酯”的非法手段捕捞了 200 斤鱼类，客观上由于过失造成了部分河段大面积污染，野生鱼类大量死亡，县城供水中断近 9 个小时，城区居民正常用水受到严重影响，同时造成社会恐慌的严重后果,但该案能够直接证明其可能导致环境污染的证据仅限于公安机关证明供水公司自来水厂取水口附近水体含有"甲氰菊酯"成分的鉴定意见,而并无其他相应证据能够证明污染的范围、污染的浓度、污染的后果等。事实上,污染环境罪在刑事证据证明上必须讲求严密的因果关系,参照国家环境保护局《报告环境污染与破坏事故的暂行办法》中关于"环境污染与破坏事故发生后,当地环境保护部门应当立即赴现场调查,并对事故的性质和危害作出恰当的认定""凡属重大或特大环境污染与破坏事故,均由地、市级以上的环境保护部门确认"的规定,本案中,因无市级以上环境保护部门对环境污染事件的确认,故不能认定各被告人的行为造成了重大环境污染,即对被告人的行为不能以污染环境罪追究其刑事责任。

四 对本案被告人的行为宜以危险物品肇事罪定罪处罚

危险物品肇事罪是指违反爆炸性、易燃性、放射性、毒害性、腐蚀性物品的管理规定,在生产、储存、运输、使用中发生重大事故,造成严重后果的行为。

从犯罪构成上看,危险物品肇事罪侵犯的客体是社会的公共秩序。由于危险物品一旦失控,往往会对人民群众的生命、健康或者公私财产造成严重危害,因此,为了保障安全生产、储存、运输、使用危险物品,国家有关部门制定了有关法律、法规,如《民用爆炸物品管理条例》《化学危险物品安全管理条例》《农药管理条例》等。危险物品肇事罪在主观方面表现为过失,即行为人对违反危险物品管理规定的行为所造成的危害后果具有疏忽大意或过于自信的主观心理。同时,根据法律规定,必须造成严重后果的,才构成危险物品肇事罪,主要是指发生火灾、爆炸、中毒等事故造成人员伤害或者使公私财产遭受重大损失的行为。上述内容在认定危险物品肇事罪中比较明确。危险物品肇事罪的关键问题在于,如何理解《刑法》第136条规定的"生产、储存、运输、使用中"发生重大事故?对此,笔者认为,从立法本意上,刑法设定危险物品肇事罪的目的在于规范危险物品管理秩序,维护公共安全,所以对危险物品的"生产、储存、运输、使用"不应孤立地理解为单独的生产行为或储存行为中的一个任何行为,而是一个生产、储存、运输、使用过程中的整体动态联系过程行为。具体而言,在生产过程中违反规定,不仅包括在具体车间的生产行为,还包括成品的充装、运库等行为。行为方式上主要表现为不按规定设置相应的通风、防火、防爆、防毒、监测、报警、降温、防潮、避雷、防静电,隔离操作等安全设施;在运输过程中违反规定,不仅包括路上运输行为,还包括危险品的装货、卸货行为。行为方式上主要表现为超限运装,将货物混装,不按规定分运、分郎,不按规定限速行使,运输中无专人看管等。从刑法条文规定的立法本意来看,危险物品使用的整个过程都应当受到法律法规的管理和限制,以维护公共安全,它包括危险品使用的各个环节,这是我们在法律适用过程中应当明确的问题。

此外,危险物品肇事罪中所称的"危险物品",是指"由于其化学、物理或者毒性特性,在生产、储存、运输、使用的过程中能够危及人身安全或财产安全的爆炸性、易燃性、放射性、毒害性、腐蚀性的物品",[①]其具体范围,应按照国务院及国务院主管部门的规定认定。本案中的甲氰菊酯显系毒害性物品,因为只要小剂量进入人体后就能对人体的生理功能造成暂时或永久性损害。本条规定所称的"重大事故",是指因非法运输、装卸和储存、保管、使用上述危险物品而发生爆炸、燃烧、泄漏事件,致人重伤1人以上;致人轻伤3人以上;造成直接经济损失1万元以上;或者造成其他严重后果的。行为人实施本款规定的犯罪,致人死亡或者其他特别严重后果的,应从重处罚。

危险物品肇事罪与污染环境罪在犯罪构成上比较接近和类似,但两相比较,两罪还是存在较大的差别,即在客观上都是以对某些特定物品处置不当发生重大事故造成严重后果作为犯罪构成要件。两罪之间的主要区别有:(1)犯罪客体不同,危险物品肇事罪侵犯的客体是公共安全,犯罪对象主要是爆炸性、易燃性、有害性、腐蚀性物品;而污染环境罪侵犯的是国家的环境保护和污染防治的管理制度,犯罪对象是危险废物。(2)犯罪客观要件不同,危险物品肇事罪则表现为违反危险物品的管理规定,在生产、储存、运输、使用过程中发生事故的行为;污染环境罪表现为违反国家规定向土地、水体、大气排放、倾倒、处置废物而造成重大环境污染事故的行为。(3)犯罪的主体不同,危险物品肇事罪的主体只能是自然人而不能是单位,实践中主要是单位的生产、储存、运输、使用危险物品的人员。当然,"其他人违反危险物品管理规定,在生产、储存、运输、使用中发生重大事故的,也可成为本罪的主体";[②]而污染环境罪的主体可以是自然人也可以是单位。(4)犯罪主观罪过形式不同,危险物品肇事罪主观上只能是过失;污染环境罪主观上既可以是过失,也可以是故意,主要是间接故意。

基于以上理由,笔者认为,对本案应适用危险物品肇事罪而非环境污染罪尚有一

---

① 彭新林:《危险物品肇事罪若干争议问题研究》,载《南都学坛》2008年第3期。

② 高铭暄、马克昌主编:《刑法学》(第10版),北京大学出版社、高等教育出版社2022年版,第368页。

个证据上的重要理由,即该案仅有公安机关对所污染河段水体鉴定存在甲氰菊酯成分的鉴定意见,而没有环境保护部门对"凡属重大或特大环境污染与破坏事故,均由地、市级以上的环境保护部门确认"的检测报告,故在认定其构成环境污染罪缺乏先决条件的基础上,在不违背刑法罚当其罪的前提下,以其行为同样触犯其他罪名追究其刑事责任是相宜的。根据国务院《农药管理条例》的规定,"严禁用农药毒鱼、虾、鸟、兽等""违反本条例规定,在生产、储存、运输、使用农药过程中发生重大事故的,对直接负责的主管人员和其他直接责任人员,依照刑法关于危险物品肇事罪的规定,依法追究刑事责任",本案中各被告人为捕鱼获利,违反《农药管理条例》的规定,在河道水体中投放农药毒鱼,致使当地供水公司自来水厂取水口附近出现死鱼,水体受到一定程度的污染,城区生产、生活用水受到影响,后果严重,符合危险物品肇事罪的所有构成要件。

综上,笔者认为,本案根据《刑法》第136条的规定,以危险物品肇事罪追究四名被告人的刑事责任是符合刑法的基本旨趣且恰如其分的。

(四川省成都市武侯区人民检察院、西南民族大学　薛培;
四川省成都市青白江区人民检察院　刘竹)

29

生产、销售添加“柠檬黄”玉米馒头的定罪与量刑

简要案情

盛禄公司系有限责任公司，叶某为盛禄公司的法定代表人，全面负责公司的生产经营。某日，叶某注册成立非法人机构的分公司，获得蒸煮类糕点、其他发酵酒的生产许可证。盛禄公司及分公司自成立后生产、经营活动合一。本案案发后，盛禄公司及分公司被依法吊销营业执照。

叶某先后聘请徐某担任盛禄公司的销售经理，谢某担任生产主管。叶某从徐某处得知盛禄公司生产的玉米馒头因色泽等问题影响销售的情况后，为提高销量，在明知蒸煮类糕点使用“柠檬黄”不符合《食品添加剂使用卫生标准》的情况下，仍决定在生产的玉米馒头中添加“柠檬黄”。后叶某购进“柠檬黄”，在盛禄公司厂房内大量生产添加“柠檬黄”的玉米馒头。在明知玉米馒头中添加“柠檬黄”不符合食品添加剂使用标准的情况下，谢某根据叶某的安排，组织工人大量生产上述玉米馒头，由徐某以盛禄公司的名义销往联华、华联、迪亚天天、乐天玛特等多家超市。

质监局在盛禄公司厂房内查获大量添加“柠檬黄”的玉米馒头、“柠檬黄”等物品。经对上述查获的玉米馒头及相关超市退回的玉米馒头进行抽样检查，均检出“柠檬黄”成分，属于不合格产品。经司法审计，盛禄公司销售添加“柠檬黄”的玉米馒头的金额达62万余元。

同期，盛禄公司还回收已销往超市的过期及即将过期的馒头，重新用作生产馒头的原料，并以上市日期作为生产日期标注在产品包装上。

主要问题

叶某、徐某、谢某生产、销售添加“柠檬黄”的玉米馒头案，是一起严重破坏社会主义市场经济秩序的危害食品安全犯罪案件，具有严重的社会危害性。本案的主要问题是，如何进行定罪与量刑。

案例分析

一 危害食品安全犯罪案件的罪名选择

在司法实践中，对于危害食品安全犯罪案件一般以生产、销售不符合安全标准的食品罪，生产、销售有毒、有害食品罪和生产、销售伪劣产品罪定罪处罚，也有少数案件以危险方法危害公共安全罪等罪名定罪处罚。关于危害食品安全犯罪的罪名选择，主要包括以下几个方面。

1. 生产、销售不符合安全标准的食品罪与生产、销售有毒、有害食品罪的关系及罪名选择

根据刑法的规定，生产、销售不符合安全标准的食品罪，是指生产、销售不符合食品安全标准的食品，足以造成严重食物中毒事故或者其他严重食源性疾病的行为。生产、销售有毒、有害食品罪，是指在生产、销售的食品中掺入有毒、有害的非食品原料，或者销售明知掺有有毒、有害的非食品原料的食品的行为。

生产、销售不符合安全标准的食品罪与生产、销售有毒、有害食品罪属于危害食品安全犯罪主要触及的罪名，两罪在犯罪客体、主体及主观方面基本相同，但也存在明显区别：一是犯罪对象不同。前罪的犯罪对象为不符合食品安全标准的食品，而后罪的犯罪对象为有毒、有害食品。显然，不符合食品安全标准的食品不同于有毒、有害食品。二是客观行为方式不同。前罪表现为生产、销售不符合食品安全标准的食品的行为，食品中可能有有毒、有害原料，但仍是食品原料；而后罪表现为在生产、销售的食品中掺入有毒、有害的非食品原料或者销售明知是掺入有毒、有害的非食品原料的食品的行为，即不仅要求有掺入行为，而且要求掺入的为有毒、有害的非食品原料。可见，前罪危害的是食品的纯洁性，而后罪危害的是食品的单一性。三是入罪标准不同。前罪属于危险犯，以行为达到足以造成严重食物中毒事故或者其他严重食

源性疾病的危险程度才构成犯罪；而后罪属于行为犯，只要行为人实施了在生产、销售的食品中掺入有毒、有害的非食品原料或者销售明知是掺入有毒、有害的非食品原料的食品的行为即构成犯罪。

实践中食品的生产者、销售者，如果在食品生产、销售的过程中没有掺入非食品原料，而是由于生产、销售的过程不规范或者违反相关规定，致使所生产、销售的食品不符合食品安全标准甚至有毒、有害，足以造成严重食物中毒事故或者其他严重食源性疾病的，如加工、销售河豚鱼给他人食用造成严重的食物中毒事故或者其他严重后果的行为，应以生产、销售不符合安全标准的食品罪定罪处罚。如果食品的生产者、销售者，在食品生产、销售的过程中掺入有毒、有害的非食品原料，如在生产、销售的奶制品中添加三聚氰胺的行为，使用添加瘦肉精的饲料养殖生猪并销售的行为，显然应以生产、销售有毒、有害食品罪定罪处罚。如果食品的生产者、销售者，在食品生产、销售的过程中掺入食品原料如食品添加剂，由于违反规定使用，导致所生产、销售的食品不符合食品安全标准，由于掺入的不是有毒、有害的非食品原料，即使足以造成严重的食物中毒事故或者其他严重食源性疾病的，也只能以生产、销售不符合安全标准的食品罪定罪处罚。

2. 生产、销售不符合安全标准的食品罪，生产、销售有毒、有害食品罪与生产、销售伪劣产品罪的关系及罪名选择

不符合安全标准的食品和有毒、有害食品都属于伪劣产品。因此，生产、销售不符合安全标准的食品罪与生产、销售有毒、有害食品罪系生产、销售伪劣产品罪的特别规定，即生产、销售不符合安全标准的食品罪和生产、销售有毒、有害食品罪属于特别法条之罪，而生产、销售伪劣产品罪属于一般法条之罪。根据刑法及相关司法解释的规定，生产、销售伪劣产品罪是指在产品中掺杂、掺假，以假充真，以次充好或以不合格产品冒充合格产品，销售金额达到 5 万元以上，或者销售金额未达到 5 万元但与未销售货值金额合计达到 15 万元以上，或者未销售货值金额达到 15 万元以上的行为。

实践中食品的生产者、销售者，如果所生产、销售的食品不符合食品安全标准，足以造成严重的食物中毒事故或者其他严重食源性疾病的，应以生产、销售不符合安全标准的食品罪定罪处罚。如果所生产、销售的食品不符合食品安全标准，但不足以造成严重的食物中毒事故或者其他严重食源性疾病的，由于不符合食品安全标准的食品属于伪劣产品，如果构成生产、销售伪劣产品罪的，应以生产、销售伪劣产品罪定罪

处罚。如果生产、销售不符合食品安全标准的行为同时构成生产、销售不符合安全标准的食品罪和生产、销售伪劣产品罪的，属于法条竞合。一般来说，对于法条竞合，特别法条优先于一般法条。根据《刑法》第149条第2款的规定，应从一重处。

由于生产、销售有毒、有害食品罪属于行为犯，实践中一般不会发生生产、销售有毒、有害食品不构成生产、销售有毒、有害食品罪而构成生产、销售伪劣产品罪的情况。但是，有毒、有害食品也属于伪劣产品。因此，生产、销售有毒、有害食品罪与生产、销售伪劣产品罪也会形成法条竞合，根据《刑法》第149条第2款的规定，也应从一重处。

可见，部分危害食品安全犯罪案件需要以生产、销售伪劣产品罪定罪处罚，实践中也确实是这样的。

3. 生产、销售不符合安全标准的食品罪，生产、销售有毒、有害食品罪与故意伤害罪、故意杀人罪、以危险方法危害公共安全罪的关系及罪名选择

在危害食品安全犯罪中，行为人主观上以牟利为目的，客观上实施了生产、销售不符合食品安全标准的食品或有毒、有害食品的行为，尽管行为人在主观上是故意的，但对可能造成的实害结果如致人轻伤、重伤、死亡等，却是一种放任或者过失心理。因此，生产、销售不符合安全标准的食品罪，生产、销售有毒、有害食品罪与（直接）故意伤害罪、故意杀人罪的界限是比较清晰的。如果行为人明知所生产、销售的食品不符合食品安全标准或系有毒、有害的食品，会导致（特定的）他人食用后发生轻伤、重伤或者死亡结果，并且希望这种结果发生的，显然应考虑的是行为人将不符合食品安全标准的食品或者有毒、有害的食品作为犯罪手段，达到致人轻伤、重伤或者死亡的目的，此时一般应以故意伤害罪、故意杀人罪定罪处罚。如果行为人放任这种结果的发生，或者对这种结果的发生有过失的，此时则应视为是实施生产、销售不符合安全标准的食品罪，生产、销售有毒、有害食品罪的结果加重行为，应以生产、销售不符合安全标准的食品罪或者生产、销售有毒、有害食品罪定罪处罚。

关于生产、销售有毒、有害食品罪与以危险方法危害公共安全罪的界限，关键在于把握两罪的主观方面。生产、销售有毒、有害食品罪的主观故意不包括对严重危害生命健康后果的积极追求，而以危险方法危害公共安全罪的主观故意包括积极追求的意志内容。所以，如果在生产、销售的食品中掺入有毒、有害的非食品原料，目的在于对不特定多数人的生命健康造成危害的，就应以危险方法危害公共安全罪定罪处罚。反之，如果以牟利为目的生产、销售有毒、有害食品，尽管客观上造成了不特定的

他人轻伤、重伤甚至死亡的结果,但造成的这种结果不是行为人所希望发生的,此时应视为是实施生产、销售有毒、有害食品罪的结果加重行为,应以生产、销售有毒、有害食品罪定罪处罚。实践中,如果行为人仅仅是生产、销售有毒、有害的非食品原料,如生产、销售瘦肉精的,因为所生产、销售的对象不是食品,故不构成生产、销售有毒、有害食品罪。但如果该行为与放火、决水、爆炸、投毒等危害公共安全行为的危害性相当,则应以以危险方法危害公共安全罪定罪处罚。如果既生产、销售有毒、有害的非食品原料,又在生产、销售的食品中掺入该有毒、有害的非食品原料的,构成以危险方法危害公共安全罪与生产、销售有毒、有害食品罪的牵连犯,一般应从一重处。

二　生产、销售添加"柠檬黄"玉米馒头的定罪与量刑

1. 关于定罪

本案涉及食品添加剂。所谓食品添加剂,根据《食品安全法》第 150 条的规定:"……指为改善食品品质和色、香、味以及为防腐、保鲜和加工工艺的需要而加入食品中的人工合成或者天然物质……"食品添加剂在现代食品工业中发挥着重要作用,合理使用不致产生危害后果。但《食品安全法》第 14 条第 1 款规定:"国家建立食品安全风险监测制度,对食源性疾病、食品污染以及食品中的有害因素进行监测。"第 40 条第 1 款规定:"食品添加剂应当在技术上确有必要且经过风险评估证明安全可靠,方可列入允许使用的范围;有关食品安全国家标准应当根据技术必要性和食品安全风险评估结果及时修订。"根据《食品安全法》第 25 条、第 26 条的规定,食品安全标准是强制执行的标准。除食品安全标准外,不得制定其他食品强制性标准。食品安全标准包括食品添加剂的限量规定以及食品添加剂的品种、使用范围、用量。如果在食品中添加食品添加剂的,根据《食品安全法》第 70 条的规定,食品添加剂应当有标签、说明书和包装。标签、说明书应当载明《食品安全法》第 67 条第 1 款第一项至第六项、第八项、第九项规定的事项,以及食品添加剂的使用范围、用量、使用方法,并在标签上载明"食品添加剂"字样。根据《食品生产加工企业质量安全监督管理实施细则》的规定,食品生产加工企业在生产加工过程中严禁违反国家标准规定使用或者滥用食品添加剂。根据《食品添加剂卫生管理办法》的规定,列入《食品添加剂使用卫生标准》或国家卫生部公告名单中的品种需要扩大使用范围或使用量的必须获得国家卫生部的批准。因此,合法使用食品添加剂应当符合两个标准,一是卫生安全标准,

即添加物是否属于国家批准的食品添加剂;二是质量规范标准,即哪类食品允许添加哪些食品添加剂以及添加的剂量标准。

在该案中,三人在玉米馒头中添加的"柠檬黄",属于人工合成着色类食品添加剂,虽然可以在一些食品中使用,但根据《食品添加剂使用卫生标准》的规定,其使用范围不包括馒头。盛禄公司获得的生产许可证为蒸煮类糕点,但糕点中允许使用的添加剂中没有"柠檬黄"。由此,在馒头中添加"柠檬黄"的行为,不符合食品安全标准这一强制执行的标准。叶某、徐某、谢某三人作为盛禄公司的主管人员和直接责任人员,应当明知作为食品生产行业从业者必须具备的食品安全知识,并在确保产品质量的前提下严格执行食品添加剂的使用范围与使用量规定,确保满足食品质量安全的强制性标准。而且,在本案案发之前,质监部门曾多次要求盛禄公司自查食品安全,并进行核查,在自查与核查中均设有检查食品添加剂使用情况是否符合规定的项目,检查人员也曾向公司宣传添加剂的使用规定。盛禄公司只提供了没有加入着色类添加剂的高庄馒头,有意不让监管部门检测添加了"柠檬黄"的玉米馒头。在玉米馒头的标签上,对使用"柠檬黄"的情况也未如实标明。以上均反映出三人对不得在玉米馒头中添加"柠檬黄"的禁止性规定是明知的。

馒头是公众普遍食用的主食,在未经风险评估的情况下,擅自在食品中扩大添加剂的使用范围,违反了有关食品安全的强制性规范以及产品质量法律法规,存在危及人身身体健康的不合理危险。本案案发后,经产品质量检验机构鉴定,超范围添加"柠檬黄"的玉米馒头属于不合格产品,但食用该馒头尚不足以造成严重的食物中毒事故或者其他严重的食源性疾病,故对三人不以生产、销售不符合安全标准的食品罪定罪处罚。同时,"柠檬黄"不是有毒、有害的非食品原料,故对三人也不以生产、销售有毒、有害食品罪定罪处罚。但三人生产、销售添加"柠檬黄"的馒头属于不合格产品,以不合格产品冒充合格产品,销售金额达 62 万余元,根据刑法的规定,其行为构成生产、销售伪劣产品罪,故对三人以生产、销售伪劣产品罪定罪处罚。因盛禄公司已被依法吊销营业执照,故不再追究该公司的刑事责任。

2. 关于量刑

根据刑法的规定,生产、销售伪劣产品,销售金额在 50 万元以上不满 200 万元的,应处 7 年以上 15 年以下有期徒刑,并处销售金额 50% 以上 2 倍以下罚金。本案销售金额达 62 万余元,所以对三人应在 7 年至 15 年有期徒刑幅度内量刑,并处相应罚金。三人除了在馒头中添加"柠檬黄"以外,还将超市中过期、即将过期的馒头回收后重新制作馒头予以销售,主观恶性较大,社会危害性较严重。且馒头是一种主食,三人在大型超市销售,严重影响人民群众的健康安全及社会公众对食品安全的信心,故应酌情从重处罚。叶某系盛禄公司的法定代表人,起意在馒头中添加“柠檬黄”,也具体实施了犯罪行为,系主犯;徐某和谢某属于直接责任人员,系从犯,且两人的交代态度较好,予以减轻处罚。

(案例编写人:上海市浦东新区人民法院　罗开卷)

30

“地沟油”犯罪案件的定性

简要案情

郑某系一餐饮公司的法定代表人、福辣火锅川菜店的经营人。秦某,系鼎辣重庆火锅店厨师。

郑某投资经营福辣火锅川菜店,为降低经营成本,指使秦某在鼎辣重庆火锅店内使用福辣火锅川菜店回收的餐厨垃圾中的废油,制作用于加工火锅底料的“红油”,并将用上述“红油”烧制的食物销售给福辣火锅川菜店消费的顾客食用进行牟利。

主要问题

本案的争议焦点在于,二人使用餐馆中顾客吃剩的食物中的油脂进行加工食品并予以销售的行为,是否构成“地沟油”犯罪,以及如何定罪量刑。

案例分析

一 对“地沟油”犯罪的理解和认定

1.“地沟油”的界定

“地沟油”是对生活中各类劣质油的统称。“地沟油”具体可分为三类:一是用餐厨垃圾(厨余物)等非食品原料生产、加工的“食用油”,即将宾馆、酒楼的剩饭、剩菜(通称泔水)或者下水道中的油腻漂浮物经过简单加工、提炼出的油。二是用废弃油脂等非食品原料生产、加工的“食用油”，即用于油炸食品的油在使用超过一定次数后，再被重复使用或往其中添加一些新油后重新使用的油。三是用各类肉及肉制品加工废弃物等非食品原料生产、加工的“食用油”，如劣质猪肉、猪内脏、猪皮加工以及提炼后产出的油。“地沟油”是质量极差、极不卫生，过氧化值、酸价、水分严重超标的非食用油。如餐厨垃圾处理形成的油，其主要危害物黄曲霉素的毒性是砒霜的100倍。“地沟油”一旦进入人体后，会破坏人的白血球和消化道黏膜，引起食物中毒，甚至发生致癌的严重后果。所以“地沟油”是一种有毒、有害、严禁用于食用油领域的非食品原料，非法生产、销售“地沟油”，或者将“地沟油”生产、加工成“食用油”，以及明知是利用“地沟油”生产、加工的油脂而作为食用油销售的行为，具有严重的社会危害性，如果触犯刑法规定的，应以犯罪论处，依法追究刑事责任。

2.“地沟油”犯罪的界定

“地沟油”犯罪不是我国刑法规定的法定犯罪分类，而是理论上或者观念上对与“地沟油”相关的一类犯罪的统称。所谓“地沟油”犯罪，目前较为权威的概括见于2012年1月9日《最高人民法院、最高人民检察院、公安部关于依法严惩“地沟油”犯罪活动的通知》第1条的规定，即“地沟油”犯罪是指用餐厨垃圾、废弃油脂、各类肉及肉制品加工废弃物等非食品原料，生产、加工“食用油”，以及明知是利用“地沟油”生产、加工的油脂而作为食用油销售的行为。

3.“地沟油”犯罪的罪名选择

根据“地沟油”犯罪触犯刑法的具体情况，应以不同罪名定罪量刑。第一，由于“地沟油”是一种有毒、有害的非食品原料，对于利用“地沟油”生产“食用油”，即在生产食用油中掺入“地沟油”这一有毒、有害的非食品原料的行为，应以生产有毒、有害食品罪追究刑事责任。对于明知是利用“地沟油”生产的“食用油”而予以销售，即销售明知掺有“地沟油”这一有毒、有害的非食品原料的食用油的行为，应以销售有毒、有害食品罪追究刑事责任。对于利用“地沟油”生产“食用油”并予以销售的行为，则应以生产、销售有毒、有害食品罪追究刑事责任。

第二，对于知道或者应当知道他人利用“地沟油”生产“食用油”，或者利用“地沟油”生产的“食用油”而予以销售的犯罪行为，而为其掏捞、加工、贩运“地沟油”，或者提供贷款、资金、账号、发票、证明、许可证件，或者提供技术、生产、经营场所、运输、仓储、保管等便利条件的行为人，应以共犯论处。

第三，对于虽无法查明“食用油”是否系利用“地沟油”生产、加工，但行为人明知该“食用油”来源可疑而予以销售的，应分别情形处理：经鉴定，检出有毒、有害成分的，以销售有毒、有害食品罪追究刑事责任；属于不符合安全标准的食品，足以造成严重食物中毒事故或者其他严重食源性疾病的，以销售不符合安全标准的食品罪追究刑事责任；属于以假充真、以次充好、以不合格产品冒充合格产品或者假冒注册商标，构成犯罪的，以销售伪劣产品罪或者假冒注册商标罪、销售假冒注册商标的商品罪追究刑事责任。

第四，国家工作人员在食用油安全监管和查处“地沟油”违法犯罪活动中滥用职权、玩忽职守、徇私枉法，构成犯罪的，依照刑法有关规定追究刑事责任。

实践中，要准确理解法律规定，严格区分犯罪界限。对于“明知”的认定，应当结合犯罪嫌疑人、被告人的认知能力，犯罪嫌疑人、被告人及其同案人的供述和辩解，证人证言，产品质量，进货渠道及进货价格、销售渠道及销售价格等主、客观因素予以综合判断。对于利用“地沟油”生产的“食用油”，已经销售出去没有实物留存的，但是有证据证明系已被查实生产、销售有毒、有害食品犯罪事实的上线提供的，以销售有毒、有害食品罪追究刑事责任。对于违反有关规定，掏捞、加工、贩运“地沟油”，没有证据证明用于生产“食用油”的，交由行政部门处理。

4.“地沟油”犯罪的定罪量刑考量

根据《最高人民法院、最高人民检察院、公安部关于依法严惩“地沟油”犯罪活动的通知》第3条的规定，对“地沟油”犯罪的定罪量刑，要准确把握宽严相济刑事政策在食品安全领域的适用，充分考虑犯罪数额、犯罪分子主观恶性及其犯罪手段、犯罪行为对人民群众生命安全和身体健康的危害、对市场经济秩序的破坏程度、恶劣影响等。对于具有累犯、前科、共同犯罪的主犯、集团犯罪的首要分子等情节，以及犯罪数额巨大、情节恶劣、危害严重，群众反映强烈，给国家和人民利益造成重大损失的犯罪分子，依法严惩，罪当判处死刑的，要坚决依法判处死刑。对在同一条生产销售链上的犯罪分子，要在法定刑幅度内体现严惩源头犯罪、严惩直接获利罪犯的精神，确保生产环节与销售环节、非法受益者与下属受雇员工量刑的整体平衡。对于明知是“地沟油”而非法销售的公司、企业，要依法从严追究有关单位和直接责任人员的责任。对于具有自首、立功、从犯等法定情节的犯罪分子，可以依法从宽处理。要严格把握适用缓刑、免予刑事处罚的条件。对依法必须适用缓刑的，一般同时宣告禁止令，禁止其在缓刑考验期内从事与食品生产、销售等有关的活动。

二 关于本案的定性

本案中，郑某作为福辣火锅店的经营人，指使店内员工统一将顾客吃剩的火锅汤料倒入不锈钢桶中，利用滤网过滤掉其中的固态物质后，打捞浮于上层的油脂，并运送到由其丈夫经营的鼎辣重庆火锅店交给秦某，秦某按比例在其中加入约30%的大豆油和辣椒、牛油等其他火锅底料一同加热制作“红油”，再运回福辣火锅店作为辣味火锅底料烧制食物销售给顾客食用。

显然，顾客吃剩的火锅汤料属于餐厨垃圾，吃剩的火锅汤料中的油脂属于废弃食用油脂，即“地沟油”，是不可再食用的有毒、有害的非食品原料。食品药品监督所出具的评价报告证明，涉案的废弃食用油脂经过反复高温会产生许多有毒、有害物质。二人为追求非法利益，置消费者的生命健康于不顾，漠视社会责任和诚信经营理念，将顾客吃剩的火锅汤料中的油脂这种有毒、有害的“地沟油”中加入约30%的大豆油和辣椒、牛油等其他火锅底料一同加热制作“红油”，系在生产食用油即“红油”中掺入“地沟油”的生产有毒、有害食品行为。同时，二人还将主要由“地沟油”生产的“红油”作为食用油烧制食物销售给顾客食用，尽管不是简单地将“红油”单独销售牟利，但将“红油”烧制食物销售给顾客食用的行为本身，包含了“红油”这一有毒、有害食品交换价值的实现，毫无疑问属于销售“红油”这一有毒、有害食品行为。因此，本案郑某、秦某不仅实施了生产有毒、有害食品的行为，而且还实施了销售有毒、有害食品的行为。根据《刑法》第144条的规定，对二人应以生产、销售有毒、有害食品罪定罪处罚。

值得注意的是，生产、销售有毒、有害食品罪属于行为犯，只要行为人实施了生产、销售有毒、有害食品的行为，无论是否造成危害后果都构成犯罪。如果行为人实施的上述行为对人体健康造成严重危害或者有其他严重情节，或者致人死亡、有其他特别严重情节的，属于结果加重犯，应处较重的刑罚。

（案例编写人：上海市浦东新区人民法院　罗开卷）

31

对走私具体对象不明确的罪名认定

简要案情

郭某、杨某与他人为谋取非法利益，经共同商议，决定将国家禁止进口的来自口蹄疫、疯牛病疫区的牛肉运输至柬埔寨、泰国、老挝等地，并采取夹藏的方式走私进入我国境内予以销售。后杨某、郭某以及王某在泰国清莱将来自疫区的冷冻牛肉夹藏在郭某、王某于当地采购的水果或小鱼渣中，再由郭某安排车辆将混有上述牛肉的货物从泰国清莱经老挝运输至我国云南省磨憨口岸。随后，郭某指使他人以小鱼渣、鲜山竹、菠萝蜜等品名制作虚假发票、装箱单等报关单证向海关申报进口。货物通关后，郭某安排车辆将上述牛肉运输至云南省昆明市，并指使他人联系物流公司，将上述牛肉以“火腿”“蔬菜”等品名代为空运订舱，通过昆明机场分别运输至上海、广州、杭州等地，交由徐某等人进行销售牟利。郭某走私上述疫区牛肉22批次，共计96余吨；杨某走私上述疫区牛肉21批次，共计95余吨；王某走私上述疫区牛肉9批次，共计42余吨。

主要问题

本案中，王某辩称其听从郭某的指使，知道采取夹藏方式走私牛肉，但是不知道这些牛肉来自疫区，故其行为构成走私普通货物罪而非走私国家禁止进出口的货物罪。

案例分析

根据2002年《最高人民法院、最高人民检察院、海关总署关于办理走私刑事案件适用法律若干问题的意见》第6条的规定，走私犯罪嫌疑人主观上具有走私犯罪故意，但对其走私的具体对象不明确的，不影响走私犯罪构成，应当根据实际的走私对象定罪处罚。

具体到本案，王某受郭某指使，为了走私牛肉在泰国采购水果和小鱼渣，并按照郭某要求将牛肉放在车厢最里面，夹藏在水果和小鱼渣中，而且也明知向海关只申报水果和小鱼渣，而不申报牛肉，因此王某具有走私牛肉的故意。尽管王某辩称其不明知走私的牛肉来自疫区，其行为应构成走私普通货物罪，但是王某具有概括的走私犯罪故意，查获的任何物品都没有超出其主观认识的范围。处于口蹄疫、疯牛病疫区的牛肉，系我国禁止进口的货物。王某为谋取非法利益，违反海关法规，逃避海关监管，采取夹藏方式将来自口蹄疫、疯牛病疫区的牛肉走私入境，其行为构成走私国家禁止进出口的货物罪。

根据2014年《最高人民法院、最高人民检察院关于办理走私刑事案件适用法律若干问题的解释》（以下简称《走私犯罪解释》）第11条的规定，走私来自境外疫区的动植物及其产品25吨以上或者数额在25万元以上的，属于走私国家禁止进出口的货物罪的“情节严重”。本案中，王某走私日本疫区牛肉42余吨，属于情节严重，应处5年以上有期徒刑，并处罚金。

此外，《走私犯罪解释》第22条规定：“在走私的货物、物品中藏匿刑法第一百五十一条、第一百五十二条、第三百四十七条、第三百五十条规定的货物、物品，构成犯罪的，以实际走私的货物、物品定罪处罚；构成数罪的，实行数罪并罚。”该条对夹藏走私的罪数认定进行了规定。但是在夹藏走私中，行为人对走私对象是明知的，故应该根据实际走私的对象定罪处罚，触犯数罪的还要数罪并罚。但是，如果行为人不具有走私的概括故意，对于走私物品中还夹藏有其他不同种类走私物品确实不明知的，就不能适用“根据实际的走私对象定罪处罚”的规定进行数罪并罚，而应当根据主客观相统一原则，以行为人主观认知的走私对象性质加以定罪处罚。对于客观上走私了夹藏的其他物品的，可作为行为人所构成特定走私犯罪的量刑情节予以评价，以体现罪责刑相适应原则。如在应某、陆某走私废物案中，应某、陆某为牟取非法利益，共谋采用伪报品名等方法为他人办理走私废旧电子产品中的通关和运输事宜，后被海关缉私部门查封、扣押20个以瓦楞纸板名义进口的装有走私货物的集装箱。经清点、理货和鉴别,上述走私货物主要为:属于危险类废物的废旧线路板、废电池等共计32,290公斤;属于国家禁止进口的固体废物的废旧复印机、打印机、电脑等共计349,812公斤;属于国家限制进口的可用作原料的固体废物的硅废碎料共计7270公斤;另有胶带、非家用缝纫机头、轴承等普通货物若干吨,涉及税额70余万元。公诉机关指控应某、陆某的行为构成走私废物罪和走私普通货物罪,应两罪并罚。生效判决认为,应某、陆某等人为谋取非法利益,违反海关法规,逃避海关监管,明知是国家禁止进口的固体废物仍采用伪报品名方式将380余吨固体废物走私入境,其行为构成走私废物罪,且情节特别严重。综合涉案走私货物均被扣押,尚未造成实际危害,且相关赃款已被追缴等情节,对应某判处有期徒刑10年,并处罚金10万元;对陆某判处有期徒刑9年,并处罚金10万元。就本案而言,由于代理通关的走私行为人应某、陆某并不明知走私货物的货主在主货物(废物)中藏匿了普通货物、物品,因此,其不应当对货主所藏匿的普通货物、物品承担走私普通货物、物品罪的刑事责任,亦即只应对其以走私废物罪一罪定罪处罚,同时将走私普通货物、物品的行为作为量刑情节予以考虑。

(案例编写人:上海市浦东新区人民法院　罗开卷)

32

单位实施贷款诈骗的罪名选择

简要案情

潘某系博天公司的实际控制人,在明知博天公司已严重亏损、不具备贷款条件的情况下,仍采用虚构贷款用途、提供虚假材料等方法与银行签订借款合同,骗取银行贷款800万元,给银行造成特别重大损失。

主要问题

关于本案的定性,存在两种不同意见:第一种意见认为,潘某构成贷款诈骗罪,但对博天公司不追究刑事责任。立法解释规定,对单位实施贷款诈骗的,虽然单位不构成贷款诈骗罪,但对组织、策划、实施贷款诈骗的人依法追究贷款诈骗罪的刑事责任。第二种意见认为,博天公司及潘某构成合同诈骗罪。本案系单位犯罪,即博天公司以非法占有为目的,利用签订、履行借款合同形式骗取银行贷款,因贷款诈骗罪的主体为自然人,故本案不构成贷款诈骗罪,但符合合同诈骗罪的构成要件,应以合同诈骗罪追究博天公司及潘某的刑事责任。

案例分析

就本案而言,笔者倾向于第二种意见。根据刑法的规定,贷款诈骗罪的主体为自然人,但单位实施贷款诈骗的并不鲜见。对此,《全国法院审理金融犯罪案件工作座谈会纪要》(以下简称《纪要》)明确:对于单位十分明显地以非法占有为目的,利用签订、履行借款合同骗取银行贷款,符合合同诈骗罪构成要件的,应以合同诈骗罪定罪处罚。即对单位判处罚金,并对单位直接负责的主管人员和其他直接责任人员判处相应刑罚。

然而,2014 年《全国人民代表大会常务委员会关于〈中华人民共和国刑法〉第三十条的解释》(以下简称《解释》)规定:对单位实施刑法规定的危害社会的行为,刑法分则和其他法律未规定追究单位的刑事责任的,对组织、策划、实施该危害社会行为的人依法追究刑事责任。即对单位实施贷款诈骗,数额较大的,虽然单位不构成贷款诈骗罪,但对组织、策划、实施贷款诈骗的人依法追究贷款诈骗罪的刑事责任。

综上,对单位实施贷款诈骗,如以合同诈骗罪定罪,需追究单位及相关责任人员的刑事责任,而以贷款诈骗罪定罪,仅对组织、策划、实施贷款诈骗的人判处刑罚,无须对单位判处刑罚。显然,对单位实施贷款诈骗的行为分别依照《纪要》《解释》处理,会导致结果不一。那么,《纪要》与《解释》是否冲突?

笔者认为,《纪要》与《解释》并不冲突。因为申请贷款都要签订借款合同,相应地,实施贷款诈骗亦需签订借款合同,因此,贷款诈骗罪实为合同诈骗罪的特殊规定,两罪系包容型法条竞合,其中贷款诈骗罪属于特殊法条,合同诈骗罪属于一般法条。故对单位实施贷款诈骗,以合同诈骗罪定罪处罚,符合刑法规定。

《纪要》属于指导性文件。在《解释》出台后,对单位实施贷款诈骗的是否一律以贷款诈骗罪追究自然人的刑事责任?笔者认为,由于贷款诈骗罪与合同诈骗罪属于包容型法条竞合,一般应认定贷款诈骗罪,但如果以合同诈骗罪定罪刑罚较重时,则应认定合同诈骗罪。根据追诉标准,两罪的“数额较大”均为 2 万元以上,相应地,两罪的“数额巨大”“数额特别巨大”标准亦同。对单位实施贷款诈骗,如同时构成两罪的,在罪名选择上应作如下考虑:第一,诈骗数额较大,或者诈骗数额巨大或者有其他严重情节的,以贷款诈骗罪定罪,对应 5 年以下有期徒刑或拘役,并处相应罚金,或者 5 年以上 10 年以下有期徒刑,并处相应罚金;以合同诈骗罪定罪,对应 3 年以下有期徒刑或拘役,并处或者单处罚金,或者 3 年以上 10 年以下有期徒刑,并处罚金。但贷款诈骗罪不能处罚单位,而以合同诈骗罪定罪还应对单位判处罚金。第二,诈骗数额特别巨大或者有其他特别严重情节的,以贷款诈骗罪定罪,处 10 年以上有期徒刑或无期徒刑,并处相应罚金或没收财产;以合同诈骗罪定罪,处 10 年以上有期徒刑或无期徒刑,并处罚金或没收财产。此时,除两罪的罚金刑一个是限额一个是无限额外,其余均同。但以合同诈骗罪定罪,还应对单位判处罚金。显然,对第二种情形以合同诈骗罪定罪处罚的刑罚更重,而在第一种情形下难以比较两罪的刑罚轻重。

当然,造成罪名选择困难的主要原因是贷款诈骗罪的立法不完善,如增设单位犯罪主体,则一般应以贷款诈骗罪处罚,除非需要判处更重的财产刑,才可能以合同诈骗罪处罚。

综上,本案系单位犯罪,且诈骗数额特别巨大,根据刑法的规定,以合同诈骗罪对博天公司判处罚金,同时对其主管人员潘某判处10年以上有期徒刑或无期徒刑,并处罚金或没收财产,属于较重处罚,更能体现罪责刑相适应。

(案例编写人:上海市浦东新区人民法院　罗开卷)

33

暴力、威胁手段下抢劫罪与强迫交易罪的区别

简要案情

出租车驾驶员张某,在机场接载乘客后采用言语威胁、关闭车门、开车绕圈、急刹车等手段,先后强迫多名被害人支付高额车费。

主要问题

关于张某行为的定性,一种观点认为,张某作为出租车驾驶员,多次采用言语威胁、关闭车门、开车绕圈等方式强迫被害人支付超额车费,扰乱了正常的出租车营运秩序,侵害了他人的合法权益,应认定为情节严重,以强迫交易罪定罪处罚。另一种观点则认为,张某尽管与被害人之间存在特定的出租车运输服务交易,但通过强迫交易手段所获取的超额车费与合理车费相差悬殊,属于以交易为名行抢劫之实,其行为应以抢劫罪定罪处罚。

案例分析

实践中,对于从事正常商品买卖、交易或者劳动服务的人,以暴力、胁迫手段迫使他人交出与合理价钱、费用相差"悬殊""极为悬殊"的钱物,情节严重的,是以抢劫罪还是以强迫交易罪定罪处罚,存在较大争议。

从构成要件看,抢劫罪与强迫交易罪的界限是清晰的。就暴力、威胁手段下两罪的区分,2005 年《最高人民法院关于审理抢劫、抢夺刑事案件适用法律若干问题的意见》(以下简称《抢劫抢夺意见》)第 9 条第 2 款作了规定,即"从事正常商品买卖、交

易或者劳动服务的人，以暴力、胁迫手段迫使他人交出与合理价钱、费用相差不大钱物，情节严重的，以强迫交易罪定罪处罚；以非法占有为目的，以买卖、交易、服务为幌子采用暴力、胁迫手段迫使他人交出与合理价钱、费用相差悬殊的钱物的，以抢劫罪定罪处刑”。

具体而言，对于从事正常商品买卖、交易或者劳动服务的人，以暴力、胁迫手段迫使他人交出与合理价钱、费用相差不大的钱物，情节严重的，以强迫交易罪定罪处罚，一般没有争议。如薛某见市场上腊肠生意红火，决心独霸市场，于是雇用赵某、庞某，采用威胁、恫吓手段强行收购街市上多名屠宰户的生猪小肠，再以高出市场价0.5～1元的价格强行卖给多名腊肠加工户，每月获利4000余元。对于此案，薛某、赵某、庞某以威胁手段强买强卖商品，情节严重，其行为均构成强迫交易罪。

对于以非法占有为目的，以买卖、交易、服务为幌子，采用暴力、胁迫手段迫使他人交出与合理价钱、费用相差悬殊的钱物的行为，以抢劫罪定罪处罚，一般也没有争议。如孟某、孙某、王某以出售淫秽光盘为诱饵，分头在某电子电器市场内寻找作案对象，后孟某找到邱某，将其骗至一无人居住的公房内。孙某、王某见孟某骗来邱某，即紧随其后，三人将邱某围住，强迫其购买光盘。邱某不从，三人即采用语言威胁方法，劫得其现金420元，后扔下几张空白光盘给邱某即逃离现场。三人还以同样的方法劫得梁某现金3000余元。对于此案，孟某、孙某、王某以空白光盘冒充淫秽光盘，以贩卖淫秽光盘为诱饵，诱骗被害人至偏僻处，凭借人多势众，强迫被害人高价购买空白光盘，遭拒绝后便实施胁迫等行为，从表面上看系以高价强卖光盘，实质上则反映了三人主观上具有非法占有他人财物的故意。三人围住一名被害人，客观上就已经给被害人造成了精神压力，继而实施语言威胁等方法，加剧了被害人的恐惧心理，致使被害人无法反抗，被迫当场交出财物。孟某等三人实施的该种“交易”行为，不仅侵犯了他人的财产所有权，而且还侵犯了他人的人身权利，构成抢劫罪。

在前述薛某等强迫交易案中，高出市场价0.5～1元的价格无疑属于与合理价格相差不大的价格，也即合理差价。那么，何谓“与合理价钱、费用相差不大的钱物”？尽管《抢劫抢夺意见》第9条第2款规定：“在具体认定时，既要考虑超出合理价钱、费用的绝对数额，还要考虑超出合理价钱、费用的比例，加以综合判断。”但是，由于该规定没有给出一个明确、具体的标准，致使实践中因对“与合理价钱、费用相差不大的钱物”的理解不同，即使行为人系从事正常商品买卖、交易或者劳动服务的人，也对具体个案是以抢劫罪还是以强迫交易罪定罪处罚往往分歧较大。如梁某、郭某系载客摩托车司机,曹某、陆某欲从甲地前往乙地,与梁某、郭某以20元达成协议。梁某、郭某发现曹某、陆某系外地人,遂将曹某、陆某拉至人迹罕至的地方,让其另增加200元才愿意拉至乙地。曹某不从,梁某即上前一拳将其打倒。陆某想到自己是外地人,又不知身陷何处,赶忙掏出200元给梁某和郭某,梁某、郭某遂将曹某、陆某拉至乙地。对于此案,一审法院认为,梁某、郭某以非法占有为目的,以摩托车载客服务为幌子,采用暴力手段迫使他人交出与合理价钱、费用相差悬殊的钱物,其行为均构成抢劫罪。一审判决后,梁某、郭某不服,提起上诉,二审法院驳回上诉、维持原判。该案后又经审判监督程序以强迫交易罪作了改判。

与梁某、郭某强迫交易案类似的案件还有不少,如曾经广受社会关注的保罗国际"天价头"案。① 某职业学院女学生张某、袁某,在保罗国际美容美发(河南)有限公司分别选择了38元和68元的剪发服务。在剪发过程中,为张某、袁某服务的剪发师程某、杜某在店长金某的授意下,采用隐瞒价格的方法,以种种理由诱骗张某、袁某接受多项服务,并按照该公司法定代表人叶某的指使执意要求张某、袁某办理该店9800元的会员卡。后在二名被害人无力支付被索要的7000多元的理发费时,金某、程某、杜某等人在叶某在场的情况下,为达到叶某的要求,将二名被害人限制在店内并予以看管,强迫二人联系同学借款结账。被害人张某、袁某在精神恐惧、无奈之下筹足款项,按照美发店的要求被迫办理了一张9800元的会员卡,并支付"理发费"6013元(打折价)后得以脱身。对于此案,叶某、金某、程某、杜某作为保罗国际美容美发公司直接负责的主管人员和直接责任人员,以威胁手段强迫他人接受服务,情节严重,其行为均构成强迫交易罪。考虑四名被告人在共同犯罪中的地位和作用,以及叶某在案发后已赔偿被害人经济损失等情节,对叶某判处有期徒刑一年六个月,对金某判处有期徒刑一年三个月,对程某、杜某各判处有期徒刑一年二个月,同时对四名被告人均并处罚金5000元。

对与梁某、郭某强迫交易案、保罗国际"天价头"案案情类似的一些案件,有的认识不一致,导致出现类案不同判现象。认为以抢劫罪定罪处罚的理由主要在于:从事正常商品买卖、交易或者劳动服务的人,以暴力、胁迫手段迫使他人交出的钱物与合理价钱、费用相差"悬殊",此时"名为交易,实为抢劫",应以抢劫罪定罪处罚。笔者

---

① 《保罗国际"天价头"案一审宣判,四被告人领刑受罚》,载 http://www.chinacourt.org/html/article/200904/02/351423.shtml,2022年9月16日访问。

认为，对于从事正常商品买卖、交易或者劳动服务的人，以暴力、胁迫手段迫使他人交出与合理价钱、费用相差“悬殊”的钱物，情节严重的，是以抢劫罪还是以强迫交易罪定罪处罚，主要应结合以下三个方面进行综合判断。

一 行为人与被害人之间是否存在特定的交易

根据刑法的规定，行为人当场使用暴力或者威胁手段并当场取得他人财物的行为，除可能构成抢劫罪外，还有可能构成强迫交易罪。此时，区分两罪的关键在于行为人与被害人之间是否存在特定的交易即商品买卖、提供或接受服务。一般情况下，存在特定的交易，构成强迫交易罪；不存在特定的交易，构成抢劫罪。存在特定的交易，说明行为人一般是在牟取非法经济利益的主观动机驱动下，通过使用暴力或者威胁手段促成商品或者服务的交易，达到牟取非法经济利益的目的。即行为人牟取“暴利”尽管使用了暴力或者威胁手段，但系通过客观的交易行为获得，这种行为破坏了公平、自由、平等的市场交易秩序，侵害了交易相对方的合法权益，情节严重的，符合强迫交易罪的构成要件。该行为的流程图为：牟取非法经济利益的主观动机驱动→使用暴力或者威胁手段→促成商品或者服务的不公平交易→牟取非法经济利益（此“暴利”包括合理价钱、费用和非法经济利益两个部分）。

如果不存在特定的交易，说明行为人是在非法占有他人财物的主观动机驱动下，直接通过使用暴力或者威胁手段达到获取他人财物的目的，这种行为侵犯了他人的财产所有权和人身权利，符合抢劫罪的构成要件。该行为的流程图为：非法占有他人财物的主观动机驱动→使用暴力或者威胁手段→非法占有他人财物。可见，行为人与被害人之间是否存在特定的交易，对于区分抢劫罪和强迫交易罪至关重要。

当然，特定的交易应该是从事正常商品买卖、交易或者劳动服务的人与被害人之间进行的。对于并非从事正常商品买卖、交易或者劳动服务之人，使用暴力或者威胁手段促成商品或者服务的不公平交易的情形即“一次性交易”，应具体分析。如果采用暴力、胁迫手段迫使他人交出与合理价钱、费用相差不大的钱物，情节严重的，仍属于强迫交易罪范畴。但是，如果采用暴力、胁迫手段迫使他人交出与合理价钱、费用相差悬殊的钱物的，一般会认为行为人是以买卖、交易、服务为幌子，采用暴力、胁迫手段促成“一次性交易”，实现非法占有目的，宜以抢劫罪定罪处罚。

二 行为人所牟取的非法经济利益超出合理价钱、费用的绝对数额和比例

如果行为人与被害人之间存在特定的交易，就要看行为人所牟取的非法经济利益超出合理价钱、费用的绝对数额和比例。绝对数额大，比例未必高。因此，既要考虑超出合理价钱、费用的绝对数额，又要考虑超出合理价钱、费用的比例。对于超出合理价钱、费用的绝对数额不大，比例不高即相差“不大”的情形，情节严重的，以强迫交易罪定罪处罚。对于超出合理价钱、费用的绝对数额大、比例高即相差“悬殊”的情形，实践中一般也以强迫交易罪定罪处罚。因为行为人不以非法占有为目的，而是通过不合理的价格促成交易，从而牟取“暴利”。[①] 如果超出合理价钱、费用的绝对数额特别大、比例特别高即相差“极为悬殊”的情形，则一般以抢劫罪定罪处罚。如强迫他人用 2 万元购买一块价值 10 元的电子手表，就难以证明不具有非法占有目的，而应认定以交易为名行非法占有他人财物之实，即属抢劫。实践中认定相差“不大”较为容易，而何谓相差“悬殊”、相差“极为悬殊”，在无明确规定的情形下，需要综合多种因素作出判断。

三 行为人使用暴力、威胁手段的程度

在对暴力、威胁程度的要求上，强迫交易罪低于抢劫罪。[②] 根据前文论述，在商品

---

① 可详见《重庆市渝中区人民检察院诉朱波伟、雷秀平抢劫案》，载《中华人民共和国最高人民法院公报》2006 年第 4 期。该案例明确：如出租车驾驶员在正常营运过程中，采用不足以危及乘客的身体健康或者生命安全的暴力、威胁手段（如语言威胁、强行搜身等），向乘客索取与合理价格相差悬殊的高额出租车服务费，情节严重的，其行为构成强迫交易罪。

② 以暴力、威胁为犯罪手段的犯罪，由于其犯罪性质及其法定刑不同，对暴力、威胁的程度要求也不尽相同。一般而言，犯罪性质越严重，法定刑越高，对暴力、威胁程度的要求就越高，反之越低。如抢劫罪为重罪，法定最高刑为死刑，故要求暴力、威胁达到使人不能、不敢反抗的程度。而强迫交易罪为轻罪，法定最高刑为七年有期徒刑，故对暴力和威胁的程度要求相对较低。关于强迫交易罪中“暴力”的程度，如针对人，笔者认为应以轻伤为限。主要理由为：首先，从处罚上看，强迫交易罪的最高法定刑高于故意伤害罪（轻伤）的最高法定刑，在强迫交易致人轻伤的场合，以强迫交易罪定罪处罚能确保罪刑均衡。其次，在强迫交易致人轻伤的场合，构成故意伤害罪（轻伤）与强迫交易罪的牵连，即强迫交易致人轻伤行为是手段，达成交易是目的，属于手段与目的的牵连，一般应从一重处，即以强迫交易罪定罪处罚。最后，强迫交易罪侵犯的是双重客体，而故意伤害罪侵犯的为单一客体，如果在强迫交易致人轻伤的场合以故意伤害罪定罪处罚，则仅评价了强迫行为，并未全面评价强迫交易这一整体犯罪行为。而以强迫交易罪定罪处罚，不仅可以判处更重刑罚，而且对强迫交易致人轻伤以及强迫交易所破坏的市场秩序都进行了评价，即在强迫交易致人轻伤的场合，以强迫交易罪定罪处罚更能全面评价犯罪行为。

买卖、提供或接受服务中，行为人使用暴力、威胁手段，如果不足以危害被害人的身体健康或者生命安全，即没有达到致使其不敢反抗或者不能反抗的程度，并由此牟取或者意欲牟取超出合理价钱、费用相差"不大"、相差"悬殊"的非法利益，情节严重的，以强迫交易罪定罪处罚。在上述情形下，如果牟取或者意欲牟取超出合理价钱、费用相差"极为悬殊"的非法利益，由于手段行为尚未达到致使被害人不敢反抗或者不能反抗的程度，情节严重的，也以强迫交易罪论处更为妥当。如果使用暴力、威胁手段足以危害被害人的身体健康或者生命安全，致使其不敢反抗或者不能反抗，并由此牟取或意欲牟取超出合理价钱、费用相差"不大"的非法利益的，由于行为人不具有非法占有目的，如果致人重伤或者死亡的，以故意伤害罪定罪处罚；否则，情节严重的，仍应以强迫交易罪定罪处罚。在使用暴力、威胁手段致使被害人不敢反抗或者不能反抗的场合，如果行为人牟取或者意欲牟取超出合理价钱、费用相差"悬殊"、相差"极为悬殊"的非法利益的，则应以抢劫罪定罪处罚。因为在相差"悬殊"、相差"极为悬殊"的情形下，非法占有部分一般大于合理价钱、费用部分，使用足以危害被害人身体健康或者生命安全的暴力、威胁手段，就说明行为人既想促成交易又想实现非法占有目的，仅就非法占有部分而言构成抢劫罪。

在前述梁某、郭某强迫交易、保罗国际"天价头"案中，尽管行为人使用暴力、威胁手段牟取的非法经济利益与合理价钱、费用相差"悬殊"，但行为人均为从事正常劳动服务之人，与被害人之间存在特定的摩托车载乘、美容美发服务交易。虽然行为人为促成不公平交易使用了暴力、威胁手段，但尚未达到致使被害人不敢反抗或者不能反抗的程度。结合行为人的主客观情况，其行为均符合强迫交易罪构成要件。

同理，前述出租车驾驶员张某案中，张某与被害人之间存在特定的出租车运输服务交易。尽管其为促成不公平交易使用了暴力、威胁手段，但尚未达到致使被害人不敢反抗或者不能反抗的程度；也尽管其获取了超额车费，但考虑开车绕圈等因素，该超额车费仍属于与合理费用相差"悬殊"的范围，故对其行为以强迫交易罪定罪处罚更为妥当。

（案例编写人：上海市浦东新区人民法院　罗开卷、夏艳）

34

二手车买卖中收取购车款后驾车逃匿的定性

简要案情

周某将吉利牌轿车以25,500元的价格出售给被害人陈某,并约定由周某驾驶该车送被害人回住处,车行至某路路口附近,周某以买水为借口将陈某支下车后私自将车开走,后陈某也无法与周某取得联系。

主要问题

在车辆买卖交易中卖车人秘密开走已经支付购车款的车辆的行为,如何定性?第一种观点认为,周某的行为构成盗窃罪。该种观点认为,周某与被害人陈某已经达成购车协议,陈某已经将购车款25,500元交付给周某,此时车辆应该属于陈某所有。周某趁陈某不注意,秘密窃走陈某已经购买的轿车,其行为属于盗窃罪,应当以盗窃罪追究其刑事责任。第二种观点认为,周某假借卖车给被害人陈某,在骗取陈某的购车款25,500元后又借机开车携款潜逃,将钱款据为己有,其行为属于诈骗罪。第三种观点认为,周某与陈某虽然已经达成了购车协议,陈某也已将购车款25,500元付给周某,但是双方约定车辆应该由周某开到陈某家中,此时,双方的购车合同实际上还未履行完毕,而是仍在履行的过程中。在购车合同履行的过程中,周某采用欺诈的手段,开走轿车,携款潜逃,其行为应当属于合同诈骗罪,应当以合同诈骗罪追究其刑事责任。

案例分析

一 本人占有之物不能成为盗窃罪的对象

根据《刑法》第 264 条的规定，盗窃罪是秘密窃取公私财物的行为，其犯罪对象是“公私财物”，这种财物应当是除行为人以外的其他自然人或单位所占有的财物，且只需要除行为人以外的其他自然人或单位对该财物“占有”即可，而不管其是否对该财物享有所有权。在普通盗窃罪中，犯罪对象及财物是构成盗窃罪的必备要件，缺少该对象，就不可能构成盗窃罪。同时，也应当注意，刑法中对财物的“占有”与民法中的“占有”不同。

在民法中，占有是权利人对其所有的财物的一种持续稳定的、明确的控制与支配的状态，它要求财产的占有人具有实际的控制与支配能力。事实上，占有本身是财产的所有权与实际控制的一部分，并以此明确财产的占有人与实际权利人的权利义务的界限。在民事法律中，物权法对占有予以规定，并对这种事实状态予以法律保护，使其具有了准物权的性质。

刑法所保护的占有和处分与民法意义上的占有与处分存在很大不同。在刑法中，占有仅是确定财物被现实控制和支配的一种事实，并不要求对财产的持续、稳定、明确的控制与支配，行为人对财产短暂的控制与支配也可以构成刑法意义上的占有。在保护力方面，刑法对所有的合法占有都给予同等的保护，而不考虑财产的所有权到底归属于谁。同时，刑法意义中的“处分”也并不要求相关权利人将财物的所有权转移给行为人，只要相关的财物处在行为人的实际支配之下，脱离了权利人的实际控制，行为人能够独立地占有该物，即属于刑法意义上的“处分”。

本案中，周某与被害人陈某达成购车协议，陈某将购车款 25, 500 元交付给了周某，并约定由周某将车辆开到陈某的住处。在周某将车辆开到陈某的住处之前，此时车辆尚未实际交付给陈某，双方的购车买卖合同实质上并未履行完毕，且车辆还没有进行所有权的变更登记，此时的车辆实际上仍然处在周某的实际控制与支配之下，即周某仍然“占有”该车辆。盗窃罪是秘密窃取他人占有的财物的行为，而本案中的财物在案发时均在周某的实际控制和占有之下，此时就缺乏了盗窃的对象——财物。因此，周某的行为不构成盗窃罪。

二 在合同签订、履行过程中实施的诈骗犯罪应当定性为合同诈骗罪

合同诈骗罪则是指以非法占有为目的,在签订、履行合同过程中,使用虚构事实、隐瞒真相等欺骗手段,骗取对方当事人财物,数额较大的行为。事实上,合同诈骗罪也是诈骗罪的一种,二者属于特殊罪名与一般罪名的关系,二者是法条竞合的关系。因此,二者在犯罪构成中存在很多的相同点。诈骗罪与合同诈骗罪的区别主要在以下两个方面。

1. 客体不同。诈骗罪侵犯的只是一般的公私财产的所有权,属于简单客体。而合同诈骗罪侵害的客体则为复杂客体,即除了侵犯一般的公私财产所有权之外,还侵害合同管理制度和正常的市场交易秩序。正因如此,立法时将诈骗罪作为侵犯财产的犯罪归于侵犯财产罪中,而将合同诈骗罪作为扰乱市场秩序犯罪归于破坏社会主义市场经济秩序罪中。

2. 犯罪客观方面不同。诈骗罪的行为方式为采取虚构事实或隐瞒事实真相等方式,使被害人产生错误认识而交付财物的行为。诈骗罪的手段多种多样,只要行为人实施了欺诈的行为使被害人产生错误认识而将财物交付给行为人的行为,都可以成为诈骗的手段。而合同诈骗罪的犯罪手段则仅能为在签订、履行合同过程中,行为人采取的虚构事实、隐瞒真相等欺骗手段,骗取合同对方当事人财物的行为。

因此,区分合同诈骗罪与诈骗罪的关键就在于行为人所实施的诈骗行为是否发生在合同的签订、履行过程中,行为人是否利用合同的签订和履行实施欺诈骗取公私财物的行为。

本案中,周某与被害人陈某在买卖车辆的过程中,双方签订了购车协议且陈某已支付了购车款,双方在履行合同的过程中,周某按照约定将车开往被害人处。周某在中途借口让陈某去买水为由支开陈某,驾车携购车款潜逃,然后关闭手机再也联系不上,这属于《刑法》第224条第4项中的"收受当事人给付的货物、货款、预付款或者担保财产后逃匿"的行为。因此,周某实际上是在合同的履行过程中实施了诈骗他人财物的犯罪行为,对其应当以合同诈骗罪定罪处罚。

三 实际获取的购车款应当认定为犯罪数额

本案中,在被害人陈某已经交付购车款的情况下,究竟是以购车款还是以车辆的

价格作为本案的犯罪数额呢？笔者认为，周某与陈某达成购车协议，陈某也已经将购车款25,500元交付给周某，但是双方约定由周某将车辆开到陈某的住处才算完成交付，且双方尚未对车辆进行变更登记。此时，车辆实际上仍由周某占有和控制着，周某实际骗取的是陈某给付的购车款，而不是车辆，故周某实际获得的购车款才是本案的犯罪数额。

（案例编写人：上海市松江区人民法院　刘海林、刘磊）

35

员工冒用公司名义与他人签订合同骗取财物的定性

简要案情

沈某系A公司的销售员，其私自制作A公司的销售合同并加盖合同章后传真给B厂，B厂于次日将货款共计12.5万元转账至沈某账户，沈某收到货款后用于个人消费等支出。案发后，A公司于次年补发了12.5万元的货物给B厂。

主要问题

员工冒用公司名义与他人签订合同骗取财物的行为构成合同诈骗罪还是职务侵占罪？

案例分析

对于沈某的行为究竟是构成合同诈骗罪还是职务侵占罪，存在两种意见。第一种意见认为，A公司最终因沈某的犯罪行为遭受了损失，系本案的被害人，沈某利用职务便利侵吞A公司财物，数额达12.5万元，构成职务侵占罪。第二种意见认为，沈某以非法占有为目的，冒用A公司名义与B厂签订合同骗取12.5万元，构成合同诈骗罪。

一 合同诈骗罪与职务侵占罪的区分

合同诈骗罪是指以非法占有为目的，在签订、履行合同过程中，使用欺骗手段，骗取对方当事人财物,数额较大的行为。职务侵占罪是指公司、企业或者其他单位的人员,利用职务上的便利,将本单位财物非法占为己有,数额较大的行为。两者之间最关键的区别在于犯罪对象不同,合同诈骗罪是以对方当事人的财物为犯罪对象,而职务侵占罪则以行为人本单位财物为犯罪对象。当然,对方当事人的财物和本单位的财物也可能存在重合的情形。比如,单位员工假借其他公司名义与本单位签订经济合同,骗取本单位财物的情况下,犯罪对象就既是本单位财物,也是对方当事人的财物,此种情形行为人究竟是构成合同诈骗罪还是职务侵占罪就需要看两罪之间的另一个区别之处,即行为人是否利用职务便利,如果行为人未利用职务便利,应以合同诈骗罪论处;如果行为人利用了职务便利,则应以职务侵占罪论处,因为职务侵占罪的行为方式本身就包含了侵吞、窃取、骗取等,此情形下不能认为行为人的行为属于职务侵占罪和合同诈骗罪的想象竞合。

二 涉案财物的权属

沈某获取的12.5万元钱款究竟是B厂的财物还是A公司的财物呢?一种意见认为,沈某作为A公司的销售员,私自制作合同并私自盖章,以公司名义与B厂签订合同的行为,系民事表见代理,该合同应属有效,效果归属于被代理人,故根据所有权自交付起转移的一般原则,B厂交付的货款所有权应属于被代理人即A公司。

对此意见笔者不敢苟同。首先,本案中沈某的行为是否构成民事上的表见代理是一个尚存争议的问题。表见代理,是指行为人没有代理权、超越代理权或者代理权终止后以被代理人名义订立合同,相对人有理由相信行为人有代理权的,该代理行为有效。单从表见代理的定义来看,沈某的行为看似符合,但《最高人民法院关于在审理经济纠纷案件中涉及经济犯罪嫌疑若干问题的规定》第5条明确规定:“行为人盗窃、盗用单位的公章、业务介绍信、盖有公章的空白合同书,或者私刻单位的公章签订经济合同,骗取财物归个人占有、使用、处分或者进行其他犯罪活动构成犯罪的,单位对行为人该犯罪行为所造成的经济损失不承担民事责任。行为人私刻单位公章或者擅自使用单位公章、业务介绍信、盖有公章的空白合同书以签订经济合同的方法进行的犯罪行为,单位有明显过错,且该过错行为与被害人的经济损失之间具有因果关系的,单位对该犯罪行为所造成的经济损失,依法应当承担赔偿责任。”因此,司法实践中,对于员工盗用或擅自使用单位公章对外签订经济合同的行为是否构成表见代理,一般需要结合单位本身是否存在明显过错予以判断,单位不存在明显过错的,一般不认定为表见代理;单位存在明显过错的,可以认定为表见代理。因本案中在沈某冒用A公司名义与B厂签订经济合同过程中,单位是否有明显过错,尚是一个并不十分清楚的问题,故本案中沈某的行为是否构成表见代理实际上也是一个尚存争议的问题。

其次,即使沈某的行为构成表见代理,B厂交付的货款也并不属于A公司所有。虽然"交付转移所有权"是民法针对动产所有权转移所确立的一般原则,但对"货款"这样的特殊对象能否适用这一原则尚是一个值得商榷的问题,而且"交付转移所有权"的前提是交付必须是合格的交付,具体到本案中,如果B厂是将12.5万元的货款转到A公司的账户上,该交付才是合格的交付,此时,这12.5万元的货款才转移为A公司所有,沈某如果利用职务便利从公司账户上提取这笔货款并非法占有的,可构成职务侵占罪。然而,本案的实际情况是,该笔货款并未支付到A公司的账户上,而是支付到沈某的账户上,该交付并不能产生货款所有权转移给A公司的效果。因此,沈某获取的该笔12.5万元货款应系B厂的钱款。

三 本案中沈某的行为构成合同诈骗罪

厘清了涉案12.5万元钱款的权属,对于沈某行为的定性就比较清楚了,因该笔12.5万元并非A公司的财物,故沈某非法获取该笔款项的行为不能成立职务侵占罪。沈某冒用A公司名义与B厂签订合同,在签订、履行合同过程中,骗取B厂12.5万元的货款,其行为已构成合同诈骗罪。此外,从被害人的角度来看,沈某的行为直接侵害的也是B厂的财产利益,而不是A公司的财产利益,被害人应确定B厂。虽然A公司于次年补发了12.5万元的货物给B厂,但这并不能视为A公司的财物遭到沈某犯罪行为的直接侵害,而应是A公司主动补偿其员工的犯罪行为给B厂造成损失的行为。

(案例编写人:上海市高级人民法院　许浩)

36

开发、销售网络游戏外挂的刑事责任

简要案情

顾某使用“易语言”软件编写程序编写了可以修改腾讯公司旗下一款名为DNF游戏角色相关属性的外挂软件，并通过网络出售获利。王某通过定期支付顾某该款外挂软件版权费成为代理，通过将该外挂软件投放在网上，利用网上的下载量赚取网站支付给其的广告费。顾某通过支付宝收取外挂程序代理费及出售卡密共盈利44万余元，王某通过支付宝收取外挂程序下载广告费8万余元。

主要问题

对于顾某、王某开发、销售网络游戏外挂的行为，如何定性？

案例分析

对于顾某、王某行为的定性，一种观点认为，二人违反国家规定，利用互联网站出版发行非法出版物，严重扰乱市场，情节特别严重，其行为均构成非法经营罪。另一种观点则认为应定性为侵犯著作权罪，理由是顾某的行为符合刑法关于侵犯著作权罪中“复制发行”的规定，侵犯了腾讯公司的著作权。笔者认为构成非法经营罪。

所谓外挂，是指行为人利用自己的电脑技术专门针对一个或多个网络游戏，通过改变网络游戏软件的部分程序，制作而成的作弊程序，目的在于改变被挂接程序的运行方式，实现各项功能的增加。该行为在审判实践领域主要有4类犯罪，分别是侵犯著作权罪，提供侵入、非法控制计算机信息系统的程序、工具罪，破坏计算机信息系统罪和非法经营罪。在量刑方面4个罪名之间也存在较大差异,外挂行为性质的认定对最终的量刑将产生很大影响,因此在具体适用时需谨慎对待。

笔者认为,不同罪名的适用主要是分析外挂行为所实现的具体功能。如果外挂程序仅是起辅助作用,并未破坏游戏的原有操作功能,行为的危害性主要体现在通过大量的自动操作,在游戏当中获得了通常普通玩家无法获得的优势,赚取了大量的游戏金币、装备等虚拟物品,获得非法收入,从而影响游戏的正常运营,则侵害的是一种经济利益,对该行为应当定性为非法经营罪或者侵犯著作权罪。如果通过破译、适用网络游戏的通信协议,截取并修改游戏发送到游戏服务器的数据,修改客户端内存中的数据,从而实现新的游戏功能,此时游戏外挂程序与网络游戏程序的内容差别较大,本质上是一个新程序,把游戏外挂认定为对客户端游戏的复制发行行为,与事实不符,游戏外挂程序仅是调用网络游戏客户端程序进行运行,并且该客户端是用户合法下载所得,因此不宜认定为侵犯著作权罪,该行为因未经著作权人授权和国家主管部门批准,应认定为非法互联网出版物,构成非法经营罪。但是,个案中如果外挂程序的制作与网络游戏的内容差别不大,如核心代码与源代码一致等,则可视为未经著作权人许可,复制发行他人的计算机软件,应当认定为侵犯著作权罪。

如果外挂行为将客户端的数据和应用程序进行删除、修改、增加的操作,修改了游戏原有的操作方式,破坏了客户端的正常运行,应当区分其是单纯以破坏游戏的正常运行为目的,还是为了获得经济利益而非单纯的以破坏计算机信息系统为目的,分别定性为破坏计算机信息系统罪或者侵入、非法控制计算机信息系统的程序、工具罪。当然,开发、销售网络游戏外挂行为因案而异,也有可能存在触犯不同罪名的情形,此时应择一重罪处罚。

本案中,顾某使用“易语言”软件编写的外挂软件具有修改DNF角色的攻击力、开启武器模式等功能,其本质上是一个新的程序,其用于出售的是可以修改DNF游戏角色相关属性的功能,也非该游戏本身,且该游戏在游戏的官方网站上可被免费下载使用。因此,顾某的行为并未侵犯他人知识产权方面的权益,因其外挂软件未经著作权人授权和国家主管部门批准,应当认定为非法互联网出版物。结合顾某为了获取非法利益的主观目的,通过网络非法经营行为,其行为应当定性为非法经营罪。王某通过定期支付顾某该款外挂软件版权费成为代理,通过将该外挂软件投放在网上,利用网上的下载量赚取网站支付的广告费,也侵犯了正常的市场经营秩序,符合非法经营罪的构成要件,考虑其在共同犯罪中的作用,将其认定为从犯亦较为合理。

综上，如果外挂程序仅是起辅助作用，并未破坏游戏原有操作功能，行为的危害性主要体现在通过大量的自动操作，在游戏当中获得了通常普通玩家无法获得的优势，赚取了大量的游戏金币、装备等虚拟物品，获得非法收入，从而影响游戏的正常运营，则侵害的是一种经济利益，对该行为应当定性为非法经营罪或者侵犯著作权罪。如果通过破译、适用网络游戏的通信协议，截取并修改游戏发送到游戏服务器的数据，修改客户端内存中的数据，从而实现新的游戏功能，此时游戏外挂程序与网络游戏程序的内容差别较大，本质上是一个新程序，把游戏外挂认定为对客户端游戏的复制发行行为，与事实不符，游戏外挂程序仅仅是调用网络游戏客户端程序进行运行，并且该客户端是用户合法下载所得，因此不宜认定为侵犯著作权罪，该行为因未经著作权人授权和国家主管部门批准，应认定为非法互联网出版物，构成非法经营罪。

（案例编写人：上海市青浦区人民法院　姚丽萍）

37

通过第三方支付平台绑定他人信用卡并获取钱款的定性

简要案情

赵某与被害人沈某通过手机微信聊天认识并相约见面后，趁沈某短暂离开之际，窃得沈某的农业银行卡、手机SIM卡、身份证、加油卡等物，后离开该地。次日凌晨，赵某将沈某的手机SIM卡插入自己的手机，并登录沈某的微信账号。其在获取银行向沈某该张农业银行卡所预留手机号码发送的短信验证码后，将该验证码输入手机通过验证，从而将沈某农业银行卡内的3000元充值至沈某的微信钱包内，再将上述钱款转至其在某网站设立的账户中。

赵某又与被害人范某通过手机微信聊天结识后相约见面。其间，赵某在事先已骗得范某农业银行卡相关信息及身份证号的情况下，以借用范某手机的名义，操作使用范某的手机，并在范某不知情的情况下，将范某的微信账号和上述农业银行卡绑定，还在自己的手机上注册了以范某为名的支付宝账户并绑定该农业银行卡。后赵某分别将范某上述农业银行卡内的11,000元转入范某的支付宝账户及微信钱包内，再将上述钱款转至自己的支付宝账户及微信钱包内。赵某再次通过手机以支付宝转账的方式将范某上述农业银行卡内的3000元转入范某的支付宝账户，再将其中1900元转至其支付宝账户内。

主要问题

窃取或者骗取信用卡或信用卡信息后，通过第三方支付平台绑定信用卡进而获取卡内钱款应当认定为盗窃罪还是信用卡诈骗罪？

案例分析

第一种观点认为,赵某基于非法占有他人财物的目的,进而通过秘密窃取手段获取被害人的银行卡、手机卡及身份信息,并通过绑定实施转账,其行为符合《刑法》第196条第3款的规定,应当以盗窃罪定罪处罚,且赵某实施两节犯罪的手法基本一致,不宜对两节分别定性。

第二种观点认为,赵某在本案的第一节中虽窃取了被害人的实体卡,但其仅利用了该实体卡上的卡号信息,并未利用该卡本身进行资金交易,在第二节中又通过骗取的手段获取了被害人的信用卡资料,进而通过支付宝、微信等互联网平台进行使用,符合《最高人民法院、最高人民检察院关于办理妨害信用卡管理刑事案件具体应用法律若干问题的解释》(以下简称《解释》)第5条第2款第3项的规定,应当认定为信用卡诈骗罪。

第三种观点认为,赵某在本案第一节犯罪中窃取被害人的实体卡,进而通过微信平台使用,其行为属于盗窃信用卡并使用,符合《刑法》第196条第3款的规定,应当以盗窃罪定罪处罚;在本案第二节犯罪中,赵某通过欺骗手段获取信用卡信息资料后再使用于互联网终端,符合《解释》的规定应当认定为信用卡诈骗罪。笔者赞同第三种观点。

一 冒用型信用卡诈骗罪及盗窃罪的相关规定

《刑法》第196条第3款规定:"盗窃信用卡并使用的,依照本法第二百六十四条的规定定罪处罚。"即认定为盗窃罪。而《解释》第5条规定,冒用他人信用卡包括以下情形:(1)拾得他人信用卡并使用的;(2)骗取他人信用卡并使用的;(3)窃取、收买、骗取或者以其他非法方式获取他人信用卡信息资料,并通过互联网、通讯终端等使用的;(4)其他冒用他人信用卡的情形。

从法理上说,将盗窃他人信用卡并使用的行为认定为盗窃罪,属于法律的拟制规定,其行为本质上仍应属于冒用他人信用卡的一种,但法律既已作出明确规定,在遇到相关情况时就应依照相应规定定罪处罚。笔者认为,适用此规定需满足两个条件:一是盗窃所得的应为被害人的实体卡。通过秘密窃取的方式获取被害人的卡号、交易密码等信息并使用的,应当适用《解释》第5条第2款第3项的规定,认定为信用卡诈骗罪。二是盗窃所得的信用卡应为有效信用卡。使用伪造或作废信用卡的,应依照《刑法》第196条第1款的规定,以信用卡诈骗罪定罪处罚。

二 本案的两节行为分别构成盗窃罪及信用卡诈骗罪

随着网络购物的普及,以及智能手机功能的不断完善,为使移动支付更为便利,各移动支付平台均提供了银行卡快捷支付功能,无须输入银行卡支付密码,仅需填写持卡人的身份信息并通过短信验证即可完成银行卡与支付平台之间的绑定,在后续交易中,仅需输入支付平台的支付密码即可直接从银行卡获取钱款。这种资金交易模式不同于以往通过自动柜员机(ATM)或手持式刷卡机(POS机)交易时需输入银行卡密码的模式,但其背后实质并未发生变化,持卡人在开通快捷支付功能时,虽未输入交易密码,但其填写的身份信息及输入的短信验证码是银行用于鉴别发出指令者是否为持卡人本人的凭证,其作用与银行卡交易密码完全一致。因此,冒用他人信用卡在支付宝、微信等支付平台进行绑定进而获取卡内资金的行为,与冒用他人信用卡通过自动柜员机等途径获取卡内资金的行为,均是同时侵害了被害人的财产以及银行的信用卡管理秩序,达到数额标准的情况下,均能以信用卡诈骗罪定罪处罚。

本案第二节犯罪中,赵某编造事实,骗得被害人的银行卡及身份证的照片,再以借用名义获得被害人的手机,并利用上述信息完成绑卡行为并将卡内资金转出,其绑定行为未获得被害人授权,而银行根据赵某发出的指令产生错误认识,误认为系持卡人本人发出的指令而同意支付,符合冒用型信用卡诈骗的构成要件,对赵某应当以信用卡诈骗罪定罪处罚。

本案第一节犯罪中,赵某窃取被害人的银行卡、手机SIM卡及身份证等物后,利用支付平台的快捷支付指令,通过银行对持卡人的身份验证后,获取了银行卡内的资金,虽从行为模式来看与第二节的行为十分相似,然而在此节犯罪中,赵某是在窃得被害人的银行卡后进而实施的冒用他人信用卡的行为,《刑法》第196条第3款对盗窃并使用信用卡作了特别规定,在应用时即当遵循,故对该节事实以盗窃罪定罪处罚。

(案例编写人:上海市普陀区人民法院　薛依斯)

38

以借打手机为名非法占有手机的罪名认定

简要案情

杨某将被害人姚某、吴某约至饭店，以借打手机、记电话号码为由，窃得姚某的华为牌移动电话机1部（经估价，价值811元）及吴某的苹果牌移动电话机1部。

杨某以同样的方法还先后窃得被害人赵某的苹果牌移动电话机1部及苏某的三星牌移动电话机1部（经估价，价值1673元）、被害人年某、冯某的苹果牌移动电话机各1部、被害人胡某的三星牌移动电话机1部（经估价，价值2718元）、被害人谌某的苹果牌移动电话机1部（经估价，价值3671元）及孟某的三星牌移动电话机1部（经估价，价值3397元）。

主要问题

对于杨某行为的定性，有两种不同意见。第一种意见认为，杨某的行为构成诈骗罪。该种意见认为，杨某假借请他人吃饭，将被害人骗至饭店后，又借口手机没电，要使用被害人的手机打电话、记号码，将被害人的手机骗到手，被害人基于杨某的欺骗产生了错误的认识，而自愿将手机交予杨某，杨某拿到手机后，迅速离开饭店，将手机占为己有。这种行为符合诈骗罪的构成要件，属于诈骗行为。第二种意见认为，杨某的行为构成盗窃罪，而非诈骗罪。该种意见认为，杨某在获取被害人手机的过程中，虽然也使用了欺诈的手段，但是这种欺诈的手段并非直接导致被害人丢失财物的原因，导致被害人的手机丢失的是杨某秘密离开酒店的行为。另外，相关被害人也仅是将手机借给杨某使用，而非自愿处分该手机。

案例分析

诈骗罪与盗窃罪虽然都是以非法占有为目的而将他人所有之物占为己有的犯罪行为,但是两罪最明显的区别就在于被害人对财物的态度和行为人获取财物的方式两个方面。

本案中,杨某虽然在非法获取相关被害人财物的过程中,也使用了一些欺诈行为,但是这些欺诈行为并非导致被害人损失财物的直接行为。该一系列案件中,相关被害人仅是将手机短时借给杨某使用,而并非基于杨某的欺骗产生错误的认识后将手机处分给杨某,杨某获取财物的方式是通过拿着借到的被害人的手机秘密离开饭店的行为等完成的,且其多次采用该种方式窃取他人财物,数额较大,其行为符合盗窃罪的构成要件。因此,杨某的行为构成盗窃罪,而非诈骗罪。

(案例编写人:上海市松江区人民法院　刘磊)

39

帮助转移赃款过程中“黑吃黑”的定性

简要案情

唐某寿经与唐某德(已判刑)等人共谋,明知相关资金来源于网络违法犯罪活动,由唐某德在网络上接单,由唐某寿等人通过银行卡、手机等帮忙转账并获取佣金。唐某寿为帮助转账所办理的银行卡内转入钱款50余笔,共计34万余元,其中查明有两笔共计1.54万元系被害人被敲诈的部分钱款。在此期间,唐某寿与唐某德预谋将卡上的部分钱款占为己有。经查,该卡上的8万余元已被转入唐某寿本人的账户。

主要问题

“黑吃黑”案件中,行为人将自己控制的卡内他人转入的赃款非法占有的行为,是否构成盗窃罪?非法占有产生的时间对定罪是否有影响?

案例分析

本案构成掩饰、隐瞒犯罪所得罪并无争议,本案判决事实部分关于盗窃一节,因证据不足没有认定,但是笔者认为即便指控的相关事实成立,也未必构成盗窃罪。如果现有证据能够证实唐某寿与唐某德预谋将卡上的部分钱款占为己有,那么在帮助转移赃款过程中“黑吃黑”的行为是否能用刑法予以规制?如果可以,那么上家将钱款打入行为人的卡内,行为人将卡内钱款占为己有的行为能否认定为盗窃罪?与司法实践中常见的将出借(卖)的银行卡给下家后,又“掐卡”占有卡内钱款的行为是否有异？唐某寿与同案犯预谋将卡中的钱款占为己有的故意产生在落实赃款转移前无疑，但是非法占有目的产生的时间还是存在两种可能，即上家将赃款打进卡前和卡后，那么对于可能构成的诈骗罪和侵占罪，二者除了在犯罪构成要件上存在差异，非法占有产生的时间对二者的甄别又有怎样的影响？本案涉案赃款由上游犯罪被害人直接打入行为人的卡内，那么这种第三人介入的案件，被害人处分财产的认定与传统诈骗犯罪被害人被动交付财产是否有区别？下文逐一进行分析。

一 帮助转移赃款过程中“黑吃黑”的行为是否构成犯罪？

以非法占有为目的是定义“黑吃黑”案件必不可少的因素，那么使用非法手段获取的财产利益能否成为刑法保护的对象？笔者认为刑法打击财产型犯罪，应着眼于打击“非法占有”的主观恶性，而非仅应对所有权权属范围内的“合法财物”权利内容进行保护。不同于民法强调保护对象的合法性，刑法有其独立的评价标准，除了对法益保护之外，还强调对占有秩序的维持，即使是基于非法手段获取的财产利益，也不允许所有者之外的第三者采取非法手段夺取或侵害。遵循刑法评价的基本原则，“黑吃黑”因行为人的主观恶性及其客观行为的危害性，确有进行刑法规制的必要。

《最高人民法院关于审理掩饰、隐瞒犯罪所得、犯罪所得收益刑事案件适用法律若干问题的解释》第6条规定：“对犯罪所得及其产生的收益实施盗窃、抢劫、诈骗、抢夺等行为，构成犯罪的，分别以盗窃罪、抢劫罪、诈骗罪、抢夺罪等定罪处罚。”根据该司法解释，可知犯罪所得及其收益，也可以成为侵财对象。本案行为人帮助转移的赃款来源于网络违法犯罪活动，且数额较大，行为人“黑吃黑”非法占有的行为理应构成侵财犯罪，当然，还需要结合具体案情，才能对行为定性作出精准判断。

二 非法占有自己控制的卡内钱款不构成盗窃罪

司法实践中，将出借(卖)的银行卡给下家后，又“掐卡”占有卡内钱款的行为认定为盗窃罪，“掐卡”是行为人用自己的身份证办理银行卡后，将卡交给下家，由下家实际控制卡，行为人再通过挂失、补办新卡等方式，将卡内钱款据为己有。那么，同样是出借银行卡帮助转移赃款，本案的定性与“掐卡”行为是否一致？

判断是否构成盗窃罪首先要明确两个必要性前提：一是盗窃罪为主动获取型的

财产犯罪,行为人侵害的是“他人占有的财物”;二是依据刑法通说理论,盗窃罪的成立要求“秘密转移财物”。首先,从占有角度分析,刑法意义上的占有在于确认财产被现实控制支配的事实。“掐卡”行为人将卡交于下家,由下家占有控制卡,卡内钱款相对于行为人,属于“他人占有”;本案上游犯罪被害人将赃款打入唐某寿的银行卡后,银行卡自始至终由唐某寿实际控制占有,下家对银行卡并无支配力,唐某寿“自己占有”卡内钱款。因此,唐某寿将自己卡内钱款占为己有的行为,不符合盗窃罪中犯罪对象为“他人占有的财物”这一特点。其次,从秘密窃取角度,即自认为没有被所有人、保管人发现。“掐卡”行为人通过秘密挂失补办新卡的方式切断银行卡实际使用者对卡内存款的事实占有,将下家占有的钱款转移到自己的控制之下,偷偷挂失补卡、更改密码及取款的行为可以认定为秘密窃取;而本案中唐某寿因自己占有银行卡,将自己卡内的钱款转移到另外一种卡中,钱款始终在自己的占有之下,不符合盗窃罪“秘密窃取”这一特征。

因此,唐某寿非法占有自己控制的银行卡的赃款的行为,并没有采用秘密窃取的方式,钱款在自己的控制下,并没有排除他人对财物的支配转移占有,其行为不构成盗窃罪。

三 非法占有目的产生的时间决定构成侵占罪还是诈骗罪

本案中,唐某寿与同案犯预谋将卡上的部分钱款占为己有,以上家转款时间为界,那么非法占有目的产生的时间存在两种可能,第一种是在上家钱款进账前,已经商议好侵占上家转来的赃款;第二种是上家将钱款转入银行卡后,临时起意将钱款据为己有且拒不退还。那么,非法占有目的产生的时间不同对本案的定性是否有影响?上游犯罪被害人直接将钱款打到唐某寿的卡中与传统诈骗罪中的被动交付行为能否画等号?

第一种情形,唐某寿虚构事实真相,假借帮助下家“洗钱”的名义预谋将上游犯罪的赃款占为己有,使下家(被害人)陷入错误认识,本案的特殊性在于唐某寿的获利财产来源于第三人,并不是由被害人直接交付财产,那么是否影响诈骗罪的成立?首先,诈骗罪具有自损型财产转移的性质,唐某寿的卡号是被骗人提供给第三人,第三人将赃款转入至唐某寿的卡内也是经被骗人的“授意”;其次,本案被骗人丧失的“债权”与唐某寿获得的财产具有同一性,即唐某寿的获利是从被骗人财产中直接获得的。被骗人通过指示交付的方式作出了财产转移的决定,那么本案可以认定为被害人基于错误认识处分了“自己”的财产,唐某寿与同案犯这种预谋截留赃款的行为此时构成诈骗罪。

第二种情形,唐某寿在帮助转移上家的赃款后,落实赃款转移前,临时起意产生将卡上部分钱款占为己有的目的。该种情形下,如数额较大且拒不退还的,构成侵占罪。首先,占有关系的判断影响侵占罪的定性。前文已界定上游犯罪被害人将赃款转入唐某寿的卡内,唐答应帮助转款,即对卡内资金具有代为保管的权力,形成了委托关系。其次,认定“拒不退还”,可以从其主观上不想退还,客观上以实际行动表明不退还的意思着手,本案唐某寿以非法占有为目的偷偷转移卡内资金,其此时便是“非法占有”。

综上,在“黑吃黑”案件中,以非法占有产生的时间不同区分认定诈骗罪和侵占罪。在上游犯罪赃款进卡前,预谋截留赃款的行为应认定为诈骗罪。帮助转移赃款过程中,落实赃款转移前,临时起意产生将卡上部分钱款占为己有且拒不退还的行为应认定为侵占罪。

(案例编写人:上海市静安区人民法院　祁婷婷)

40

偷换商家收款二维码行为的定性

简要案情

倪某将事先准备的微信二维码偷贴于多处商家用于收取货款的微信二维码上,从而获取顾客通过微信扫描支付给商家的钱款,共计5000余元。

主要问题

偷换商家收款二维码获取财物的行为如何定性?

案例分析

本案中,对倪某偷换商家收款二维码行为的定性,存在两种不同的意见:一种意见认为,倪某系多次盗窃,构成盗窃罪;另一种意见认为,倪某的行为系诈骗性质,因数额没有达到入罪标准,应作无罪处理。两种定性意见内部又存在不同的定性理由。

持盗窃罪意见者,第一种理由认为,倪某属于盗窃罪的间接正犯,顾客系被其利用的犯罪工具,其通过利用顾客的付款行为窃取了商家的财物。第二种理由认为,倪某秘密调换二维码的行为是关键行为,相当于偷换商家的收银箱。其没有对商家和顾客实施虚构事实、隐瞒真相的行为,不能认定商家或顾客主观上受骗。其与商家或顾客没有任何联络,包括当面及隔空的电信网络接触,除了换二维码以外,其对商家及顾客的付款没有任何明示或暗示。商家让顾客扫描支付,正是倪某采用秘密手段的结果,使得商家没有发现二维码被调包,而非主观上自愿向倪某或倪某的二维码交付财物。顾客基于商家的指令,当面向商家提供的二维码转账付款,其结果由商家承担，不存在顾客受倪某欺骗的情形。顾客既不是受骗者，也不是受害者，商家是受害者，但不是受骗者。综上，倪某的行为应认定为盗窃罪。

持诈骗罪意见者，第一种理由认为，被告人的行为属于三角诈骗，其通过偷换二维码的手段虚构事实，既欺骗了商家，也欺骗了顾客，使商家和顾客都陷入认识错误，以为该二维码就是商家的收款二维码，顾客据此作出处分财物的行为，商家因此遭受财物损失。第二种理由认为，被告人的行为属于一般诈骗，其通过偷换二维码的手段虚构事实，既欺骗了商家，也欺骗了顾客，使商家和顾客都陷入认识错误，以为该二维码就是商家的收款二维码，商家据此作出了处分行为，即指示顾客扫二维码付款，并因此遭受了财产损失，故被告人的行为应构成诈骗罪。

"偷换商家收款二维码案"是新型支付方式下产生的一类案件，全国范围内已发生多起，定性争议较大，其复杂之处在于涉及被告人、顾客和商家三方关系。目前，较容易达成一致的观点是此类案件中的被害人应是商家。对于本案，笔者倾向于认定盗窃罪，但认为上述理由均有不足之处，下面笔者针对上述观点和理由分别进行分析。

针对应定盗窃罪观点的第一种理由，即被告人属于盗窃罪的间接正犯的理由，需要明确的是，盗窃罪的间接正犯中被利用作为盗窃工具者，应是将被害人的财物转移占有行为的直接实行者，但此类案件中的顾客并没有对商家的财物实施转移占有的行为，因为商家自始至终根本就没有占有过该笔钱款，当然也就不存在顾客转移商家占有的钱款的问题。所以，本案属于盗窃罪的间接正犯的理由不能成立。

针对应定盗窃罪观点的第二种理由，其否定商家和顾客受骗，令人难以接受，笔者认为，被告人秘密调换收款二维码本身也是一种虚构事实的行为，商家和顾客因此都陷入认识错误，误认为该二维码就是商家的收款二维码，商家和顾客实际上都已经受骗。被告人和商家以及顾客都没有任何联络，并不能成为否定商家和顾客受骗的理由，例如，行为人设置一个假的募捐网站，用"钓鱼"方式骗取他人捐款，行为人与被害人之间也完全可以没有任何联络，但似乎很难说这些网上捐款者没有受骗。至于说商家主观上并非自愿向被告人交付财物，而是没有认识到二维码被调包，这样的论述其实也并不妥当。因为这相当于说被告人实施调包二维码的虚构事实行为，商家因此陷入认识错误，进而主观上非自愿地向被告人交付财物，按照以上论述，被告人的行为已经符合了诈骗罪的基本构造，即行为人实施欺诈行为→被害人产生错误认识→被害人基于错误认识处分财物→行为人取得财物→被害人受到财产损害。笔者认为,实际上该案中商家缺乏处分财物的意思,并不存在向被告人交付财物的处分行为,所以也就根本不存在主观上是否自愿交付财物的问题。此外,该理由最大的问题还是在于被告人盗窃的究竟是谁的财物?根据该理由,商家是受害者,被告人盗窃的应当是商家的财物。但盗窃在本质上是一种将被害人占有的财物转移占有的行为,商家在此类案件中商家对钱款自始至终不曾占有,所以也不存在被转移占有的可能。这个问题实际上是持盗窃罪观点者绕不开的一个关键问题。

针对应认定系三角诈骗的理由,笔者认为,三角诈骗有其构成特征,三角诈骗中的受骗者和财物的处分者应是同一的,典型的三角诈骗就是诉讼诈骗,原告是行为人,受骗者和财物的处分者均是法院,被害人就是被告。但是在"偷换商家收款二维码案"中,顾客虽然受骗,但其并不具有处分作为被害人的商家的财物的权限,其交付钱款的行为只是向商家履行债务的行为,不能视为诈骗罪中的处分财物行为。故认定系三角诈骗的理由也不妥当。

针对应认定一般诈骗的理由,笔者认为,该理由系站在处分意思不要说的立场上而作出,商家因受骗而陷入认识错误,将被告人的收款二维码当成自己的收款二维码后,指示顾客扫码付款的行为,主观上是为了实现自己的债权,并没有将自己享有的对顾客的债权转移给被告人的处分意思。笔者认为,处分意思不要说并不符合理论逻辑,司法实践中,应当坚持处分意思必要说。站在处分意思必要说的立场上,本案中,在作为被害人的商家不存在处分意思的情况下,应当认为其没有处分行为,故倪某的行为不符合诈骗罪的基本构造,即使其获取财物数额达到诈骗罪的入罪数额标准,也不能认定构成诈骗罪。

综上,笔者认为倪某的行为应构成盗窃罪。因为被告人获取财物的关键在于秘密调换商家收款二维码的行为,该行为可视为一种盗窃行为,盗窃的对象是商家对顾客享有的债权,其秘密窃取债权后通过顾客的支付行为获取了财物。

(案例编写人:上海市高级人民法院　许浩)

41

以挂失方式侵吞借给他人使用的银行卡内资金的定性

简要案情

被害人张某在出售其本人所有但登记于沈某名下的房屋时,因售房款需汇入沈某名下的银行卡,被害人张某遂与沈某签订书面协议,使用沈某的中国银行卡收取售房款159万元,并将沈某的银行卡、身份证寄放于房产中介人员何某处。后沈某以治病为由经被害人张某同意,从何某处取走身份证。在售房款按照约定转账进入沈某的银行卡内后,沈某在何某及被害人张某不知情的情况下,在中国银行采用注销、补办银行卡的方式,将售房款159万元窃为己有。

主要问题

对于沈某行为的定性,有三种不同意见。第一种意见认为,沈某的行为构成盗窃罪。该种意见认为,被害人张某仅是借用沈某的银行卡用于接收售房款,并无处分钱款的意思和行为,张某为了防止沈某将该笔售房款窃走,采取了相应的措施,导致被害人的钱款丢失的是沈某秘密挂失银行卡并取走钱款的行为,因此,沈某的行为应当构成盗窃罪。第二种意见认为,沈某的行为构成诈骗罪。该种意见认为,本案中银行属于该笔钱款的"保管员",沈某利用名义持卡人的身份,使银行误认为其即是钱款所有人的身份,从而将钱款代为从实际所有人处分给他,这种行为类于"三角诈骗",符合诈骗罪的一般构成要件,因此沈某的行为应当构成诈骗罪。第三种意见认为,被害人张某借用沈某的银行卡收取售房款,双方实际上形成了一种代为保管的关系，沈某将代为保管的他人财物据为己有，拒不归还，其行为构成侵占罪。

案例分析

一　本案不存在侵占罪的基础法律关系

侵占罪是将代为保管的他人财物或他人的遗忘物或者埋藏物非法占为己有的行为。保管是指双方当事人约定一方将物品交付另一方代为管理的关系。在保管关系中，双方应有明确的保管合意，保管人只有权占有保管物，而无权使用、处分保管物。本案中，沈某与被害人张某之间有无保管关系为该案是否构成侵占罪的关键。经查明，因房屋位于沈某的名下，根据银行规定，被害人张某的售房款必须经由沈某的银行卡收取。被害人张某为了防止钱款被沈某取走，与沈某、中介人员何某签订了三方协议，约定沈某收到钱款后将钱全部交给自己，并将沈某的银行卡、身份证放在中介人员何某处。由此可以看出，被害人张某对于将钱款汇入沈某的账户实质上是不情愿的，其并无意将钱款交予沈某，双方之间并无保管的合意，不构成保管关系，而是系一种借用银行卡之间的关系。据此，本案不存在侵占罪的基础法律关系，故沈某的行为不构成侵占罪。

二　诈骗罪与盗窃罪的区分

1. 获取财物的根本手段不同

第一，是否存有贯彻犯罪过程的实质性欺诈手段。诈骗罪系以非法占有为目的，采取虚构事实或者隐瞒事实真相的方法，骗取公私财物的行为。一般诈骗罪的基本构造为：以非法占用为目的实施欺诈行为（虚构事实或隐瞒真相）→致被害人产生错误认识→被害人基于错误认识处分财产→行为人取得财产→被害人财物受损。从上述构造链条可以看出，在一般诈骗罪中，行为人必须实施了实质性的欺诈行为，且该欺诈行为应当贯穿于整个犯罪之中。(1)行为人必须实施了实质性的欺诈手段，即虚构事实或者隐瞒事实真相的欺骗方式，且这种欺诈行为足以使被害人或财物保管人产生现实的认识错误;(2)欺诈行为最终指向的对象为被害人的财物,即行为人虽然在此期间有多种欺诈等危害行为,但是这些欺诈行为的最终目的是非法获取被害人的财物;(3)欺诈行为应该贯穿于行为人非法获得财物的犯罪过程之中,而不仅仅是犯罪过程的某一个环节;(4)欺诈手段的目的是取得被害人或财物管理人的“配合”,即使被害人或财物管理人产生错误认识,从而将财物处分给行为人。

盗窃罪则是行为人以秘密方式或其自认为秘密的方式窃取公私财物的行为。从行为方式来看,(1)盗窃罪中行为的最大特点是对行为人而言具有“隐蔽性”,即秘密方式或行为人自认为秘密的方式;(2)部分盗窃罪中存在的欺诈等手段的作用是为了排除或者降低财物管理人对财物的控制意识和控制力,以增加行为人行为的“隐蔽性”,且这些欺诈手段往往仅存在于犯罪过程中的某些环节;(3)盗窃罪中的行为人获取财物的关键手段由自己完成,即秘密窃取。

第二,财物受损的原因力不同。在诈骗罪中,财物受损与管理人因被行为人欺诈而产生错误认识从而处分财物之间必须具有直接的因果力。行为人实施的欺诈手段应当足以使财物的管理人产生根本的认识错误,且基于这种错误认识,作出错误判断将财物处分给行为人,从而导致财物受损。而在盗窃类犯罪中,财物受损的根本原因则是行为人的秘密窃取行为。部分案件中,行为人在获取财物的过程中使用了欺诈和秘密窃取交织的多种手段,因此对其定性容易发生争议。此种情况下,不能被表面复杂的行为方式所迷惑,而应综合考量整个犯罪过程,找出财物受损的根本原因力,以此认定犯罪的性质。行为人的欺骗手段无法使财物管理人产生错误认识或其主要目的不是使管理人产生错误认识,而仅是为了排除或者降低管理人对财物的控制力,进而使用其他手段获取财物的,一般不构成诈骗罪。如行为人在购物过程中,将高价商品调包放入低价商品的包装盒内,以低价商品的价格获得高价商品的行为,该种行为中虽然亦有欺诈手段,但财物的权利人并未产生错误认识,行为人获得财物的根本方式还是依靠秘密窃取,故该行为应当认定为盗窃罪而非诈骗罪。

2. 财物受损者对待财物的态度截然不同

第一,财物管理人有无处分财物的行为。诈骗罪是行为人以虚构事实或隐瞒真相的方式,使财物管理人产生错误认识,从而将财物处分给行为人的行为,即行为人获得财物的过程需有财物管理人的参与才可以完成,行为人不能仅凭自身行为达到取得财物的目的。盗窃罪则是以秘密方式或其自认为秘密的方式窃取公私财物的行为,在类型上表现为盗窃公私财物数额大的、多次盗窃、入户盗窃、携带凶器盗窃、扒窃等,这些方式的共同点即是具有相当的“隐蔽性”。对于行为人而言,其手段的隐蔽性越高越好,获取财物的关键手段应由自己完成,其中交织的欺诈等其他手段的目的是排除或者降低财物管理人对财物的控制,从而使其手段更具有“隐蔽性”。因此,在盗窃罪中根本不存在财物管理人的处分行为。

第二,财物管理人对待财物受损的主观心态不同。在诈骗类犯罪中,财物管理人系因遭受欺诈产生错误认识从而自愿将财物处分给行为人,尽管这种自愿属于“瑕疵的自愿”,但从形式上来看,在犯罪过程中是不违背财物管理人当时的意愿。而盗窃类犯罪中,财物管理人对待财物受损的主观心态则是排斥的,行为人系通过自力方式从财物管理人处违背管理人的意愿将财物据为己有,财物管理人在主观上并无任何让行为人获取财物的意愿。

3. 处分行为应当具有刑事法评价性

诈骗类犯罪中财物管理人的处分行为应当具有刑事法评价性,一般而言,这种处分行为应当满足以下条件。第一,具有处分的权限。财物管理人对财物必须具有刑事法意义上的处分权限,该权限基于所有权、占用或代管等原因而取得。如明知路边停放的电动自行车处于无人看管的状态,欲将电动自行车据为己有,在离开的过程中被路边摆摊的小贩阻拦,则假称系电动自行车的主人,小贩信以为真,遂将电动自行车骑走。该种情形中,因小贩并不具有处分的权限,故该行为不构成诈骗罪。

第二,具有处分的能力。财物管理人对处分事项具有基本的认知力和控制力,即对处分的行为有基本的辨别和认知力,对处分的财物有相当的控制力。在司法实务中一般要把握以下两点:(1)财物管理人实施的处分行为应与其年龄、智力情况相符,否则不具有处分的效力。如对2岁的幼儿实施欺诈行为,从而诱骗幼儿交付贵重财物的行为,因幼儿对该种行为无认知力和判断力,故该处分行为不具有刑事评价性;(2)权利人的精神状态情况,权利人在精神状态不正常情况下所实施的处分行为一般不具有刑事法评价性,如使用迷药使财物管理人产生幻觉,丧失意识后将财物交给行为人的,一般不以诈骗罪认定。

第三,具有处分的意识。财物管理人对处分的财物内容应当具有基本的认识:(1)处分的意思,即权利人受欺骗而产生了错误认识,从而有将财物交付给行为人的意思表示;(2)对处分财物的内容有充分的认识,财物管理人对所处分财物的种类、性状、数量等内容应当具有充分、完整、基本的认识,如果财物管理人对处分财物的事项缺乏基本的认识,一般也不以诈骗罪认定,如前文所述将贵重物品和便宜物品调包的行为。

三 沈某的行为构成盗窃罪

从以上分析可以看出,财物管理人对待财物的态度和方式是区分诈骗罪和盗窃的根本所在。“被害人是否陷于错误认识而‘自愿’处分财产,是区分盗窃罪和诈骗罪的关键。”本案中,用于接收售房款的卡虽然归属于沈某所有,但被害人张某才是该笔钱款的实际所有人,沈某仅是辅助张某收取售房款,沈某对该笔钱款的归属也无异议。张某为了防止沈某将该笔售房款窃走,与沈某签署了协议,并将沈某的银行卡和身份证放于中介人员处,沈某对该笔钱款既无所有权,亦无处分权、支配权。沈某以治病为借口,将身份证从中介人员处拿走,虽然其中有欺诈的手段,但是这种欺诈的手段并非直接导致被害人丢失钱款的原因,导致被害人钱款丢失的是沈某秘密挂失银行卡并取走钱款的行为。

此外,根据我国相关法律的规定,银行一般只对持卡人进行形式审查,对卡内资金的具体归属并不进行专门审查,事实上也无法予以一一审查,即一般情况下,只要人卡一致,符合相关规定,银行就可以也应当正常办理相关业务。本案中,沈某作为名义持卡人,在人证一致的情况下,银行属于正常办理业务,并无处分钱款的意思和行为。因此,沈某的行为应当构成盗窃罪。

(案例编写人:上海市松江区人民法院　刘磊)

42

佯装他人代还信用卡后利用副卡盗刷钱款的罪名认定

简要案情

杨某起意后伙同张某，由张某指使以兼职为由骗招的孙某独自至被害人处办理“信用卡代还”业务，并利用事先制作的假身份证使被害人误以为孙某系卡主杨某，在杨某收到被害人将3万元钱款划入该信用卡的信息后，即向招商银行电话挂失该信用卡，将卡内资金冻结。当被害人向孙某提供的招商银行信用卡内划入3万元再准备刷卡取回时，被告知密码错误，致其无法将钱款取回。嗣后，杨某持与上述挂失信用卡绑定的其名下的另一张招商银行信用卡，在自己公司申领的POS机上刷卡消费，将已挂失信用卡内的资金转入某第三方支付平台，待次日资金到账后再将钱款转出，并按约与张某分取赃款。

主要问题

对于杨某、张某的行为构成何罪有两种不同观点：一种观点认为，本案应以诈骗罪定罪，理由是杨某等人虚构事实，佯装由被害人代还信用卡，后被害人自愿将钱款转账至杨某账户，此时诈骗犯罪行为已经既遂，之后挂失该卡而用与之关联的副卡将钱款取出的后续行为属于对赃款的转移，故本案应当定诈骗罪而非盗窃罪。另一种观点则认为，本案应以盗窃罪定罪，理由是被害人将钱款转入杨某账户的行为，并非自愿交付行为，此时被害人只是自愿代杨某偿还信用卡，并非自愿将自己卡中的钱款交付给杨某所有或处分，并且此时被害人手持杨某的信用卡，卡中钱款按常理还在被害人的掌握之中，在被害人准备将杨某的信用卡内钱款刷回之前，杨某随即通过电话挂失该信用卡，再通过与之关联的信用卡（副卡）秘密将钱款取出，故杨某取得钱款的决定性行为系秘密窃取行为，故本案应以盗窃罪定罪。

案例分析

一 传统概念界定存在的实践困境

盗窃罪是指以非法占有为目的，盗窃（秘密窃取）公私财物，数额较大的，或者多次盗窃、入户盗窃、携带凶器盗窃、扒窃的行为。在盗窃罪中，窃取的手段是非暴力、胁迫式的，窃取行为的对象是针对财物的所有权，而不危及被害人人身，以此与抢夺、抢劫等取财行为相区别。其次，行为人取得财物是违背被害人意志的，即行为人取得财物不是被害人自愿处分的结果，具有“不告而取”的性质。而诈骗罪是指以非法占有为目的，使用虚构事实或者隐瞒真相的方法，骗取数额较大的公私财物的行为。一般而言，诈骗罪的基本构造为：行为人以不法所有为目的实施欺诈行为→被害人产生错误认识→被害人基于错误认识自愿处分财产→行为人取得财产→被害人遭受财产损失。也就是说，诈骗罪要求被害人基于行为人的欺诈行为对事实真相产生错误认识，进而出于真实的内心意思而自愿处分财产。通常情况下，在非盗骗交织的案件中，盗窃罪和诈骗罪较好区分。但在实践中，由于盗窃行为中经常伴有欺诈性，因为通过欺诈可以隐瞒真相从而掩盖秘密窃取行为，使其得以顺利的实施；欺诈行为中也伴有隐蔽性，因为不隐蔽，诈术就会被揭穿，不可能得到实施。本案中，杨某等二人经过预谋，以不法占有为目的佯装让被害人代还信用卡透支款，被害人信以为真并转账代为还款，此系杨某二人的诈骗行为。与此同时，杨某收到还款短信提醒后，旋即电话联系银行挂失在被害人控制之下的信用卡，用与之关联的另一张信用卡（副卡）将钱款取出，此行为又符合秘密窃取的特征。像本案中盗窃与诈骗行为相交织的情形在现实生活中经常发生，但仅根据上述法条对两罪罪状所作的描述，我们尚难对此类案件准确区分定性。

二 处分(交付)意识必要性是界定盗骗交织案件的关键

受骗者处分(交付)财产的行为,是诈骗罪区别于其他财产性犯罪的本质特征,更是司法实践中区分盗窃罪与诈骗罪的关键所在。即行为人基于被害人的处分(交付)行为获得财物的,构成诈骗罪;行为人通过夺取等手段获得被害人财物的,构成盗窃罪。是否属于刑法上的处分(交付)财产行为,关键要看受害人在处分(交付)过程中,是否需要具备处分意识,这在大陆法系国家的刑法理论界仍然有争议,主要有两种观点,即必要说和非必要说。目前,处分意识必要说是理论上的通说。高铭暄教授认为,"诈骗犯罪行为的最突出特点,就是行为人设法使被害人在认识上产生错觉,以至于'自愿地'将自己所有或持有的财产交付给行为人",并认为"区分盗窃罪与诈骗罪的关键,就是看被害人是否因受骗而自愿将财产交付行为人。只要不是被害人因受蒙蔽而自愿交付财产给行为人,就不构成诈骗罪,而只能构成盗窃罪"。处分意识非必要说认为,构成诈骗罪仅需要被害人基于错误认识作出客观上的处分行为即可,被骗人是否具有处分意识并不影响诈骗罪的成立。对此,笔者更同意必要说观点,即只有权利人对其交付的内容及法律后果有明确的认识的情形下,才能认定行为人"自觉交付"财物,处分意识的有无对是否构成诈骗罪至关重要。例如,行为人在饭店向被害人借打手机,被害人将自己的手机交给了行为人,行为人拿到手机后,谎称信号不好要到外面去打,后拿着手机越走越远,最终骑摩托车逃之夭夭。此案中,把手机借给行为人并非自愿把手机交给行为人处分,故此行为只是"交给"行为,而非处分(交付)行为。另外,在实践中,特别是在"隐瞒真相"的情况下,被害人主观上对自己的行为是否具有转移交付性理解得并不清楚,此情形下,应当侧重对行为客观方面的考量,即被害人对所"交"的财物是否失控进行考量。本案中,被害人代杨某偿还信用卡,主观方面,被害人并非自愿将自己卡中的钱款交由杨某处分,只是帮杨某代还信用卡透支款后再刷卡取回;退一步讲,如果被害人在主观方面是否自愿并不明确,那么此时可重点考察此行为的客观方面,被害人将钱款转至杨某的卡中时,由于卡和密码都在被害人的掌控之中,故被害人对此笔钱款并没有完全失控,行为人杨某也并未完全控制,后杨某通过银行将被害人掌控的信用卡挂失之后,被害人才彻底对该笔钱款失控,钱款方被转移占有。由此可见,被害人代还信用卡的行为并非自愿交付行为,故对杨某的行为不应当认定为诈骗,而应当认定为盗窃。

三 介入因素对财物转移占有因果关系的影响

对于盗骗交织案件中财物转移占有因果（危害结果）关系的认定。一种观点认为，判断盗窃和诈骗两种行为手段在取得财物中的主次作用。如果盗窃是主要手段，应以盗窃罪定罪；如果诈骗是主要手段，则应以诈骗罪定罪。另一种观点认为，不能根据所谓主要作用区分诈骗罪与盗窃罪，换言之，不能认为，诈骗起主要作用的就构成诈骗罪，盗窃起主要作用的就是盗窃罪。也不能以所谓主行为与从行为的区分、前行为与后行为的关联等为标准区分诈骗罪与盗窃罪。① 两种观点针锋相对，对此，我们认为，盗骗交织案件中，实施危害手段的主次性并非判断构成何罪的关键，关键应看盗窃、诈骗行为和危害结果之间的因果关系，盗骗交织案件中，如认定诈骗罪，则应满足三个因果关系，一是行为人所实施的欺骗行为和被害人产生认识错误之间必须有因果关系；二是被害人产生认识错误和被害人处分财产行为之间也必须有因果关系；三是被害人自愿处分财产行为和财产的转移占有之间必有因果关系。三个因果关系缺一不可，否则应当认定为盗窃罪。本案中，被害人是因行为人的欺骗行为产生错误认识，代为“偿还”杨某信用卡的透支款，满足了上述两个因果关系，但是不符合第三个因果关系，因为行为人杨某给银行打电话挂失被害人持有的信用卡是一个介入因素，该介入因素中断了先前被害人转账（偿还）后再行取回款项的持续性，改变了行为的发展方向，应当认定该介入因素为必然因果关系。本案中杨某、张某的行为也只能构成盗窃罪。

（案例编写人：上海市高级人民法院　冯国波）

① 参见张明楷：《刑法学（下）》（第6版），法律出版社2021年版，第1320～1321页。

43

通过系统端口获取电子面单后获利的行为定性

简要案情

申通公司与菜鸟公司合作的电子面单系统上线运行后,申通公司快递网点购买电子面单需要按照每单0.8元的价格向公司付款,申通公司将相应的电子面单数量发放到菜鸟公司物流宝系统,由该系统生成具体的快递单号后交付给网点合作商家使用。后申通公司将电子面单的价格调整为每单0.82元。姚某、彭某为获取非法利益,由为申通公司开发电子面单系统的原敏思达科技公司项目负责人彭某利用该电子面单系统的测试接口秘密窃取申通公司的电子面单后,通过菜鸟公司物流宝系统先后为申通公司7家快递网点充值307万单,价值251.54万元。申通公司下属网点负责人王某等人在明知姚某向其出售的电子面单来路不正的情况下,仍以每单0.3～0.5元的价格购买面单,价值从9万元至59万元不等。

主要问题

行为人利用公司的管理漏洞,通过系统测试端口获取电子面单,再将电子面单低价出售给快递公司各下属网点的行为应当如何定性?

案例分析

本案的犯罪对象是电子面单,因此,首先需要清楚电子面单的性质。电子面单由纸质面单发展而来,是各快递公司自行或者与其他公司合作后用于线上运行,在运送过程中会承载发货人、收货人、运送人的基本信息，在实践中，因电子面单具有方便快捷、高效率、低成本的特点而越来越被广泛运用。

本案中，申通公司与菜鸟公司合作开发的电子面单系统上线运行后，申通公司各下属网点需按照每单0.8元的价格向申通公司购买，申通公司将相应的电子面单数量发放至菜鸟公司物流宝系统，由该系统生成具体的快递单号后交付给网点合作商家使用。由此可见，在申通公司内部，下属网点必须向公司购买电子面单后才能获取相应的快递单号进行使用，因此，电子面单具有的价值十分明显。这里，下属网点与申通公司之间是买卖关系，买卖对象即为电子面单，故电子面单在此处所处的是商品地位。因此，在快递行业中，电子面单当然具有商品价值。

从本案的行为分析，彭某原为申通公司开发电子面单系统的某一科技公司的项目负责人，姚某系申通公司员工，二人经商量后由彭某利用之前开发系统过程中的测试接口获取了申通公司的电子面单后又通过菜鸟公司的物流宝系统先后为申通公司下属网点充值307万单后卖给申通公司下属网点从中非法获利。测试端口系该科技公司在开发电子面单过程中测试所用，在该系统开发完成后测试端口即完成了使命，不能用于正常的经营活动。然而，申通公司在开发完成后的运行过程中并未注意到该端口仍然存在，此漏洞使行为人有机可乘。故彭某在系统开发完成后使用该端口获取电子面单的行为系在申通公司并不知晓的情形下所为，符合盗窃罪中“秘密”的特征。姚某、彭某将秘密获取的电子面单又通过系统为下属网点充值获利，该后续行为的实质是将电子面单作为商品进行出售获利，是对犯罪所得进行处分，本质是销赃行为。

盗窃罪的犯罪对象是指能够被控制和占有，不能同时为多人占有、使用、收益、处分的公私财物，即为同一、特定的“有形”物品或者资金。相关司法解释将公私财物外延扩展至部分虽“无形”但有价值的财物，时至今日，网络空间的虚拟财产虽然并未依法纳入盗窃罪的公私财物范畴，但实践中早已有多起判例。

本案中姚某、彭某秘密获取的电子面单，如前所述在快递行业中类似于商品，申通公司下属网点需要申通公司购买后才能运用于快递业务中，结合姚某、彭某的行为方式、非法占有的主观故意，根据《刑法》第287条的规定：利用计算机实施诈骗、盗窃、贪污、挪用公款、窃取国家秘密或者其他犯罪的，依照本法有关规定定罪处罚。因此，姚某、彭某秘密获取电子面单后又销赃的行为应当认定为盗窃罪。

关于姚某、彭某的行为是否定性为非法获取计算机信息系统数据罪的问题。《刑法》第285条第2款规定的非法获取计算机信息系统数据罪，在犯罪构成上包括以下特征：行为人实施了侵入普通计算机信息系统或者采用其他技术手段，获取计算机信息系统数据。《最高人民法院、最高人民检察院关于办理危害计算机信息系统安全刑事案件应用法律若干问题的解释》将“情节严重”的情节进行了细化，提到了获取“身份认证信息”“计算机信息系统”，又对该两个概念进行了定义，“身份认证信息”指用于确认用户在计算机信息系统上操作权限的数据，包括账号、口令、密码、数字证书等，“计算机信息系统”指具备自动处理数据功能的系统，包括计算机、网络设备、通信设备、自动化控制、设备等。本案中，姚某、彭某利用测试端口秘密获取了电子面单，此时该电子面单仅仅是空白面单，在通过菜鸟公司物流宝系统后生成了快递单号，交付给网点使用后才能生成发货人、收货人、运货人等身份信息。因此，从解释规定来看，姚某、彭某秘密获取的电子面单不符合“身份认证信息”，二人获取电子面单后又销赃的行为不符合非法获取计算机信息系统数据罪的构成要件，其行为特征更加符合盗窃罪的构成要件，故应当认定为盗窃罪。

综上，姚某、彭某利用系统端口秘密获取电子面单的行为构成盗窃罪，其将电子面单销赃给王某等人并从中获利，故王某等人在明知电子面单来路不正的情形之下仍予以收购的行为构成掩饰、隐瞒犯罪所得罪。

（案例编写人：上海市青浦区人民法院　姚丽萍）

44

对代为运输货物“偷梁换柱”的罪名认定

简要案情

荔旭公司委托杨某为三湘公司的施工工地运输钢材。杨某经事先与李某合谋，由杨某指使其雇用的驾驶员徐某、李某玉先后2次驾驶装载钢材的车辆至某厨房设备公司，由李某的员工从承运的钢材中卸下价值8762元的钢材，李某则以每吨2600元左右的价格予以收购。嗣后，在徐某、李某玉驾驶的车辆事先加装的水箱内加注等重的水后，再将剩余钢材运至三湘公司的施工工地。

杨某又让其雇用的驾驶员徐某、李某玉、苏某驾驶装载钢材的车辆至上述地址，由李某的员工从承运的钢材中卸下价值12,095元的钢材，李某则以每吨2600元的价格予以收购，并支付给杨某及苏某共8000元，嗣后，在徐某、李某玉、苏某驾驶的车辆事先加装的水箱内加注等重的水。

主要问题

对于本案杨某、李某行为的定性，有三种不同意见。第一种意见认为，杨某、李某的行为构成诈骗罪。杨某等人在运输钢材的过程中，偷取钢材，然后再往其在车辆上私自加装的水箱中注入等重的水，以此让货主误以为其等人足额交付了货物。杨某等人的行为属于以隐瞒真相的欺诈手段骗取货主的财物，其行为构成诈骗罪。第二种意见认为，杨某、李某的行为构成盗窃罪。该种意见认为诈骗罪和盗窃罪区别的关键并不在于行为人的行为手段，而在于被害人对待财物的态度。在诈骗罪中，被害人由于受到被害人的欺诈，而自愿将财物交付给行为人;而在盗窃罪中,行为人则是通过秘密或其自认为秘密的方式窃取被害人的财物,被害人对行为人获得其财物的行为是持排斥态度的。本案中,杨某等人获取被害人财物的过程中,虽然既有欺诈手段,同时又使用了秘密窃取的行为,但是被害人并非系因受到其欺诈而自愿交付财物,事实上,被害人当时并未发现财物损失,就更谈不上自愿交付财物了。因此,杨某等人的行为系以秘密的方式,窃取被害人的财物,其行为构成盗窃罪。第三种意见认为,杨某等人获取被害人财物的过程中,既使用了欺诈手段,同时又使用了秘密窃取的行为,其行为属于诈骗罪和盗窃罪的犯罪竞合,应当择一重罪处罚。

案例分析

笔者赞同上述第二种意见,即杨某等人的行为构成盗窃罪。

盗窃罪与诈骗罪本质的区别在于被害人对财物是否有转移占有的意思和行为,行为人取得财物是否基于被害人产生的错误认识,并以此进行了财产处分。本案中,荔旭公司委托杨某承运钢材至三湘公司承接的工地,尔后由三湘公司与荔旭公司结算货款。虽然在承运过程中,涉案钢材在杨某的控制之下,但在未交付给三湘公司前,该钢材的所有权仍归属于荔旭公司,交付后钢材的所有权归三湘公司。杨某在承运荔旭公司的钢材过程中,窃取部分钢材后,再往承运车辆事先加装的水箱中注入等重的水,尔后将钢材运送至三湘公司的施工工地,三湘公司经过磅称重,认为杨某承运的钢材按质按量交付并予以收下,但三湘公司或荔旭公司并不明知承运的车辆加装了水箱并注入等重的水,荔旭公司或三湘公司亦没有将涉案的钢材自愿地交付给杨某进行处分的意思。综上所述,本案中,荔旭公司或三湘公司根本没有将涉案财物交付给杨某进行处分的意思和行为,而杨某等人偷偷将被害人数额较大的财物进行调包,之后杨某等人虽采取虚构事实,隐瞒真相的方法,但因被害人没有转移交付的行为,故杨某的行为构成盗窃罪。李某与杨某经事先电话联系,由杨某及其驾驶员驾车将承运的钢材先运至李某的所在地,当场从车辆上抽取钢材并在水箱内注入等重的水,从而使杨某的盗窃行为得以完成,李某的行为亦构成盗窃罪。

李某事先与杨某通谋,在明知车辆所装运的钢材不是杨某所有的情况下,在其所在的公司内卸下钢材并收购,同时又在现场把水注入车辆事先加装的水箱内,李某在具体实施犯罪过程中积极参与,不符合从犯的条件,但在共同犯罪中所起的作用相较于杨某要轻,在量刑时酌情予以考虑。

(案例编写人:上海市松江区人民法院　刘磊)

45

利用网络结算平台的规则漏洞获取钱财的行为定性

简要案情

李某在使用天翼电子商务有限公司的翼支付平台时，发现翼支付平台退款结算规则存在漏洞，即用户与商户在交易完成后如发生退款，由商户发起退款流程，翼支付平台以其自有资金先行垫付给用户，再从与商户的下一日待结算交易资金中扣收；若商户在退款流程完成后再无新的交易，则无待结算资金以供翼支付平台扣除先行垫付的退款。李某利用上述规则，分别使用其本人和父亲李甲、母亲张甲、姐姐李乙、叔叔李丙、伯父李丁、同事赵甲、李戊、赵乙、耿甲、汤甲、邻居冯甲的翼支付账号，在其本人掌握的“华盛汽修”“郑州市二七区龙飞服装店”“好又多购物中心”等11家商户进行200余笔虚假交易，在进行虚假交易后，集中发起退款申请。待收到翼支付平台先行垫付的退款后，李某掌握的上述商户的翼支付账号无余额且再无新的交易，导致翼支付平台无法扣款。李某以上述方式累计骗取天翼电子商务有限公司垫付款项共计52万余元。

主要问题

随着各类互联网结算平台的兴起，相应利用平台的相关漏洞获取平台公司钱财的犯罪日益增多，对该类案件的司法定性在实践中亦颇有争议。本案系一起利用网络结算平台的规则漏洞获取平台公司钱财的犯罪案件，是以诈骗罪还是以盗窃罪定性是该案的争议焦点。

案例分析

笔者认为，上述案件应以诈骗罪定罪处罚，具体分析如下。

一 “机器不能被骗”不足以推翻诈骗罪的构成

在刑法理论中，诈骗罪的逻辑结构体现为，行为人虚构事实、隐瞒真相使被害人陷入错误认识，并基于错误认识交付财物。所以被害人的处分意识和处分行为是诈骗罪成立必备的要素。而机器不可能具有人所拥有的“意识”，自然也就不会陷入认识错误而处分财产，故有观点认为“机器不能被骗”，针对“机器”实施的侵财犯罪也不可能构成诈骗罪。但笔者认为，虽然“机器”没有意识，也不会陷入错误认识，但并不能由此直接得出针对“机器”实施的犯罪不可能构成诈骗罪的结论。在侵财类犯罪中，“机器”仅是行为人的犯罪行为直接作用的对象，但真正的受害者却是“机器”背后的“人”。正如本案中，李某的犯罪行为直接作用的对象是翼支付平台，但真正的受害者却是平台背后的天翼电子商务有限公司。“机器”的不可欺骗性并不能掩盖“机器”背后“人”的可欺骗性。

同时，在侵财犯罪中，“机器”与“人”的这种关系实际上也得到了立法和司法实践的确认。比如，拾得他人信用卡在银行柜台使用的行为构成信用卡诈骗罪，在ATM上使用的也同样构成该罪，而不能因为ATM是“机器”就否认ATM背后的银行受骗的事实。所以“机器不能被骗”的论点并不足以推翻利用机器骗取他人财物的行为构成诈骗罪的判断。

二 被害单位的退款流程系规则漏洞，而非机械故障

司法实践中，针对有“机器”介入的侵财类犯罪，定性为盗窃罪还是诈骗类犯罪，一直是有争议的问题。实际上，该问题的实质在于被害人是否“自愿”处分财物。在盗窃罪中，行为人最终取得财物，是在被害人不知晓的情况下发生了秘密的财物转移占有，属于被害人“非自愿”处分财物的行为；而在诈骗类犯罪中，行为人最终取得财物，是在被害人“知晓”的情况下发生了“自愿”的财物转移占有。

有观点认为，发生在ATM、第三方支付平台等侵财类犯罪中，如果行为人仅是针

对和利用“机器”的电脑编程规则上的漏洞，采用虚构事实、隐瞒真相的方法，使ATM、第三方支付平台等发生错误认识从而自愿“处分”财产的，应当认定为诈骗类犯罪；但如果行为人并非利用电脑编程规则漏洞，而是利用ATM、第三方支付平台某些机械故障所导致的“程序宕机”“程序紊乱”等重大障碍，进而非法占有财物的，则不能认定为诈骗罪。

笔者认为，如果利用ATM、第三方支付平台的机器属性方面的缺陷，因此时缺乏机器背后“人”的意思表示，故不存在基于处分意识的处分行为，进而也就难以构成诈骗罪；如果利用“机器人”中“人”的属性方面的缺陷，虚构事实、隐瞒真相使“人”发生错误认识进而处分财物的，则应构成诈骗类犯罪。本案中，李某利用的是翼支付平台退款结算规则方面的漏洞，而这一规则体现的显然是平台背后“人”的意思表示，而不是系统本身发生的机械故障。其通过发起虚假交易获取退款的行为，体现的恰恰是平台背后的“人”基于规则缺陷而作出的财产处分，故对相关行为理应认定为诈骗罪而非盗窃罪。

（案例编写人：上海市高级人民法院　叶琦；上海市静安区人民法院　葛立刚）

46

抢劫与替人索债、敲诈勒索的区分

简要案情

吴某纠集他人至包某的家中,不顾包某的拒绝,以帮助包某拿回抵押给王某的财物为由,伙同他人持刀对王某及其女儿、朋友瞿某等人实施胁迫威逼,要求王某交出财物。此后,吴某等人驾车将王某及其女儿带至王某的家中,并在王某的带领下从王某家中取走黄金项链1根、黄金戒指1枚等财物。嗣后,吴某将前述黄金项链、戒指等出售,所得钱款6635元均被其使用。

主要问题

本案中,吴某的行为是否构成抢劫罪?如果构成,是否应认定为入户抢劫?

案例分析

本案的案情虽不复杂,但所涉及的法律问题属于司法实践中较易产生争议的疑难、典型问题,主要包括两个方面:一是如何对抢劫与替人索债、敲诈勒索等行为进行准确区分;二是如何把握入户抢劫的认定标准。

一 抢劫与替人索债、敲诈勒索的区分

本案行为是否构成抢劫罪,应当从行为人是否具有非法占有他人财物的故意以及行为人实施暴力、胁迫的程度进行主客观两方面分析。以下结合本案分三点具体

评析。

第一,行为人是否具有非法占有他人财物的主观目的,是区分侵财类犯罪与替人索债等非罪行为的重要依据。不过,由于犯罪故意属于行为人的主观心理状态,对该主观方面的判断,应坚持犯罪行为等客观事实的检验标准,①即以客观事实为依据,综合全案证据全面分析,不能轻信口供。通常情况下,可结合行为人在事前、事中、事后三个阶段的具体行为特征加以判断。具体到本案,虽然吴某坚称系替包某索债,但结合其他证据以及吴某的行为特征,该意见无法得以采纳。首先,王某的陈述及包括包某在内的多名证人的证言均证实,吴所辩称的帮人讨债行为事前根本未取得包某的同意,且吴某对王某与包某之间是否存在债务也未进行必要的核实;其次,吴某在"讨债"过程中不仅纠集多人对王某进行言语威胁,且有持刀威逼、挟持等行为,明显超出替人讨要财物的范围与限度;最后,吴某在取得财物后,既未将之交付给包某,也没有向包某告知结果,而是自行将取得的黄金首饰销赃。吴某在取得财物后的处置行为,较为直观地体现出其行为时的主观心理状态。因此,本案中吴某非法占有他人财物的故意较为明显,替人索债不过是一个幌子。

第二,行为人使用暴力、胁迫等方法的具体程度,是区分抢劫罪与敲诈勒索罪等其他直接针对被害人的侵财类犯罪的主要标准。抢劫的暴力、胁迫程度较重,一般要求达到压制对方不能反抗或不敢反抗的程度;而敲诈勒索的暴力、威胁程度则相对较轻,尚不足以压制对方。由于暴力程度不同,王某交出财物时的心理状态也往往有所差异。抢劫是王某迫于已经或即将发生的暴力打击而产生精神上的恐惧,不得不交出财物;敲诈勒索则是王某因将来可能出现的人身、财产以及名誉上的毁损而陷入恐慌,迫于无奈交出财物。本案中,吴某不仅纠集多人对王某进行言语威胁(如不交出财物就对王某实施殴打),更曾持刀对王某加以威逼挟持,最终迫使王某不得不返回住处将财物交出。可见,吴某使用暴力、胁迫的程度较重且十分紧迫,其行为符合抢劫罪的构成要件特征。

第三,"当场性"不是区分抢劫罪与其他犯罪的核心要素。行为人实施的暴力、胁迫行为虽与最终非法取得财物之间存在一定时间、空间上的间隔,但若其间未发生明显中断或未出现其他介入因素,一般不影响抢劫罪的认定。针对有关抢劫罪应具备"当场性"特征的观点,笔者认为可做如下把握:首先,对罪质的定性,应严格依据刑法

---

① 参见马克昌主编:《犯罪通论》,武汉大学出版社2006年版,第308页。

分则法条对相关犯罪构成要件的具体规定,不应人为额外添加、限制构成要件要素。《刑法》第 263 条对抢劫罪规定为,“以暴力、胁迫或者其他方法抢劫公私财物的,处……”,其中难觅当场性的要求。虽然在实践中,抢劫罪的确经常表现为当场施加暴力威胁、当场抢取财物,但其根源仍在于抢劫的暴力严重程度。正是由于暴力、胁迫的程度较重,王某处于正在或者即将遭受暴力侵害的极度恐惧之下,存在如不交出财物就将(或继续)遭受侵害的紧迫性,故不得不当场交出财物。因此,有关抢劫罪需具备“当场性”的观点可以说是对抢劫罪外在特征的一个大致归纳,但这并非区分抢劫罪与其他犯罪的本质特点。就抢劫罪与其他直接针对王某的侵财类犯罪(如敲诈勒索)而言,最根本的区别要素还在于暴力程度的不同。其次,对“当场性”的理解,不能机械要求暴力胁迫与取财结果必须在同时、同地完成。本案中吴某使用暴力胁迫和取得财物之间虽然存在一定时间、空间上的间隔,但手段实施与结果实现之间不存在明显的中断,王某系出于对自身及家人安危的恐惧担忧,不得不将财物交付给吴某。况且,从包某住处到王某住处的转移,系在吴某驾车挟持下完成,其间没有其他因素介入。因此,应认为王某因遭受暴力胁迫而产生的心理恐惧,一直延续到其交出财物之时,且与吴某言语威胁、持刀威逼之间存在因果关系。可见,本案与抢劫罪通常具备的“当场性”的特征亦并不矛盾。

二 入户抢劫的司法认定标准

本案吴某的行为是否属于入户抢劫?由于入户抢劫系刑法规定的法定加重情节,认定与否对吴某量刑影响至巨,不可不察。

根据《最高人民法院关于审理抢劫、抢夺刑事案件适用法律若干问题的意见》的规定,认定入户抢劫时,应当注意三个问题:一是“户”的范围;二是“入户”目的的非法性;三是暴力或者暴力胁迫行为必须发生在户内。就本案而言,吴某在对王某使用暴力胁迫手段后,又在后者带领下至王某家中取财,符合“入户抢劫”的前两个方面要求。但由于吴某是在包某家中对王某实施的暴力胁迫,包括王某陈述在内的多组证据都没有反映出吴某在进入王某住所过程中或者在进入住所后又实施过其他暴力胁迫行为,而吴某进入包某住处系经包某同意,不能认定为非法入户,故本案不属于入户抢劫。

笔者认为,在认定“暴力或者暴力胁迫行为发生在户内”这一情节时,应将“暴力或者暴力胁迫行为”本身与王某因遭受该行为而产生的“恐惧心理状态”区别开来。在王某意识尚清醒时，抢劫罪的发展进程通常都包括如下阶段：行为人实施暴力胁迫行为→王某产生恐惧等心理状态→基于该种心理状态不得不交予财物。如果行为人暴力胁迫的实施与财物取得之间的间隔较短，王某心理精神上的恐惧对交付财物的影响往往显现得不甚充分；但如果间隔较长，该过程就会构成一个较为独立的阶段。在这种情形下，如果行为人是在户外实施的暴力胁迫，其在入户过程中或者入户后没有再施加过其他的暴力胁迫行为；王某是在先前遭受暴力胁迫而产生的恐惧心理状态下才交付的财物，那么即使行为人取得财物是在户内，也不宜认定行为人的行为构成入户抢劫。这不仅符合《最高人民法院关于审理抢劫刑事案件适用法律若干问题的指导意见》关于“入户抢劫”与“在户内抢劫”加以区别的精神，也符合罪责刑相适应以及刑法谦抑的基本原则。

当然，入户抢劫中的“在户内实施暴力或者暴力胁迫行为”，不应机械地理解为所有暴力、胁迫动作的实施都必须开始并完成于户内，否则又将属于人为额外添加、限制构成要件要素。笔者认为，只要行为人的抢劫暴力行为有一部分发生在户内，在符合其他条件的基础上即应以入户抢劫论处。

（案例编写人：上海市闵行区人民法院　赵宇翔）

47

采用轻微暴力入户夺取财物的定性

简要案情

彭某蒙面闯入被害人吴某的卧室,趁吴某单身一人在室内电脑桌前上网之际,走到吴某的左后侧,伸双手环绕至吴某胸前,将吴某戴在脖子上的千足金项链(含足金挂件一枚)拽走,在彭某欲抢吴某身侧的手提包时,被吴某用身体护住,彭某随即逃离。其中被抢的千足金项链重22.57克、足金挂件重9.71克,购买价总计为12,200元。当日彭某将抢得的千足金项链销售给束某,得款5310元。数日后,彭某闯入被害人周某的住处,趁周某怀抱小孩坐在电脑桌前上网之际,伸双手环绕至周某胸前,将周某戴在脖子上的黄金项链拽走并逃离。

主要问题

入户后趁被害人不备,采用轻微暴力获取财物的行为应当认定为抢劫罪还是抢夺罪?

案例分析

一 抢夺罪与抢劫罪的区别在于是否使用暴力、胁迫等手段

抢劫罪是指以非法占有为目的,采用暴力、胁迫或者其他强制性手段当场劫取他人财物的行为。抢夺罪是指公然夺取他人财物的行为。两罪的区别主要在于直接客体不尽相

同:抢劫罪的犯罪客体是复杂客体,既侵犯公民的财产权,又侵犯公民的人身权;而抢夺罪只侵犯公民的财产权。抢夺不同于抢劫之处在于两点:一是行为的性质是"夺取"。虽然也具有一定的"野蛮性",但与抢劫行为相比,这种野蛮性较弱,不具有强制性,也就是说其夺财行为不能被认定为使用了"暴力"。二是行为表现为"突然性"。即一般来说被害人还来不及反应,抢夺行为就已实施完毕。当然,仅有"突然性"表征不足以区分抢夺和抢劫,因为有时抢劫罪的被害人也来不及反应,抢劫行为就已实施完毕。不过,在都具有"突然性"的情况下,抢夺、抢劫行为的区分,在于行为的"突然性"和"强制性"的结合。突然性的夺取而不是强制取得,属于抢夺;突然性的强制取得而不是夺取,属于抢劫。

由此可见,是否使用暴力、胁迫等会产生"强制性"的手段是区分二罪的最重要因素。对于暴力的含义,首先,必须是一种强制性力量;其次,这种强制力具有足以使一般被害人产生畏惧心理从而不敢抗拒或者足以使一般被害人不能抗拒的作用;最后,这种强制性力量应当是直接作用于人体或物体的、足以抑制被害人反抗的物理性的强制力量。

如果凭借暴力抑制被害人的反抗后取得财物的,就构成抢劫罪;如果取得财物时并不是凭借这种暴力,而是趁其不备公然夺取的,则构成抢夺罪。至于暴力是否达到抑制被害人反抗的程度也不能仅以行为人或者被害人的主观认识为限,而应综合考虑被害人的有关情况(年龄、性别等)、行为的状况(如作案的时间、场所等)、行为人的有关情况(如行为的表现形式,实施过程等)等各种因素。综合各种因素,如果认为某种暴力、胁迫在社会观念上足以使一般人陷入不能、不敢反抗的状态,就可以认定为是抢劫罪的"暴力";反之,如果达不到这种标准,只是由于被害人臆断,而实际上产生了抑制反抗的效果,就不能认定为抢劫罪中的"暴力"。

二 在室内夺取财物,未使用暴力、胁迫等手段,应当认定为抢夺罪

刑法就入户盗窃与入户抢劫行为作了明确规定,但并未提及入户抢夺的问题。有观点认为,住宅是一个家庭生活、休息的处所,是普遍认为的最为安全的地方,进入室内的犯罪不仅侵犯了财产权、人身权等权利,同时也侵犯了住宅安宁权。另外,室内相对室外来说一旦被发现更难以逃离,因此作案人在入户前就应当对被发现后可能采用的抵抗手段有一个概括认识,因此在进入他人住宅的情况下,窃取财物时未被被害人发现的,属于秘密窃取,依法认定为入户盗窃;而在取得财物过程中被被害人发现且强行将财物取走的,就应当认定为入户抢劫。

另一种观点则认为，刑法未对入户抢夺作出具体规定，是由于此类犯罪相比入户盗窃和入户抢劫而言发生概率较小，但没有特殊规定并不代表不能适用一般规定。侵入住宅犯罪确实比在其他地方犯罪多侵害一个住宅安宁权，但不能因此而忽视了犯罪构成要件的基本要素，即在被害人发现的情况下，未采用暴力、胁迫等手段夺取财物，符合抢夺罪构成要件的，应当依照抢夺罪定罪处罚。

笔者同意后一种观点，应当依照犯罪的构成要件进行评判，在未使用暴力的情况下，即使在户内发生的夺财行为也应当依法认定为抢夺罪。另外，入户抢劫无论数额多少一律在有期徒刑十年以上量刑，而入户盗窃在数额未达到"情节严重"的情况下，在有期徒刑三年以下量刑，主要是因为抢劫犯罪侵犯人身权和财产权两个客体，而在仅造成被害人财产损失，未对被害人人身采取暴力的情形下，将该行为认定为入户抢劫并在有期徒刑十年以上量刑，存在刑罚过重之嫌，从罪责刑相一致原则角度出发，也应当认定抢夺罪。

三 本案中彭某采用针对财产的轻微暴力，未对被害人造成强制力及威胁，应认定为抢夺罪

在两起案件中，彭某为方便摘下佩戴在被害人脖子上的项链，站在被害人身后伸双手环绕至被害人胸前，以极短的时间将项链摘下后逃离，其作案手法直接指向被害人的项链，并未接触到被害人身体，作案时间短暂，且双方无任何交流，其行为尚不足以对被害人产生精神压制。在第一节事实中，彭某趁被害人吴某不备抢得项链后，意图再抢手提包时，被被害人用身体护住，遂即逃离。可知，彭某利用被害人准备不充分抢得财物，但在被害人有意识做了保护财物的举动后，彭某未有后续的暴力行为。因此彭某的暴力仍是针对财物且是在被害人来不及反抗的情况下夺取财物的，而被害人则在彭某行为时当场采取保护措施，并非陷入不能、不敢反抗之境。在第二节事实中，彭某趁周某未及反应时抢得项链予以逃离。可知，整个犯罪时间短、过程简单、犯罪对象直指项链并未涉及其他财物。因此，彭某的暴力同样是针对财物且是在被害人未及时反应的情况下夺取财物，而被害人因顾忌孩子安全未反抗，则是被害人自愿放弃反抗，并不能简单认为彭某的行为已经致使被害人陷入不能、不敢反抗之境，故彭某的行为符合抢夺罪的要求。

（案例编写人：上海市普陀区人民法院　薛依斯）

48

公司员工在外部交易过程中侵占对方公司钱款的定性

简要案情

顾某担任某公司钢材销售经理,将公司的四批钢材分别销售给他人,擅自以不开发票优惠为由,骗取客户在收货后将货款80余万元打至其个人在农业银行的账户,后将货款挥霍,无力归还。

主要问题

公司员工在外部交易过程中占有对方公司钱款的能否构成职务侵占罪?如何区分职务侵占罪与诈骗罪?

案例分析

职务侵占罪与诈骗罪虽在理论上泾渭分明,但在司法实践中却是区分的难点。为区分二者,一些简单的方法应运而生。如行为人侵占外部公司钱款的为诈骗罪,侵占公司自身钱款的为职务侵占罪;公司内部规定行为人有某项职权的为职务侵占罪,公司内部未规定其有该项职权的为诈骗罪,等等。上述方法虽在某些个案中能解决问题,但忽视罪名区分的实质在于构成要件的规范判断,必然导致在疑难案件中得出错误结论。

一 职务侵占罪中“利用职务上的便利”应是实质判断

根据刑法的规定,公司等单位的工作人员,利用职务上的便利,将本单位的财物非法占有的,才有可能构成职务侵占罪。其中,“利用职务上的便利”通常是指行为人利用自己在本单位所具有的一定职权,实践中通常表现为主管、管理、经手本单位财物的便利条件。

但是否利用了职务上的便利,是犯罪构成要件意义上的规范判断,应是综合分析在案证据、交易流程后作出的实质判断,而非简单地以公司的内部管理规定为据得出的形式判断结论。如果涉案客户是行为人个人发展而来,涉案交易全程由其代表公司与客户一方洽谈。在交易过程中,其一方面与客户商谈并诱导客户同意将货款支付至其个人账户,另一方面在商定交易细节后通知公司发货。上述两个方面中的任何一个方面,若非行为人担任公司销售经理且负责具体所涉业务,都不可能实现。显然,此时行为人利用了自身担任公司销售经理的职务便利,所侵吞的款项表面上看是对方公司的款项,但实质是公司的应收货款,其行为应当构成职务侵占罪。

二 区分罪名的关键在于把握不同罪名的核心要件

刑法理论未对职务侵占罪非法占有的方式有所限定,欺诈、盗窃等不同非法占有的方式不影响罪名认定。实践中,公司员工诈骗公司财物,以诈骗罪定罪处罚的案件也屡见不鲜。欺诈行为与职务行为相互交织时,案件准确定性就有了难度。

犯罪构成是决定行为构成犯罪所必须具备的一切客观要件和主观要件,但决定此罪与彼罪的,往往是其中的核心要件。对比诈骗罪与职务侵占罪,二者在犯罪客体、犯罪主观方面相同,犯罪主体略有不同,但关键在于犯罪客观方面的不同。根据刑法通说关于两罪犯罪构成的界定,可以将诈骗罪犯罪的客观方面概括为“欺诈并因此获取他人财物”,将职务侵占罪犯罪的客观方面概括为“利用职务之便侵吞公司财物”。在把握二罪核心要件差异的基础上,将案件客观事实嵌入核心要件,由此得出规范判断的结论。即首先判断犯罪对象是公司财物还是客户资金。如是公司财物,则不能构成针对客户一方的诈骗罪;如是客户资金,则构成针对客户一方的诈骗罪。其次判断行为是否利用了职务上的便利。如未利用职务上的便利,则构成针对公司的诈骗罪;如利用了职务上的便利,则应认定为职务侵占罪。当然,上述对犯罪对象、职务便利的判断,均应秉持实质判断的立场。

三　关于顾某行为的评析

本案中,客户在收货后付款,知晓款项的用途、数额,非基于错误认识而支付,且已银货两讫,未因此遭受经济损失;顾某公司知晓并同意涉案业务,顾某未对公司实施欺诈行为,其隐瞒已自行收取货款的事实的行为系发生在公司已发货、客户已付款之后,此时顾某公司的经济损失已经实际发生。因此,顾某的行为不构成诈骗罪。顾某利用担任公司钢材销售经理的职务便利与客户洽谈交易,在将公司钢材售出发货后诱骗客户将货款支付至其个人账户,侵吞公司应收款项,其行为构成职务侵占罪。

(案例编写人:上海市宝山区人民法院　张国滨、常蓉京)

49

将银行卡借给公司使用后窃取卡内钱款的定性

简要案情

陈某担任公司合营事业部总经理，并负责加盟招商工作。其间，其将个人开设的建设银行账户供公司业务使用，并口头规定银行卡不再由其个人使用，该银行卡锁在公司的保险柜内，由公司财务保管。陈某在开卡之初，就办理了U盾，并由陈某自己保管，并未交给财务。后陈某分多次将公司加盟款204,767.84元通过网银从该建设银行卡转至其支付宝的账户中，用于淘宝消费、还信用卡款以及支付宝充值。被公司财务人员发现后，陈某伪造收款收据用于冲抵公司账目。

主要问题

公司工作人员将银行卡借给公司使用后窃取账户中钱款的，如何定性？一种意见认为构成盗窃罪。陈某作为公司合营事业部总经理，其职责是主管全国的招商加盟。但公司和陈某约定本案中的建行账户是公司专门用于收取加盟营业款的委托收款账户。该张银行卡及其密码均由该公司的财务人员专门负责保管，锁在公司的保险柜内，保险柜只能财务开关。其公司资金的转入、转出也由财务人员负责经手、办理。也就是说，公司仅仅借用以陈某名义在银行开设的个人账户，用于公司资金的流转，但公司既没有将公司资金委托给陈某保管，也没有授予陈某对公司资金有使用权，因此，上述账户内的资金为公司所有。同时，陈某自同意将自己的银行卡交公司使用时，已明知自己对账户内的资金既没所有权，也没使用权。该银行卡虽然是以陈某的名义办理，但其后与公司约定该卡不再归其个人使用，由公司用作收取加盟费。该卡内收取的资金理所当然由公司所有，陈某并不因为这张卡登记在其名下而享有支配卡内资金的权利，正是由于陈某基于自己的支付宝绑定了该卡的便利，采取了秘密窃取的手段将该卡内的部分资金转移到自己的支付宝使公司丧失了对这部分资金的控制。陈某明知建行卡内的资金为公司所有，该卡由公司财务人员保管，仍然将卡内的20万余元转到自己的支付宝账户消费，在被财务人员发现后，伪造虚假的费用报销单冲账，说明其主观上对上述资金具有非法占有的目的。陈某客观上在公司不知情的情况下将上述建行卡的资金转移到自己的支付宝账户，排斥了公司对该笔资金的所有权，其行为系以秘密窃取的方式非法占有公司资金，其行为应当认定为盗窃罪。

另一种意见认为构成职务侵占罪。陈某身为公司工作人员，利用职务上的便利，将本单位财物非法占为己有，数额较大，其行为构成职务侵占罪。

案例分析

笔者认为，陈某的行为构成职务侵占罪。认定盗窃罪的关键在于行为人在非法占有目的的主观故意支配下，将他人合法占有、控制的财物通过非公开手段转为自己占有、控制，且财物占有、控制关系的转移并非占有、控制人的处分行为所致。结合本案，一方面，陈某虽然将其个人的建设银行的银行卡卡片交予公司保管、使用，并且将密码也告诉了公司财务人员，用途也是用于接收公司加盟款，但其个人同时掌握该银行卡配套绑定的U盾，该银行账户内的资金必须在银行卡卡号、密码和U盾同时使用的情况下才可以通过网银转出，应当认定该账户内的资金由公司和陈某共同占有、控制。而陈某自己同时掌握银行卡卡号、密码并实际控制U盾，即陈某是将自己实际控制的他人财物非法占有，不符合盗窃罪的犯罪构成要件。另一方面，陈某虽然不是公司的财务人员，没有主管、管理、经手财物的职务内容，但是其身为合营事业部经理，主管公司的加盟招商，公司也是基于其职务身份让其提供个人银行账户供公司接收加盟款之用，并且在签订的加盟合同上预留该银行账户用于接收加盟款，实际上，陈某具备经手公司资金的职务便利，也利用该便利将其控制的公司资金占为己有，时间长达一年，同时在公司财务经理发现后使用假票据用以冲抵试图继续占有、不予归还，其行为应当认定为职务侵占罪。

（案例编写人：长沙市雨花区人民检察院 罗小红）

50

将保管的他人银行卡上的存款占为己有的行为性质

简要案情

金某是某大型 KTV 坐台小姐，在工作中认识了老板陆某，并发展为情人关系。陆某打牌娱乐经常会带上金某，有时候会交给金某银行卡并告知其银行密码，要金某替他到银行 ATM 转钱或者现金取款，因为陆某的银行卡消费有手机短信提醒，所以就很放心金某拿着卡帮他转账或者取现。有一次陆某要金某帮忙去转 5 万元给他朋友，金某转账后顺便查询余款，发现卡内还有余款 70 余万元。金某就想占有这些存款，于是打电话借口说有急事要去处理一下，因为陆某在打牌也就没有在意。随后金某持陆某的建行卡来到一个大商场周生生金柜，用陆某的卡购买了 1500 克黄金，刷卡消费 57 万元。陆某当时打牌未注意看手机短信，第二天看到短息提醒银行卡里面的钱被刷走，就立马打电话给金某，问她为什么刷了自己银行卡里的钱，要她立即把钱和银行卡还回来就不追究她的责任，金某口头答应还钱还卡，接下来不但没有还钱还卡给陆某，而且还把手机关掉，拿着这些钱跑回老家过年挥霍。

主要问题

关于金某是构成盗窃罪还是侵占罪，存在两种不同意见：第一种意见认为，金某构成盗窃罪。本案中，被害人陆某因委托金某取款而将银行卡交由金某保管，并告知其银行卡密码。金某利用自己手中所保管的陆某的银行卡到商城刷卡消费的行为，相较于不知情的被害人而言，这一行为系秘密窃取，构成盗窃罪。即便金某占有银行卡并知悉密码，从而对银行卡内的存款具有一定的控制支配力，但其系听从陆某安排提取钱款,属于占有辅助者;而陆某系银行卡的所有人,对银行卡内的存款具有排他性支配力,相较于金某而言,其占有系上位占有,要高于金某之占有,最终应认定其系占有者,金某的行为破坏了陆某的占有,故应以转移占有之罪即盗窃罪来认定。第二种意见认为,金某的行为构成侵占罪。本案中陆某将银行卡交与金某保管,并告知其取款密码,金某对银行卡内的钱款便形成了一种事实上的控制关系。此时,金某未经陆某同意,擅自将银行卡内数额较大钱款取走,并拒不返还,完全符合侵占罪将他人财物非法占为己有,数额较大,拒不退还的构成要件,因而应认定为侵占罪。

案例分析

侵占罪与盗窃罪均系典型的财产犯罪,在主体、主观以及客体要件上并无区别,其区别主要体现在客观要件上:侵占罪属于非转移占有型财产犯罪,行为人在实施侵占行为时,所侵占的财物已在行为人的实际控制之下;而盗窃罪属于转移占有型财产犯罪,行为人在实施犯罪行为时,其非法占有的财物并不在行为人的实际控制之下。可见,区别侵占罪与盗窃罪的关键在于行为人在非法占有财物时,该财物究竟在谁的占有控制之下。

笔者同意第二种意见,金某的行为构成侵占罪。主要理由如下。

陆某将自己的建行卡连同密码一并交给了金某,要金某为其转账。金某帮助陆某转账之后,发现卡里还有存款 70 余万元,决意侵占,然后持陆某之卡到商城周生生金柜刷卡购买了 1500 克黄金。金某的作案过程:合法持有陆某的建行卡与密码——帮陆某转账——转账后发现卡内有余款决意侵占——金某持陆某的建行卡到商场刷卡购买黄金——陆某接到银行消费短信息后电话通知金某还款还卡——金某口头答应,随后关掉手机拒绝还款。陆某将银行卡与密码交与金某保管,金某对银行卡内的钱款便形成了一种事实上的控制关系。此时,未经陆某同意,金某擅自将银行卡内数额较大钱款消费,并拒不返还,完全符合侵占罪将他人财物非法占为已有,数额较大,拒不退还的构成要件,因而应认定为侵占罪。

从金某的作案过程看,她从合法持有(陆某的建行卡)开始,到非法侵占(陆某的建行卡)以获取财物结束,完全符合侵占罪的特征。鉴于侵占罪只有在拒不归还的情况下才构成犯罪,所以,如果金某在接到陆某催其还款的电话后及时将购买的黄金交还给陆某,那么,她将不构成任何犯罪。但是,如果陆某的建行卡不是自己交给她的,而是她从陆某那里偷来的,或者骗来的,或者抢来的,那么,按照司法解释,金某的行为将构成盗窃罪或者诈骗罪、抢劫罪,即便她将刷卡购买的黄金在接电话后及时交还给陆某,也不会影响她的行为定性,而只会影响其量刑。不过,金某的确是从陆某那里合法拿到的建行卡,而且拿到之后就再也没有归还陆某,从而完成了从合法持有到非法侵占的犯罪嬗变。因此,金某的行为只能构成侵占罪。

(案例编写人:湖南言顺律师事务所　辜志珍)

51

以“危机公关”之名获取财物的定性

简要案情

安某在工作中完成了一篇关于圆通公司的负面报道，后因故未被采用播放，故心生不满，欲以此从圆通公司得到好处，并将该想法告知胡某。二人经商量后决定由胡某找人联系并以年度公关合作的名义让圆通公司支付公关服务费200万元。后胡某安排李某具体操作此事并将安某通过短信发送的“圆通税务黑洞”文章、“3·15期间要播放”等谈判要点转发给李某。后李某按照胡某授意先后将上述短信转发给圆通公司相关负责人，并与圆通公司法务见面，表示握有圆通公司的负面新闻，让圆通公司向指定的公关公司账户汇款600万元，否则“3·15”期间曝光，并要求圆通公司于3月15日之前答复。后因圆通公司未予理会，李某于是将胡某发给其的暗访片断发送给圆通公司的相关负责人进一步施压。后圆通公司至公安机关报案。安某、胡某还在短信中就圆通公司没有回应一事讨论要将相关内容直接放在论坛上。

主要问题

对本文中媒体人号称的危机公关行为，如何把握其本质特征及触犯的罪名？

案例分析

本案主要涉及强迫交易罪和敲诈勒索罪。两罪有些相似的地方，如都要求使用一定的威胁手段，但区别也是明显的。第一，客观方面，虽然二者使用的手段中都有

“威胁”,但敲诈勒索不包括使用“暴力手段”。第二,主观方面,敲诈勒索罪以非法占有他人财物为目的,而强迫交易罪中系通过交易实现非法获利。第三,客体方面,强迫交易罪侵犯的客体除了他人的人身权利、财产权利外,更重要的是侵犯了公平的市场交易秩序;而敲诈勒索罪没有侵犯市场交易秩序。第四,主体方面,强迫交易罪的主体为自然人和单位,而敲诈勒索罪的主体只能为自然人。

质言之,强迫交易罪中,威胁行为的目的是“强迫他人达成交易”,没有交易,就没有强迫交易问题,更谈不上强迫交易罪。因此,扰乱市场秩序是其本质特征,即通过扰乱市场秩序获取非法利益。而在敲诈勒索罪中,行为人获取非法利益仅仅因为其威胁行为起到了使被害人恐惧的作用,行为人不用付出任何对价即可获取利益,这是区别于强迫交易罪最本质的地方。而且,威胁行为的目的是使被害对象陷入恐惧,继而处分钱财,行为人最终可获取钱财。因此,行为人实施威胁行为的最终目的与其主观方面一致,即为了非法占有被害人的钱财。

本案中,安某利用在工作中完成的被害单位负面报道萌生了敲诈被害单位钱财的念头,故与胡某商量,胡某提出以其公关公司替被害单位做公关策划的名义收取该笔钱款,后胡某又联系非其公司的李某,由李某出面谎称是电视台的工作人员,向被害人单位提出巨额的危机公关费用。如上所述,强迫交易罪的威胁行为的本质是获取通过公平交易无法获得的非法利益(包括暴利),且该行为必须发生在具有特定交易关系或处于特定经营活动的行为人之间,“公平交易之外的暴利 + 交易形成”,因此,交易是强迫交易罪的基础,其威胁行为必定是围绕交易进行。但本案具体的威胁行为实施者李某在与被害单位会谈时,隐瞒其真实身份,谎称是电视台的记者,反映了其目的并非真实的交易,且会谈的内容围绕如果不曝光负面新闻、被害单位应支付多少钱款,因此其会谈内容并不是正常如何解决危机的交易行为,其内容与危机公关并无太大关系,或者说该危机本身是行为人施压造成的,然后又借危机公关之名索要钱财,岂不是病态的危机公关?故从强迫交易罪中威胁行为的本质和目的来看,此案中行为人与被害单位既无交易的基础,又无相应的对价行为,故不构成强迫交易罪。

从敲诈勒索罪的威胁行为本质和目的来看,其威胁行为的本质是使被害人感到恐惧,达到获取他人财物的目的,行为人在整个过程中不用付出任何对价,即使付出一定的代价也是作为实施犯罪的道具。此案中,安某利用其掌握的被害单位的负面材料,以此与胡某共谋敲诈被害单位钱款;胡某授意李某向被害单位转发负面材料,使被害单位产生恐惧和压力,迫使被害单位与李某会谈,趁机向被害单位索要钱款。

而且,李某在与被害单位会谈时,隐瞒真实身份,反映其目的并非真实交易,且会谈的内容围绕欲曝光被害单位的负面新闻,以此造成被害单位恐惧,达到向被害单位索要钱款的目的,故三人的行为均符合敲诈勒索罪中威胁行为的本质和目的。综上,安某、胡某、李某的行为均构成敲诈勒索罪。

(案例编写人:上海市青浦区人民法院　姚丽萍)

52

破坏生产经营罪与故意毁坏财物罪之区别

简要案情

曹某因失去向朗富快餐盒饭公司(以下简称朗富公司)收购泔脚的机会,而迁怒于得到该收购泔脚生意的陈某。曹某为泄愤报复,携带50千克亚硝酸盐至朗富公司,将上述亚硝酸盐投放于陈某放置在该公司的三个泔脚桶内。后陈某将上述泔脚运至养猪场喂猪。随后,上述养猪场内的猪出现呕吐、抽搐等症状,其中173头猪死亡,直接经济损失价值25余万元。

主要问题

本案中,争议焦点主要是曹某毒死被害人饲养中的生猪构成何种犯罪,是属于破坏生产经营罪,还是故意毁坏财物罪,抑或投放危险物质罪?在破坏生产经营罪和故意毁坏财物罪进行区分时,具体如何认定生产经营是解决此类案件的关键问题。当然,在法律和司法解释没有对情节严重作出明确规定时,合理运用自由裁量权,是本案准确定罪量刑的基本要求。

案例分析

一　毒死生猪的行为构成破坏生产经营罪

首先,破坏生产经营罪与投放危险物质罪比较容易区分。投放危险物质罪是危害公共安全罪,是指故意投放危险物质,危害不特定的多数人的生命、健康和重大公私财产安全的行为。判断以投毒的方式毒死生猪,是否构成投放危险物质罪,关键在于该投毒行为能否危害不特定的公私财产的安全。如果只侵犯了特定的公私财产,而不直接危及其他重大财产安全的,就不能以危害公共安全罪中的投放危险物品罪论处。本案曹某虽然是以投毒的方式,毒死了173头猪,给农户造成了重大经济损失,但从犯罪对象来看,曹某毒死的是事先确定的对象;从犯罪手段来看,曹某是将亚硝酸钠投入特定的三个泔脚桶,这种行为在客观上不可能危害不特定的重大公私财产的安全,不涉及公共安全,故曹某的行为不构成投放危险物质罪。

其次,破坏生产经营罪是指出于泄愤报复或者其他个人目的,毁坏机器设备、残害耕畜或者以其他方法破坏生产经营的行为。其作为《刑法》侵犯财产罪一章中的最后一个罪名,在实践中往往和其前一个罪名故意毁坏财物罪难以区分。因为,行为人通过毁坏机器设备、残害耕畜或以其他方法破坏生产经营的同时,必然毁坏公私财物。而且从述明罪状的本身来看,泄愤报复或其他个人目的看似是区分本罪与故意毁坏财物罪的界限要素,即有观点认为,两罪的区别就在于有无泄愤报复目的。实际上,这是对刑法规定的误解,而且根据这一标准也无法区分这两罪。一方面,刑法虽然没有对故意毁坏财物罪规定泄愤报复目的,但是实务中行为人完全有可能出于泄愤报复目的实施故意毁坏财物罪,此时两罪该如何区分?另一方面,行为人在破坏生产经营时,不是出于泄愤报复目的,但具有其他个人目的,破坏了生产经营,但又没有毁坏财物,又该如何定罪?如行为人出于恶作剧心理,利用技术在公司网络上做手脚,导致公司业务长时间瘫痪。该行为人虽然没有毁坏财物,但是破坏了生产经营。由此可见,根据泄愤报复或其他个人目的无法区分这两罪。那么如何区分故意毁坏财物罪与破坏生产经营罪?实际上,两罪的区别在于侵害的法益不同。故意毁坏财物的行为对象是财物,保护的法益是财物的效用价值,而破坏生产经营的行为对象是生产经营,保护的法益是生产经营的经济价值,准确地说就是生产经营所蕴含的经济利益。结合本案来看,笔者认为,被害人陈某养猪场饲养的生猪即为生产经营的特定对象。

二　正确评价生产经营是认定破坏生产经营罪的关键因素

1. 破坏生产经营罪的行为对象是生产经营

正确理解破坏生产经营的行为对象不能仅限于述明罪状的内容,应当将机器设备及耕畜视为本罪的行为对象,否则行为人没有毁坏机器设备,但是又破坏了生产经营并造成经济损失,该如何处理?实际上,破坏生产经营的手段多种多样,毁坏机器设备、残害耕畜只是其中之一而已。可能会有人质疑:行为对象一般是指人或物,将生产经营作为行为对象,是否超出了行为对象的范畴?生产经营貌似抽象,实际上仍是由各类人和物组成的,生产经营实际上就是一种不断发展变化的状态。如本案中,养猪厂饲养的生猪,其实就是处于不断成长增加价值的过程。

2. 生产经营必须蕴含经济利益

既然破坏生产经营罪的法益是生产经营的经济利益,那么生产经营活动就必须蕴含经济利益,也即该活动的价值能够用经济价值来衡量。如果该活动不蕴含经济价值,那么破坏这种活动,就无法计算被害人遭受的经济损失;如果侵害后果不能表现为经济损失,侵害行为就无法构成财产犯罪。当然,在解释破坏生产经营罪的生产经营时,不应抱守主观解释,而应坚持对刑法进行当代的、合时宜的解释。在市场经济发展的今天,经济活动不仅仅是指工农业生产,也包括许许多多的经营活动。述明罪状中的毁坏机器设备、残害耕畜只是作出提示性的规定,实践中的生产经营远不局限于此,而应涵盖在农业(第一产业)、工业(第二产业)、服务业(第三产业)中,所以本案中,养殖场里的猪虽不属于机器设备,亦不属于耕畜,但完全符合本罪的行为对象。

3. 生产经营一定要具备合法性

本罪保护的生产经营,是否包括非法的生产经营?笔者认为,一般情况下不包括。根据法律财产说,非法的生产经营活动由于不具有民法上的合法权利,破坏这些经营活动,即使造成了重大经济损失,也不构成破坏生产经营罪。如非法制造毒品的地下工厂、非法制造枪支弹药的地下工厂、强迫儿童劳动的黑煤窑等,由于严重违背法秩序,难以为社会所容忍,均属于严重犯罪活动,不应受破坏生产经营罪的保护。但是,一些处于平稳营业状态下一般违法的生产经营,也应该区别对待,如手续不齐全的生产企业、没有营业执照的营业机构等,并不意味着任何人都可以进行破坏,否则法秩序将无从谈起。此时如果认定不属于生产经营的话,是否构成故意毁坏财物罪或其他情况还需具体情况具体分析,区别对待。

三 准确量刑必须恰当认定破坏生产经营罪情节严重的情形

情节严重的认定是长期以来困扰刑事法官的棘手问题。在没有相应司法解释的情况下,应如何认定情节严重呢?因实践中很难准确地界定实际损失的价值,且生产经营中的财物往往还处于经济利益起伏不定的状态中,此时需要法官充分发挥自由裁量权,作出恰当的认定。

一是参考已公布的司法解释对同一罪名的解释。这主要是针对犯罪构成要件的开放性很强,能将很多犯罪行为涵摄进来认定为同一罪名,而司法解释又未对新出现的犯罪行为的情节严重作出解释的情形。对此可参考已公布的司法解释对其他行为情节严重的认定标准,结合案件的具体情况作出认定。针对本案并无相关司法解释。

二是参考近似罪名的司法解释或地方规范性意见。受制于立法技术等原因,不同罪名的犯罪构成要件常常出现部分重叠,形成近似罪名。近似罪名之间具有一些共同特征,在遇到某一须判定情节严重而又没有司法解释或规范性意见作为依据的罪名时,可以参考近似罪名的司法解释或地方规范性意见来认定。尤其是在法定刑也相同的情况下,可以参考该罪名的具体标准。

三是反复检验结论的合理性。虽然按照上述思路一定程度上可以解决一些问题,但其结论个别时候会不具有足够的说服力。为使这种参考适用的结论尽可能合理,有利于体现案件的审判效果,一定要反复检验解释结论的合理性。要从实质角度考虑处罚的必要性,既要考虑将行为认定情节严重是否符合情理,是否能为公众的一般观念所接受,也要考虑案件处理的实际效果。将认定和不认定两种结论进行对比,选择其中理由更充分、更有利于取得良好效果的结论。本案中,与破坏生产经营罪情节相近的是故意毁坏财物罪。对故意毁坏财物罪,毁坏财物价值5万元以上可认定为情节严重,而曹某将50千克的亚硝酸盐投入被害人陈某用于喂猪的泔脚中,致使陈某饲养的生猪中毒,其中173头死亡,造成经济损失25万余元,同时陈某未死生猪的损失和抢救用药费都十分巨大。基于此,认为曹某的行为属于情节严重。

(案例编写人:上海市奉贤区人民法院　李晓杰)

53

“售卡+刷脸认证”型帮助网络犯罪的罪名认定

简要案情

案例1:张某办理了5张银行卡及对应的电话卡,并出售给购卡人。经查,电信网络诈骗被害人将50万元转入张某的账户,后该钱款被转出。另外,电信网络诈骗行为人未被抓获到案。

案例2:李某办理了5张银行卡及对应的电话卡,并出售给购卡人。购卡人为防止张某通过挂失方式转移卡内钱款,将其集中在指定宾馆。随后,李某通过刷脸认证方式配合购卡人转账。经查,电信网络诈骗被害人将50万元转入李某的账户,后该钱款被转出。另外,电信网络诈骗行为人未被抓获到案。

主要问题

张某和李某的行为如何定性?是构成帮助信息网络犯罪活动罪,还是构成掩饰、隐瞒犯罪所得、犯罪所得收益罪?

案例分析

当前网络犯罪呈现案件数量逐年递增、案件主体逐渐多元、犯罪产业链日益复杂的特点,而帮助网络犯罪的行为为上游犯罪提供协助支持,成为网络犯罪屡屡得逞的关键环节。《刑法修正案(九)》增设了帮助信息网络犯罪活动罪,立法目的在于更准确、有效地打击各种网络犯罪帮助行为,保护公民的人身权利、财产权利和社会公共利益,维护信息网络秩序,保障信息网络健康发展。[①] 帮助信息网络犯罪活动罪,是指自然人或者单位明知他人利用信息网络实施犯罪,为其犯罪提供互联网接入、服务器托管、网络存储、通讯传输等技术支持,或者提供广告推广、支付结算等情节严重的帮助行为。而掩饰、隐瞒犯罪所得、犯罪所得收益罪,是指自然人或者单位明知是犯罪所得及其产生的收益而予以窝藏、转移、收购、代为销售或者以其他方法掩饰、隐瞒的行为。只要行为人对犯罪所得或者犯罪所产生的收益实施窝藏等行为即可,不必同时对犯罪所得及其产生的收益实施窝藏等行为。上述两个罪名之间有诸多共性,都属于妨害社会管理秩序犯罪,都存在上游犯罪,都可能涉及转移支付。上游犯罪查证属实,但尚未依法裁判或者由于未达到刑事责任年龄等原因不予追究刑事责任的,均不影响罪名的成立。因此,区分帮助信息网络犯罪活动罪与掩饰、隐瞒犯罪所得、犯罪所得收益罪对于涉案行为的准确定性至关重要。

一 帮助信息网络犯罪活动罪与掩饰、隐瞒犯罪所得、犯罪所得收益罪的界分

帮助信息网络犯罪活动罪中为他人实施信息网络犯罪提供支付、结算等帮助行为,与掩饰、隐瞒犯罪所得、犯罪所得收益罪中明知是犯罪所得及其产生的收益而予以窝藏、转移、收购、代为销售等行为,本质上属于不同犯罪构成。两个罪名的差异在于:其一,侵犯法益不同。尽管两个罪名都属于妨害社会管理秩序犯罪,但前者侵害的是公共秩序,后者妨害司法秩序。其二,主观认知不同。前者要求明知是他人利用信息网络实施犯罪,后者要求明知是犯罪所得及其收益的情况。明知包括明确知道和明知可能。明知是赃物,包括明知肯定是赃物与明知可能是赃物。[②] 其三,时间节点不同。刑法理论通说认为,帮助信息网络犯罪活动罪的理论基础在于帮助行为正犯化,本质属于共同犯罪。共同犯罪包含事前共犯和事中共犯,而不存在事后共犯。前者是为他人实施信息网络犯罪提供帮助的行为,"实施"意味着准备实施或正在实施,是在上游犯罪既遂之前。后者在只能发生在上游犯罪既遂或者虽然未遂但已经终结的情形,系事后进行帮助掩饰、隐瞒犯罪所得、犯罪所得收益,否则可能成为上游犯罪的共犯。

---

① 参见雷建斌主编:《〈中华人民共和国刑法修正案〉(九)释解与适用》,人民法院出版社 2015 年版,第 168 页。

② 参见张明楷:《刑法学(下)》(第 6 版),法律出版社 2021 年版,第 1449 页。

帮助信息网络犯罪活动罪与掩饰、隐瞒犯罪所得、犯罪所得收益罪看似区分度明显，但实践中，尤其在网络犯罪领域，存在理解适用上的分歧。例如，罗某利用“跑分”软件绑定自己名下的多张银行卡，通过为帮助网络赌博活动转账的方式获取佣金案。[①] 一审法院认为，罗某明知他人利用信息网络实施犯罪，而为其犯罪提供支付结算帮助，情节严重，其行为已构成帮助信息网络犯罪活动罪。二审法院认为，罗某明知是犯罪所得而予以转移，情节严重，改判为掩饰、隐瞒犯罪所得罪。又如，刘某提供银行账户、手机、身份证、采用现场验证等方式协助汤某等人进行诈骗资金转移案。[②] 一审法院认为，刘某等人为获取非法利益，在明知他人从事非法资金转移的情况下提供身份证、手机和银行账户进行资金转移，其行为均构成掩饰、隐瞒犯罪所得罪。二审法院认为，刘某等人明知他人利用信息网络实施犯罪，为其犯罪提供支付结算等帮助，情节严重，改判为帮助信息网络犯罪活动罪。帮助信息网络犯罪活动罪针对的是上游犯罪实施的网络犯罪行为，掩饰、隐瞒犯罪所得、犯罪所得收益罪针对的是上游犯罪的犯罪所得及其产生的收益，两个罪名主观上都要求明知，但行为方式可能存在重合，比如“售卡＋刷脸认证”的帮助网络犯罪行为。

二 “售卡＋刷脸认证”帮助网络犯罪行为在实务中的不同定性

“售卡＋刷脸认证”是帮助网络犯罪中常见的支付结算方式，而支付结算是网络犯罪分子转移财产、获取不法利益的关键环节。实务中，对“售卡＋刷脸认证”帮助网络犯罪行为有不同定性。第一种观点认为，“售卡＋刷脸认证”的行为构成帮助信息网络犯罪活动罪，如王某为他人提供 6 张银行卡并刷脸协助案。[③] 法院认为，王某明知他人实施信息网络犯罪活动，为谋取非法利益，为他人提供 6 张银行卡并协助进行支付结算，涉案金额 51 万余元，其行为已构成帮助信息网络犯罪活动罪。第二种观点认为，“售卡＋刷脸认证”的行为构成掩饰、隐瞒犯罪所得罪，如李某提供账户并刷脸解密案。[④] 法院认为，李某明知是犯罪所得，仍提供账户并在实施转移资金过程中，

① 参见湖南省益阳市中级人民法院刑事判决书，(2022) 湘 09 刑终 52 号。
② 参见山东省德州市中级人民法院刑事判决书，(2021) 鲁 14 刑终 216 号。
③ 参见陕西省渭南市中级人民法院刑事裁定书，(2022) 陕 05 刑终 16 号。
④ 参见贵州省贵阳市中级人民法院刑事裁定书，(2022) 黔 01 刑终 45 号。

采用刷脸解密账户方式协助资金转移，并以此获利，其行为已构成掩饰、隐瞒犯罪所得罪，应依法处罚。需要注意的是，该案中李某系从事银行卡办理和贷款业务，且收取明显高于市场价的手续费。另外，在多个被告人的案件中，应当根据不同行为人“售卡 + 刷脸认证”帮助行为的构成要件符合性分别进行定罪。对于明知是违法犯罪所得，仍为他人提供资金账户、帮助取款，协助将资金转移，情节严重的，认定掩饰、隐瞒犯罪所得罪。对于明知他人利用网络实施犯罪，为其提供支付结算帮助，情节严重的，认定为帮助信息网络犯罪活动罪。网络犯罪往往涉及多链条、多层级的资金接收及转移，而为网络犯罪提供帮助的行为也存在多种表现方式，既能够为上游网络犯罪提供帮助，也可能事后被用来转移赃款，甚至同时被用于上游犯罪和转移赃物。

实践中，需结合帮助网络犯罪的行为方式对“售卡 + 刷脸认证”行为进行实质判断，即行为在具体案件中的社会危害性。“售卡 + 刷脸认证”的帮助网络犯罪行为可以细分为以下几种情形：第一种，行为人出售的卡被用于接收网络犯罪被害人的钱款，属于典型的为他人实施网络犯罪提供帮助的行为，该行为在上游犯罪既遂之前发挥作用，构成帮助信息网络犯罪活动罪。第二种，行为人出售的卡用于接收被害人的钱款，随后协助刷脸认证将转移相关钱款。通过“售卡 + 刷脸认证”方式接收被害人的钱款并转出，既帮助上游犯罪实现既遂，又帮助上游犯罪对犯罪所得进行掩饰，行为的实质危害性更大。鉴于“售卡 + 刷脸认证”在刑法意义上可以看作一个行为，不宜对同一资金的接收及转出进行重复评价，故该行为构成掩饰、隐瞒犯罪所得罪。第三种，行为人出售的卡用于接收有被害人钱款转入的其他账户的钱款，即中间账户的钱款。上游犯罪已经既遂，该行为构成掩饰、隐瞒犯罪所得罪。第四种，行为人出售的卡用于接收中间账户的钱款，随后协助刷脸认证转移相关钱款。行为人通过“售卡 + 刷脸认证”帮助上游犯罪从中间账户进行资金接收及转出，上游犯罪既遂之后发生作用力，构成掩饰、隐瞒犯罪所得罪。

综上，上述案例 1 中，张某基于概括的犯罪故意，出售自己实名的银行卡、电话卡对上游网络犯罪的行为提供帮助。经查相关账户有 50 万元被害人的资金转入及转出，张某的售卡行为情节严重，符合帮助信息网络犯罪活动罪的构成要件，构成帮助信息网络犯罪活动罪。

案例 2 中，李某基于概括的犯罪故意，出售自己实名的银行卡、电话卡并协助进行刷脸认证的行为，为上游电信网络诈骗犯罪提供了支付结算的帮助行为。经查相关账户有50万元被害人的资金转入及转出,李某“售卡+刷脸”协助掩饰犯罪所得的行为,情节严重,符合掩饰、隐瞒犯罪所得的构成要件,构成掩饰、隐瞒犯罪所得罪。

(案例编写人:上海市徐汇区人民法院　邱宗轲)

54

催收非法债务罪与非法拘禁罪及寻衅滋事罪的罪名关系

简要案情

周某经获批成立了小额贷款公司，由于部分客户并未按时还款，遂决定由专门的催收人员成立催收队，找到客户后，通过同吃同住、贴身跟随的方式，或者通过到债务人家中或单位蹲守、喊叫等方式，催促债务人还款，从而涉嫌非法拘禁罪、寻衅滋事罪。在本案的审理过程中，2021 年 3 月 1 日起生效实施的《刑法修正案（十一）》新增了催收非法债务罪，此罪与非法拘禁罪、寻衅滋事罪之间的罪名关系，也成为案件审理的重点问题之一。

主要问题

通过同吃同住、贴身跟随的方式催收债务，是否成立非法拘禁罪？通过到债务人家中或单位蹲守、喊叫等方式催收债务，是否成立寻衅滋事罪？催收非法债务罪与非法拘禁罪、寻衅滋事罪之间的罪名关系应当如何处理？

案例分析

一　同吃同住、同行跟随而催收债务的不成立非法拘禁罪

其一，最高人民法院第 1374 号指导案例之基本观点。在“戴某、蒯某寻衅滋事

案”中,对于“实施轻微暴力并强行同吃、同住、同行跟随讨债的如何定性”问题作出了分析并得出了定论。在该案中,法院经审理查明,戴某为向被害人宋某喜索要债务,于2015年2月18日至5月1日纠集蒯某及丁某贵、凌某、吴某龙、缪某声、杨某鹏(均另案处理)等人,每天安排一人或数人与宋某喜同吃、同住于泰州市姜堰区张甸镇大桥宾馆、张甸村食品桥西侧宋某喜的家中、工厂等地,并通过盯、跟、随同出行等手段,迫使宋某喜还债。在此期间,宋某喜的近亲属多次报警,公安机关向戴某、蒯某等人提出不得限制、剥夺宋某喜的人身自由等处理意见后,戴某、蒯某等人仍然继续实施上述行为。因未能达成还款协议,4月30日戴某指使蒯某等人将宋某喜睡觉的沙发搬至厂房外,5月1日砸坏厂房内的取暖器、水壶等物。5月2日,宋某喜自杀身亡于上述厂房内。其中,蒯某参与限制宋某喜自由30天左右。

针对以上事实,法院认为,戴某、蒯某的行为不构成非法拘禁罪。理由在于:非法拘禁罪,是指以非法拘留禁闭或者其他方法,非法剥夺他人身体自由权利的行为。本罪的主观方面由故意构成,并且以非法剥夺他人人身自由为目的,客观方面是对被害人的身体进行了非法强制,使被害人无法自由行动的行为。犯罪手段是多种多样的,如非法拘留、强行禁闭、隔离审查等,但无论哪种手段,共同的特征都是非法剥夺他人人身自由,也就是说,只有达到剥夺自由的程度,才能认定为非法拘禁罪。司法实践中,要注意将非法剥夺人身自由与非法限制人身自由区分开来。

就本案而言,被害人宋某喜无论是身体还是心理均未达到被控制而失去自由的程度。戴某等人没有将宋某喜关押在某一空间,也没有施加任何强制行为阻止宋某喜外出,相反还鼓动宋某喜积极外出筹款还钱。戴某等人也未强行指定宋某喜的出行路线,而是由宋某喜自主决定,戴某安排人员跟随。宋某喜的人身自由只是受到限制,而没有达到被剥夺的程度。也就是说,同吃、同住、同行的行为,并未达到剥夺人身自由的程度。一审法院认定二人的行为构成非法拘禁罪,其主要原因是未能辨清非法剥夺他人人身自由和非法限制人身自由的区别。

其二,最高人民法院第1374号指导案例对本案之指导意义。根据第1374号指导案例及其核心观点,在非法拘禁罪的认定过程中,要注意把握本罪侵犯客体的内容——他人的人身和行动自由以及基本的行为方式——剥夺他人自由,相应地,在催收债务的过程中,倘若只是通过同吃同住、同行跟随的方式,对债务人的行动自由予以了一定程度的限制,则不应认定成立非法拘禁罪。根据《最高人民法院关于统一法律适用加强类案检索的指导意见》第9条的规定,“检索到的类案为指导性案例的,人民法院应当参照作出裁判”。因此，最高人民法院第 1374 号指导案例对本案的处理显然具有强制性的指导意义和约束效力。

在周某等涉嫌非法拘禁一案中，对于袁某，采取了在宾馆轮流看守的方式催要债务；对于蔡某等，采取了白天被看守在公司打电话筹钱，晚上被看守在附近宾馆的方式催要债务；对于姚某，采取了晚上看守在宾馆，白天带至公司看守，跟随其外出筹款的方式催要债务；对于施某，采取了晚上看守在宾馆，白天带至公司看守，跟随其外出办理房屋出售事宜的方式催要债务；对于唐某，采取了晚上看守在宾馆，白天带至公司看守，跟随其到长沙办好担保手续的方式催要债务；对于刘某、谭某，也同样采取了在宾馆、公司看守的方式催要债务。

可见，与第 1374 号指导案例类似的是，虽然催收人员采取了晚上在宾馆看守，白天在公司看守的催债措施，但其主要目的在于催促债务人及时还款；在此过程中，催收人员并未禁止相关人员与外界联系，反而积极要求其与他人联系，想办法筹钱还款；在外出筹钱的过程中，催收人员也只是采取了跟随的方式，并未限制或剥夺相关人员的行动自由。鉴于本案与第 1374 号指导案例之间存在极大程度的类似性，应当认定，周某等人针对袁某等人实施的同吃同住、同行跟随的催债行为，并不成立非法拘禁罪。

二　通过到债务人家中或单位蹲守、喊叫等方式催收债务的不成立寻衅滋事罪

其一，收取服务费并非强拿硬要。对于寻衅滋事罪的罪名实质，《最高人民法院、最高人民检察院关于办理寻衅滋事刑事案件适用法律若干问题的解释》第 1 条规定，行为人为寻求刺激、发泄情绪、逞强耍横等，无事生非；行为人因日常生活中的偶发矛盾纠纷，借故生非，应当认定为“寻衅滋事”。但是，行为人因债务纠纷，实施殴打、辱骂、恐吓他人或者损毁、占用他人财物等行为的，一般不认定为“寻衅滋事”。据此，无事生非、借故生非，应为寻衅滋事犯罪的核心特征。

对于因债务催收而收取服务费的行为而言，显然不具有无事生非或借故生非的特征，也不应认定为寻衅滋事犯罪，原因在于：一是关于服务费收取，借贷双方在借款合同中有明确约定；二是服务费收取依照的是每人每天 300 元的固定标准；三是服务费主要用于催收人员的出行、住宿、餐食等开支；四是由债务人负责催收费用的开支，也并非完全无理的非分要求。因此，收取服务费与债务纠纷和催收相关，并非寻衅滋

事犯罪。

其二,对于恐吓他人的认定,应严格把握情节恶劣的入罪门槛。根据《最高人民法院、最高人民检察院关于办理寻衅滋事刑事案件适用法律若干问题的解释》第 3 条的规定,恐吓他人、情节恶劣的情形主要包括:(1)多次恐吓他人,造成恶劣社会影响的;(2)持凶器恐吓他人的;(3)恐吓特殊人群,造成恶劣社会影响的;(4)引起他人精神失常、自杀等严重后果的;(5)严重影响他人的工作、生活、生产、经营的;等等。以上情形,当然应当体系化地予以解释,"多次""持凶器""特殊人群""精神失常""自杀""严重影响工作、生活、生产、经营"等情节之间,应具有同质性、类似性和可比性,而其核心在于因恐吓行为的实施,使得被害人产生了心理上的压力和强制,并可能导致其精神失常或自杀等严重后果。

本案中,催收人员实施的蹲守、跟随、喊叫等行为,显然难以使得被害人产生实质的心理强制,也不会对社会秩序造成实际的扰乱破坏,实质上并不符合解释第 3 条规定的入罪标准和条件。

其三,不成立非法拘禁罪的涉案行为,不能转而认定更重的寻衅滋事罪。"入罪则举轻以明重,出罪则举重以明轻",系刑事司法的基本法理。依此,倘若连轻罪(如非法拘禁罪)都不构成的涉案行为,当然不能转而认定成立重罪(寻衅滋事罪)。

非法拘禁罪的成立一是要求一定的拘禁时间。对此,《最高人民检察院关于渎职侵权犯罪案件立案标准的规定》明确规定:"国家机关工作人员利用职权非法拘禁,非法剥夺他人人身自由 24 小时以上的,应予立案。"据此,成立非法拘禁罪,要求拘禁时间要在 24 小时以上。另外,根据"两高两部"《关于办理黑恶势力犯罪案件若干问题的指导意见》第 18 条的规定:"黑恶势力有组织地多次短时间非法拘禁他人的,应当认定为刑法第二百三十八条规定的'以其他方法非法剥夺他人人身自由'。非法拘禁他人三次以上、每次持续时间在四小时以上,或者非法拘禁他人累计时间在十二小时以上的,应以非法拘禁罪定罪处罚。"据此,即便属于黑恶势力犯罪,也应坚持 4 小时和 12 小时的底线要求。

此外,对于非法拘禁罪的行为方式,我国《刑法》第 238 条规定的是"非法拘禁他人或者以其他方法非法剥夺他人人身自由的"及"为索取债务非法扣押、拘禁他人的"。通过"拘禁""剥夺""扣押"等语词的使用不难看出,非法拘禁罪的犯罪客体应当是他人的人身自由和行动自由,而犯罪的行为方式只能是对他人自由的剥夺,而非限制或阻碍。因此,在行为人只是跟随被害人的情况下,虽然可能对被害人的行动自由带来一定的限制或困扰，但根本难以达到完全地剥夺被害人行动自由的程度，因而不构成非法拘禁罪。

根据《刑法》第238条和第293条的规定，非法拘禁罪和寻衅滋事罪的基本法定刑分别为“三年以下有期徒刑、拘役、管制或者剥夺政治权利”和“五年以下有期徒刑、拘役或者管制”，二者相较，显然非法拘禁罪是轻罪，而寻衅滋事罪为重罪。基于二者的轻重关系，不得将尚未达到非法拘禁罪入罪标准的追随、控制等行为拔高认定为寻衅滋事罪。

三 在《刑法修正案（十一）》增设催收非法债务罪之后，不应再将债务催收行为认定为非法拘禁罪或寻衅滋事犯罪

从催收非法债务罪的罪名增设背景和动因来看，在以往的司法实践中，对采取拘禁方式催收债务的行为以非法拘禁罪论处，而对采取跟踪、骚扰等方式催收债务的行为却以更重的寻衅滋事罪论处，不仅导致寻衅滋事罪的适用范围无限扩张，而且造成刑法的适用明显不协调。克服这种不协调现象，是立法机关增设催收非法债务罪的动机所在。

进一步来看，在《刑法修正案（十一）》增设催收非法债务罪之后，对于催收非法债务罪所能涵括的非法的债务催收行为，不应再认定为寻衅滋事罪。原因在于：其一，根据《最高人民法院、最高人民检察院关于办理寻衅滋事刑事案件适用法律若干问题的解释》第1条第1款规定：“行为人为寻求刺激、发泄情绪、逞强要横等，无事生非，实施刑法第二百九十三条规定的行为的，应当认定为‘寻衅滋事’。”第3款规定：“行为人因婚恋、家庭、邻里、债务等纠纷，实施殴打、辱骂、恐吓他人或者损毁、占用他人财物等行为的，一般不认定为‘寻衅滋事’……”显而易见的是，高利放贷的行为人向债务人催收债务，显然不属于为寻求刺激、发泄情绪、逞强要横等，无事生非实施暴力、恐吓等行为。第3款所规定的“经有关部门批评制止或者处理处罚后”，显然是指正当的制止，“处理”则是指得到了正当履行。换言之，如果债务人一直没履行合法债务，就不能认为得到了处理。所以，如果债务人没有履行债务，就不能认为催收合法债务的行为构成寻衅滋事罪。

况且，就债务人与公司之间的借贷合同而言，虽然双方书面约定的借款利息与实际的借款利息之间存在一定的差别，但这一问题本身并不会导致双方签订的借贷合

同无效，在民事案件的审理过程中，法院也只是对高出国家保护利率红线的部分不予支持。因此，对双方之间借贷的本金，以及双方约定的且受法律保护的部分利息，债权人当然仍有权利追讨，而不能认为其无事生非、借事生非、寻衅滋事。

其二，既然以非法拘禁方式催收债务的也仅成立非法拘禁罪，最高处3年以下有期徒刑，那么，对于以暴力、胁迫、跟踪、恐吓等手段更为轻微的方式催收基于高利放贷产生的本息的行为，就不能科处更高的刑罚。但如果将这种行为认定为寻衅滋事罪，就明显导致刑法适用的不协调，违反罪责刑相适应原则。所以，对于符合催收非法债务罪构成要件的行为，不得以寻衅滋事罪论处。

综上所述，通过同吃同住、贴身跟随的方式催收债务，不成立非法拘禁罪；通过到债务人家中或单位蹲守、喊叫等方式催收债务，不成立寻衅滋事罪；即便认为成立犯罪，也应认定为催收非法债务罪。

（案例编写人：湖南师范大学、湖南醒龙律师事务所　赵冠男）

55

唆使他人作伪证并顶罪的行为性质

简要案情

常某在担任东林公司财务经理期间,利用其职务便利,伙同刘某并由刘某伪造虚假的刘某、吴某的工资单,共同侵吞东林公司财产合计23万余元。

在调查刘某等人涉嫌职务侵占罪一案期间,常某、刘某经合谋后找到张某(另案处理)要求张某"顶罪",并指使张某向司法机关作伪证,后张某同意并向司法机关作了其本人职务侵占的虚假供述,常某、刘某也分别向司法机关作了虚假供述,最终导致张某被法院以职务侵占罪判处有期徒刑三年,缓刑四年。常某、刘某分别到案后,仍继续作出上述虚假供述,后如实供述了上述事实。

主要问题

常某、刘某指使他人作伪证并顶罪的行为,如何定性?

案例分析

伪证罪是指在刑事诉讼中,证人、鉴定人、记录人、翻译人对本案有重要关系的情节,故意作虚假证明、鉴定、记录、翻译,意图陷害他人或者隐匿罪证的行为。该罪侵犯的客体是司法机关的正常活动。犯罪主体为特殊主体,包括证人、鉴定人、记录人、翻译人。这4种主体之外的人不能单独构成伪证罪的主体。主观方面是直接故意,即明知自己作虚假证明、鉴定、记录、翻译会使他人受到不应有的刑事处罚或者使犯罪人逃避法律制裁,却希望这种结果发生。本案中,虽然被告人常某、刘某的行为侵犯了司法机关的正常活动,主观上亦是直接故意,但其身份为被告人,不符合本罪的4种主体中的任何一种。故常某、刘某的行为不构成伪证罪。

笔者认为,常某、刘某唆使他人作伪证并顶罪的行为构成妨害作证罪,理由如下:妨害作证罪是指以暴力、威胁、贿买等方法阻止证人作证,或者指使、贿买、胁迫他人作伪证的行为。本罪是增设的新罪名,1979年《刑法》和单行刑法均没有规定此罪名。该罪主体为一般主体。在司法实践中,主要是指与案件有利害关系的人,犯罪嫌疑人、被告人的亲戚、朋友,或者民事、行政案件中的当事人等,如果是犯罪嫌疑人、被告人本身采取非法手段妨害作证的,也构成本罪。本罪侵犯的客体是司法机关正常的诉讼活动。客观方面表现为在诉讼过程中或者诉讼过程之外,以暴力、威胁、贿买等方法阻止证人作证或者指使、贿买、胁迫他人作伪证的行为。故本罪的行为分为两类,一类是以各种非法手段阻止证人依法作证,另一类是以各种非法手段让人作伪证,既包括使了解案件情况的证人向司法机关作虚假的证明,也包括使不了解案件情况的人假称了解案情向司法机关作虚假的证明。主观方面为故意,即意图通过种种非法手段使证人不能作证、不敢作证、不愿作证,或者使证人或者其他人作伪证。本罪与伪证罪的界限在于,证人对与案件有重要关系的情节,故意作虚假证明的,构成伪证罪,如果该证人作伪证是行为人指使的,行为人本应构成伪证罪的共犯(教唆伪证),但由于刑法已将该种情况单独作了规定,因此,对指使证人作伪证的,就不再以伪证罪的共犯论,而应直接定妨害作证罪。

本案中,常某、刘某为调查刘某等人涉嫌职务侵占罪的犯罪嫌疑人,为防止彻查东林公司账目及隐匿二人虚设东林公司员工工资卡侵占公司资金的部分犯罪事实,伙同不了解该案案件情况的张某作虚假证明。常某、刘某伙同张某作伪证,本应构成伪证罪的共犯,但张某不符合伪证罪的主体要件,退一步,即使张某系证人,符合伪证罪的主体规定,认定其犯伪证罪,如前所述,如果该证人作伪证是行为人指使的,由于刑法已经将这种情况单独作了规定,应直接认定为妨害作证罪。本案中,即使张某构成伪证罪,常某、刘某虽然本应构成伪证罪的共犯,但由于刑法已经将这种情况单独作了规定,故对常某、刘某不再以伪证罪的共犯论,对二人直接定性为妨害作证罪。

(案例编写人:上海市青浦区人民法院　姚丽萍)

56

在境内多次接应外籍偷渡人员的定性

简要案情

钟某伙同他人多次在越南安排越南籍人员至中国务工。在向每人收取费用后,组织或者通过他人安排越南籍人员采用乘船过河道、翻越国境铁丝网等方式偷越国境至中国,或者采用持护照、旅游签证等方式入境后逾期不归的方式滞留中国境内。其间,钟某采用上述方式组织共计53名偷渡人员偷越国境,并将偷渡人员带至上海市奉贤区、浦东新区等地非法务工。钟某二明知上述越南籍人员系偷渡入境,仍多次帮助钟某为10余名偷渡人员安排食宿、工等,并为20余名偷渡人员联系制作伪造的我国第二代居民身份证。

主要问题

在组织偷越国(边)境罪的刑法条文及司法解释中,组织行为通常指组织我国人员偷渡境外之情形,但对于先后多次为多名外籍偷渡至我国境内的人员安排住宿、掩盖身份、介绍工作等接应行为如何认定,实践中有较大分歧。

案例分析

《刑法》第318条及相关司法解释中的组织行为,通常指组织我国人员偷渡境外之情形,但对于先后多次为多名外籍偷渡至我国境内的人员安排住宿、掩盖身份、介绍工作等接应行为如何评价没有明确规定,故对钟某二的行为如何定性存在不同意见。一种意见认为构成伪造、变造居民身份证罪及窝藏罪,二罪并罚;另一种意见认为构成组织他人偷越国境罪。争议焦点主要在于，在与组织偷越我国国境的组织者之间无明确事先共谋的情况下，多次接应偷渡人员，为其安排住宿、掩盖身份、介绍工作等，该接应行为是否可以认定为组织的系列行为，构成组织偷越国境罪？

一 组织行为应理解为具有组织特征的系列行为

关于对组织行为的理解，根据《刑法》及相关司法解释的规定，组织行为包含两层含义：一是实施领导、策划、指挥他人偷越国（边）境单独的行为；二是在首要分子的指挥下，实施拉拢、引诱、介绍他人等偷越（边）境的行为。

单独个体实施组织行为一般不存在争议，在集团犯罪中在首要分子的指挥下实施的组织行为也不难判定，但在一般共同犯罪中因为分工不同，有的负责联络、中转，有的负责运送，有的负责骗取出入境证件和掩饰身份，这些行为在评价时相对困难。从刑法条款及相关司法解释来看，并不能当然得出该罪只追究起组织、策划、指挥作用者的刑事责任这一结论。刑法条款只是解释和列举了组织行为的特征，并不叙明追究责任的对象。不像《刑法》第292条规定的聚众斗殴罪，法条明确提出只追究首要分子和积极参与者的刑事责任。故如何追究该罪的刑事责任人员，仍需按照刑法总则的理论和分则的构成要件进行判定。按照刑法总则，共同犯罪是指二人以上共同故意犯罪。主观上各共同犯罪人必须有共同的犯罪故意，即要求各共同犯罪人通过意思联络，认识到他们共同的行为会发生危害社会的结果，并决意参加共同犯罪，希望或放任危害结果的发生。客观上各共犯人有共同的犯罪行为，为追求同一危害结果，完成同一犯罪而实施相互联系、彼此配合的犯罪行为。

组织他人偷越国（边）境罪当然也存在共同犯罪的情形，行为人在共同组织他人偷越国（边）境的共同故意下，实施不同的行为。为了共同的犯罪目的，他们可作不同的分工，有负责指挥、策划、安排、联络偷越国（边）境事宜的，有负责拉拢、串联、动员、诱骗他人偷越国（边）境的，有负责车辆或带路运送偷渡人员出入境的，有负责给偷渡人员掩饰身份安排工作等，他们的行为是组织行为中不可分割的一部分，应成立组织他人偷越国（边）境罪的共同犯罪。

二　多次接应行为应当认定为组织行为

本案中，钟某二明知越南籍人员系偷渡入境，但仍多次协助钟某安排越南籍人员掩饰身份、食宿、工作及帮助联系制作伪造的身份证，长期以来，已经形成钟某带人入境、钟某二进行接应和帮助的默契，二人之间具备共同的、概括的主观故意。钟某供称，没有钟某二的接应，为越南籍人员顺利地解决工作生活问题，其也不会带这么多越南籍人员至中国，正因如此，其在越南老家的名气也越来越响。显而易见，钟某二的接应行为与整个组织偷越国边境行为密不可分，如果机械地对钟某二认定为窝藏罪和伪造、变造居民身份证罪，这样只是孤立地对钟某二的行为进行评价，有悖刑法主客观相一致原则。所以，将钟某二的接应行为认定为组织行为尤为合理。

具体来说，首先，从法益保护角度来看，顺应了打击犯罪的形势需要。近年来，随着我国经济的快速发展，不少外国人为了谋取利益，偷越国(边)境到中国务工，组织偷越国(边)境案件逐年增多。为有效打击、遏制偷渡行为，维护国家出入境管理秩序，世界上多数发达国家均将在国内接应非法入境的犯罪人一同按照组织偷越国(边)罪定罪处罚。同样，在我国国内接应外国非法入境人员亦严重妨害了我国的国(边)境管理秩序，对于接应人员按照组织偷越国边境罪定罪处罚，对打击、遏制偷渡行为，维护我国出入境管理秩序，将会起到积极的作用。

其次，从司法解释角度来看，应当适当进行扩张解释。领导、策划、指挥他人偷越国(边)境，或者在首要分子指挥下，实施拉拢、引诱、介绍他人偷越国(边)境等行为的，属于《刑法》第318条规定的组织他人偷越国(边)境行为，出于立法原因，司法解释制定时侧重考虑了组织偷越出我国国境的行为，主要针对我国公民进行规定，但也并不否认组织偷越入我国国境的行为。另外，从该司法解释关于认定偷越国(边)境行为的字面上看，“下列行为应当认为偷越国(边)境行为：没有出入境证件，使用伪造、变造、无效的出入境证件，使用他人出入境证件，使用以虚假的出入境事由、隐瞒身份、冒用他人身份证件等方式骗取出入证件、采用其他方式非法出入国(边)境的”，该解释规定了以任何方式非法出入国(边)境的行为都是偷越国(边)境行为。随着该罪的涉外案件增多，也有必要对组织行为进行适当的扩张解释，应当允许把在我国国内进行接应外籍偷渡者的行为认定为组织行为。

在中国境内的接应行为也符合组织偷越国(边)境共同犯罪的基本特征。认定组织偷越国(边)境犯罪中其他行为人的协助行为是否为共犯,不能仅凭其实施的协助行为是否符合该罪组织行为的特征而下定论,也要依据共同犯罪的理论,正确判断行为人是否有组织他人偷越国(边)境的共同的、概括的故意和共同的、相关的行为。组织偷越国(边)境犯罪是行为犯,行为人往往实施煽动、拉拢、诱惑、串联或者安排等行为,而接应也完全可以成为组织系列行为中的一个环节。从共同犯罪的角度说,接应行为是一种帮助行为,也就是说属于从犯中的帮助犯,帮助实行犯完成整个犯罪过程。但是,通常所说的帮助犯是在有事前共谋或事前通谋的情况下,而本案中钟某和钟某二在每次组织越南人偷越国境之前虽没有明确的通谋,但长期以来,其二人已经形成了相对固定的先后行为及利益锁链,钟某二对于偷越国边境的行为也已达到刑法意义上的明知,且在犯罪整体上具备共同故意。如果仅按照窝藏罪和伪造、变造居民身份证罪二罪并罚来处理钟某二,显然割裂了钟某二在多次、完整的犯罪行为中的作用,没有对钟某二的行为进行全面评价。

此外,判断一行为是否属于组织偷越国(边)境的系列行为,还应着重评价以下几个方面。第一,行为内容要指向非法偷越国(边)境。也就是说,组织者实施的是如何使不符合出入境条件的人能够非法出入国(边)境的行为,而偷越者怎么成功出入境后及如何迅速掩藏自己也需要进行评价。一般而言,被组织者凭自己的力量不能实现偷越行为,因此愿意花大价钱听从组织者的安排,在他们的帮助下达到偷越国(边)境的目的。组织者通常形成专业的流水线,给被组织者提供伪造、变造的出入境证件在设关处越境,或者带领被组织者在不设关处秘密越境,甚至为躲避风险带领被组织者不按常规路线而是刻意绕远道等方式实现偷越目的,越境后当然需要迅速掩藏自己的身份和被接应。

第二,行为目的是牟利或其他严重危害社会的犯罪目的。在构成本罪的行为目的方面,立法上经历了如下沿革:1979 年《刑法》第 177 条规定:“以营利为目的,组织、运送他人偷越国(边)境的,处五年以下有期徒刑、拘役或者管制,可以并处罚金。”1993 年《最高人民法院关于严厉打击偷渡犯罪活动的通知》,对以组织他人偷越国(边)境罪论处的行为均要求以牟利为目的。1994 年最高人民法院通过的《补充规定》删除了 1979 年《刑法》第 177 条中“以营利为目的”的规定,现行《刑法》第 318 条的规定及 2012 年《解释》沿用了《补充规定》的这一变化。可见,从立法本意上看,主要是打击以营利为目的的组织他人偷越国(边)境的行为,考虑到司法实践中偶尔也可能出现纯粹出于政治、宗教信仰等其他严重危害社会的犯罪目的的组织偷越国

(边)境的行为,也需要严厉打击,遂删除了“以营利为目的”的规定。因此,在司法实践中,要考虑组织者是否出于非法牟利或是其他对社会危害十分严重的目的。从实践来看,本罪的组织行为往往具有牟利性,那些组织者之所以冒着犯法的危险积极谋划、主动帮助非法入境者偷越国(边)境,大多是受利益驱使,获利的来源一般来自非法入境者。

第三,对社会危险性较大的行为才构成组织行为。有组织、大规模、无监管的非法入境,会使入境地有关部门的监管出现盲点,给国内的社会治安留下隐患,也存在较大的社会危险性,需要刑法进行调整和规制。但在实践中也要具体情况具体分析,对于参与这些有组织的偷越国(边)境活动的行为人,如果在整个过程中只是起到帮助带路、接头等辅助作用,他们并不是相对固定的集团成员,其目的也就是获取点运费、跑腿费等报酬,这样的人人数较多,很多也是受教唆或者随大流跟着干的,对于这些“马仔”,如果作用不是很大,则不宜定罪处罚。而对犯罪集团或团伙为了实现牟利及其他特定目的,有分工、有协作、长期的、固定的领导、策划、指挥以及帮助他人非法偷越国(边)境的行为,或者是帮助“蛇头”拉拢、引诱、介绍、接应偷越者的行为,则应当进行刑法处罚。

综上,钟某、钟某二违反我国出入境管理法规,非法组织他人偷越国境,且组织他人偷越国境人数众多,其行为构成组织他人偷越国境罪,属共同犯罪。

(案例编写人:上海市奉贤区人民法院　李晓杰)

57

协助犯罪分子潜逃后向公安机关隐瞒潜逃人员去向的定性

简要案情

陈某成立金融信息服务有限公司，通过线上平台和线下门店，许诺高额返利，向社会不特定公众非法销售理财产品并吸纳资金2200余万元。陈某因无法兑付客户资金欲潜逃，余某在明知陈某要潜逃的情况下，仍联系他人、安排车辆并陪同陈某偷渡。余某其后在接受公安机关询问陈某去向时，向公安机关隐瞒了二人的真实去向。

主要问题

协助犯罪分子潜逃后向公安机关隐瞒潜逃人员去向的行为如何定性？

案例分析

关于余某行为的定性存在一定的分歧，争议的焦点主要涉及妨害司法罪中的窝藏罪、包庇罪及伪证罪三个罪名的区分。窝藏、包庇罪是《刑法》第310条规定的选择性罪名，余某安排车辆运送犯罪分子，协助其逃匿，在公安机关向其调查时又隐瞒犯罪分子的真实去向，公诉机关以包庇罪对其进行指控，法院最终以窝藏罪作出判决。另外，余某向公安机关隐瞒犯罪分子的去向，是否属于《刑法》第305条中的“故意作虚假证明”，从而应定伪证罪？笔者认为，余某的相关行为不符合伪证罪、包庇罪的构成要件，应认定为窝藏罪，理由如下。

一 仅就犯罪分子去向作虚假陈述，而不具有隐匿罪证意图的，不适用《刑法》第305条，不成立伪证罪

窝藏罪、包庇罪和伪证罪都是妨害司法秩序的犯罪，两者在客观方面也存在一定的交叉，如包庇罪的客观行为就是“作假证明”，而“作虚假证明”也是伪证罪的主要客观行为之一，两者在司法实践中极易产生混淆，故有必要予以厘清。通常认为，两个罪名的区别主要体现在三个方面：一是发生阶段不同，即伪证罪只能发生在刑事诉讼过程中，窝藏、包庇罪则不限；二是主体不同，窝藏、包庇罪是一般主体，而伪证罪是特殊主体，仅限于证人、鉴定人、记录人及翻译人；三是主观意图不同，窝藏、包庇罪一般要求具有使犯罪的人逃避法律制裁的目的，而伪证罪则要求具有“陷害他人或者隐匿罪证”的意图。

本案中，公安机关向余某询问涉嫌非法集资犯罪的陈某的去向时，相关非法集资犯罪案件已经立案侦查，此时处于刑事诉讼阶段，而余某作为知晓案件相关情况的案外人，具有证人资格，所以在发生阶段、主体方面均符合伪证罪的构成要求。但在主观意图方面，能否认定余某具有“隐匿罪证”的意图？诚然，隐匿罪证的最终目的通常也是使犯罪的人逃避法律制裁，但隐匿罪证并非使他人逃避法律制裁的唯一手段，如果仅是为了使犯罪的人逃避法律制裁而没有隐匿罪证的意图，则不能认定为伪证罪。根据《刑法》第305条的规定，只有针对“与案件有重要关系的情节”所作的虚假证明，才能成立伪证罪，所以伪证罪中所作虚假证明或隐匿的内容应与案件本身有密切关系，也只有如此，相关内容才能作为“罪证”被隐匿。而犯罪分子的逃匿去向与案件本身并无直接关联，也不能成为指控其犯罪的事实依据，不能成为“罪证”，所以隐瞒犯罪分子逃匿去向不属于“隐瞒罪证”。正如本案中，余某仅就犯罪分子的逃匿去向未向侦查机关作如实陈述，而没有对与犯罪分子涉及的非法集资犯罪案件有重要关系的情节作虚假证明，所以不能认定其有隐匿罪证的意图，不能认定其构成伪证罪。

二 向侦查机关隐瞒犯罪分子逃匿去向，不属于《刑法》第310条中的“作假证明”，不成立包庇罪

根据《刑法》第310条的规定，包庇罪是指明知是犯罪的人而作假证明包庇的行

为。本案中,余某安排车辆协助犯罪分子转移的过程中不存在"作假证明"的问题,在公安机关对余某询问犯罪分子的去向时,余某在知情的情况下却予以隐瞒,公诉机关以此为事实依据,主张余某的行为构成包庇罪。问题在于,余某刻意隐瞒、知情不举,是否属于包庇罪中的"作假证明"?

包庇罪中的"作假证明"是指向司法机关编造事实、作虚假陈述,以使犯罪分子逃避法律制裁的行为,且只能以作为的方式作出。知情不举仅仅是隐瞒相关事实,而没有主动编造、虚构事实。根据《刑事诉讼法》的相关规定,任何单位和个人发现犯罪嫌疑人,都有向司法机关报告的义务,但这并不意味着不报告就需要承担刑事责任,更不能成为相关行为构成包庇罪的理由。包庇罪中,行为人为使犯罪分子逃避刑事追究而作假证明,显然会误导司法机关的正常工作方向,严重影响司法机关的正常司法工作秩序,具有刑事可罚性。而知情不举,仅仅是不配合司法机关侦破案件,行为人在主观上没有积极追求或消极放任特定危害结果的发生,客观上也不会对司法机关的侦查、追踪等工作产生误导,不应作为犯罪处理。所以,对包庇罪中的"作假证明"应作严格解释,不宜将知情不举的情况纳入其范畴,否则会造成刑事处罚范围的不当扩大。

综上,余某向侦查机关隐瞒犯罪分子逃匿去向的行为不是"作假证明",而属于知情不举,故而不成立包庇罪。

三　明知是犯罪的人,仍为其提供交通工具,帮助其转移、逃匿的,成立窝藏罪

根据《刑法》第310条的规定,窝藏罪是指明知是犯罪的人而为其提供隐藏处所、财物,帮助其逃匿的行为。一般认为,"提供隐藏处所、财物"与"帮助其逃匿"不是手段与目的的关系,而是并列关系,或者认为"前者是后者的示例",[①]即提供隐藏处所、财物是帮助逃匿行为比较典型、常见的情形,而窝藏的客观行为不限于提供隐藏处所、财物,其他帮助犯罪分子逃匿且同样具有刑事可罚性的行为也应以窝藏罪论处。在司法实践中,比较常见的窝藏情形还包括为犯罪分子刺探消息、通风报信,指示、安排逃跑路线,提供虚假身份证件,等等。这些情形虽然没有明确规定在《刑法》第310条中,但这些行为与提供隐藏处所、财物一样,都为犯罪分子逃匿提供了直接帮助,使

① 张明楷:《刑法学(下)》(第6版),法律出版社2021年版,第1440页。

逃匿行为更为容易,并侵犯了司法机关的正常司法活动秩序,应当成立窝藏罪。

窝藏罪和包庇罪在客体上都侵犯了司法机关的正常司法活动秩序,主观上都具有使犯罪分子逃避法律制裁的意图,区别主要在于客观行为表现。严格来讲,“作假证明”也属于帮助犯罪分子逃匿的行为,但由于《刑法》对窝藏和包庇予以区分的明确规定,对通过作假证明帮助犯罪分子逃匿的行为只能以包庇罪论处,而“作假证明”以外的其他帮助逃匿行为,如果与“提供隐藏处所、财物”具有同质性或相当的社会危害性程度,则成立窝藏罪。本案中,余某在公安机关向其调查时隐瞒犯罪分子的真实去向,而没有“作假证明”,故不成立包庇罪。但余某安排车辆运送犯罪分子,协助其转移、逃匿,为相关犯罪分子逃匿提供了直接帮助,且该帮助行为的社会危害性程度与“提供隐藏处所、财物”具有相当性,故应当以窝藏罪追究余某的刑事责任。

(案例编写人:上海市第二中级人民法院　陈春丹)

58

国有公司经理通过自营公司获取购销差价行为的性质

简要案情

王某利用担任国际国贸公司(国有公司)经理的职务便利,将自营的宏联公司与国际国贸公司同时从奇美塑料公司购进的塑料粒子,以高于进价的手法销售给国际国贸公司,宏联公司从中获取非法利益308万余元。

主要问题

对王某的行为如何定罪处罚,存在不同意见。第一种意见认为,王某作为国家工作人员,利用职务上的便利,通过人为地增设中间环节赚取差价,达到截留国有财产的目的,其行为构成贪污罪。第二种意见则认为,王某没有直接转移财产,而是利用职务便利将任职国有公司的营利性商业机会交由兼营公司经营,获取数额巨大的非法利益,其行为构成非法经营同类营业罪。

案例分析

一 贪污罪与非法经营同类营业罪之异同

根据《刑法》第165条的规定,非法经营同类营业罪是指国有公司、企业的董事、经理利用职务便利,自己经营或者为他人经营与其所任职公司、企业同类的营业,获取非法利益，数额巨大的行为。

非法经营同类营业罪与贪污罪的主体有重合之处，国有公司、企业的董事、经理都可以成为两罪的主体，客观方面都要求利用职务上的便利并获取一定数额的非法利益，主观方面均为直接故意。两罪的区别有：第一，客体不同，非法经营同类营业罪侵犯的客体为国有公司、企业的正常管理秩序和利益，而贪污罪侵犯的客体为国家工作人员职务行为的廉洁性和公共财产的所有权。第二，客观方面不同，主要是两罪获取非法利益的手段及非法利益的性质明显不同，非法经营同类营业罪获取非法利益的手段表现为自己经营或者为他人经营与其所任职公司、企业的同类营业，即所获取的非法利益是通过经营产生的，而非现存的已经属于公有的财物；而贪污罪获取非法利益的手段表现为侵吞、窃取、骗取或者其他手段，获取的是已经属于公有的财物。第三，主体范围不同，非法经营同类营业罪的主体为国有公司、企业的董事、经理，而贪污罪的主体为国家工作人员以及受国家机关、国有公司、企业、事业单位、人民团体委托管理、经营国有财产的人员。第四，主观目的不同，非法经营同类营业罪的主观方面是通过非法经营同类营业获取非法利益，而贪污罪的主观方面是通过各种手段非法占有公共财物。

一般来看，贪污罪与非法经营同类营业罪的界限是明显的。但是，如果对非法经营同类营业罪的客观行为"非法经营同类营业行为"进行分类，其中获取购销差价的非法经营同类营业行为与增设中间环节截留国有财产的贪污行为容易混淆。为此，首先需对非法经营同类营业罪存在的横向竞争和纵向竞争两种行为形态作一探讨。

一种是横向竞争行为，即行为人的经营行为与其任职国有公司、企业的经营行为在市场机会、市场价格等方面进行竞争。也就是国有公司、企业生产、销售或者服务什么，国有公司、企业的董事、经理就兼职生产、销售或者服务什么，然后利用职务便利将任职国有公司、企业的商业机会交给兼营公司、企业进行经营，或者以任职国有公司、企业的名义为兼营公司、企业谋取属于任职国有公司、企业的商业机会，获取非法利益。另一种是纵向竞争行为，即行为人的经营行为与其任职国有公司、企业的经营行为形成纵向关系的竞争。也就是国有公司、企业的董事、经理利用职务便利，将其任职国有公司、企业的购销业务的商业机会交给经营同类营业的兼营公司、企业经营，兼营公司、企业通过低进高出方式获取属于国有公司、企业的经营利润。由于纵向竞争关系的非法经营同类营业行为是通过获取购销差价来获取非法利益的，所以实践中将之称为获取购销差价的非法经营同类营业行为。

但是有观点认为,非法经营同类营业只存在横向竞争行为,这种获取购销差价的行为不属于经营同类营业,也就是不存在纵向竞争行为。笔者认为该观点欠妥,理由为:第一,如果国有公司、企业的董事、经理将其所任职公司、企业的购销业务(因为存在价格差,当然属于盈利业务)交由其亲友经营,致使国家利益遭受重大损失的,构成为亲友非法牟利罪。相反,如果国有公司、企业的董事、经理自己经营或者为他人经营该购销业务,获取数额巨大的非法利益的,其行为性质更为严重,社会危害性更大,理当予以刑法规制。如不能认定非法经营同类营业罪,则只能作无罪处理。第二,这种从事购销业务的纵向竞争行为,直接从国有公司、企业赚取利润,经营风险小、经营成本低;而横向竞争行为往往还伴随一定的经营风险,需要较多的经营成本,因此,从事经营风险小、经营成本低的纵向竞争行为比横向竞争行为,社会危害性更大,更应该受到刑法规制。第三,从规制效果看,如果将非法经营同类营业罪中的"同类营业"局限于横向竞争关系的话,那么对于大中型国企的董事、经理私设公司,利用职务便利牟取私利的行为,则可能大多无法规制。因为,他们私设公司的经营规模或者实力,通常不可能与所任职的大中型国企形成横向竞争关系。实践中的绝大多数情形都是对口大中型国企,从事某项经营业务,从中赚取利润或者牟取利益。这就意味着,非法经营同类营业罪事实上只可能规制中小型国企董事、经理的非法牟利行为,这显然与立法精神不符。第四,从刑法解释的角度说,购销业务完全可以看成是国有公司、企业的全部经营活动的必要组成部分,故购销业务理应为"同类营业"所包含。综上,笔者认为,非法经营同类营业除了典型的经营横向竞争关系的同类营业行为外,还包括获取购销差价的经营纵向竞争关系的同类营业行为。

二 增设中间环节截留国有财产的贪污行为与获取购销差价的非法经营同类营业行为的区分

结合非法经营同类营业罪的两种行为形态,对构成横向竞争关系的非法经营同类营业行为与截留国有财产的贪污行为,实践中比较容易区分。如某国有造船厂厂长王某,见造船行业有利可图,就筹建了一私营造船厂,将国有造船厂的一些业务交给自己开办的造船厂经营,获取非法利益。显然,王某的行为不是直接侵占国有财产的贪污行为,而是通过非法经营构成横向竞争关系的同类营业获取本来属于国有造船厂的经营利润的行为,符合非法经营同类营业罪的构成要件。

但是，实践中国有公司、企业的董事、经理利用职务便利增设中间环节、获取购销差价的行为是属于获取购销差价的非法经营同类营业行为还是属于增设中间环节截留国有财产的贪污行为，由于两种行为存在相似之处，争议较大。如董某在担任某国有造纸公司总经理期间，以其岳母和母亲的名义注册设立了从事纸品购销业务的私营企业维伦公司，董某先后10次将造纸公司的纸浆低价销售给维伦公司，维伦公司加价后再卖给造纸公司的业务单位，非法获取利润15万余元，董某还以造纸公司的名义对外洽定采购纸浆业务，随后以维伦公司名义购进上述纸浆，然后再加价销售给造纸公司，非法获取利润7万余元。有观点认为，在国有公司、企业正常购销业务中增设中间环节，带有主观故意性和客观多余性，即使非法经营了同类营业，其实质目的还是截留侵吞本公司、企业的财产，行为人增设中间环节、获取购销差价的非法经营同类营业行为只不过是贪污国有财产的工具而已，故上述董某的行为应以贪污罪论处。

本文认为，虽然获取购销差价的非法经营同类营业行为与增设中间环节截留国有财产的贪污行为在增设中间环节、获取购销差价上具有共同性，但仍然存在以下区别。

1. 对增设的中间环节是否客观存在要求不同

虽然两种行为都人为地增设了中间环节，使国有公司、企业原本与业务单位的直接购销关系变成了有兼营公司、企业参与的间接购销关系，这个中间环节不是在经营中自然产生的，本来就不应该存在，具有明显的主观故意性与客观多余性。但是，对获取购销差价的非法经营同类营业行为而言，由于需要从事同类营业，故增设的中间环节必须是客观存在的。而对增设中间环节截留国有财产的贪污行为而言，由于实在的和虚设的中间环节都可以达到截留国有财产的目的，故增设的中间环节可以是虚构的。如某国有公司经理吴某，为了截留本公司的利润，在国有公司向其业务单位采购原材料的过程中，采用由业务单位平价将原材料卖给某有限责任公司，某有限责任公司再加价卖给国有公司的方法，将原本应由国有公司获取的利润30万余元转移到某有限责任公司账上，被吴某侵吞。经查，某有限责任公司事实上不存在，系吴某为截留国有财产而虚构的中间环节，对吴某应以贪污罪论处。

2. 对增设的中间环节是否具有经营能力要求不同

如果增设的中间环节都客观存在，则要看增设的中间环节是否具有经营能力。一般而言，贪污罪中为截留国有财产而增设的中间环节的经营，往往是无经营投资、无经营场地和无经营人员的“三无”经营，而非法经营同类营业罪中增设的中间环节的经营，是有投资、有经营场所、有经营人员的经营，即具有经营同类营业的完全能力。实践中，一些国有公司、企业的董事、经理为了截留国有财产而增设的中间环节系“三无”公司、企业，不具有经营能力，只是为变相贪污国有财产掩人耳目。如某国有化工印染公司总经理陈某，私自以其侄子的名义设立某南部化工印染有限公司（以下简称南部公司）。公司设立后，陈某利用其主管化工公司采购、销售的职务便利，将一部分业务先交给南部公司经营，再由南部公司与化工公司交易，以低进高出方式使属于化工公司的利润16万余元流入南部公司，被陈某个人获取。经查，南部公司没有经营能力，南部公司“经营”的部分业务是由国有化工印染公司操办的。在此案中，虽然南部公司客观存在，但是没有经营能力，陈某设立南部公司不是为了进行非法经营同类营业，而是为了达到截留国有公司经营利润的目的，其行为构成贪污罪。

3. 对增设的中间环节是否进行了实际经营活动并承担一定的经营责任风险要求不同

如果增设的中间环节都客观存在并具有经营能力，则要看增设的中间环节是否进行了实际经营活动并承担一定的经营责任风险。有经营就有风险，就可能存在盈亏。如果增设的中间环节进行了实际经营活动并承担了一定的经营责任风险，则行为人所获取的购销差价系通过利用国有公司、企业让渡的商业机会所进行的经营所得，属于获取购销差价的非法经营同类营业行为。如果增设的中间环节没有进行实际经营活动，而是由国有公司、企业一手操办，或者进行了相关的经营活动，但只管盈利，而由国有公司、企业承担经营责任风险的，则此时行为人所获取的购销差价不是经营所得而是截留的国有财产，属于增设中间环节截留国有财产的贪污行为。如某国有电工器材公司总经理朱某，以其亲属的名义注册成立了某工贸有限公司，在电工器材公司向某电磁线厂等12家单位采购原材料、设备的过程中，朱某利用其电工器材公司总经理的职务便利，虚增工贸有限公司供销环节，通过虚开工贸有限公司发票的手法将上述原材料、设备加价销售给电工器材公司，工贸有限公司获取加价款34万余元，由朱某非法占有。经查，工贸有限公司没有实际经营行为。在此案中，朱某设立的工贸有限公司虽然客观存在、具有经营能力，但除了倒账外没有进行实际经营活动，而是为了截留国有公司财产而增设的供销环节，达到变相贪污国有公司财产的目的，故朱某的行为构成贪污罪。

4. 对所获取的购销差价是否合理要求不同

如果增设的中间环节不仅客观存在、具有经营能力，而且进行了实际经营活动并承担了一定的经营责任风险，则要看所获取的购销差价是否合理。获取的购销差价合理的，属于获取购销差价的非法经营同类营业行为，不合理的，则为增设中间环节截留国有财产的贪污行为，因为此时的差价不再是经营行为的对价。当然，在法律没有明确规定的情况下，什么范围才是合理的，需要司法人员根据经验具体把握。

结合以上4个方面可以发现，区分获取购销差价的非法经营同类营业行为与增设中间环节截留国有财产的贪污行为的关键，在于行为人是采取何种方式取得非法利益的。如果行为人直接通过非法手段将国有公司、企业的财产转移到兼营公司、企业中，属于截留国有财产的贪污行为，构成贪污罪。如果行为人没有直接转移财产，而是利用职务便利将任职国有公司、企业的营利性商业机会交由兼营公司、企业经营，获取数额巨大的非法利益的，则构成非法经营同类营业罪。因为国有公司、企业让渡给兼营公司、企业的是商业机会，商业机会本身并非财物，不能成为贪污罪的对象。而且兼营公司、企业所获取的非法利益，系利用让渡的商业机会所进行的经营所得，这种经营行为本身就存在一定的风险，并不意味着百分之百地获利，与采取非法手段将国有公司、企业的财产直接转移到兼营公司、企业中去的贪污行为方式不同。故此，两种行为的社会危害性不同，有区分的必要，并给予轻重不同的刑事处罚。对于前述董某案，董某设立的私营企业维伦公司不仅客观存在，具有经营纸业购销能力，而且实际上从事了纸浆销售和采购活动，承担了经营责任风险，所获取的购销差价亦处于合理范围之内。因此，前述董某获取非法利益22万余元的行为属于获取购销差价的非法经营同类营业行为，构成非法经营同类营业罪，而不能以贪污罪论处。

三 关于王某案的评析

王某通过设立经营与其任职国有公司同类营业的自营公司、获取购销差价方式获取本属于国有公司的经营利润308万余元的行为，是构成贪污罪还是非法经营同类营业罪，存在争议。其实，对于这一问题的争议，就是关于国有公司、企业的董事、经理利用职务便利增设中间环节、获取购销差价的行为是属于增设中间环节截留国有财产的贪污行为还是属于获取购销差价的非法经营同类营业行为的问题。笔者认为，王某利用担任国有公司经理的职务便利，自己经营与其任职国有公司同类的营业，其自营的宏联公司不仅客观存在，具有经营能力，而且进行了实际购销活动，承担了一定的经营责任风险，获取非法利益308万余元亦属合理范围，故其行为构成非法经营同类营业罪而非贪污罪。

（案例编写人：湖南师范大学、湖南省法学会刑法学研究会　马长生；
上海市浦东新区人民法院　罗开卷）

59

国家工作人员在非法、虚假行使职务过程中强行索要财物的性质

简要案情

周某系派出所民警，其分别与马某、戴某共谋，先物色吸毒等违法行为对象，再利用其民警身份前去抓捕，在抓捕过程中向其索取钱财。周某共获取钱款7.6万元。

主要问题

国家工作人员在非法、虚假行使职务过程中强行索要他人财物的行为应当如何定性？本案的争议焦点主要是周某的行为构成何罪。在评议时，一共有三种意见：一是受贿，二是滥用职权，三是敲诈勒索。对于罪名的确定关键因素在于本案行为是否是职务行为。

案例分析

一　敲诈勒索、索贿、滥用职权的比较分析

敲诈勒索，是指以非法占有为目的，对公私财物的所有人、管理人使用威胁或要挟的方法索取公私财物的行为。其犯罪客体是公私财产所有权，犯罪对象是公私财产。受贿，要求行为人必须有利用职务上的便利这一前提条件，其中，索贿型受贿的

行为人往往是通过请托人的请托事项确定贿赂的多少,然后直接向请托人索要贿赂,如果请托人不提供贿赂,则行为人不予帮忙办理公务,虽然这中间也会出现一些发难和要挟的情况,在这一点上似乎与敲诈勒索罪的客观要件相似,特别是国家工作人员强行索取他人财物时,在犯罪的定性问题上容易产生分歧。滥用职权,通常指公务人员超越职权、不履行职责或者违法行使权力,侵犯国家、社会公众或个人权利,情节严重的行为。滥用职权罪的犯罪客体是复杂客体,其主要客体是国家机关的正常管理活动所体现的社会关系,次要客体是"公共利益"关系。这里的"公共利益"是对公民和社会组织的人身权、财产权及其他合法权益的一个概括,是一个综合客体。

就本案来说,周某等人的行为具有以下特征:第一,其本身具有国家工作人员的身份;第二,实施了与职务有一定关系的行为;第三,采用了暴力、胁迫的手段;第四,侵犯了被害人的财产利益。因此,周某等人的行为有可能触犯以下三个罪名:一是认为构成受贿罪。本案中周某等人首先具有国家工作人员的身份,其次利用了职务便利,最后索取了他人财物,属于索贿行为。二是认为构成滥用职权罪。本案系超越职权、以权谋私。三是认为构成敲诈勒索罪。周某等人虽然具有国家工作人员的身份,利用在工作中所掌握的便利条件,但该职权的行使不具有正当性,因此属于与职权无关的个人行为,应构成敲诈勒索罪。从上述争议来看,本案的判断主要应围绕周某等人的行为是否系职务行为,是否系职务之便,是否系超越职权?

二 刑法意义上"职务行为"的含义

职务,是指国家工作人员的职权和义务。职权是一种权力,它是国家机关及其公职人员所享有的,并且是一种职责,不能转让,也不能放弃。"职务上的便利"是职务犯罪构成的必备要件之一。对于"职务上的便利"的理解,也有不同的观点:第一种观点认为,"利用职务上的便利"包括两层含义:一是利用职权的便利,二是利用工作的便利。第二种观点认为,"职务上的便利"包括三层含义:一是利用职权上的便利,二是利用工作上的便利,三是利用其职权和地位形成的影响的便利条件。第三种观点认为,"职务上的便利"就是指利用国家工作人员因职务而具有的权力的便利。笔者赞同第三种观点。首先,刑法中"职务上的便利"的"职务"与一般含义上的"职务"是不同的,一般含义上的职务是指一定职位。而"职务上的便利"中的职务是权力与义务的统一。国家工作人员都有一定的职务,因职务产生了一定的职权,相应地拥有从事一定公务行为、处理一定公务的职权。《最高人民检察院关于人民检察院直接受理立案侦查案件立案标准的规定(试行)》明确规定“职务上的便利”的含义,即“主管、负责或者承办某项公共事务的职权及其所形成的便利条件”。国家工作人员都经办管理一定的公共事务,拥有一定的职权,可以利用来为请托人谋利而索取收受其财物。其次,“职务”与“工作”也是两个不同的概念。从语义上讲,“职务”是指职位规定应当担任的工作。“工作”是指“从事体力或是脑力劳动”。两者相比,职务比工作的外延小,前者包含于后者之中,属于种属关系;职务与工作的内涵也并不相同,职务所反映的基本特性是权力制约,工作所反映的主要不是权力制约,而是劳动。权力制约是职务犯罪的基础和条件。将工作等同于职务,就会扩大职务犯罪的范围,这恰与刑法所一贯倡导的罪刑法定和谦抑原则背道而驰。因此,“利用职务上的便利”应不包括“利用本人工作所形成的便利条件”。所以说,刑法意义上的职务行为必须合法、真实。

职务的合法是指行为人利用的某种职权应该是合法取得的。有观点认为,职务是否合法性不影响职务犯罪的认定。但笔者认为,此观点混淆了行为人的身份和职务的关系。刑法中的身份是指行为人的资格,刑法的中职务是指职权和义务。因此,身份与职务虽然有一定的联系,但也是有区别的。一般情况下,有一定的国家工作人员身份就会有一定的职务,身份的取得也决定了职权的获得。但是,如果行为人的身份取得不合法的,并非其职权的获得就是不合法的。如某一工作人员通过骗取获得了国家工作人员的身份,到单位工作后,单位是不可能知道该工作人员是否通过合法手段获得国家工作人员的身份的,因此,单位依法任命其管理某一公共事务,行使某一公共权力应该是合法的,行为人是在代表单位和国家行使职权,应该是有效的。如果将上述职务认定为是非法的,那么,其在担任国家工作人员期间行使职权的行为也要认定为无效这显然是不妥的。所以,职务行为必须是合法真实的,如果职务的行为并非合法真实,而是采用欺骗、冒用等手段假装行使职务的,则不能认为职务犯罪。因此,假冒某种职务向请托人索要或收受财物,也不能认定为受贿。例如,某局办公室的工作人假冒该局工程科人员向工程承建商索要财物,这就不能构成受贿罪,而应构成其他非职务犯罪。因职务而享有的职权必须是真实拥有的,如果不是真实享有的,行为人的权力与请托人的财物之间就不可能形成一种交易,没有权与钱的交易,当然不可能侵犯职务犯罪的客体。再如,户籍科民警,自行前去处理刑事犯罪问题,索取当事人的钱款,隐瞒不报,该行为也不能构成受贿罪。同样地,滥用职权罪的职权基础也必须是建立在合法、真实、确实享有职权的基础上,不能把国家工作人员职务行为以外的行为一概归为超越职权的行为。

结合本案看,周某等人虽然具有国家工作人员的身份,拥有一定的工作便利,可以安插线人,可以获取他人的违法犯罪线索,可以持有手铐、尿检试纸等办案工具,可以通过同事查获当事人前科劣迹情况,但上述便利都是周某等人在工作中形成和获取的,但其查获吸毒人员的职务行为不具有合法性、真实性的前提。首先,周某等人的动机目的违法,其以“求财”为目的,有预谋在先;其次,周某等人抓捕行为违法,既没有向有关部门报告,获得有关部门的批准,也没有与其他民警一同前往,而是与自己的同伙共同行动;最后,采用手段违法,对被害人实施殴打并索要钱款。所以说,周某等人在非正常、合法的履行职务过程中,采用要挟手段,获取钱财并占为己有,查获吸毒人员的行为不具备职务行为的特征,因此只能认定为敲诈勒索罪。

三 国家工作人员强行索取他人财物的具体认定

在该情况下,敲诈勒索罪与受贿罪是法条竞合关系,笔者认为,在竞合类型上,敲诈勒索罪与受贿罪的法条竞合属于“全部法与部分法”的竞合,在适用原则上,明确法条竞合的适用原则有一个鲜明的纲领,那就是充分评价和罪责刑相适应原则。根据刑法理论通说,法条竞合犯的处断原则有三个:第一,特殊法优于普通法,以突出重点,有针对性地打击犯罪;第二,狭义法优于广义法,选择适用概率较低的法条优先适用,有利于在同等情况下平衡条文的适用率,不至于使此类法条虚设,能有效提高司法资源的利用率;第三,全部法优于部分法。全部法优先的理由在于只有适用它才能对行为进行全面准确的评价和处罚,而适用部分法则只能是就案件的某一方面作出处理。因此,在全部法与部分法竞合的场合,如本文讨论的受贿罪与敲诈勒索罪的竞合,只有适用全部法,即以受贿罪定罪量刑才能对案件作出全面评价,因为受贿罪对行为人的主体身份、职务行为、强行索取、被害人畏惧心理等都可以纳入评价。正是基于此,敲诈勒索罪与受贿罪在法条竞合的情况下一般认定受贿罪。但是,笔者认为在司法实践中,仅以全部法优于部分法的原则处理敲诈勒索罪与受贿罪的定罪量刑问题,可能会发生不能恰当评价行为人的犯罪行为,产生违反罪责刑相适应原则的“罚不当罪”的情形。因为受贿罪是数额加情节犯,是根据索取收受他人财物的不同数额来量刑的,司法实践中完全可能会出现以受贿罪定罪处罚较轻或者不构成受贿罪的情形，此时会造成罚不当罪甚至放纵罪犯的后果。所以，仅适用“全部法优于部分法”的原则认定受贿罪，不能充分评价行为人“非法收受他人财物后又为他人谋取非法利益”这一行为。为了解决这一问题，笔者认为，在处理敲诈勒索罪与受贿罪法条竞合的定罪量刑问题上，在优先适用“全部法优于部分法”这一原则的同时，将“重法优于轻法”作为补充，这样就能很好地解决司法实践中的难题。当选择全部法会导致量刑畸轻、有失公允、放纵罪犯时，我们适用重法定罪量刑是符合充分评价、罪责刑相适应原则的，并且也不违反罪刑法定原则。

综上，周某身为公安民警，以非法占有为目的，伙同马某、戴某，以查办案件为由，利用其特殊的公安民警身份和特有的戒具，致被害人不敢反抗，并与被害人达成支付钱款便可获取释放的协议，从而索得他人财物，数额巨大，其行为构成敲诈勒索罪。

（案例编写人：上海市奉贤区人民法院　李晓杰）

第三编

故意犯罪形态、共同犯罪及罪数

60

以威胁方式强奸她人的着手的认定

简要案情

陈某通过某招聘网站结识了张某，双方谈妥以有偿方式建立“情人”关系。双方先后两次约至宾馆发生性关系。事后陈某均当场依约支付了相关费用。在第二次发生性关系的过程中，陈某拍摄了张某的裸照及二人的性爱视频，并要求张某书写了承诺保持长期包养关系的保证书，同时陈某摘录了张某手机通讯录中部分亲友的联系方式。后陈某再次要求张某与其发生性关系时，发现张某拒绝与其联系，遂向张某的多名亲友发送“她在外面做了见不得人的事，我手中有证据”等内容的威胁短信，并以发送裸照为由胁迫张某。张某被迫答应陈某至某酒店，到酒店房间之前张某借口打电话，让陈某先进房间，然后张某打电话报警将陈某抓获。

主要问题

关于陈某是强奸未遂还是强奸预备，存在两种不同意见：第一种意见认为，陈某通过发送裸照等威胁手段，强迫被害人与其发生性关系，且威胁行为已经开始，并迫使被害人与其到酒店准备发生性关系，属于已经着手实行犯罪，但由于意志以外的原因而未得逞，应当认定为犯罪未遂。第二种意见认为，陈某是通过发送裸照等威胁方式，胁迫被害人与其发生性关系，但未开始实施强奸罪的核心构成要件行为，所以是犯罪预备。

案例分析

笔者同意第二种意见,理由如下。

《刑法》第 236 条规定,强奸罪的行为方式有三种,即使用暴力、胁迫或其他手段。暴力手段一般是指直接对被害人采取殴打、捆绑、堵嘴、卡脖子等危害人身安全或自由的有形力手段,使得被害人无法反抗。胁迫手段,一般是指为了使被害人产生恐惧心理,通常使用暴力威胁或非暴力威胁,如揭发隐私、毁坏名誉等,使得被害人心中有所顾忌,行为人因而得以强制被害人的意愿而使其不敢反抗。其他手段,一般是指采用暴力、胁迫手段之外的并与暴力、胁迫手段具有等同的强制性质,如灌醉酒、药物麻醉、乘人熟睡、迷信等,使得被害人不知、不能反抗。刑法理论一般认为,犯罪着手认定的实质,是认定犯罪实行行为的起点,而实行行为的开始是未遂犯成立的客观要件,即着手与犯罪未遂犯的可罚性其实是一体两面的关系。因此,犯罪着手的认定也是构成要件符合性的判断,也可以说犯罪着手的标准同时也是未遂犯的成立标准。所以,就罪刑法定原则及刑法谦抑性的立场上而言,对犯罪着手的认定必须要从犯罪实行行为的实质上进行把握。对于强奸罪而言,当行为人在具有性交的主观目的下,开始制造对妇女的性自主权产生紧迫的、现实的具体危险时,便可以认为是着手,不必以行为人开始为性交行为为必要。具体而言,以暴力手段强奸她人的,当行为人开始实施掩口、挟持被害人,使其不得声张挣脱,便是着手。以灌醉酒、药物麻醉、趁人熟睡等其他手段强奸她人的,当行为人将被害人灌醉、麻醉或趁其熟睡而不知反抗时,开始实施与性交行为具有紧密联系的行为为着手。比如,行为人夏天半夜潜入邻居家中,用随身携带的剪刀剪开正在床上熟睡的妇女内裤,然后正欲脱自己的衣服时惊醒被害人,行为人仓皇逃走。

问题是,以威胁手段强奸她人的,其着手如何认定?是否和其他两种手段行为一致?由于威胁手段不局限于直接对被害人发出,也可以对第三人发出,如向被害人的亲属发送其裸照进行威胁等;同时,威胁也不局限于行为人当面的口头向被害人提出,也可以是通过电话、手机短信、书面、电邮等方式。如果认为强奸行为是由手段行为(暴力、威胁、灌酒等)和目的行为(性交)组成,通过上述对以暴力、灌酒等其他方式的分析可知,强奸罪的着手无须等到行为人开始实施目的行为,可以在行为人实施手段行为时即为着手。而威胁也是手段行为,是否就意味着只要行为人实施了威胁行为,就是强奸罪的着手呢?笔者不这么认为。

由于强奸罪(正犯)是亲手犯,如果认为行为人强奸罪已经着手实行,从上述刑法理论对犯罪着手的判断标准以及以暴力或其他手段强奸她人的着手的认定来看,应当要求行为人和被害人有一定的身体接触,从而使得行为人实施强奸罪的手段行为和目的行为之间形成了紧密的连接,即从行为人实施手段行为开始,已经完全掌控了被害人直至发生后续的目的行为。以暴力手段或灌酒等其他手段(如果行为人脱光衣服爬进邻居家中,惊醒熟睡中的妇女而仓皇逃走的,不能认定为着手,但不排除犯罪预备)实施强奸行为的着手的认定便能够满足此要求。而以威胁手段强奸她人的,如果认为行为人从实施威胁手段开始便是着手,从上述威胁的方式来看,则并不必然地认为行为人就能够完全掌控被害人直至发生目的行为。如果认为行为人实施威胁手段就是着手,则意味着,案例中的陈某向张某发出威胁时,已经着手,则张某去不去酒店都不影响陈某着手的认定。此时,便会出现一个国民难以接受的现象:侵犯公民人身权利和民主权利的强奸罪的着手的认定(同时也是犯罪未遂的认定)可以在行为人和被害人未曾见面的场合下出现,即“跨越时空”的强奸。

综上,对于以威胁手段强奸被害人的,行为人将威胁发送出去后,尽管存在胁迫行为,但不能认定为强奸罪的实行行为的着手,只有接触并完全掌控了被害人直至具有发生性交行为的紧迫危险时才能认定为着手。因此,对上述案例中的行为人不能认定为着手,只能认定为犯罪预备。

(案例编写人:上海市浦东新区人民法院　罗开卷;
上海市徐汇区人民法院　彭涛、赵拥军)

61

拐骗儿童后在出售过程中被查获的是否既遂

简要案情

陆某获悉姚某夫妇家境贫困，意欲将出生不久的女婴送人收养，遂至姚某夫妇的住处，谎称自己家境良好，要收养女孩，骗得姚某夫妇的信任后将该女婴抱走，联系王某帮助其寻觅收养人以出卖该女婴。王某不问女婴的由来，当即联系了意欲收养女婴的汪某。后陆某、王某在一旅馆内，与汪某谈妥以 8000 元的价格将该女婴出卖给汪某。在交易过程中，陆某和王某被公安人员当场查获。

主要问题

陆某与王某在贩卖儿童的过程中被公安人员当场查获，其犯罪停止形态应当如何认定，属于拐卖儿童罪既遂还是未遂？

案例分析

拐卖妇女、儿童犯罪严重侵犯被拐卖妇女、儿童的人身权利，致使许多家庭骨肉分离，甚至家破人亡，对被拐妇女、儿童及其家庭造成了巨大的精神伤害与痛苦，严重危害了社会的和谐稳定。根据 2000 年最高人民法院、最高人民检察院、公安部等六部门《关于打击拐卖妇女儿童犯罪有关问题的通知》，凡是拐卖妇女、儿童的，不论是哪个环节，只要是以出卖为目的，有拐骗、绑架、收买、贩卖、接送、中转、窝藏妇女、儿童的行为之一的，不论拐卖人数多少，是否获利，均应以拐卖妇女、儿童罪追究刑事责任。可见我国司法机关对该类犯罪历来坚持从严惩治的方针。实务中，对于该类犯罪的定性，争议不大，难点在于拐卖妇女、儿童犯罪的犯罪停止形态应如何认定。拐卖妇女、儿童罪属于行为犯，行为人以出卖为目的，实施拐骗、绑架、收买、贩卖、接送、中转妇女、儿童的行为之一的，无论其出卖目的是否实现，均应构成拐卖妇女、儿童罪的既遂。

一　对犯罪停止形态的认定要契合刑法分则关于拐卖妇女、儿童罪的罪状描述，符合立法本意

认定犯罪既遂与未遂的标准，通说是“构成要件说”，然而犯罪构成要件理论在刑事立法中没有明确规定，要结合具体的罪名予以科学解释和认定。“对刑法的解释必须明确，否则就有损构成要件的保障机能。事实上，刑法的明确性是由立法的明确性与解释的明确性共同实现的，刑法本身不可能绝对明确。”①《刑法》第 240 条对拐卖妇女、儿童罪的描述属于叙明罪状，对其基本犯罪构成特征进行了详细描述。依据刑法解释的精神与基本原理，对该罪立法本意的探寻首先应当进行文义解释。只要行为人主观上以出卖为目的，实施了拐骗、绑架、收买、贩卖、接送、中转妇女、儿童的行为之一的，均构成拐卖妇女、儿童罪，刑法条文对该罪的认定并没有附加其他限制条件，至于行为人出卖目的是否实现，对本罪犯罪构成要件以及既遂与未遂的认定，没有任何影响。据此，拐卖妇女、儿童罪不是结果犯，不能以妇女、儿童被出卖给他人作为本罪既遂的标准。犯罪客体是我国刑法所保护的、为犯罪行为所侵害的社会关系。犯罪客体是一种高度的概括和抽象。任何一种行为，如果构成犯罪，那么无论是既遂还是未遂，均会对犯罪客体构成侵害。因此，也不能以犯罪客体是否遭到实际侵害作为区分拐卖妇女、儿童罪既遂与未遂的标准。

需要注意的是，认定拐卖妇女、儿童罪系行为犯，并未否定拐卖妇女、儿童罪未完成形态的存在。所谓行为犯，是指以法定的犯罪行为的完成作为既遂标志的犯罪。“这类犯罪的既遂并不要求造成物质性的和有形的犯罪结果，而是以行为完成为标志，但是这些行为不是一着手即告完成的，按照法律的要求，这种行为要有一个实行过程，要达到一定程度，才能视为行为的完成。”②如果行为人已经着手实施拐卖妇女、

---

① 张明楷：《外国刑法纲要》（第 2 版），清华大学出版社 2007 年版，第 27 页。

② 高铭暄、马克昌主编：《刑法学》（第 10 版），北京大学出版社、高等教育出版社 2022 年版，第 140 页。

儿童的行为,但是由于行为人意志以外的原因而未能达到法律要求的程度,未能完成犯罪,那么仍然成立拐卖妇女、儿童罪的未遂。如果行为人预备或者着手实施拐卖妇女、儿童的行为,在达到犯罪既遂的程度之前,自愿放弃未竟的犯罪行为,成立犯罪中止。在此,犯罪既遂行为的"程度"要求,一般以拐骗、绑架、收买、贩卖、接送和中转行为实施完毕(行为之一实施完毕即可),并将被害妇女、儿童置于行为人的控制之下为标准,即采取"控制说"。以本案为例,王某中途加入拐卖儿童的犯罪行为,与陆某成立共犯,由于陆某的拐骗行为已经完成,受害儿童处于陆某的控制之下,也构成拐卖儿童罪的既遂。如果陆某在与姚某夫妇协商的过程中,被姚某夫妇识破,从而拒绝将女婴交给陆某,或者姚某夫妇放弃将女婴送养等,那么陆某以出卖为目的,虽然已经着手实施了拐骗儿童的行为,但是由于其意志以外的原因而未能得逞,其行为仍然构成拐卖儿童罪,并应当认定为犯罪未遂。如果陆某在与姚某夫妇协商的过程中,自愿放弃继续实施拐骗儿童的行为,那么仍可以成立犯罪中止。

二 对犯罪停止形态的认定要符合犯罪构成原理

依据犯罪构成理论,犯罪目的属于犯罪的主观方面要件,危害行为和危害结果属于犯罪的客观方面要件,两者之间不能混同。"以出卖为目的"属于拐卖妇女、儿童罪的主观方面,关于该罪的客观方面主要有"拐骗、绑架、收买、贩卖、接送、中转"等危害行为,但是刑法并没有将妇女、儿童被实际卖出的危害结果作为本罪的犯罪构成要件,以最大限度保护妇女、儿童的人身权利。此外,犯罪构成可以分为基本的犯罪构成与修正的犯罪构成。基本的犯罪构成是指刑法分则条文就单独的既遂犯所规定的犯罪构成;修正的犯罪构成是指刑法总则条文以基本的犯罪构成为基础并对其加以修正的诸如共犯、未遂犯等所规定的犯罪构成。《刑法》第 240 条的规定,应为基本的犯罪构成,属于拐卖妇女、儿童罪的既遂形态。拐卖妇女、儿童罪属于多环节的犯罪,"拐骗、绑架、收买、贩卖、接送、中转"等行为之间实际上是并列关系,行为人实施上述行为之一即构成犯罪,且均是拐卖妇女、儿童罪的典型行为,不能将其进行人为区分。有观点认为,"拐骗、绑架、收买"属于手段行为,"中转、接送"属于中间行为,"贩卖"是结果行为,实施手段行为的,只要将被害人置于行为人自己的控制之下即达到既遂;实施中间行为的,应以行为人将被害人送到指定地点或交给指定人员即已脱手完成中转、接送的为既遂;结果行为应以行为人将被害人贩卖出手,所有权移转给收买人为既遂成立，否则应认定为未遂。这种区分标准将共同犯罪人的个体行为独立分析，孤立看待，违背了共同犯罪原理，可能会导致在拐卖妇女、儿童共同犯罪的认定中，有的构成既遂，有的却属于未遂的逻辑悖论，不符合共同犯罪"一人行为，全体责任"的原理。

三　关于陆某、王某行为的评析

综上，拐卖妇女、儿童罪是行为犯，行为人只要以出卖为目的，实施拐骗、绑架、收买、贩卖、接送、中转妇女、儿童的行为，并达到一定程度，即构成拐卖妇女、儿童罪的既遂。本案中，陆某以出卖为目的，拐骗儿童的行为已经实施完毕，王某为其出卖儿童的行为提供帮助，陆某与王某虽然在贩卖儿童的交易过程中被当场抓获，但是仍然成立拐卖儿童罪的共犯，属于犯罪既遂。其中陆某在共同犯罪中起主要作用，是主犯。王某在该共同犯罪中起次要、辅助作用，可以认定为从犯。

（案例编写人：上海市浦东新区人民法院　白艳利）

62

住家保姆盗窃主人物品后藏于衣帽间及保姆房间的既未遂认定

简要案情

林某通过中介公司介绍，到支某家中担任全职住家保姆，负责打扫卫生和烧饭，家中共聘请了3名保姆。林某利用打扫卫生之机，先后3次从支某的卧室梳妆台抽屉内，窃得3480元现金、价值99,800元的各类首饰11件，后将现金及部分首饰藏匿于林某在一楼的房间写字台抽屉内，其余首饰分装成2小袋藏匿于三楼衣帽间的搁板上。支某发现物品被窃遂向林某询问，并在林某房间抽屉内找到现金3480元及部分首饰，林某拒不承认，后支某拨打“110”报警，警察到后，林某才交代盗窃事实，并从衣帽间找出藏匿的首饰。

主要问题

住家保姆盗窃主人财物藏匿于衣帽间和保姆房间的行为，能否认定系盗窃未遂？

案例分析

一 主人借助于房屋这一特定场所对物品实施控制，其合法控制范围以房屋为限

关于盗窃罪既遂与未遂的区分标准，刑法理论的通说是失控加控制说，即以被盗

财物是否脱离所有人（或保管人）的控制并实际置于行为人控制之下为标准，而确定财物的合法控制范围对盗窃罪既遂与未遂的认定具有重要意义。在保姆盗窃主人物品的案件中，首先要确定主人对财物的合法控制范围。

合法控制范围是指对财物行使控制权所涉及的有效空间。凡是有特定范围的场所，物主的控制能力及于该场所内的任何地方，里面的任何财物都处于其实际控制之下，物主对这些财物享有事实控制权。在场所控制的情况下，行为人将财物置于与外界相对隔离的场所之内，代替身体的直接控制，借助于房屋等物质手段，实际延伸了人的控制能力。本案中，首先，从客观状态分析，主人对房屋内的财物当然具有实际控制力，这是显而易见的事实；其次，从主观意识分析，房屋作为与外界相对隔离的场所，主人对其中的物品具有明确的控制支配意识，只要主人没有明示放弃占有，就认定主人对财物有控制和支配意识；最后，从社会秩序的一般观念分析，房屋是区分社会利益与个人利益的界限，主人对于财物容易行使权利，外人无法对其施加物理上的支配力量，一旦脱离房屋，社会利益与个人利益相互混淆，主人对其行使权利就比较困难。综上所述，笔者认为，在主人明确具有控制意识并借助于房屋对财物实施有效掌控时，房屋就是主人对财物实施控制力的范围。在保姆盗窃主人财物的案件中，当财物被带出房屋时，即脱离主人的控制并置于保姆的控制下，构成盗窃既遂，反之为盗窃未遂。

二　保姆盗窃主人财物藏匿于衣帽间和保姆房间的行为，构成盗窃未遂

首先要对保姆房间的性质进行认定。从事实层面分析，保姆对房间具有部分占用权或使用权，即临时休息权、摆放私人物品的权利，主人则提供简单家具，并享有存放物品、安排他人共同住宿、进出保姆房间等权利，由于主人享有部分使用权和控制力，因此保姆没有独占权和排他性的使用权。从法律层面分析，保姆房与出租屋、宾馆客房在性质上有所区别。通过支付对价的方式，承租人对出租屋、房客对宾馆房间具有独占权和排他性的使用权，如果有人非法闯入，侵犯的是承租人和房客的利益，并非出租人或者宾馆所有人的利益。相反，如果有人非法闯入保姆房间，其侵犯的则是主人的利益，而并非保姆的利益。在英国曾有判例认定：在雇员为更方便地执行其职责而占用其雇主的场所时，他不能因非法侵入行为而主张针对其雇主的诉讼。[1] 也

① 参见［英］J. C. 史密斯·B. 霍根：《英国刑法》，李贵方译，法律出版社2000年版，第717页。

就是说,雇主进入雇员房间的行为并不构成侵权。同理,主人随意进出保姆房间的行为,并没有侵犯保姆的利益,也不是违法行为。因此,笔者认为,由于保姆对其房间没有独占权和排他性使用权,主人对其中的物品(保姆的私人物品除外)仍享有部分控制力,保姆的房间仍处于主人的控制范围内,与整个房屋内的其他空间在性质上相同,唯一的区别之处在于,主人对保姆房间的控制力在一定程度上被减弱和限制。

当然,上述情况中也有例外出现,需要仔细分析当事人之间的约定条款和事实状态。如果有明确条款约定,保姆对其房间有排他性的占有权,可以拒绝主人的随意进出,那么其对房间的控制权相对独立,主人就缺乏控制力。如果保姆房配有门锁,仅保姆一人持有钥匙,主人必须经过保姆同意才能凭钥匙进出,这种情况下,也可以视为保姆有独立控制权。就本案而言,上述两种特殊情况都不存在,当事人之间既没有特殊约定,保姆房间也没有门锁。

本案中,由于主人对保姆房间具有部分控制力,其中的财物(保姆的私人物品除外)仍处于主人的控制范围内,没有失去主人的控制,因此认定为盗窃未遂。

三 关于林某行为的评析

从客观障碍分析,林某需要排除很多障碍才能够取得占有。林某处于多方监控下,一是主人的监控,通常情况下,主人对新聘用保姆都规定有试用期,即使没有明确约定,在聘用初期,主人往往也会提高警惕。林某系外来打工者,在上海没有其他立身之地,刚开始做家政,被害人支某对林某并非完全信任,其要求林某不要打扫二楼卧室的房间,只负责做饭和打扫客厅卫生,从中可以看出主人对其心存戒备。二是另外 2 名保姆的监控,主人同时聘用 3 名保姆做家政,保姆相互之间的关系,一方面体现为分工负责,另一方面也可以互相监督。本案中,保姆李某提醒被害人林某曾翻过其抽屉,后引起被害人的重视,林某作为新聘用保姆,首先被列为怀疑和询问对象。由此可见,在主人和其他保姆对林某实施双重监控的情况下,林某要独立支配控制财物仍有较大困难。

从时间上分析,林某实际掌控财物的时间非常短暂。尽管取得财物的时间长短不能作为区分既遂和未遂的标准,但在实践中可以作为一个参考因素。林某到被害人家中从事家政,在短短 3 天时间内连续作案,从其取得财物到被害人发现财物至案发,仅间隔 2 天时间,这一事实间接说明,林某将财物完全实际占为己有难度较大。

从主观意识分析,林某不认为自己已实际占有财物。尽管认定盗窃未遂是以客观控制状态为标准,但行为人的主观意识仍可以作为辅助性的参考因素。林某曾陈述取得财物后,内心一直忐忑不安,担心随时会被主人发现,这种心理状态表明,林某非常清楚地知道,财物并没有脱离主人的控制,一旦主人发现财物丢失并查找,其盗窃行为很容易暴露,也就是说,林某自始至终都认为,其没有独立支配和处分财物,这一点与客观上的财物控制状态相一致。

从逻辑层面分析,如果将藏匿于保姆房的财物认定为盗窃既遂,会形成逻辑上的悖论。从社会常识角度看,人们普遍认为,盗窃既遂的财物已经由行为人实际掌控而不易被发现,相较而言,盗窃未遂的财物更容易被发现。本案中,林某将财物放在保姆房的抽屉内非常显眼的地方,没有精心掩盖和采取任何防范措施,相反,对于衣帽间的财物则进行了包装和掩饰,从林某角度看,其主观认识上对两处场所并没有区别对待,而从被害人角度看,其住所系一幢三层别墅,衣帽间设在三楼,主要功能是用于储存衣物,除保姆经常进出打扫外,主人并不经常接触,藏匿于其中的财物在短时间内很难察觉,而保姆房由于空间小、家具简单、物品少,直接翻查更容易找到财物,事实上,被害人首先找到了保姆房的现金和部分首饰,然后在林某的带领下才发现衣帽间的财物。

从找寻的可能性分析,主人通过细心查找,有可能发现被藏匿的财物。当财物置于房屋中能够看得见和实际触摸到的空间时,主人才具有实际控制力。但是,当行为人将财物藏匿于墙洞或者地下等特殊空间范围时,除非房屋被拆除,否则被主人发现的可能性微乎其微。本案不属于这种特殊情况,林某将财物分别藏于保姆房间和衣帽间,如果主人通过自身力量查找,最终有可能发现财物。

从量刑角度分析,如果认定盗窃既遂,有违量刑平衡原则。根据罪责刑相适应原则,刑罚应当与犯罪行为的社会危害性和林某的主观恶性相一致。从本案的社会危害性看,被害人没有遭受实际的物质损失,从失窃到追回赃款的时间间隔短暂,被害人的精神损害得到一定的弥补。从主观恶性看,林某由于对首饰的价值认识不足、利用工作之便顺手牵羊易于取得等原因,临时起贪念实施盗窃,且在短时间内连续作案,尽管数额特别巨大,但其主观恶性相对较小。

综上所述,本案应当认定系盗窃未遂。

(案例编写人:上海市浦东新区人民法院　刘娟娟)

63

并存债务型诈骗犯罪停止形态及数额的认定

简要案情

杨某挂靠北奥公司开展旅游业务期间，拖欠竹园公司上海分社等公司的旅游服务费共计240余万元，并致北奥公司因挂靠关系为其代付部分欠款。

杨某与蓝色假日公司履行目标管理责任合同书挂靠该公司期间，以蓝色假日公司上海分公司名义开展旅游业务，没有实际履行能力，采用亏本经营的方式组织旅游团，并擅自将收取客户的团费用于归还先前债务，拖欠瑞景假日公司、中欧公司的旅游服务费，并致蓝色假日公司因挂靠关系被民事判决单独或与杨某共同给付瑞景假日公司、中欧公司共计452万余元。

杨某挂靠青之旅公司，以青之旅公司上海分社的名义开展旅游业务，没有实际履行能力，采用亏本经营的方式组织旅游团，擅自将收取客户的团费用于归还先前债务，拖欠北京众达国际旅行社有限公司上海分公司等公司的旅游服务费，并致青之旅公司因挂靠关系为其代付共计258万余元。

主要问题

行为人隐瞒自身债务与他人建立挂靠关系，并利用挂靠单位名义在实施经济活动中骗取第三方财物，使他人因其与行为人的特定法律关系而被迫向第三方承担连带民事责任，对此如何定罪处罚？

案例分析

本案涉及一种特殊类型的诈骗,行为人隐瞒自身债务与他人建立挂靠关系,并利用挂靠单位的名义在实施经济活动中骗取第三方财物,使他人因其与行为人的特定法律关系而被迫向第三方承担连带民事责任。实践中存在的类似情形还包括,行为人欺骗他人为其意图非法占有的第三方债务提供担保,使他人因担保关系的存在而被迫向第三方承担民事责任。笔者将该类诈骗称为"并存债务型诈骗",因为行为人通过挂靠、担保,实际上使其与他人之间形成了并存的债务。对于类似披着民事法律关系外衣的诈骗犯罪活动,随着第三方主张实现民事权利的阶段、进程、效果的不同,他人被迫交付财物的实践样态也呈现出较为复杂的状况,从而直接影响相关诈骗犯罪既未遂及犯罪数额的认定,本案即存在这样的问题。

一 犯罪停止形态的认定

本案涉被挂靠单位蓝色假日公司一节犯罪事实中,蓝色假日公司因挂靠关系被法院判决单独或与杨某共同给付瑞景假日公司等相应钱款,但至本案案发乃至审判时,蓝色假日公司并未实际履行,相关民事判决也未被法院强制执行,即蓝色假日公司并未因犯罪遭受实际损失。那么,相关犯罪是否应认定未遂?

实际上在该类案件中,他人及第三方均一定程度地被欺骗。如本案中,对蓝色假日公司等被挂靠单位而言,杨某向其隐瞒了所背负的巨额债务,基于此,其与杨某建立了挂靠关系,并允许杨以其名义对外从事经济活动,进而基于该挂靠关系对杨后续发生的经济债务承担连带责任;对瑞景假日公司等交易对象而言,杨某对其隐瞒了挪用团费归还先前债务致后续服务费可能无法支付的情况,从而骗取其提供的服务。但这并不意味着,他人和第三方均系诈骗犯罪中的被害人。诈骗犯罪的逻辑结构在于,行为人虚构事实、隐瞒真相使被害人陷入认识错误,被害人基于该错误认识主动交付财物。在该类案件中,被挂靠单位确系受骗,但其并未因此主动交付财物,也未因此主动替代行为人承担债务。尽管接受挂靠本身作为一种市场行为具有一定的风险,但这种对风险承担的预期并不等同于诈骗犯罪中被害人对自身利益的主动放弃,因此将被挂靠单位作为诈骗犯罪中的诈骗对象,并不符合诈骗犯罪的逻辑构造。同时,他人及第三方处理的都是自己的财物,因此,相较于行为人、他人及第三方而言,也不存在三角诈骗的问题。

故而,第三方作为行为人实施诈骗犯罪行为直接针对的对象,才是该类犯罪中真正的被害人。该类犯罪既未遂的认定,也应以第三方是否提供了财物(包括本案中所涉及的具有市场对价的旅游服务)作为标准,他人是否因与行为人的挂靠或担保关系而向第三方支付财物并不影响既未遂的认定。显然,本案涉及的两节犯罪事实中,交易对象即被害单位均在合同履行过程中向杨某提供了约定的旅游服务,相关犯罪已经既遂。

二 犯罪数额的认定

本案杨某骗取的是第三方的服务,毫无疑问,诈骗犯罪的数额应根据该服务的对价予以认定。本案将被挂靠单位实际代为支付的价款或者法院判决应当支付给第三方的价款认定为犯罪数额,具有合理性,该数额可以表明第三方因被骗而遭受的实际损失。问题在于,根据相关规定,在具体认定诈骗犯罪数额时,应把案发前已经被追回的被骗款额扣除,按最后实际诈骗所得数额计算。那么,在被挂靠方已经向第三方代为支付价款的情况下,被害人的损失已经得到相应弥补,能否根据该规定将相关金额从犯罪数额中扣除?

本案中,被挂靠单位代为支付的金额不能认为系“被追回”,对于行为人来讲,其“最后实际诈骗所得数额”并未因他人的代为清偿的行为而有所减损,故相关代付金额不应从犯罪数额中扣除。据此,在第二节犯罪事实中,被挂靠单位青之旅公司基于挂靠关系被迫向第三方代为支付了服务费,虽然被害单位的损失得到了弥补,但并不能因此否定诈骗犯罪的成立,相关款项应全额认定为诈骗犯罪数额,而行为人仍应承担退缴违法所得的法律责任。只不过,在已由他人代为退缴的情况下,应承认他人代为退缴的民事法律效果,行为人退缴的违法所得可直接发还他人,而不必发还诈骗犯罪的被害人,因为被害人的损失已因他人代为清偿而得到了弥补,如此,各方利益才能获得平衡。

(案例编写人:上海市静安区人民法院　葛立刚)

64

收受按揭房屋的既未遂标准及数额认定

简要案情

如杨某收受按揭房屋一套，价款606万余元，由行贿人负责还款，至案发时还有315万余元贷款本金尚未还清。再如吴某收受按揭房屋一套，房屋价款112万余元，由行贿人负责还款，至案发时共支付首付款30万元、银行贷款26万余元，尚有贷款本金70万余元未还。

主要问题

对收受按揭房屋的，如行贿人仅付首付款，明确由受贿人承担按揭还贷义务的，受贿数额即为首付款，受贿人自行承担的房贷当然不能认定为受贿数额，对此无争议。实践中鲜见由受贿人承担按揭还贷义务的情形，比较常见的是行贿人不仅支付首付款还明确承担按揭还贷义务，对此，如何认定受贿数额及把握既未遂标准，存在4种不同意见：

第一种意见认为，如案发时已经全部还清的，受贿数额以收受该房屋时的价值全额认定；如案发时尚有部分贷款本金未还清的，则应以案发时行贿人已经实际支付的首付款和银行贷款认定受贿数额，不存在未遂情节。

第二种意见认为，如案发时尚有部分贷款本金未还清的，受贿数额以收受该房屋时的价值扣除尚未还清的贷款本金计算，不存在未遂情节。

第三种意见认为，如案发时已经全部还清的，受贿数额以收受该房屋时的价值全额认定无争议，如案发时尚有部分贷款本金未还清的，则应以收受该房屋时的价值全额认定，案发时尚未还清的贷款本金以未遂认定。

第四种意见认为，房屋有贷款既不影响对受贿犯罪形态的认定，也不影响对受贿数额的认定，应当以行贿人实际购买房屋的合同价作为受贿金额的认定标准。行贿人偿还贷款的行为实际上就是代替受贿人承担了购房资金的压力与责任。无论是一次性全款支付房款还是以贷款方式偿还房款，其实质是行贿人选择使用不同的渠道筹措购房资金，以达到行贿目的。当然，考虑到受贿人收受的房屋在产权上存在不完整性，房屋的未来处置在理论上存在一定的市场风险，在具体裁量刑罚时可将房屋附带有未偿还贷款的情况予以酌情考虑，但不能以此为理由扣除未偿还的贷款金额而影响对受贿犯罪行为及受贿数额的完整认定。

案例分析

笔者倾向于第三种意见，即受贿数额应以收受房屋时该房屋的价值全额认定，案发时尚未还清的贷款本金作为未遂情节考量。主要理由为：第一，行受贿双方进行权钱交易之时，涉案房屋就是贿赂物，尽管是按揭房屋，但双方都明知后续按揭还贷义务由行贿方负责，直到还清为止，故此，以收受该房屋时的价值全额认定受贿数额符合主客观相统一原则。第二，尚未还清贷款本金就已案发，违背了行受贿双方的意志，受贿人也因此未取得房屋的完全所有权，这是事实，银行作为抵押权人可以主张部分权利，故尚未还清的贷款本金属于受贿未遂。第三，将案发前尚未还清的贷款本金认定为受贿未遂，既实事求是，有利于确保量刑均衡，也是追赃数额与受贿数额一致的要求。如以收受房屋时的价值全额认定受贿数额，没有未遂情节，特别是在收受房屋后不久即案发的情形，如房屋价值 300 万元，贷款 200 万元，收受房屋后一年即案发，因该种情况下大部分贷款本金未还清（以 150 万元计），认定受贿数额 300 万元，则判决时需追赃 300 万元上缴国库，显然不可行。事实上，在处理该房屋时，需要归还银行贷款，银行作为抵押权人也有权要求归还尚未归还的贷款，否则银行成为受害者。相反，如认定受贿数额 300 万元，其中 150 万元为未遂，即仅追赃 150 万元，就解决了上述矛盾。

故此，前述杨某案中，应以收受房屋时该房屋的价值全额 606 万余元认定为受贿数额，将至案发未还清的贷款本金 315 万余元认定为未遂。同理，在吴某案中，应以收受房屋时该房屋的价值全额 112 万余元认定为受贿数额，至案发未还清的贷款本金 70 万元认定为未遂。

（案例编写人：上海市浦东新区人民法院　罗开卷）

65

国有公司改制过程中隐匿未转移产权房的既未遂认定

简要案情

某市公用事业管理局出资成立公欣监理公司，吴某担任公司的法定代表人、经理。后公欣监理公司转入国有交建公司管理，并更名为公欣公司，由徐某担任法定代表人、董事长，吴某全面负责经营管理公司。

后公欣公司开始改制评估。其间，吴某利用职务便利，将公欣公司与多家单位之间产生的项目监理费用应收款4012万余元，隐匿于账外，不纳入评估范围，并向上级主管单位及审计、评估单位提供虚假的企业经营损益报表，致使公欣公司的价值被严重低估，最后仅以143万余元的价格被整体转让给非国有的住远公司。吴某以个人名义与他人共同持有转制后公司49%的股权并经住远公司授权，由吴某自主经营、独立核算、自负盈亏。

吴某还利用职务便利，指使公欣公司员工将公司的监理费收入转至公司账外，形成账外资金，并从中取现以个人名义存入银行。吴某还通过虚列职工工资的方式，从公司账内套现，开立个人定期存单。在公司改制审计过程中，加以隐匿。其间，上述公款产生的利息亦被吴某等人共同私分。改制完成后，吴某还以预发奖金的名义，从账外资金中提现后与原公欣公司副总理汪某等人私分。通过以上方式，合计侵吞公欣公司231万余元。

另经某市公用事业管理局同意将煤气公司营业所站点用房使用权无偿调拨给公欣监理公司使用，并更名至该公司名下。公欣监理公司通过与永理公司签订退租协议，获得247万余元的补偿款。该笔补偿款由永理公司直接打入伟华房地产咨询公司，未入公欣监理公司账内。后公欣监理公司用上述补偿款中的216万元购买了一套房屋（权利人为公欣监理公司）。该房产权证由原公欣公司副总经理童某保管，童某去世后，吴某等人将产证取回由自己保管至案发。因公欣监理公司更名为公欣公司，吴某遂指使汪某将产证权利人变更为公欣公司。在公欣公司的改制过程中，该套商品房被吴某隐匿于账外未纳入评估。在公司改制前后，该房屋历年来所产生的房租收益共计14万余元亦被吴某实际控制。经评估，在改制评估基准日，上述房屋价值为414万余元。

主要问题

本案中，吴某身为国家工作人员，在国有公司改制过程中，利用职务便利，隐匿公司名下房产，但未办理产权转移登记的行为如何定性，以及隐匿国有公司债权转入个人持股的改制后公司，贪污数额如何计算，是本案的两大争议焦点。

案例分析

一 国有公司改制过程中，隐匿公司名下房产，未进行产权转移登记，但为行为人实际控制的，构成贪污既遂

根据《最高人民法院、最高人民检察院关于办理国家出资企业中职务犯罪案件具体应用法律若干问题的意见》（以下简称《国家出资企业职务犯罪意见》）第1条的规定，受国有企业委托管理、经营国有财产的人员利用职务上的便利，在国家出资企业改制过程中故意隐匿公司、企业财产为行为人实际控制，或者国家出资企业改制已经完成的，以贪污犯罪既遂处理。可见，行为人的贪污对象是指改制中的国家出资企业财产，而企业财产通常包括动产、不动产、债权和知识产权等。房屋作为不动产的一种，并未被排除在企业财产之外，理应可以作为贪污罪的犯罪对象。只要行为人出于非法占有的目的，利用职务之便，将国有公司的房屋占为己有，即可成立贪污罪。那么，在本案中，由于涉案房屋尚未办理产权转移登记手续，如何认定吴某主观上具有非法占有的目的？

按照民法上关于物权取得的规定，对于房屋等不动产而言，只有行为人办理了产

权变更登记,才能在法律上确认其享有所有权,但这只是非法占有目的的客观实现。实践中,行为人对于侵占的不动产往往由于取得方式的非法性或者为了逃避法律追究,而不去办理产权变更登记,因此,不能以没有办理产权变更登记来证明行为人主观上不具有非法占有的目的。且非法占有的目的形成于产权变更登记之前,根据行为人客观上所采取的欺瞒手段等行为事实,并结合其案发后的表现,就可以认定其主观上具有非法占有的目的。

本案中,吴某利用国有公欣公司账外资金购买涉案房产后加以截留,使涉案房产没有登记,且在公司账上无法显示;改制时,吴某也未就涉案房产向上级单位或评估单位进行说明,转制后至案发吴某亦没有任何归还房产的行为或意思表示,足以证明吴某主观上具有将涉案房屋非法占为己有的故意。

那么,吴某以非法占有为目的,在公欣公司改制过程中,隐匿公司名下房产,尽管未办理产权变更登记,其行为是否属于贪污行为?一般来说,对于房屋等不动产,行为人办理了产权变更登记,将国有资产转移到自己名下是判断侵吞公共财产的一个重要方面,但不是刑法上非法占有的认定标准。根据《国家出资企业职务犯罪意见》第 1 条的规定,在国家出资企业改制过程中故意隐匿公司、企业财产为行为人实际控制的,即可认定为贪污既遂。显然,在刑法上对非法占有的认定以行为人对财物的实际控制为标准,注重评价行为客观上所具有的社会危害性,即对财物真正所有权人行使占有、使用、收益、处分权能的侵害,而非考察财物所有权是否在法律形式上发生了转移。换言之,是否在法律形式上取得了对财物的所有权,并不能对事实上占有某财物的认定构成障碍。贪污犯罪既、未遂的判断标准,应当视公有不动产是否脱离了公有产权人的实际控制,并被行为人现实地控制、支配而定。

在未办理房屋产权变更登记的情况下,如何认定行为人已经实现了实际控制,可以从房产登记所有权人的相关账目上能否反映该房产的存在,行为人是否可以自主使用该房产、自主决定对房产进行事实和法律上的处分,是否通过房产获取利益几个方面来综合判断。

本案中,虽然涉案房产产权证上的权利人为公欣监理公司或更名后的公欣公司,但在公欣公司改制前,用于购买涉案房产的资金始终隐于公欣公司账外,事实上涉案房产也未经登记,没有入账;改制时,吴某加以隐匿不纳入评估,致使上级单位以及改制后的公欣公司法人代表均不知有该套房产,足以说明涉案房产已经成功脱离了国有资产权利人的控制。相关证据又证实吴某实际掌控着公欣公司的公章、改制前的营业执照复印件、原法定代表人徐某的私印及身份证复印件等。在这种情况下,吴某完全有条件自行实现对涉案房产的过户更名,且事实上已经能够独立地行使房屋产权人的处分权。而且,公欣公司改制前后,吴某控制涉案房屋历年来所产生的房租收益,即实际上享有房屋产权人的收益权。因此,吴某除了在权利文书的形式上并非涉案房产的产权人外,事实上吴某已经将涉案房产视同为个人财产行使了产权人所有权的全部权能,符合刑法上非法占有要求的实际控制标准。

综上,吴某在国有公司改制过程中,隐匿公司名下价值400余万元的房产,虽未办理产权转移登记,但已实际控制的,其行为不仅构成贪污罪,而且为既遂。

二 将隐匿的国有公司债权转入个人持股的改制后公司,应以隐匿债权总额认定贪污数额

根据刑法对贪污罪的规定,公共财物的所有权遭受侵害是贪污犯罪的本质特征。改制前国有公司确定享有的债权,是预期可实现的利益,在改制过程中,理应作为企业财产权纳入资产评估范围。债权被隐匿,导致拟改制的国有公司整体价值被低估,在国有资产的出售中必然会带来事实上的损失。

本案中,吴某在国有公欣公司改制过程中未将归属于该企业的4012万余元"应收监理费"纳入资产评估范围,而是隐匿于账外,导致这部分债权所对应的财产性利益随着公欣公司改制工作的完成而流失,吴某对国有资产所造成的侵害在改制完成时即已实现,属于贪污犯罪既遂。

对于吴某贪污数额的具体认定,按照《国家出资企业职务犯罪意见》第1条的规定,贪污数额一般应当以所隐匿财产全额计算;改制后公司、企业仍有国有股份的,按股份比例扣除归于国有的部分。国有公欣公司改制后,被整体出售给非国有单位住远公司,原来的国有出资人退出,改制前的企业被改制后的企业所取代,隐匿的4012万余元债权被改制后的非国有企业全部继承。虽然吴某等人在改制后的公欣公司中仅持有49%的股份,但非法占有的形式不仅是行为人个人占有,也可以是公司占有,或者由他人代为占有。因此,被改制后公欣公司占有的债权4012万余元,应全额认定为吴某的贪污数额。

(案例编写人:上海市浦东新区人民法院 罗开卷;上海市高级人民法院 金俊)

66

“挪而未用”属于既遂还是未遂

简要案情

王某在担任英纳雪公司副总经理期间，将该公司的10具空气呼吸器及10只碳纤维气瓶以11.9万元的总价销售给他人。王某在收到上述货款后，虽经英纳雪公司多次催要，但其以与该公司存在纠纷为由拒绝交付货款，时间长达一年多。案发后，王某退回部分货款10万元。

主要问题

关于王某的行为是否构成挪用资金罪，是既遂还是未遂，存在争议。第一种观点认为，“挪用”即“挪＋用”，“挪”指移动，“用”指使用，只有既挪又用资金的行为，才能叫作挪用资金，只挪而未用的，不构成挪用资金罪。第二种观点认为，行为人挪用的目的是用，只挪而未用的，构成挪用资金罪的未遂。第三种观点认为，“挪”是前提，“用”是目的，对于“挪用”犯罪而言，并不是以行为人实现了“用”的目的才构成既遂，对于“挪而未用”的情况应该认定为挪用资金罪的既遂形态。

案例分析

笔者认为，“挪用”不是复合行为，而是单一行为。从行为关系看，“挪”是挪用资金罪的实行行为，“用”只是“挪”的后续行为，“挪”才是刑法打击本罪的根本所在。虽然行为人只是挪出单位资金而没有投入实际使用，但这种“挪而未用”的行为仍然可以构成挪用资金罪的既遂形态。

一方面,挪用资金罪的客体为公司、企业或者其他单位对资金的占有、使用、收益权,即公司、企业或者其他单位的财产所有权。行为人将单位资金转移到自己或者他人的控制之下,单位失去了对该笔资金的控制,即标志单位资金的占有、使用、收益权已经实际地遭受侵犯。因此,“挪而未用”的行为对挪用资金罪客体的侵害已经完成,如果挪用资金的数额和时间符合立案标准,就应该构成挪用资金罪,且为既遂形态。至于是否投入实际使用,使用时间的长短,只是量刑时应考虑的情节。

另一方面,虽然刑法对挪用资金罪中的“使用”规定了三种情形,但其主要用意和目的不是强调要行为人实际使用挪用的单位资金以后才构成挪用资金罪的既遂,其着眼点在于这三种情形所反映的行为人的主观恶性不同,需要作不同的规定。也就是说,立法者既不是出于将是否实际“使用”这一行为本身作为挪用资金罪的客观构成要件而区分罪与非罪的界限功能的考虑,也不是将其作为区分犯罪既未遂形态的标准之一的考虑,而是因为三种不同的使用情况所反映的行为人的主观恶性不同,需要在构成犯罪的规格上作出不同处遇的一种刑事政策上的考量。所以,立法者设立挪用资金罪注重的是单位资金是否被挪出以及行为人对单位资金的“用途”,而不是单位资金是否被投入实际使用。这样,应将“挪”理解为挪用资金罪的客观要件,“用”为主观要件,为了个人使用而“挪”出单位资金的行为,其实就具备了挪用资金罪的实行行为。行为人将单位资金挪出后,在不考虑行为人是否按照预先的目的将单位资金投入实际使用的情况下,从性质上来说,这种挪用行为已经符合挪用资金罪中挪用单位资金进行一般活动的情形,如果还符合数额较大、超过三个月未还的要件,就构成挪用资金罪的既遂。在此基础上,再考虑挪用行为是否符合挪用资金罪中挪用单位资金进行营利活动或非法活动的情形。因此,对“挪而未用”的行为,只要具备刑法规定的其他构成要件的,应认定为挪用资金罪(既遂)。

由于挪用资金罪与挪用公款罪系近似罪名,都属于挪用犯罪,在构成要件上主要只存在犯罪主体和犯罪对象的差异。在司法实践中,不仅挪用资金犯罪中存在“挪而未用”现象,而且挪用公款犯罪中也同样存在“挪而未用”现象。笔者认为,前文对“挪而未用”行为的定性分析,除了适用于挪用资金犯罪外,还应适用于挪用公款犯罪。也就是说,对国家工作人员利用职务上的便利“挪出公款没有投入实际使用”的行为,只要符合刑法关于挪用公款罪的构成要件的,也应认定为挪用公款罪(既遂)。

那么,对“挪而未用”的行为是按照非法活动型还是按照营利活动型或一般活动型的规定进行定罪处罚？基于挪用资金罪与挪用公款罪两罪之间的类似性，在司法实践中，对挪用资金罪尚无具体司法解释及规定时，常常参照挪用公款罪的相关司法解释及规定进行定罪处罚。基于这样的理由，2003 年 11 月 13 日最高人民法院《全国法院审理经济犯罪案件工作座谈会纪要》（以下简称《纪要》）的相关规定可以作为参考。《纪要》第 4 条第 7 项规定：挪用公款后尚未投入实际使用的，只要同时具备“数额较大”和“超过三个月未还”的构成要件，应当认定为挪用公款罪，但可以酌情从轻处罚。可见，《纪要》在肯定了“挪而未用”的行为可以构成挪用公款罪（既遂）、“未投入实际使用”仅作为量刑情节考虑外，还认为“挪而未用”的行为在一般情况下应按照一般活动型的规定进行定罪处罚。

笔者认为《纪要》的规定是中肯的。就挪用资金罪而言，在行为人还没有将单位资金投入实际使用的情况下，单位资金到底是用于非法活动、营利活动还是用于一般活动，仍处于不确定状态。即使行为人在挪用单位资金时确有进行非法活动或营利活动的意图，也不能排除其以后改变主意，将单位资金用于一般活动。在难以确定行为人挪用意图的情况下以一般活动型的规定进行定罪处罚，可以防止因主观归罪而加重行为人的刑事责任。这样处理，不仅有利于被告人，而且便于司法操作。当然，按照一般活动型的规定进行定罪处罚，必须同时符合“数额较大”和“超过三个月未还”的要件。如果数额没有达到较大标准，或者挪用时间没有超过三个月的，只能认定为无罪。值得注意的是，在确有证据证明行为人挪出单位资金系进行非法活动的意图，或者挪出数额较大的单位资金系进行营利活动的意图的情况下，不能排除对“挪而未用”的行为有按照非法活动型或营利活动型的规定进行定罪处罚的可能。

前述案例中，王某身为公司工作人员，本应在收到公司 11.9 万元的货款后及时上交公司，而王某则以与公司存在纠纷为由扣留公司货款，并在公司的多次催要下仍然拒绝交付，时间长达一年多。尽管没有充分证据证实王某有使用的意图且已经使用了该笔款项（所谓的“挪而未用”），但其利用职务上的便利，无理扣留公司货款并拒绝交付的行为，与挪出单位资金转移到自己控制之下的行为并无二致，侵犯了单位资金的占有、使用、收益权。而且，王某挪用单位资金数额较大，超过三个月未还，符合刑法关于挪用单位资金进行一般活动的定罪标准。综上，王某“挪而未用”的行为，符合挪用资金罪的主客观要件，构成挪用资金罪，且为既遂。

（案例编写人：上海市浦东新区人民法院　罗开卷）

67

见危不助的消极不作为行为能否与积极作为行为成立事中共犯

简要案情

徐某将被害人陈某带至张某的暂住地后，采用打耳光、按压身体等手段强行与陈某发生性关系。其间，陈某反抗并多次向在同一房间内睡在另一张床上的张某求救，张某仅对徐某作一般言辞劝阻，之后即对徐某继续实施的强奸行为听之任之，致使强奸行为得逞。

主要问题

消极不作为行为与积极作为行为是否能够成立共同犯罪，如何进行认定？如何正确区分该种行为与道德层面上见危不助的行为？

案例分析

一　不作为行为与犯罪危害后果之间必须具备刑法上的因果关系

因果关系是认定犯罪和解决行为人承担刑事责任的客观基础。在刑法学上，所谓不作为犯罪的因果关系，是指存在于不作为与它所造成的危害结果之间的一种内在的、本质的、合乎规律的引起与被引起的联系。不作为犯罪因果关系的考察对象同作为犯罪不完全相同。此种不作为因果关系与特定的作为义务紧密相连，换言之，只有与特定作为义务有联系的不作为行为及其危害结果,才是刑法因果关系所要研究的内容,否则就会不当扩大不作为犯罪因果关系的研究范围。笔者认为,本案中张某的消极不作为行为与被害人的性自由权遭受侵害具有刑法上的因果关系。

1. 张某对危害结果的发生负有特定的避免义务

不作为的因果关系是以行为人的特定义务为前提的,法律对不作为犯罪的主体要求更高,除了需要具备一般主体的条件外,还必须是有特定义务的人。在不作为犯罪中,引起危害社会结果发生的原因,除了行为人不履行特定的作为义务之外,还包括自然力或他人的行为。也就是说,在行为人不作为之前或者同时,在客观上已经存在或潜在产生危害社会结果的因果链条。而行为人作为的义务,也正是阻止或破坏这种因果链条的义务。不作为的原因力就在于它应当阻止而没有阻止事物向危险方向发展,以至于引起了危害结果的发生。比如,巡逻警察在遇到歹徒行凶杀人时,没有阻止救人,最终人被杀害。在这里,引起危害社会结果发生的原因,除了巡逻警察不履行特定的作为义务之外,还包括行凶歹徒的杀人行为。本案中张某留宿徐某和被害人与其同房居住,两床间仅有布帘相隔,作为房间的提供者,张某负有相应的安全保障义务;作为徐某的长辈亲属,张某亦负有约束晚辈不当行为的责任。在徐某实施强奸行为时,其当然具有阻止危害后果发生的义务,这种特定义务来源的种类应当属于法律行为引起的作为义务。就本案而言,在评价何为法律明文规定的义务和法律行为引起的作为义务时,不应当狭义地理解为仅指刑法上的规定或仅限于刑事法律行为。该法律行为是指在法律上能够产生一定权利义务的行为,若一定法律行为产生了某种积极义务,行为人不履行该义务就会使刑法所保护的特定利益受到威胁或侵害,则该义务就成为不作为犯罪的义务来源。在我国现阶段,产生作为义务的法律行为主要有合同行为和自愿行为两种。本案中,张某作为房间的提供者和管理者,对该空间具有安全保障义务,系民法上的义务体现。正是由于其没有履行这项义务,才使刑法所保护的妇女的性自由权利受到侵害。

2. 张某具有履行义务防止危害后果发生的能力

不作为的因果关系,以行为人有能力实施某种行为而不予实施为成立条件,这是不作为能够对危害结果形成原因力的关键因素。所谓能够履行义务,是指行为人自身有能力和客观上有条件履行义务,即有履行义务的实际可能性。虽然行为人负有特定义务,但其缺乏足够能力或者受到客观条件的限制而不能履行义务,不构成刑法上的不作为。比如,巡逻警察在遇到歹徒行凶杀人时,如果其自身也被歹徒控制或者束缚,虽具有阻止杀人的义务,但没有实施阻止行为的能力,也不构成犯罪。本案中,张某作为被害人当时唯一的求助对象,其具有完全的刑事责任能力,对于被害人的救助行为有足够的认识与判断,在其人身未受到暴力胁迫、实施救助不会损害自身权利,且有救助能力时,张某并未积极履行上述义务与责任,仅仅是以言辞稍加制止,对事态的发展持听之任之的放任态度,任由徐某肆意实施奸淫行为。

3. 由于张某没有履行特定的作为义务引起被害人遭受奸淫的危害结果

如前文所述,在不作为犯中,引起危害社会结果发生的,除了行为人不履行特定的作为义务外,通常还存在某种自然力或者他人行为的作用。这种对社会有害的因果链条,恰是行为人特定作为义务的对象。一般来说,危害结果既包括造成实际的危害结果,也包括造成现实威胁。如对于不作为的杀人罪,和作为的杀人罪一样属于结果犯;而不作为的放火罪,和作为的放火罪一样,属于危险犯。本案中不作为犯就属于比较典型的结果犯。危害后果也属于实际的危害结果,即张某没有履行特定的作为义务致使被害人的性自由权最终遭受损害。因此,消极不作为行为与犯罪危害后果的发生是否具备刑法上的因果关系,也即是否具备行为的违法性和社会危害性,是实践中判断不作为行为是否构成犯罪的关键因素,也是本案与道德层面上见危不助情形的本质区别。

二　不作为行为与积极作为行为必须具备共同故意和共同行为

1. 主观方面具备认识的共同性

共同犯罪是指二人以上共同故意犯罪。共同故意是共同犯罪主观方面的必备条件,是共同犯罪人承担刑事责任的主观基础。但何为共同故意?一般来说,共同故意是各共同犯罪人通过意思联络,知道自己是和他人配合共同实施犯罪,认识到他们的共同犯罪行为会发生危害社会的结果,并且希望或者放任这种结果的发生。各共同犯罪人对他们共同的行为所造成的危害结果必须有所认识。就本案而言,也有观点认为属于片面共犯,即徐某实施强奸行为时,没有与张某进行事前的通谋,但张某对徐某的犯罪行为有足够的判断,而未加制止,采取了放任的态度,属于片面的合意。笔者认为,二人在主观上具有共同犯罪的故意,并非片面的合意。因为,二人在主观上存在相互的认识,这种认识虽无通谋但却是全面的。徐某欲与被害人强行发生性关系,其主观上是积极追求的,其也认识到张某的不加制止实际上坚定和助长了其实施犯罪的主观恶意。张某对徐某的犯罪行为有能力进行判断,也有明确的认识,却未能采取有效措施加以制止,足以说明二人的主观认识是相互的、明确的、有恶意的。本案中张某在被害人明确向其求救后,仅有言语稍加制止,其后便任由徐某实施奸淫行为,对事态的发展持听之任之的放任态度,具有间接故意,构成共同关系上的事中故意。

2. 客观方面具备行为的相关性

各共同犯罪人之间除了必须具备认识的共同性之外,还必须具备行为的相关性。只有这两者同时兼备,才能成立共同犯罪。如果没有这种认识上的共同性或者行为上的相关性,就不能构成共同犯罪。具体来说,各共同犯罪人无论其分工如何、参与程度如何,其行为针对同一犯罪活动,彼此相互联系、相互配合、相互补充,形成一个统一的犯罪活动的整体,各共同犯罪人的行为都是共同犯罪行为的一个有机组成部分。从行为的表现形式上看,可以是共同作为、共同不作为、一方作为与另一方不作为。本案中,二人的积极作为行为与消极不作为行为具有相关性,形成了共同犯罪的统一整体。间接故意与直接故意的共同犯罪的成立,在客观上只要具备行为上的相关性就已经足够,而不需要像共同的直接故意犯罪那样,必须具备共同的犯罪目的、共同的犯罪结果才能成立,这是由间接故意的共同犯罪的特殊性决定的,这样才能准确、及时地打击共同犯罪分子。

3. 共同犯罪中积极作为者与消极不作为者的地位和作用并不相同

就共同犯罪的行为属性而言,在共同犯罪的各个行为人中,有的与犯罪事实具有直接重要的关系,其行为足以独立完成犯罪,处于主体地位,有的与犯罪事实有轻微的因果关系,不具有独立性质,附属于其他犯罪人而得以存在,是从属犯。作为者的态度决定着是否侵害犯罪客体,作为者处于主动地位,而不作为者的不作为态度是以作为者违法犯罪为前提,在犯罪客观方面或者刑事违法性上都应当评价为对作为者的侵害行为的促进。也就是说,在作为与不作为相结合的场合,一般来说,作为者能够单独地实现对犯罪客体的侵害,不作为者一般情况下则不能直接侵害犯罪客体。因此,应将作为者认定为正犯,不作为者认定为帮助犯。因为,帮助行为使正犯者的实行行为更为容易,既可以是有形的,也可以是无形的;既可以是作为,也可以是不作为。概言之,在法律上,对正犯的犯罪行为具有防止义务的人,故意不履行该义务的,就是不作为的帮助犯。本案中,张某的不作为犯罪行为从属于徐某的强奸行为而存在,是帮助犯,具有从属性,在共同犯罪中起到辅助作用,系从犯,即为张某得以从宽处理的理论和法律依据。

三 恰当的量刑必须正确评价不作为行为在共同犯罪中的作用

1. 共同犯罪仍需坚持部分行为全部责任的处罚原则

共同犯罪是一种特殊的危害社会的行为,其特殊性首先体现在犯罪的共同性,这是共同犯罪区别于单个人犯罪的主要特点,其中某个人的行为单独来看往往并不构成犯罪,数人的共同行为才是符合刑法规定的犯罪构成行为。关于强奸共同犯罪中理论上存在亲手犯的观点,亲手犯通常是指必须由正犯亲自实施实行行为,主体与行为之间具有不可分割性或者不可替代性是亲手犯的核心内容。理论上普遍认为强奸罪、脱逃罪等属于典型的亲手犯,每个实行行为人都具有不可替代性。据此,有学者认为,性犯罪具有自然的生物属性,无论多少人共同实施性犯罪,一个人的犯罪目的的实现并不能代表他人犯罪目的已经实现。以此认定,强奸罪中,性交行为是行为人的目的行为,此行为必须亲身实施且具有不可替代性,因此,在强奸罪中也应坚持亲手犯理论,并严格区分共犯的既、未遂。笔者认为,这种观点存在以下误区:一是共同犯罪的特点决定了部分行为全部责任原则的必要性。本案中,张某的行为从个体来看确实是没有实施强奸行为,但法律以强奸罪(既遂)论处的原因是,刑法充分考虑到共同犯罪的特殊性在于它比单独犯罪的危害程度更为严重。共同犯罪中,各共犯从共同的意思联络到犯罪完毕,相互支持,相互作用,客观上鼓励了共犯人实施并完成犯罪行为的决心。二是承认共同犯罪中存在部分未完成形态会存在不合理现象。在存在帮助犯的强奸罪中,帮助犯帮助另一人实施强奸行为,帮助犯与该实行犯均为强奸罪(既遂)的观点已被理论和实践所接受。如按照亲手犯共同犯罪中,没有亲手将犯罪行为实施完毕的人,不成立犯罪既遂的观点,同样是共同强奸犯罪,却出现了全部既遂和部分既遂两种判决,令人无法理解。再按此逻辑,如果要求每个共同犯罪人均与妇女强行发生性行为才是既遂,那就排除了妇女参与强奸犯罪并达到既遂的可能性。这同样是令人无法理解的。

2. 恰当的量刑区别可以保证各共同犯罪人的罪责刑相适应

当然,在共同犯罪中,由于犯罪成员的身份不同,所犯的罪行不同,承担的刑事责任也不同。准确的量刑,可以使刑罚的特殊预防功能和一般预防功能得以发挥,维护社会公众对司法公正和法治建设的决心和信心。量刑区别可以保证共同犯罪人的罪责刑相适应。对未亲手实施犯罪行为的共同犯罪人贯彻部分行为全部责任原则不会造成轻罪重判的结果,也不会有碍于鼓励中止犯罪。在坚持部分行为全部责任的原则下,对没有实施奸淫行为的行为人,在刑罚适用上予以一定程度上的从宽处罚是合理的。在现有的共犯制度下,虽然出于从严打击共同犯罪的立法意图在定罪上将各共犯均以强奸既遂论处,但在具体量刑上也留出了一条通道,即对没有实施强奸行为的共犯认定为从犯而作为一种酌定情节予以从轻处罚。也就是说,现有共犯制度完全能应对并解决这种公平感上的困惑。

3. 是否从轻、减轻还是免除处罚要结合所犯罪行的轻重来判断

在共同犯罪中,虽然数人共犯一罪,但各共同犯罪人的罪行又具有相对独立性。一般而言,刑法规定犯罪的法定刑的轻重与犯罪的社会危害性大小成正比。同时,还要考虑帮助犯的参与对正犯达到犯罪目的所起到的意义,如果帮助者对正犯的犯罪实行具有决定性的意义,则不能免除处罚或减轻处罚;而一般性或者非必要性的帮助,则可从轻、减轻或者免除处罚。在处罚不作为帮助犯时,需要采取双轻原则。即一是帮助犯相较于正犯而言,是间接地侵害法益;二是不作为犯相较于作为犯而言,具有较少的犯罪恶意。同时,从司法实践的角度来讲,现行《刑法》比 1979 年《刑法》删除了比照主犯的规定,无疑更加合理地赋予了法官的自由裁量权。综合本案来看,由于张某没有直接实施犯罪行为,不具有正犯特征,在共同犯罪中所起的作用,尚不属于次要作用,而仅属于辅助作用,在处罚时,一般情况下应当比起次要作用的从犯相对要轻。另外,张某虽然不认为自己构成犯罪,但此仅属于违法性认识层面的问题,需要注意的是,张某仍然能够对其犯罪事实作出如实供述,并不具有逃避责任、不知悔过的主观恶性。因此,结合其本身的行为特征、犯罪动机,以及实践中对间接故意、从犯等的处理原则,依照我国《刑法》第 27 条之规定,对其作出定罪免刑的判决,体现了宽严相济的刑事政策。

(案例编写人:上海市奉贤区人民法院　李晓杰)

68

实行过限行为的认定与处罚

简要案情

魏某在接到女友陶某的电话后伙同安某至某室内，对在此对陶某有搂抱等行为的被害人朱某拳打脚踢，并用凳子打砸。后将朱某带至该小区一河边，继续持刀威胁、殴打，并以报警为要挟向朱某索要5000元。后朱某通过借款先行支付2700元，其随身携带的皮夹(内含多张银行卡、身份证等)及价值210元的电动车1辆被扣留，朱某将余款付清后，上述财物予以返还。

同日晚，被害人朱某为了防止其银行卡内的钱款被取走，遂将扣留的几张银行卡全部挂失。后安某在查询并得知朱某的信用卡内有钱款后，遂冒用朱某身份将其已办理的银行卡挂失业务予以解除，从该卡内取款2万元。

主要问题

对于安某的行为是构成敲诈勒索罪一罪，还是构成敲诈勒索罪和信用卡诈骗罪两罪，存在两种不同观点。第一种观点认为，安某的行为仅构成敲诈勒索罪一罪。该种观点认为，魏某、安某以被害人朱某与魏某的女友感情纠纷一事为由，对朱某实施殴打，后以报警相要挟，对朱某实施敲诈。朱某担心事情曝光影响其生活，遂答应给付二人相应钱款。但因当时身上现金不够，二人于是就将其身份证、银行卡、电动自行车等物扣押，待朱某发工资后再给付剩余部分。安某后来使用朱某的银行卡进行取款的行为属于敲诈勒索的延续，其仅是为了获得敲诈的钱款，虽然其后来多取了一些钱，但是这仍属于敲诈勒索的范围，不能对该行为进行独立评判，故安某仅构成敲诈勒索罪一罪。

第二种观点认为，安某既与魏某构成敲诈勒索罪的共犯，同时又构成信用卡诈骗罪，应对其数罪并罚。该种观点认为，魏某、安某以被害人朱某与魏某的女友感情纠纷一事为由，对朱某进行敲诈勒索。因朱某身上所带现金不够，魏某、安某遂将朱某的身份证、银行卡等物扣留，等朱某付清剩余的钱款后再归还朱某。后来，朱某将被二人扣留的银行卡进行了挂失。安某看朱某迟迟不付剩余款项，遂使用朱某的身份证冒充朱某将银行卡挂失业务解除，并取走朱某银行卡中的2万元。其后期从朱某的卡中取款，行为方式和取款金额都已经远远超出前期敲诈勒索的范围，属于另起犯意，实施了其他犯罪的行为，该行为系以非法占有为目的，冒用他人信用卡，数额较大，构成信用卡诈骗罪，应当对其以敲诈勒索罪和信用卡诈骗罪数罪并罚。

案例分析

罪数问题既涉及对行为的定性，同时也影响量刑。一个行为仅可能成立一个罪名，但多个行为并非必然就构成数罪。甄别数个行为到底是一罪还是数罪，既要考察各行为之间的关系，同时又要结合行事为人的主观罪过，坚持主客观相一致的评判标准。

一 安某的行为符合二罪的犯罪构成

1.危害行为是构成犯罪的核心要素

无危害行为即无犯罪，危害行为是构成犯罪最核心的要素。所谓危害行为，是指由行为人在意识、意志支配危害社会的身体动静，包括作为和不作为。判断行为人是否构成犯罪以及构成几种犯罪，首先，就是要看行为人有没有危害行为，有几个危害行为以及危害行为之间的关系。行为人没有危害行为的，肯定不会构成犯罪。行为人仅有一个危害行为的，则仅可能成立一种犯罪，尽管该危害行为还可能触犯或构成其他罪名，如想象竞合犯、法条竞合等。构成数罪必然存在多个危害行为，但实施了多个危害行为的并不必然构成数罪，也可能只成立一种犯罪。其次，应当注意，行为人如果实施了多个危害行为，在实质上也构成几个罪名，但也并非就一定构成刑法上的数罪,还应当判断危害行为之间以及各个罪名之间的关系,以下两种情形即为例外:(1)"处断的一罪",指行为本来是符合数个犯罪构成的数罪,但因其固有的特征,在处理时将其规定为一罪,如连续犯、牵连犯、吸收犯等;(2)"法定的一罪",指行为人基于多个罪过,实施了多个危害行为,侵犯多种法益,触犯了多个罪名,但立法者根据刑事政策或刑事立法的安排,在立法时将其规定为一罪,其他罪名作为量刑的情节,如强奸后强迫妇女卖淫的,该行为既构成强奸罪,又构成强迫卖淫罪,但刑法规定仅对行为人按强迫卖淫罪定罪,将强奸罪作为加重量刑情节考量。

2. 犯意为判断罪数的重要依据

所谓犯意,是指行为人实施犯罪行为的意图。在刑事审判中,对于犯罪故意的具体内容的认定,是对行为人行为性质的定性、具体罪名以及罪数确定的必要前提。在犯罪故意的认定中,则经常要考虑犯意内容的确定。因此,犯意的判断亦是认定行为人行为是否构成数罪的重要依据,其中犯意转化和另起犯意是刑事审判实务中时常遇到的可能影响行为性质的认定和罪数的判断的问题。

犯意转化是指行为人在实施故意犯罪的过程中,改变原来的犯罪故意,在另一种犯罪故意的支配之下实施了犯罪行为。犯意转化会导致行为人的行为方式、性质发生变化,影响犯罪故意的内容,进而影响行为人性质的定性。另起犯意则是指行为人在实施故意犯罪的过程中,由于某种原因产生了另一种犯罪故意,从而停止原来犯罪行为的进行,转而实施了其他的犯罪行为。犯意转化和另起犯意都可能会导致对行为人罪名认定的变化。但二者本质不同,犯意转化本质是罪名的转化,行为人的行人仍为一罪;而另起犯意则是行为人在新的犯罪故意支配下实施的新的犯罪行为,成立了新罪,因而与前罪一起构成数罪。二者的主要区别在于:(1)犯罪对象不同。犯意转化中前后犯意是针对同一对象而存在的;而另起犯意中前罪与后罪的犯意所针对的对象则不要求同一。(2)侵害法益不同。犯意转化中,前后犯意所侵害的法益是同一或者是同类的;而另起犯意,前罪犯意和后罪犯意所侵害的法益大都不同。(3)前后罪的犯罪形态不同。犯意转化中犯意的变更是在前一个犯罪行为正在进行过程中的产生的;而另起犯意则是前罪犯罪行为由于某种原因已经停止后,行为人新产生的犯罪故意。(4)处理原则不同。另起犯意中行为人的前后两种行为均符合犯罪构成的要件,都独立构罪,因此,其实质上成立数罪,应依法数罪并罚;而犯意转化属于一罪,符合吸收犯的特征,按照犯意较高的罪名予以处断。

本案中,魏某、安某最初以被害人朱某与魏某的女友感情纠纷一事为由,敲诈朱某5000元。朱某已当场给付了二人2700元,因朱某所带现金不够,魏某、安某遂将朱某的身份证、银行卡等物扣留,等朱某付清剩余钱款后再归还朱某。此时,魏某、安某的行为已经构成敲诈勒索罪,且属于犯罪既遂。朱某离开后,将被二人扣留的银行卡进行了挂失。安某查询到朱某的银行卡中有钱后,萌生了将银行卡中的钱款据为己有的念头,其此时已另起犯意,遂使用朱某的身份证冒充朱某将银行卡挂失业务解除,并取走朱某银行卡中的2万元。在此过程中,安某实施了敲诈勒索和冒用他人信用卡进行诈骗两个危害行为,两个行为符合两罪的犯罪构成,均独立构成犯罪,且两罪既非处断的一罪,也非法定的一罪,应依法进行数罪并罚。

二 安某的行为属于实行过限

在两名以上行为人共同故意之下所实施的共同犯罪中,时常有部分行为人由于某种原因,在未告知其他共同行为人的情况下,单独实施超出事先共同预谋的行为,该行为即为“实行过限”。通说认为,实行过限的构成应当满足以下几个方面:(1)过限行为只能发生在共同犯罪中。过限行为所讨论的是共同犯罪中部分行为人实施的超过共同故意之外的行为,它所要解决的是实施了共同故意之外行为的人所应承担的刑事责任的问题。因此,如果抛开共同犯罪,实行过限的讨论将没有意义。(2)过限行为必须以基础行为为基础。所谓基础行为,是指共同犯罪中行为人的实行行为。在共同犯罪中,只有实行犯的具体实施行为才可能出现行为过限。因为在共同犯罪中,犯罪预谋的具体实施、犯罪的成立都必须依靠实行犯的实行行为才能完成,只有实行犯在实行行为时,才可能出现超出共同故意,而实行其他过限行为的情况。(3)实行过限的行为人应有主观罪过。主观罪过是承担刑事责任的基础,无主观罪过即无刑事责任,主观罪过分过故意和过失。刑法对过限行为予以打击,不仅因为它属于突破基础危害行为之外的其他行为,并且该种行为是在行为人主观罪过支配下所实施的行为,即该种行为也属于危害行为,其也具有刑法中的当罚性。在故意犯罪中,行为人的主观罪过为共同的犯罪故意,而在实行过限中,行为人的主观罪过则可以为故意,也可以为过失,并且这种故意的内容应当超出共同犯罪的故意内容之外,否则,其行为仍然属于共同犯罪范畴。(4)实行过限应是具有刑法评价意义的行为。过限行为必须是对行为人行为性质的认定、罪名的确立或刑事责任的承担产生影响的具有刑法评价意义的行为,这种行为可以是犯罪行为,也可以是一般的违法行为。

本案中,魏某、安某共同实施敲诈勒索犯罪行为,其二人已经构成敲诈勒索罪的共犯,在勒索财物的过程中,安某在未与魏某商议的情况下,使用被害人朱某的身份证冒充朱某本人,将被害人已经挂失的银行卡办理解挂业务,并从该卡中取走2万元,其行为属于实行过限。

三 魏某不构成信用卡诈骗罪的共犯

危害行为是构成犯罪的核心要素,主观罪过是承担刑事责任的基础。行为人应当为自己的犯罪行为承担刑事责任,并且也仅对自己实施的犯罪行为承担责任,这是刑法中罪刑法定原则和罪责性相适应原则的基本要求。在共同犯罪中,实行过限的行为人在实施过限行为之时或之前并未与其他行为人进行过商议,其他行为人对该过限行为没有主观罪过,也就缺乏承担刑事责任的基础。并且,这种过限行为是由该特定行为人所实施的,其他行为人并未参与,即使该行为人是利用其他行为人的犯罪行为实施过限行为,但因为其他行为人对此缺乏意识,而仅为该行为人实施过限行为的"工具",亦不应为过限行为承担刑事责任。因此,在共同犯罪中,其他行为人不构成实行过限的共犯。

本案中,安某在冒用被害人朱某的信用卡实施诈骗的过程中,并未告知过魏某,其单独实施了信用卡诈骗犯罪,魏某对安某实施的信用卡诈骗行为既未参与也不知情,因此其与安某不构成信用卡诈骗罪的共犯。

(案例编写人:上海市松江区人民法院　刘磊)

69

内外勾结骗取单位财物的定性

简要案情

洪某系省移动公司和包支付拓展商的负责人，罗某系省移动公司市场部及风控部负责人，陈某系和包支付用户账户的持有方。陈某经人介绍到洪某在省移动平台下成立了一家商户开展和包业务。洪某同意并且根据陈某提供的信息在其公司注册了 2 个商户(给其两个二维码)，陈某根据约定给洪某手续费。后来省移动公司做满减活动(补贴)，洪某在结算平台与陈某结账时，通过急剧增加的交易数据分析，怀疑陈某有刷单的情况(采用自我交易方式，虚构商品买卖订单事实，骗取省移动公司的订单补贴)，洪某因此暂停该账户的结算，并及时把陈某有刷单嫌疑的情况报告给省市场部兼风控部负责人罗某。罗某在几天后处理好这些风控报警信息，要洪某根据交易数额给陈某正常结算，但是要求与洪某、陈某共享利益。接下来在风控经理罗某的帮助与支持下，省移动大肆搞满减活动补贴经费，刷单的最后盈利由洪某、陈某、罗某三方根据约定分成。罗某利用职务便利，隐瞒收到的风控警报并及时处理风控警报信息，才能让洪某、陈某的刷单活动能一直继续。罗某作为风控部门负责人与洪某、陈某内外勾结，合谋采取虚假交易方式刷单套取省移动公司满减活动补贴经费的行为，使公司损失 500 多万元。案发后，洪某、罗某、陈某三人一起凑钱把省移动公司损失的 500 多万元全部退还。

主要问题

关于洪某、罗某、陈某三人是构成诈骗罪还是职务侵占罪，存在两种不同的意见。第一种意见认为，三人构成诈骗罪的共同犯罪。理由是：洪某、罗某、陈某以非法占有为目的，采用自我交易方式，虚构商品买卖订单事实，骗取省移动公司的订单补贴，数额特别巨大，其行为均构成诈骗罪。第二种意见认为，三人构成职务侵占罪的共同犯罪。理由是：本案的受害人（省移动公司）的风控部门经理罗某不是受到欺骗，并且基于欺骗产生的错误认识而处分财产。该案中明显系罗某（省移动和包业务部门经理）利用职务便利与陈某（省和包支付用户）、洪某（和包支付拓展商户）三方人员勾结合谋，利用省移动公司开展的满减优惠活动实施的刷单谋利活动。本案中，根据三方的作用，如果省移动公司业务经理兼风控部门负责人不配合，刷单牟利不可能成功。被害单位（省移动公司）负责风控的人起主要作用，是其利用职务便利，与其他人员共同将省移动公司的财物非法据为己有，且数额较大的，应以职务侵占罪共犯论处。

案例分析

笔者同意第二种意见，三个人构成职务侵占罪的共同犯罪。分析理由如下。

一 利用职务便利，内外勾结，非法占有本单位财物的行为，不符合诈骗罪构成要件

根据《刑法》第266条之规定，诈骗罪的基本构造为：行为人虚构事实或隐瞒真相——被害人由于被欺骗导致错误认识，且基于错误认识而处分财物——行为人获取相对人支付的财物——相对人受到相应的财物损失。显然，本案涉案的罗某系省移动公司负责和包业务和风控管理的责任人，其系刷单套利活动能否实现的最为关键的一环，没有他的参与合作刷单套利就不可能成功进行。罗某在接到洪某发现刷单嫌疑并向其报告后，却提出处理好风控问题要与洪某分配获利的约定，足以表明其系刷单牟利事项的合谋者与主要作用者。也就是说，作为拓展商户方的洪某以及具体刷单的陈某两个人对罗某没有任何隐瞒或虚构事实的情形，故省移动公司的风控负责人罗某也不存在任何错误认识，更没有由于错误认识而处分财物。因此，涉案刷单套利的事项依法不能认定为诈骗犯罪。至于罗某对A省移动高管层是否存在隐

瞒,抑或高层明知有刷单套利的情况遂为了扩大客户量而放任这些行为?那是省移动内部管理方面的问题。事实上,就本案而言,省移动公司的风控监管体系存在漏洞,对职员的管理也存在监督不力的问题。

二 利用公司工作人员的职务便利,内外勾结,实施的刷单套利行为,构成职务侵占罪

在陈某(省和包支付用户)、洪某(和包支付拓展商户)、罗某(省移动和包业务部门经理)三方人员共同实施的刷单套利活动中,三方人员缺乏其中任何一方的合谋、参与执行,刷单套利活动都不可能得逞。需要说明的是,本案三方不仅存在消费者(陈某方收集的和包用户账号)、商家(省移动公司)、和包拓展服务商(洪某公司)的关系,而且服务商(洪某公司)与商家(省移动公司+和包基地)存在业务委托关系。实际上,洪某公司从事的业务就是省移动公司委托的和包支付商户拓展+商户结算业务。这意味着洪某公司相当于省移动公司和包支付商户拓展业务的执行者。那么,洪某及其公司员工就相当于省移动公司业务的执行人员。显然,这是本案洪某身份问题上的一个特殊情况。可见,对省移动公司而言,其与和包支付使用者之间具有相对性(商家—客户)的关系,但其与帮其开展商户拓展业务的洪某公司之间并非相对性的关系,而是从属性的关系。洪某公司作为和包商户拓展商家都必须经过省移动公司(和包基地)的审核和批准,其业务必须接受省移动公司的监督。如洪某公司的新立商户与减满活动的结算,都不具有独立性,都无法离开省移动公司(和包基地)的审核或批准。也就是说,洪某公司的业务只是执行省移动公司业务的一部分。因此,洪某公司实际上也是间接利用省移动公司(和包基地)的业务便利勾结和包支付用户方(陈某)实施刷单套利活动。

至于省移动公司市场部和包业务负责人罗某,明显系勾结外单位人员,直接利用自己的职务便利积极参与刷单套利活动。对此,《最高人民法院关于审理贪污、职务侵占案件如何认定共同犯罪几个问题的解释》第2条明确规定:"行为人与公司、企业或者其他单位的人员勾结,利用公司、企业或者其他单位人员的职务便利,共同将该单位财物非法占为己有,数额较大的,以职务侵占罪共犯论处。"显然,陈某、洪某均系与罗某勾结,利用省移动公司职员罗某的职务便利,实施刷单套利行为,将省移动公司的减满活动费用资金据为己有,依法应以职务侵占罪的共犯论处。

罗某事前与洪某的获利分配约定、事中刷单获利的分配、满减补贴活动申请及风控报警问题的解决,案发后与洪某、陈某商议如何积极退赔,这一切足以表明罗某系涉案刷单牟利事项的合谋者与主要作用者。而且,罗某的获利均系从直接刷单套取的省移动公司的减满活动经费资金中结算分配而来。罗某这种内外勾结,利用内部人员的职务便利将自己单位的财物据为己有的行为,属于职务侵占。

综上所述,涉案的刷单套利活动系罗某(省移动公司监管人员)、陈某(和包支付账号用户)、洪某(和包支付商户拓展商)三方勾结合谋共同合作完成的,不存在任何诈骗罪所要求的虚构或隐瞒事实及错误认识客观构罪要素,依法不构成诈骗罪。陈某、洪某均系与罗某勾结,利用省移动公司经理罗某的职务便利,实施刷单套利行为将省移动公司的减满活动费用资金据为己有,应以职务侵占罪的共犯论处。

(案例编写人:湖南言顺律师事务所　辜志珍)

70

内外勾结型贪污与滥用职权之界分

简要案情

李某担任某镇政府动拆迁指挥部副总指挥，受镇政府委托全面负责该镇农户动迁工作的推进、管理。李某明知刘某不属于动迁安置对象，仍根据刘某提供的少量材料，授意、指使动迁工作人员为刘某违规办理补偿安置手续，后刘某获得一套安置房，造成公共财产损失100万余元。

主要问题

关于李某行为的定性，存在两种不同观点：第一种观点认为，李某明知刘某不属于动迁补偿安置对象，仍违规为其办理动迁安置补偿手续，造成公共财产损失100万余元，李某的行为构成滥用职权罪。第二种观点认为，李某虽未获取任何好处，但其明知刘某不属于动迁安置对象，亦明知刘某意欲非法占有公共财产，仍违规为刘某办理动迁安置补偿手续，实质上是帮助刘某非法占有公共财产，故其行为构成贪污罪。

案例分析

笔者倾向于第一种意见，即李某构成滥用职权罪。

贪污罪属于贪利性渎职犯罪，而滥用职权犯罪属于典型的渎职犯罪。国家机关工作人员或者以国家工作人员论的国有公司、企业、事业单位人员，如明知他人意欲骗取公共财产，仍利用职务上的便利予以帮助或者共同实施，判断该行为是属于贪污还是滥用职权,关键在于判断其是否具有非法占有公共财产的故意和行为。

第一,具有非法占有公共财产的故意和行为,行为本质上既贪利又渎职,以贪污论处。国家工作人员与实施骗补的行为人约定事后瓜分骗补财物,实质上是内外勾结,伙同贪污,当以共同贪污论处。国家工作人员为其特定关系人的骗补行为提供帮助,则事实上等同于其本人非法占有公共财产,当然也以贪污论处。

因贪污罪中的非法占有并不限于占为己有,故成立贪污罪的前提是具有非法占有公共财产的故意和行为,而不以国家工作人员个人最终非法占有公共财产为必要。内外勾结即存在犯意沟通,伙同贪污,即使国家工作人员个人最终没有非法占有任何公共财产的,只要其与他人具有共同的贪污故意和行为,由他人最终非法占有公共财产,就具备了贪污罪中的非法占有条件,仍以共同贪污论处。依此,国家工作人员为他人骗补提供帮助但未获得财物的行为是属于贪污还是滥用职权,关键还是在于双方是否存在犯意沟通,国家工作人员是否具有非法占有公共财产的故意和行为,如是,以贪污论;如否,属于滥用职权。

第二,不具有非法占有公共财产的故意和行为,行为本质是渎职而非贪利,以滥用职权论处。一方面,尽管贪污罪中的非法占有并不限于占为己有,但贪污罪属于贪利性犯罪,如对不具有非法占有故意也不具有非法占有的行为以贪污论处,明显不符合主客观相统一原则,也容易造成量刑畸重。另一方面,如以贪污论处,则应该是内外勾结型,属于共同贪污,但国家工作人员并未与他人形成共同贪污的合意,尤其是缺乏犯意沟通而仅为他人骗取公共财产提供帮助的情况,此时若以共同贪污论处不符合我国共同犯罪理论。

第三,不具有非法占有公共财产的故意和行为,但接受请托,非法收受他人财物后为他人提供帮助,或者虽未被请托,但事后基于为他人提供帮助而非法收受他人财物,同时构成受贿罪和相关渎职犯罪的,除另有规定外,以受贿罪和渎职犯罪数罪并罚。

第四,对国家机关工作人员或者以国家工作人员论的国有公司、企业、事业单位人员以贪污或者滥用职权论处,对“外部人员”如骗补者、请托者等,如何定罪处罚,需要具体分析。一是内外勾结定性为共同贪污的,当然以贪污共犯论。二是对“内部人员”以滥用职权论处,往往基于“内外”并未“勾结”而形成共同犯意,多数是“外部人员”为了骗取公共财产而请托“内部人员”利用职权帮忙,故在“内外”尚未成立共同犯罪的前提下,应分别定罪。对“外部人员”而言,目的是利用“内部人员”的职权为其骗取公共财产,故行为性质为诈骗,实践中一般以诈骗罪或者合同诈骗罪论处。如为骗取公共财产而行贿的,还可能构成行贿罪。

前述案例中,虽李某明知刘某不属于动迁补偿安置对象仍违规为其办理动迁安置补偿手续,但其并未与刘某存在犯意沟通,即在主观上无非法占有公共财产的故意,且客观上也未非法占有公共财产,其仅是违反规定利用职权为刘某骗取公共财产提供了帮助,其行为本质是渎职而非贪利,故其行为构成滥用职权罪而非贪污罪。

(案例编写人:上海市浦东新区人民法院　罗开卷)

71

制售假冒伪劣烟草专卖品犯罪的罪数确定

简要案情

施某与无业人员万家兄弟(另行处理)约定,由万家兄弟租借场地组织人员加工成品香烟和存放加工的成品香烟;施某提供散支烟、包装纸盒等原材料并负责销售。后施某让杨某及无业人员余某(另行处理)等人具体操作,杨某负责运输,施某每月向杨、余支付固定报酬;余某让张某(另案处理)帮助运输,每月向张支付固定报酬。万家兄弟还租借场地存放由施某从他处提供并交由万家兄弟销售的香烟。公安机关查获"熊猫""三五"等各种品牌香烟计5592条,非法经营数额达15.2万余元;后又查获礼品"熊猫"等各种品牌香烟2.9万余条,货值金额83.7万余元。上述查获的香烟经鉴定均系假冒产品。

施某以蔡某要使用仓库存放、销售假冒香烟为名,委托他人租赁南大路仓库。施某雇用张某、金某(另案处理)分别负责仓库管理和在仓库外通往公路的交叉路口望风,并每月向二人支付固定报酬。张某又以每车(厢式货车)500~800元的价格雇用秦某帮助其运输香烟。张某又让金某另外租借马厂村仓库存放香烟,并让秦某将南大路仓库的"七星"等品牌香烟运到此处存放。秦某根据张某的要求,驾驶一辆装有从南大路仓库内提取香烟的江铃牌厢式货车准备运往外地,车至收费站时被公安机关查获,公安机关又先后对南大路仓库和马厂村仓库进行搜查。以上查获的"七星"等各种品牌香烟计12万余条,经鉴定均系假冒注册商标且伪劣卷烟,货值金额为623.6万余元,其中,马厂村仓库和厢式货车上查获伪劣卷烟的货值金额为106.9万余元。

施某与李某(另行处理)先后设立两家纸盒厂,由李某任法定代表人,并租用场地,组织苟某等十余人(已判刑)非法印制烟用的中华牌商标标识。后公安机关在纸盒厂内先后查获印有“中华”牌商标标识的纸张计1.4万余张及相关设备、工具等。施某还租借场地设立加工场,并组织孙某等十余人非法印制烟用的中华牌商标标识290余万件。公安机关在上述地点查获烟用的中华牌商标标识3500件。上述查获的中华牌商标标识经鉴定均系假冒。

主要问题

对于制售假冒伪劣烟草专卖品犯罪同时构成生产、销售伪劣产品罪、侵犯知识产权犯罪和非法经营罪的,如何定罪处罚?

案例分析

一 有证生产、销售假冒伪劣烟草专卖品犯罪的罪数确定

烟草专卖品系专营、专卖物品。有证即取得烟草专卖许可证生产、销售烟草专卖品的行为,不构成非法经营罪。但如果在生产过程中假冒他人烟草注册商标,情节严重的,构成假冒注册商标罪;销售明知是假冒他人烟草注册商标的烟草专卖品,违法所得数额较大或者有其他严重情节的,构成销售假冒注册商标的商品罪。可见,对于有证生产、销售假冒烟草专卖品构成犯罪的,以假冒注册商标罪或者销售假冒注册商标的商品罪定罪处罚即可。对于生产、销售的烟草专卖品系假冒又伪劣的情况,由于该行为不仅侵害了他人合法的注册商标专用权和国家商标管理秩序,而且侵害了国家有关产品质量、工商行政的管理制度及消费者的合法权益,因此既可能同时构成假冒注册商标罪和生产、销售伪劣产品罪,也可能同时构成销售假冒注册商标的商品罪和销售伪劣产品罪。

在同时构成假冒注册商标罪和生产、销售伪劣产品罪的场合成立牵连犯,应从一重处。首先,行为人假冒注册商标是基于生产、销售假冒伪劣烟草专卖品这一犯罪目的。其次,存在生产、销售伪劣烟草专卖品和假冒烟用注册商标两个相对独立的犯罪行为。尽管假冒与伪劣常常相伴随,但假冒与伪劣是可以分离的,而且实践中也确实

存在假冒不伪劣、伪劣不假冒现象，因此行为人既生产了伪劣烟草专卖品又假冒他人烟用注册商标的，存在生产、销售伪劣产品和假冒注册商标两个不同的犯罪行为。最后，生产、销售伪劣烟草专卖品与假冒烟用注册商标这两个行为之间存在刑法上的牵连关系，即生产、销售伪劣烟草专卖品是目的行为，直接体现犯罪目的，而假冒烟用注册商标是手段行为，是为了使伪劣烟草专卖品的销售顺利实施或者牟取更大的非法利益而采取的手段，两者受一个共同的犯罪动机即牟取暴利的支配。

在同时构成销售假冒注册商标的商品罪和销售伪劣产品罪的场合成立想象竞合犯，也应从一重处，即行为人实施一个非法销售假冒伪劣烟草专卖品的犯罪行为，其犯罪结果不仅侵害了他人合法的注册商标专用权和国家商标管理秩序，而且侵害了国家有关产品质量、工商行政的管理制度及消费者的合法权益，触犯了销售假冒注册商标的商品罪和销售伪劣产品罪两个罪名。

二　非法生产、销售假冒伪劣烟草专卖品犯罪的罪数确定

1. 非法生产、销售假冒烟草专卖品，同时构成假冒注册商标罪和非法经营罪或者销售假冒注册商标的商品罪和非法经营罪的，应从一重处

在没有取得烟草专卖许可证即非法生产烟草专卖品的过程中，假冒他人烟草注册商标，情节严重的，构成假冒注册商标罪。非法销售明知是假冒他人烟草注册商标的烟草专卖品，违法所得数额较大或者有其他严重情节的，构成销售假冒注册商标的商品罪。同时，非法生产、销售烟草专卖品，情节严重的，还构成非法经营罪。行为人非法生产、销售假冒烟草专卖品犯罪的罪数形态具体包括两种：一是行为人非法生产烟草专卖品，并假冒他人烟用注册商标，甚至销售该假冒他人烟用注册商标的烟草专卖品的，由于销售行为系假冒行为的后续行为，仅构成假冒注册商标罪和非法经营罪；二是行为人非法销售假冒他人烟用注册商标的烟草专卖品的，构成销售假冒注册商标的商品罪和非法经营罪。

关于假冒注册商标罪或者销售假冒注册商标的商品罪与非法经营罪之间的关系，笔者认为，假冒注册商标罪与非法经营罪成立牵连犯，销售假冒注册商标的商品罪与非法经营罪成立想象竞合犯。根据《烟草专卖法》的规定，卷烟、雪茄烟和有包装的烟丝必须申请商标注册，未经核准注册的，不得生产、销售。因此，行为人在非法生产烟草专卖品的过程中，为了能够顺利销售非法生产的烟草专卖品，实现自己利益的

最大化，假冒他人烟用注册商标不仅成为非法生产烟草专卖品的必备条件之一，而且成为非法生产烟草专卖品的重要手段之一。因此，行为人假冒他人烟用注册商标与非法生产烟草专卖品之间具有手段与目的的关系，假冒他人烟用注册商标的手段行为构成假冒注册商标罪，非法生产烟草专卖品的目的行为又构成非法经营罪，成立牵连犯，应依照处罚较重的规定定罪处罚。

销售假冒注册商标的商品罪与非法经营罪之间系想象竞合犯，即行为人实施一个非法销售假冒注册商标的烟草专卖品犯罪行为，其犯罪结果不仅侵害了他人合法的注册商标专用权和国家商标管理秩序，而且侵害了烟草专卖市场秩序和烟草专卖许可证制度，触犯销售假冒注册商标的商品罪和非法经营罪两个罪名，也应从一重处。

2. 非法生产、销售伪劣烟草专卖品，同时构成生产、销售伪劣产品罪和非法经营罪的，应从一重处

非法生产、销售伪劣烟草专卖品，销售金额5万元以上或者未销售货值金额15万元以上或者销售金额未满5万元但与未销售货值金额累计在15万元以上的，构成生产、销售伪劣产品罪。同时，非法生产、销售烟草专卖品，情节严重的，构成非法经营罪。生产、销售伪劣产品罪和非法经营罪之间系想象竞合，即行为人实施一个非法生产、销售伪劣烟草专卖品犯罪行为，其犯罪结果一方面因为生产、销售的系伪劣产品，侵害了国家有关产品质量、工商行政的管理制度和消费者的合法权益；另一方面因为生产、销售烟草专卖品的行为没有取得烟草专卖许可证，侵害了烟草专卖市场秩序和烟草专卖许可制度，最终触犯生产、销售伪劣产品罪和非法经营罪两个罪名，应从一重处。

3. 非法生产、销售假冒伪劣烟草专卖品，同时构成假冒注册商标罪，生产、销售伪劣产品罪和非法经营罪，或者销售假冒注册商标的商品罪、销售伪劣产品罪和非法经营罪的，应从一重处

在非法生产、销售假冒伪劣烟草专卖品的同时构成假冒注册商标罪，生产、销售伪劣产品罪和非法经营罪的场合，假冒注册商标罪与生产、销售伪劣产品罪和非法经营罪之间均成立牵连犯，而生产、销售伪劣产品罪与非法经营罪之间成立想象竞合犯。由于三罪之间具有牵连和想象竞合关系，故应从一重处。在非法生产、销售假冒伪劣烟草专卖品的同时构成销售假冒注册商标的商品罪、销售伪劣产品罪和非法经营罪的场合，无论是销售假冒注册商标的商品罪或者销售伪劣产品罪与非法经营罪

之间，还是销售假冒注册商标的商品罪与销售伪劣产品罪之间均系想象竞合，即行为人实施一个非法销售假冒伪劣烟草专卖品的犯罪行为，其犯罪结果不仅侵害了他人合法的注册商标专用权、国家商标管理秩序及国家有关产品质量、工商行政的管理制度、消费者的合法权益，而且侵害了烟草专卖市场秩序和烟草专卖许可制度，触犯了销售假冒注册商标的商品罪、销售伪劣产品罪和非法经营罪三个罪名，应从一重处。

三 非法同时生产、销售合格烟草专卖品、假冒伪劣烟草专卖品犯罪的罪数确定

1. 非法生产、销售合格烟草专卖品不构成犯罪但非法生产、销售假冒伪劣烟草专卖品构成犯罪的，将非法生产、销售合格烟草专卖品作为从重量刑情节考虑或者累计数额以非法经营罪定罪处罚

非法生产、销售假冒伪劣烟草专卖品，可能同时构成假冒注册商标罪，生产、销售伪劣产品罪和非法经营罪，或者销售假冒注册商标的商品罪、销售伪劣产品罪和非法经营罪，均应从一重处。如果处罚较重的规定为假冒注册商标罪、销售假冒注册商标的商品罪或者生产、销售伪劣产品罪的，以该罪定罪处罚，同时将非法生产、销售合格烟草专卖品的行为作为从重量刑情节考虑。如果处罚较重的规定为非法经营罪的，由于非法生产、销售假冒伪劣烟草专卖品的行为和非法生产、销售合格烟草专卖品的行为均具有非法经营性，在非法经营这一层面上两种行为的数额属于同类数额，应累计数额以非法经营罪定罪量刑。

2. 非法生产、销售合格烟草专卖品构成非法经营罪而非法生产、销售假冒伪劣烟草专卖品不构成犯罪的，累计数额以非法经营罪定罪处罚

尽管非法生产、销售假冒伪劣烟草专卖品的行为不构成犯罪，但该行为具有非法经营性。在非法经营这一层面上，非法生产、销售假冒伪劣烟草专卖品和非法生产、销售合格烟草专卖品这两种行为的数额属于同类数额，应累计数额以非法经营罪定罪量刑。否则，就可能出现罪刑不均衡现象。

3. 非法生产、销售合格烟草专卖品构成非法经营罪且非法生产、销售假冒伪劣烟草专卖品也构成犯罪的，累计数额以非法经营罪定罪处罚或者非法经营罪与他罪并罚

非法生产、销售合格烟草专卖品构成非法经营罪，如果非法生产、销售假冒伪劣烟草专卖品也构成非法经营罪的，毫无疑问应累计两种行为的数额，以非法经营罪定

罪量刑；如果非法生产、销售假冒伪劣烟草专卖品构成其他犯罪的，此时由于评价的角度不一样，不能累计数额处罚，而应以非法经营罪与他罪并罚。

4. 非法生产、销售合格烟草专卖品和非法生产、销售假冒伪劣烟草专卖品均不构成犯罪，但累计数额后构成非法经营罪的，以非法经营罪定罪处罚

尽管非法生产、销售合格烟草专卖品的行为和非法生产、销售假冒伪劣烟草专卖品的行为均不构成犯罪，但两种行为均具有非法经营性，在非法经营这一层面上两种行为的数额属于同类数额，应累计数额认定。如果累计后不构成非法经营罪的，进行行政处罚即可；如果累计后构成非法经营罪的，以非法经营罪定罪处罚。

四 关于本案罪数的确定

本案中，施某、杨某伙同他人非法加工成品香烟并擅自使用他人烟用注册商标，其行为同时构成假冒注册商标罪和非法经营罪，系牵连犯，应从一重处。以非法经营罪处罚，非法经营额 15 万余元属情节严重，依法应判处 5 年以下有期徒刑；以假冒注册商标罪处罚，非法经营数额 15 万余元，且假冒两种以上品牌香烟，属情节特别严重，依法应判处 3 年以上 10 年以下有期徒刑。显然，假冒注册商标罪属于处罚较重的规定。施某、杨某还伙同他人非法销售明知是假冒注册商标的香烟，其行为同时构成销售假冒注册商标的商品罪和非法经营罪，系想象竞合，应从一重处。以销售假冒注册商标的商品罪处罚，货值金额 80 余万元属有其他严重情节，依法应判处 3 年以下有期徒刑；以非法经营罪处罚，非法经营额 80 余万元属情节特别严重，依法应判处 5 年以上有期徒刑。显然，非法经营罪属于处罚较重的规定。施某、秦某擅自销售明知是假冒注册商标且系伪劣的烟草制品，其行为同时构成销售伪劣产品罪、销售假冒注册商标的商品罪和非法经营罪，系想象竞合，应从一重处。以销售伪劣产品罪处罚，货值金额达 623 万余元，依法应判处有期徒刑 15 年或者无期徒刑；以销售假冒注册商标的商品罪处罚，货值金额 623 万余元属于有其他特别严重情节，依法应判处 3 年以上 10 年以下有期徒刑；以非法经营罪处罚，非法经营额 623 万余元属情节特别严重，依法应判处 5 年以上有期徒刑。显然，销售伪劣产品罪属于处罚较重的规定。施某等人为牟取非法利益，还擅自购置设备并组织人员伪造烟用中华牌商标标识 290 余万件，其行为构成非法制造注册商标标识罪。

综上，施某的行为构成假冒注册商标罪、非法经营罪、销售伪劣产品罪和非法制

造注册商标标识罪,应予四罪并罚;秦某的行为构成销售伪劣产品罪;杨某的行为构成假冒注册商标罪和非法经营罪,应予两罪并罚。

（案例编写人：湖南三湘律师事务所　马峻；
上海市浦东新区人民法院　罗开卷）

72

非法销售真烟和非法销售假冒伪劣卷烟并存时如何定性

简要案情

周某为牟取非法利益，在未办理烟草专卖零售许可证的情况下，纠集他人从福建等地购入大量"555""万宝路""南洋红双喜"和"中华"等注册商标的卷烟，通过公路、航空等方式将上述卷烟运至上海，再加价出售给徐某等人。公安人员先后从周某租借的仓库、雇用的厢式货车等处，查获各种注册商标卷烟103,571.2条，价值10,484,874元。经鉴定，其中真烟95,169.2条，总价值943万余元；假冒伪劣卷烟8402条，总价值104万余元。

主要问题

本案中，周某既有非法销售真烟的行为又有非法销售假冒伪劣卷烟的行为，且两种行为所涉数额都特别巨大，对周某的行为是认定为一个犯罪行为还是两个犯罪行为，从而决定以非法经营罪、销售伪劣产品罪或者销售假冒注册商标的商品罪一罪定罪处罚，还是以非法经营罪和销售伪劣产品罪或者非法经营罪和销售假冒注册商标的商品罪两罪并罚，在司法实务界和理论界都存在一定的争议。归纳起来，主要有以下几种观点。

第一种观点认为，烟草专卖品系专营、专卖物品，周某为牟取非法利益，在未办理烟草专卖零售许可证的情况下非法经营烟草制品，侵害了烟草专卖市场秩序和烟草专卖许可制度，情节特别严重，其行为符合非法经营罪的构成要件，应以非法经营罪定罪处罚。第二种观点认为，非法经营烟草专卖品犯罪的犯罪对象包括合格烟草专卖品和假冒伪劣烟草专卖品。周某为牟取非法利益，在未办理烟草专卖零售许可证的情况下，尽管既非法销售真烟又非法销售假冒伪劣卷烟，但都属于非法经营烟草专卖品的行为，即应认定为一个非法经营犯罪行为，且情节特别严重，对周某应以非法经营罪定罪，处5年以上有期徒刑，并处罚金或者没收财产。第三种观点认为，周某为牟取非法利益，在未办理烟草专卖零售许可证的情况下，既非法销售真烟又非法销售假冒伪劣卷烟，应认定周某实施了两个独立的犯罪行为。非法销售真烟数额达943万余元，属于情节特别严重，构成非法经营罪；非法销售假冒伪劣卷烟待销售金额达104万余元，同时构成销售伪劣产品罪、销售假冒注册商标的商品罪和非法经营罪，应从一重处即以销售伪劣产品罪定罪处罚。因此，对周某应以非法经营罪和销售伪劣产品罪两罪并罚。

案例分析

非法销售真假烟并不能一概定非法经营罪。在司法实践中，对于没有取得烟草专卖许可证即非法销售烟草专卖品，情节严重的，以非法经营罪定罪处罚。对于非法销售假冒伪劣烟草专卖品，同时构成销售伪劣产品罪、销售假冒注册商标的商品罪和非法经营罪的，根据《最高人民法院、最高人民检察院关于办理非法生产、销售烟草专卖品等刑事案件具体应用法律若干问题的解释》第5条的规定，应从一重处。而对于非法销售真烟、假冒伪劣卷烟并存时的案件如何处理，却存在一些争议。笔者认为，行为人的销售行为是由一系列具体的销售行为构成的，从评价角度，对非法销售真烟、假冒伪劣卷烟并存时的案件，应认定行为人实施了两个独立的行为。对这两个独立的行为是否构成犯罪、以一罪处理还是数罪并罚，需要具体分析。

一　非法销售真烟不构成犯罪但非法销售假冒伪劣卷烟构成犯罪的，将非法销售真烟作为从重量刑情节考虑或者累计数额以非法经营罪定罪处罚

非法销售真烟，情节没有达到严重程度的，不构成非法经营罪或者其他犯罪。而非法销售假冒伪劣卷烟同时构成销售伪劣产品罪、销售假冒注册商标的商品罪和非法经营罪的，应从一重处。如果处罚较重的规定为销售假冒注册商标的商品罪或者

销售伪劣产品罪的，以该罪定罪处罚，同时将非法销售真烟行为作为从重量刑情节考虑。

如果处罚较重的规定为非法经营罪的，由于非法销售假冒伪劣卷烟行为和非法销售真烟行为均具有非法经营性，在非法经营这一层面上，非法销售真烟的违法数额和非法销售假冒伪劣卷烟的犯罪数额属于同类数额，应累计数额以非法经营罪定罪量刑。否则，就可能出现罪刑不均衡现象。如甲非法经营真烟，未销售货值金额 25 万元。乙非法经营真烟和假冒伪劣卷烟，其中未销售真烟货值金额 4 万元、假冒伪劣卷烟货值金额 21 万元。显然，一般情况下甲行为的社会危害性轻于乙行为的社会危害性，也就是说，乙应该承担比甲更重的刑事责任。根据刑法规定，甲构成非法经营罪，属于情节特别严重，应处 5 年以上有期徒刑。乙非法经营真烟未销售货值金额 4 万元不构成犯罪，但非法经营假冒伪劣卷烟 21 万元的同时构成销售伪劣产品罪、销售假冒注册商标的商品罪和非法经营罪，应从一重处即以非法经营罪定罪处罚。而非法经营 21 万元属于情节严重，只能处 5 年以下有期徒刑或者拘役。因此，在乙案中，只有累计 21 万元和 4 万元即为 25 万元，属于情节特别严重，对乙以非法经营罪处 5 年以上有期徒刑，才能维护罪刑的均衡。

二 非法销售真烟构成非法经营罪而非法销售假冒伪劣卷烟不构成犯罪的，累计数额以非法经营罪定罪处罚

非法销售真烟，情节严重的，构成非法经营罪。尽管非法销售假冒伪劣卷烟，没有达到销售伪劣产品罪、销售假冒注册商标的商品罪所要求的数额标准，或者情节没有达到严重程度的，不构成犯罪，但该行为仍然具有非法经营性。在非法经营这一层面上，非法销售真烟的犯罪数额和非法销售假冒伪劣卷烟的违法数额属于同类数额，应累计数额以非法经营罪定罪量刑。如果不累计两种行为的数额，就可能出现罪刑不均衡现象。如吴某为牟取非法利益，无证销售烟草制品，被查获待销售的“中华”等各种品牌卷烟 4300 余条，其中真烟 3800 余条，货值金额 23.5 万余元，假冒伪劣卷烟 400 余条，货值金额 4.5 万余元。本案中，吴某非法销售真烟，货值金额 23.5 万余元，属于情节严重，构成非法经营罪。同时，非法销售假冒伪劣卷烟，货值金额 4.5 万余元，尽管该行为不构成销售伪劣产品罪、销售假冒注册商标的商品罪和非法经营罪，但具有非法经营性。因此，应累计 23.5 万余元和 4.5 万余元，非法经营数额就是 28

万余元,属于情节特别严重,以非法经营罪定罪应处5年以上有期徒刑。如果不累计,就会出现非法销售真烟货值金额23.5万余元、假冒伪劣卷烟货值金额4.5万余元的刑事责任轻于非法销售真烟货值金额28万余元的刑事责任的这种罪刑不均衡现象。

三　非法销售真烟构成非法经营罪且非法销售假冒伪劣卷烟也构成犯罪的,累计数额以非法经营罪定罪处罚或者非法经营罪与他罪并罚

非法销售真烟构成非法经营罪,如果非法销售假冒伪劣卷烟也构成非法经营罪的,无疑应累计数额,以非法经营罪定罪量刑。如果非法销售真烟构成非法经营罪,而非法销售假冒伪劣卷烟构成犯罪以销售伪劣产品罪或者销售假冒注册商标的商品罪定罪处罚的,由于两种行为构成不同的犯罪,评价的角度不一样,不能累计数额处罚,而应以非法经营罪与销售伪劣产品罪或者销售假冒注册商标的商品罪并罚。

四　非法销售真烟和非法销售假冒伪劣卷烟均不构成犯罪,但累计数额后构成非法经营罪的,以非法经营罪定罪处罚

尽管非法销售真烟的行为和非法销售假冒伪劣卷烟的行为均不构成犯罪,但两种行为均具有非法经营性,在非法经营这一层面上,应累计数额认定。如果累计后不构成非法经营罪的,进行行政处罚即可。如果累计后构成非法经营罪的,以非法经营罪定罪处罚。对于累计后构成非法经营罪的情形,如果不累计就会放纵犯罪。如甲非法经营真烟,未销售货值金额5万元。乙非法经营真烟和假冒伪劣卷烟,未销售真烟货值金额4万元、假冒伪劣卷烟货值金额1万元。显然,一般情况下甲行为的社会危害性轻于乙行为的社会危害性,甲构成非法经营罪,乙就更应该构成非法经营罪。而乙构成非法经营罪的理由就是累计真烟和假冒伪劣卷烟的货值金额。

五　对本案行为的分析

本案中,周某非法销售真烟,非法经营数额达943万余元,系情节特别严重,其行为构成非法经营罪。非法销售假冒伪劣卷烟,货值金额达104万余元,同时构成销售

伪劣产品罪、销售假冒注册商标的商品罪和非法经营罪,应从一重处。比较三罪的轻重,以销售伪劣产品罪定罪应处 7 年以上 15 年以下有期徒刑,以销售假冒注册商标的商品罪定罪应处 3 年以上 10 年以下有期徒刑,以非法经营罪定罪应处 5 年以上有期徒刑。显然,销售伪劣产品罪属于处罚较重的规定。因此,周某的行为构成非法经营罪和销售伪劣产品罪,予以两罪并罚。

(案例编写人:湖南三湘律师事务所　马峻;

上海市浦东新区人民法院　罗开卷)

73

窃取信用卡信息资料后伪造信用卡并使用的罪数认定

简要案情

吴某、彭某商议窃取他人的信用卡信息,伪造信用卡后使用。吴某联系胡某,让其在酒店工作期间使用由彭某提供的专用工具,窃取在酒店消费客户的信用卡磁条信息并伺机窥探交易密码。胡某共窃取信用卡磁条信息 169 条,三人利用窃得的信用卡信息资料伪造信用卡 52 张,并使用 5 张共套现 15.6 万元。

主要问题

本案中,吴某等三人共窃取信用卡信息资料 169 条,伪造信用卡 52 张,成功使用 5 张共套现 15.6 万元。对于该案的定性,存在三种不同意见。

第一种意见认为构成三罪,应当三罪并罚。吴某等三人的行为分别触犯了窃取信用卡信息、伪造金融票证和信用卡诈骗三个罪名,从充分评价角度,应当三罪并罚。第二种意见认为成立牵连犯,应当从一重处。吴某等三人出于信用卡诈骗的目的,采取窃取信用卡信息资料并伪造信用卡的方式,其手段行为同时触犯了其他罪名,应当适用牵连犯从一重处的规定,即以伪造金融票证罪定罪处罚,同时将其窃取信用卡信息资料和使用伪造的信用卡进行诈骗的行为作为从重量刑情节考虑。第三种意见认为构成两罪,应两罪并罚。如认定吴某等三人的行为属于牵连犯,从一重处即以伪造金融票证罪定罪处罚,仅评价了"伪造信用卡 52 张、使用成功 5 张及窃取信用卡信息资料 52 条"这一事实,尚有窃取信用卡信息资料117条没有得到评价。如果对吴某等三人以伪造金融票证罪和窃取信用卡信息罪两罪并罚,则既做到了对牵连犯从一重处,又充分评价了犯罪行为。

案例分析

就本案而言,笔者倾向于第二种意见。成立牵连犯,应从一重处,同时将其他行为作为量刑情节酌情从重处罚。

窃取信用卡信息资料后伪造信用卡,并使用伪造的信用卡进行套现、消费,已经成为涉信用卡犯罪的重要特征。实践中,由于各种原因,窃取的每一条信用卡信息资料未必都能伪造成信用卡;伪造的信用卡未必都能使用,在使用中未必都能诈骗成功。因此,窃取信用卡信息资料后部分伪造信用卡并部分使用成功的,属于常态,本案就是适例;而窃取信用卡信息资料后全部伪造信用卡并全部使用成功的,属于理想状态。无论是常态还是理想状态,即使每种行为都构成犯罪的,均应按照牵连犯处理原则从一重处。

第一,窃取信用卡信息资料后伪造信用卡并使用的,属于牵连犯。窃取信用卡信息资料的目的是伪造信用卡,伪造信用卡的目的是使用伪造的信用卡进行套现、消费,在三种行为都构成犯罪的情况下,触犯窃取信用卡信息、伪造金融票证和信用卡诈骗三个罪名,三罪之间系手段行为与目的行为相牵连的牵连犯。实践中,如无特殊规定,对于牵连犯应当择一重罪处罚。

第二,如果将窃取信用卡信息资料后全部伪造信用卡并全部使用成功的情形,认定为牵连犯并从一重处,那么对仅有部分伪造信用卡、部分使用成功的情形更应该考虑以牵连犯从一重处。其实,窃取信用卡信息资料后全部伪造信用卡并全部使用成功的情形,较之窃取信用卡信息资料后部分伪造信用卡并部分使用成功的情形,社会危害性更大,对于前者从一重处,对于后者更应该从一重处,否则不符合法理。

第三,从一重处还是数罪并罚,其实是关于量刑是否均衡、评价犯罪行为是否充分的问题。实践中,对于牵连犯从一重处,只是选择重罪作为定罪量刑的基础,同时需要将其他轻罪行为作为量刑情节考虑予以从重处罚,确保两个或者三个以上有牵连关系的犯罪行为的刑事责任大于只有其中一个或者两个犯罪行为的刑事责任。对于窃取信用卡信息资料后部分伪造信用卡并部分使用成功的情形,从一重处,并将其他轻罪行为作为从重量刑情节考虑，尽管该宣告刑可能会轻于数罪并罚后的宣告刑，但基于牵连犯不同于典型数罪的理由，如此处理还是能够确保此类犯罪的罪刑均衡，充分评价犯罪行为的。

第四，予以数罪并罚，确实能够更全面地评价犯罪行为，也并不违反刑法规定，但是与在无特殊规定下对牵连犯从一重处的精神和做法相悖。

就本案而言，吴某等三人先后实施了窃取信用卡信息资料、伪造信用卡、使用伪造的信用卡的行为，分别触犯了窃取信用卡信息、伪造金融票证、信用卡诈骗三个罪名。就窃取信用卡信息罪而言，窃取信用卡信息资料的条数达到“数量巨大”，应处3年以上10年以下有期徒刑，并处罚金。就伪造金融票证罪而言，伪造金融票证的张数系“情节特别严重”，应处10年以上有期徒刑或者无期徒刑，并处罚金或者没收财产。就信用卡诈骗罪而言，诈骗数额巨大，应处5年以上10年以下有期徒刑，并处罚金。相较而言，以伪造金融票证罪定罪处罚刑罚较重，故对吴某等三人应当以伪造金融票证罪定罪处罚，并将其窃取信用卡信息资料和信用卡诈骗行为作为从重量刑情节考虑。

（案例编写人：上海市浦东新区人民法院　罗开卷；
江苏省扬州市人民检察院　姚仕廉）

74

因挪用公款收受他人贿赂的行为如何处理

简要案情

包某利用担任国有公司工程公司经理的职务便利，未经公司领导班子集体讨论，先后两次个人决定以公司名义将本单位资金各2000万元借给都利实业公司用于经营活动，事后收取该公司经理汤某给予的25万元。包某还利用职务便利，先后4次收受他人财物共计价值32万余元，并为他人谋取利益。此外，包某在担任工程公司经理期间，利用职务便利以他人公司的名义，自己出资12万元收购工程公司参股的高创交通监控有限公司75%的股份，利用高创公司经营与工程公司同类的营业，获取非法利益257万余元。

主要问题

本案中，包某4次收受他人财物共计价值32万余元，并为他人谋取利益的事实，以及在担任国有公司经理期间，利用职务便利经营与其任职公司同类的营业，获取非法利益257万余元的事实，在法律适用上没有争议。但是，包某2次挪用公款各2000万元并收受25万元贿赂的行为，以挪用公款罪和受贿罪数罪并罚还是只定挪用公款罪或者受贿罪一罪，存在较大争议。

案例分析

笔者认为，只有正确理解挪用公款“归个人使用”的含义，并就挪用公款收受他人贿赂行为的不同情形进行具体分析，才能对包某挪用公款收受他人贿赂的行为作出准确定性。

一 挪用公款"归个人使用"的含义

关于挪用公款"归个人使用"的含义,从1997年《刑法》至今已有三个相关解释,包括两个司法解释即1998年《最高人民法院关于审理挪用公款案件具体应用法律若干问题的解释》、2001年《最高人民法院关于如何认定挪用公款归个人使用有关问题的解释》和一个立法解释即2002年4月28日通过的《全国人民代表大会常务委员会关于〈中华人民共和国刑法〉第三百八十四条第一款的解释》。由于立法解释的法律效力高于司法解释的效力,而且立法解释是新法,根据新法优于旧法的原则,应当适用立法解释。根据2002年立法解释,挪用公款"归个人使用"包括以下三种情形:(1)将公款供本人、亲友或者其他自然人使用的;(2)以个人名义将公款供其他单位使用的;(3)个人决定以单位名义将公款供其他单位使用,谋取个人利益的。通过比较可以发现:第一种、第二种情形不需要谋取个人利益要件,本身就是公款私用;第三种情形需要谋取个人利益要件,因为以单位名义将公款供其他单位使用,又称"公对公"借款,系单位间的拆借行为,一般不作为犯罪处理,如果谋取个人利益的,单位间的拆借行为就具备了公款私用的性质。

在司法实践中,我们所说的挪用公款其实包括第一种、第二种情形的公款私用以及第三种情形中的"公对公"借款。基于这种认识,可以将挪用公款收受他人贿赂的行为分为两种情况:一种是公款私用并收受他人贿赂的行为;另一种是"公对公"借款并收受他人贿赂的行为。对这两种行为如何处理,见下文分析。

二 因公款私用收受他人贿赂的,行为人构成挪用公款罪与受贿罪的牵连犯,应数罪并罚

根据2002年立法解释,将公款供本人、亲友或者其他自然人使用,或者以个人名义将公款供其他单位使用的,都属于挪用公款归个人使用,即公款私用,在成立挪用公款罪上不需要谋取个人利益要件。而受贿罪侧重国家工作人员是否收受了他人财物,不以行贿人谋取的利益是否实现为必要条件。因此,因公款私用收受他人贿赂的行为既构成挪用公款罪又构成受贿罪。在两罪的关系上,事先收受他人贿赂而实施

挪用公款的,受贿行为属于目的行为,挪用公款行为属于手段行为;挪用公款归个人使用再收受他人贿赂的,受贿行为属于结果行为,挪用公款行为属于原因行为。无论是受贿在先还是挪用公款在先,两罪之间都具有牵连关系。对于具有牵连关系的挪用公款罪与受贿罪,是从一重处断还是数罪并罚?笔者认为,2002 年立法解释仅就挪用公款“归个人使用”的含义进行了解释,对于该内容以外的解释仍应以 1998 年和 2001 年的司法解释为准。根据 1998 年司法解释第 7 条之规定,即挪用公款索取、收受贿赂构成犯罪的,依照数罪并罚的规定处罚。因此,因公款私用收受他人贿赂的行为,应以挪用公款罪和受贿罪数罪并罚。

三 因“公对公”借款收受他人贿赂的,行为人构成挪用公款罪与受贿罪的想象竞合犯,应择一重罪处罚

根据 2002 年立法解释,仅有“公对公”借款而没有谋取个人利益的,不是挪用公款归个人使用。这里的“谋取个人利益”,既包括谋取财产性利益也包括谋取非财产性利益,当然包括收受他人贿赂的行为。笔者认为,因“公对公”借款收受他人贿赂的,行为人构成挪用公款罪与受贿罪的想象竞合犯,应择一重罪处罚。第一,2002 年立法解释将“公对公”借款和“谋取个人利益”拟制为一个犯罪行为即挪用公款归个人使用,谋取个人利益成为(“公对公”)挪用公款罪的一个必要构成要件。收受他人贿赂的谋取个人利益行为与“公对公”借款行为结合,构成(“公对公”)挪用公款罪。个人决定以单位名义将公款供其他单位使用,属于为他人谋取利益,同时收受他人贿赂的,又构成受贿罪。行为人的一个犯罪行为即“公对公”借款收受他人贿赂的行为,有两个罪过即挪用公款的主观罪过和受贿的主观罪过,侵犯了两个客体即公共财产的使用收益权和国家工作人员的职务廉洁性,符合两个性质不同的犯罪(“公对公”)即挪用公款罪与受贿罪的犯罪构成。因此,“公对公”借款收受他人贿赂的行为构成了(“公对公”)挪用公款罪与受贿罪的想象竞合。根据我国刑法理论,对于想象竞合犯应择一重罪处罚。当然,这里的择一重罪,并不意味着一律定受贿罪,而需要根据具体案情看两罪可能判处的刑罚轻重,然后择一重罪处罚。第二,对因“公对公”借款收受他人贿赂的行为以挪用公款罪和受贿罪数罪并罚,违背了刑法禁止重复评价原则。如果先将收受他人贿赂的行为作为(“公对公”)挪用公款罪中谋取个人利益要件进行一次刑法评价,然后再将收受他人贿赂的行为认定为受贿罪,反之亦然,都对

收受他人贿赂的行为进行了两次刑法评价，违背了刑法理论中不得对同一事实或行为进行重复评价的原则。因此，对因“公对公”借款收受他人贿赂的行为，不能适用1998年司法解释第7条之规定进行数罪并罚，而应择一重罪处罚。

四　对本案包某行为的分析

包某个人决定以公司名义将公款各2000万元借给都利实业公司用于经营活动，属于“公对公”的借款行为；事后收取都利实业公司经理汤某给予的25万元贿赂款，属于谋取个人利益的行为。结合前文对挪用公款收受他人贿赂行为的两种不同情形的分析，本案包某的行为系“公对公”借款收受他人贿赂的行为，构成挪用公款罪与受贿罪的想象竞合，应从一重罪处罚。由于挪用4000万元的法定量刑幅度是5年以上有期徒刑，而受贿25万元的法定量刑幅度是10年以上有期徒刑或无期徒刑。因此，对包某应以受贿罪处罚。

如果已将包某收取25万元好处费的行为作为挪用公款罪的一个构成要件即谋取个人利益要件，再将其收取25万元好处费的行为认定为受贿罪，显然是对包某收取25万元好处费的行为进行了重复评价。因此，对包某挪用公款收受他人贿赂的行为不能进行数罪并罚，只能从一重罪处罚。

（案例编写人：湖南师范大学、湖南省法学会刑法学研究会　马长生；
上海市浦东新区人民法院　罗开卷）

75

收受贿赂与“公对公”借款关联性的判断

简要案情

王某在担任某科委党委书记、分管科创中心工作期间，同时任科创中心副主任（全面负责该中心工作）的韩某，经与郑某（另案处理）就招商问题多次接触后，商定由郑某在科创中心孵化大楼内注册成立星云公司，注册资本为1000万元，科创中心在星云公司注册登记后两年内每年一次性给予135万元的房租补贴作为扶持，星云公司承诺在三年内完成一定的营业额，否则退还相应的扶持资金。后郑某以他人名义在科创中心注册成立由其实际控制的星云公司，同日，韩某代表科创中心与星云公司签订了企业落户扶持协议，次日，科创中心将135万元扶持资金转入星云公司的账户。

王某、韩某经事先商量后，由已调任他职的王某出面，就发放135万元扶持资金一事向郑某索取财物。后王某、韩某共同收受郑某给予的15万元，王某从中分得9万元，韩某从中分得6万元，均用于各自花销。星云公司注册成立后，无任何经营活动，而上述扶持资金至案发未退还，造成135万元国有资产损失。

韩某在担任科创中心副主任期间，利用其全面负责该中心工作的职务便利，外出考察星云公司期间，非法收受郑某给予的3000元。事后，韩某应郑某要求，欲从科创中心借款300万元给星云公司用于资金周转，遭到科创中心其他负责人的反对。后韩某利用职务便利，未经集体研究决定，谎称上级领导已同意借款，骗得相关人员在借款凭证上签字，尔后，韩某又以个人名义签订了该300万元的借款合同担保书。科创中心向星云公司支付300万元，该300万元至案发未归还。

主要问题

本案中,王某、韩某系国家机关中的公务员,担任一定的领导职务,无疑属于国家工作人员,具有受贿罪、挪用公款罪的主体资格。王某、韩某利用职务便利,共同向郑某索取15万元,韩某还收受郑某给予的贿赂款3000元,同时王某、韩某共同为郑某的星云公司发放135万元扶持资金提供帮助,韩某还个人决定以单位名义将公款300万元挪给星云公司。显然,就索取15万元贿赂款而言,王某和韩某属于共同受贿,两人的受贿金额均为15万元,而非两人实际分得的赃款数额,此处应无争议。本案的争议焦点是:第一,韩某个人决定以单位名义将公款300万元挪给星云公司的行为是否构成挪用公款罪?第二,韩某另收受郑某给予的贿赂款3000元是否应当和其前次受贿的15万元累加一起以受贿罪处罚?对此,存在不同意见。

第一种意见认为,韩某既受贿又挪用公款,其中,受贿15.3万元,构成受贿罪;挪用公款300万元,构成挪用公款罪,对其应两罪并罚。理由是1998年《最高人民法院关于审理挪用公款案件具体应用法律若干问题的解释》明确规定,挪用公款并受贿的应当数罪并罚。韩某个人决定以单位名义将公款300万元挪给星云公司,挪用公款数额巨大且不退还,其行为构成挪用公款罪。韩某共有两次受贿行为,应累加一起即15.3万元,以受贿罪处罚。第二种意见认为,韩某存在二次受贿行为,其前次受贿行为系因利用职务便利为郑某的星云公司发放135万元扶持资金而索取的财物,应单独以受贿罪论处,而其后次收受的3000元贿赂与其个人决定以单位名义将公款挪给郑某的星云公司使用存在密切关联,即属于其实施"公对公"借款后所谋取的个人利益,根据立法解释规定,其后次收受贿赂的行为与其"公对公"借款行为相结合构成挪用公款罪。韩某后次收受的3000元贿赂款,情节尚不较重,不以受贿罪论处。因此,韩某受贿15万元,构成受贿罪;"公对公"借款300万元并受贿3000元,构成挪用公款罪,对其应两罪并罚。其中已经将韩某受贿的3000元作为成立挪用公款罪的一个构成要件评价,就不得再将其和15万元累加一起以受贿罪论处,否则属于重复评价。

案例分析

一 “公对公”借款并谋取个人利益的，构成挪用公款罪

全国人大常委会2002年4月28日通过的《全国人民代表大会常务委员会关于〈中华人民共和国刑法〉第三百八十四条第一款的解释》，对挪用公款“归个人使用”的含义进行了解释，即有下列情形之一的，属于挪用公款“归个人使用”：(1)将公款给本人、亲友或者其他自然人使用的；(2)以个人名义将公款供其他单位使用的；(3)个人决定以单位名义将公款供其他单位使用(“公对公”借款)，谋取个人利益的。可见，根据2002年立法解释，将公款供本人、亲友或者其他自然人使用，或者以个人名义将公款供其他单位使用的，都属于挪用公款归个人使用，即公款私用，在成立挪用公款罪上不需要谋取个人利益要件。如果谋取了个人利益，如收受贿赂的，则根据1998年《最高人民法院关于审理挪用公款案件具体应用法律若干问题的解释》第7条“挪用公款索取、收受贿赂构成犯罪的，依照数罪并罚的规定处罚”的规定，因公款私用收受他人贿赂的行为，应以挪用公款罪和受贿罪数罪并罚。

同时根据2002年立法解释，对于“公对公”借款，只有谋取个人利益的，才属于挪用公款归个人使用，以挪用公款罪处理。也就是立法解释将“公对公”借款和“谋取个人利益”拟制为一个犯罪行为即挪用公款归个人使用，谋取个人利益成为该种挪用公款罪的一个必要构成要件。相反，如果没有谋取个人利益，即使实施了“公对公”借款，也不构成挪用公款罪。这里的“谋取个人利益”，既包括谋取财产性利益也包括谋取非财产性利益，当然包括收受他人贿赂的行为。

二 “公对公”借款并受贿的，成立挪用公款罪和受贿罪的想象竞合，应择一重罪处罚

对于实施“公对公”借款并收受他人贿赂的行为，有两个罪过即挪用公款的主观罪过和受贿的主观罪过，侵犯了两个客体即公共财产的使用收益权和国家工作人员的职务廉洁性，符合两个性质不同的犯罪构成，构成挪用公款罪和受贿罪，属于想象竞合，根据刑法理论，应择一重罪处罚。当然，如果收受他人贿赂的行为尚不构成受贿罪，因刑法及立法、司法解释未对“谋取个人利益”作定量规定，此时仅构成挪用公款罪。

对“公对公”借款而收受他人贿赂的行为如以挪用公款罪和受贿罪两罪并罚，则属于重复评价。如果先将收受他人贿赂的行为作为挪用公款罪中“谋取个人利益”要件进行一次刑法评价，然后再将收受他人贿赂的行为认定为受贿罪，反之亦然，都对收受他人贿赂的行为进行了两次刑法评价，违背刑法理论中不得对同一事实或行为进行两次刑法评价的禁止重复评价原则。

三　多次受贿并有“公对公”借款行为的处理

实践中，对于既有多次受贿又有公款私用行为的，直接以受贿罪和挪用公款罪并罚即可。但对于既有多次受贿又有“公对公”借款行为的，则要区分情况。第一，如多次受贿行为与“公对公”借款都存在关联，即行贿人多次行贿的目的和受贿人多次收受贿赂的理由与“公对公”借款存在关联，此时的多次受贿正是“谋取个人利益”的表现，成立挪用公款罪和受贿罪的想象竞合，应择一重罪处罚。第二，如多次受贿行为与“公对公”借款都不存在关联，则多次受贿行为构成受贿罪，因缺少“谋取个人利益”要件，“公对公”借款行为不构成挪用公款罪，此时仅以受贿罪定罪处罚。第三，如多次受贿中的某次受贿行为与“公对公”借款存在关联，而其他受贿行为不存在关联的，对存在关联的情况选择受贿罪或者挪用公款罪从一重罪处罚，对不存在关联的直接以受贿罪处理，此时则存在挪用公款罪和受贿罪并罚的可能。

四　对本案韩某行为的评析

本案中，韩某不仅有两次受贿行为，一次是伙同王某的索贿15万元，另一次是其个人收受的3000元；而且个人决定以科创中心名义将公款300万元挪给星云公司使用，属于“公对公”借款。就其受贿15万元而言，因共犯王某在向行贿人郑某索贿时明确就发放135万元扶持资金一事要求郑某意思一下，因此该15万元是针对发放135万元扶持资金而获取的好处费，指向十分明确，故该笔受贿金额不能视为韩某之后的“公对公”借款的“谋取个人利益”。关于韩某单独收受的3000元，因相关证据证实该钱款是行贿人郑某基于韩某在科创中心所处的位置，为了与其搞好关系，方便获取其对星云公司的扶持、借款等帮助而给予的，事实上，韩某在收受3000元贿赂后不久，即不顾科创中心其他负责人的反对，个人决定以科创中心名义将公款300万元挪给星云公司使用,故该3000元应视为韩某实施"公对公"借款所谋取的个人利益。

可见,韩某索贿的15万元与其实施的"公对公"借款行为之间不存在关联,应直接以受贿罪论处。而其受贿的另3000元,系其实施"公对公"借款所谋取的个人利益,与"公对公"借款行为相结合构成挪用公款罪。就韩某收受的该3000元而言,不属于情节较重的情况,不以犯罪论处,故公诉机关将该3000元累加到受贿金额中的指控有重复评价之嫌。综上,韩某实施"公对公"借款并收受郑某给予的3000元事实,仅构成挪用公款罪。结合韩某另索贿15万元构成受贿罪的事实,对韩某应以受贿罪和挪用公款罪并罚。

(案例编写人:上海市浦东新区人民法院　罗开卷;

上海市青浦区人民法院　姚丽萍)

76

同一主体的单位行为和个人行为触犯同一罪名的是否两罪并罚

简要案情

创敏公司为有限责任公司，陈某系创敏公司的经营者，全面负责公司的经营管理活动。陈某在负责创敏公司的经营管理活动中，在无实际货物往来的情况下，以支付开票费的方式，通过他人为创敏公司虚开了三家公司的增值税专用发票共计77份，价税合计895万余元，其中税款130万余元。创敏公司已将上述增值税专用发票申报抵扣。

陈某还以收取开票费的方式，通过他人为秀逸公司虚开某纺织品公司增值税专用发票13份，价税合计151万元，其中税款21万余元。秀逸公司已将上述增值税专用发票申报抵扣。

主要问题

本案的争议焦点在于，陈某既介绍他人虚开增值税专用发票，税款21万余元，应当以自然人犯罪论处，即追究陈某个人犯虚开增值税专用发票罪的刑事责任；陈某又作为创敏公司的实际经营者，让他人为公司虚开增值税专用发票，税款130万余元，属于单位犯罪，应追究陈某犯虚开增值税专用发票罪（单位）的刑事责任。陈某的个人行为和单位行为均构成犯罪，假若构成不同罪名，理当两罪并罚，但本案中仅构成虚开增值税专用发票罪一罪，那么是一罪处理还是对自然人犯罪和单位犯罪进行并罚？实践中存在不同观点。

第一种观点认为，同种数罪不并罚，对于单位犯罪和自然人犯罪应从犯罪数额、危害后果等方面区分主次,按主要的犯罪处理,即如果单位犯罪是主要的,全案均认定为单位犯罪;反之,则全案认定为自然人犯罪;量刑时按相加后的数额确定刑罚,如果按单位犯罪处罚的,应当酌情从重,反之酌情从轻。第二种观点认为,单位犯罪和自然人犯罪是两回事,不能混淆。两者即使具体罪名相同,也应当实行数罪并罚。同种数罪不得并罚只是一条理论原则,不是刑法的禁止性规定,应当允许有例外情况。判决宣告后发现漏罪或者又犯新罪的情形就属于例外。第三种观点认为,既不数罪并罚也不将两种数额相加后再确定量刑档次,而是择一重罪处罚,另外的行为作为从重情节考虑。

案例分析

笔者赞同第二种观点即应当两罪并罚,主要理由如下。

一 单位直接负责的主管人员和其他直接责任人员承担单位犯罪的刑事责任与自然人犯该罪应当承担的刑事责任基础不同,合并一罪处理难以体现单位犯罪与自然人犯罪的差异性

单位犯罪体现的是单位意志的整体性和利益归属的团体性,而自然人犯罪体现的就是个人意志且利益归属个人,因此,单位直接负责的主管人员和其他直接责任人员承担单位犯罪的刑事责任与自然人犯该罪应当承担的刑事责任,归责基础不同。尽管不能因为某种情形下单位犯罪和自然人犯罪侵害的法益相当,而简单地认为单位承担的刑事责任与单位直接负责的主管人员和其他直接责任人员承担的刑事责任之和应当等于自然人犯该罪承担的刑事责任,[①]但鉴于单位犯罪的特殊性和复杂性,单位直接负责的主管人员或者其他直接责任人员承担单位犯罪的刑事责任,一般情况下应当轻于自然人犯该罪应当承担的刑事责任。因此,如果对同一主体触犯同一罪名的单位犯罪和自然人犯罪合并一罪处理,则难以体现单位犯罪与自然人犯罪的差异性,其实质是混淆了单位犯罪和自然人犯罪,与客观事实不符。而两罪并罚,则

① 在共同犯罪与个人犯罪侵害法益相当的情况下,共同犯罪各被告人承担的刑事责任总和一般会大于个人犯罪中一人承担的刑事责任。

能全面、客观地评价单位犯罪和自然人犯罪。

二 部分单位犯罪与自然人犯该罪的定罪量刑标准不同，且刑法对单位直接负责的主管人员或者其他直接责任人员的刑罚与对自然人犯该罪的刑罚不尽相同，合并一罪处理容易导致罪刑失衡

第一，部分单位犯罪与自然人犯该罪的定罪量刑标准不同，合并一罪处理容易导致罪刑失衡。我国刑法中，关于单位犯罪与自然人犯罪的定罪量刑标准，部分相同，如虚开增值税专用发票罪、侵犯知识产权犯罪、危害食品安全犯罪、危害药品安全犯罪等；部分不同，单位犯罪的标准往往是数倍于自然人犯罪的标准。如根据 2014 年《最高人民法院、最高人民检察院关于办理走私刑事案件适用法律若干问题的解释》的规定，自然人走私普通货物，偷逃应缴税额在 10 万元以上不满 50 万元的，属于"偷逃应缴税额较大"，构成犯罪；而单位走私普通货物，偷逃应缴税额在 20 万元以上不满 100 万元的，才构成犯罪。相应地，走私普通货物罪的第二档、第三档法定刑的量刑标准也不相同，单位犯罪的标准是自然人犯罪的 2 倍。在定罪量刑标准不同的情形下，由于单位犯罪的标准一般高于自然人犯罪的标准，如果合并一罪处理，应当从有利于被告人角度就轻认定，即全案以单位犯罪处理，尽管处理结果很有可能有利于被告人，但一方面混淆了单位犯罪和自然人犯罪的差异性，另一方面对自然人犯罪评价不充分，结果是轻纵了被告人，导致罪刑失衡。如甲走私普通货物，偷逃应缴税额 50 万元；甲又系单位主管人员，以单位名义走私普通货物，偷逃应缴税额 30 万元。对于本案，如果合并一罪处理，累计数额即 80 万元，就轻认定为单位犯罪，只能对甲判处 3 年以下有期徒刑或者拘役。而就甲以自己名义犯罪而言，需要判处 3 年以上 10 年以下有期徒刑，并处一定数额的罚金。显然，累计数额以单位犯罪认定导致量刑偏轻，即使考虑自然人犯罪因素再酌情从重，也不可能升格法定刑判处刑罚。反之，如果累计数额以自然人犯罪认定，则不利于被告人，本身不具有合法性和合理性，即使考虑单位犯罪因素再酌情从轻处罚，一方面难以把握从轻幅度，确保罪刑均衡；另一方面基于不利于被告人而从轻，刑罚的公正性容易受到质疑。但是，如果对甲进行两罪并罚，就能较好地实现罪刑均衡。

第二，刑法对单位直接负责的主管人员或者其他直接责任人员的刑罚与对自然人犯该罪的刑罚不尽相同，合并一罪处理也容易导致罪刑失衡。我国刑法对单位犯

罪一般采取双罚制原则,即对单位判处罚金,并对其直接负责的主管人员和其他直接责任人员判处刑罚。在对单位内部人员的处罚上又分为两种:一是对单位直接负责的主管人员和其他直接责任人员的刑罚与自然人犯该罪时的刑罚相同。如《刑法》第151条(走私武器、弹药罪等)第4款规定:"单位犯本条规定之罪的,对单位判处罚金,并对其直接负责的主管人员和其他直接责任人员,依照本条各款的规定处罚。"《刑法》第231条(单位犯扰乱市场秩序罪的处罚规定)规定:"单位犯本节第二百二十一条至第二百三十条规定之罪的,对单位判处罚金,并对其直接负责的主管人员和其他直接责任人员,依照本节各该条的规定处罚。"二是对单位直接负责的主管人员和其他直接责任人员的刑罚轻于自然人犯该罪时的刑罚。如《刑法》第153条(走私普通货物、物品罪)第2款规定:"单位犯前款罪的,对单位判处罚金,并对其直接负责的主管人员和其他直接责任人员,处三年以下有期徒刑或者拘役;情节严重的,处三年以上十年以下有期徒刑;情节特别严重的,处十年以上有期徒刑。"而自然人犯走私普通货物、物品罪,第一档、第二档法定刑还需要并处一定数额罚金,第三档的最高法定刑为无期徒刑,并且需要并处一定数额的罚金或者没收财产。《刑法》第205条(虚开增值税专用发票、用于骗取出口退税、抵扣税款发票罪)第2款规定:"单位犯本条规定之罪的,对单位判处罚金,并对其直接负责的主管人员和其他直接责任人员,处三年以下有期徒刑或者拘役;虚开的税款数额较大或者有其他严重情节的,处三年以上十年以下有期徒刑;虚开的税款数额巨大或者有其他特别严重情节的,处十年以上有期徒刑或者无期徒刑。"而根据该条第1款的规定,对自然人犯该罪的,第一档、第二档法定刑还需要并处一定的数额罚金,第三档法定刑需要并处一定数额的罚金或者没收财产。此外,我国刑法对少数几个单位犯罪采取的是单罚制,即只处罚单位直接负责的主管人员和其他直接责任人员,如《刑法》第161条规定的违规披露、不披露重要信息罪,第162条规定的妨害清算罪,第396条规定的私分国有资产罪,等等。

对单位直接负责的主管人员和其他直接责任人员的刑罚与自然人犯该罪时的刑罚不同的情形,合并一罪处理,除了不能体现单位犯罪与自然人犯罪的差异性外,也容易导致罪刑失衡。如同时犯走私普通货物、物品罪的,累计数额就轻认定即全案认定为单位犯罪,最高只能判处15年有期徒刑,并且不能并处财产刑。而自然人犯该罪的,最高可以判无期徒刑,并处一定数额的罚金或者没收财产。如合并一罪处理,会导致量刑偏轻。在同时犯虚开增值税专用发票罪中,尽管全案认定为单位犯罪最高可以判处无期徒刑,但不能并处一定数额的罚金或者没收财产,同样会导致量刑偏轻。同样,如果合并一罪以自然人犯罪认定,因不利于被告人而不可取。而两罪并罚,相对而言能确保罪刑均衡。

三 即使单位犯罪与自然人犯该罪的定罪量刑标准相同,且刑法对单位直接负责的主管人员和其他直接责任人员的刑罚与自然人犯该罪的刑罚也相同的,合并一罪处理既难以体现单位犯罪与自然人犯罪的差异性也导致类案处理方法不一

实践中,有的单位犯罪与自然人犯罪的定罪量刑标准相同但刑罚不同,有的是刑罚相同但定罪量刑标准不同,也有的是定罪量刑标准和刑罚均相同或者均不同。在定罪量刑标准和刑罚均同的情形下,合并一罪处理,在统一定罪量刑上没有障碍,但不足之处也是比较明显的。

第一,合并一罪处理,是将全案评价为单位犯罪还是自然人犯罪,都难以体现单位犯罪与自然人犯罪的差异性,其实质是将单位犯罪和自然人犯罪混为一谈,与客观事实不符,不足为取。第二,合并一罪处理,尽管便于定罪量刑标准和刑罚均同的案件的定罪量刑,但是对于定罪量刑标准相同但刑罚不同、刑罚相同但定罪量刑标准不同以及两者均不同的案件而言,为兼顾刑罚公正,在合并一罪处理上需要采用较为复杂的方法。这样,对同一主体的单位行为和个人行为犯同一罪名的类案,首先需要甄别单位犯罪与自然人犯罪的定罪量刑标准及刑罚是否相同,继而采用不同的处理方法,徒增司法的不便利性。而对于类案采取统一的裁判标准,是司法的惯常做法。因此,即使对于定罪量刑标准和刑罚均同的情形,为全面、客观地评价单位犯罪和自然人犯罪以及统一类案裁判标准,进行并罚更加合理。

四 对单位犯罪和自然人犯该罪的择一重罪或者按主要犯罪认定并酌情从重处罚,具有不确定性,而且难以充分评价单位犯罪和自然人犯罪

一方面,如果单位犯罪和自然人犯罪对应不同的刑罚幅度,择一重罪或者按照主要犯罪以单位犯罪或者自然人犯罪认定,并将较轻的犯罪作为酌情从重因素考虑,具有可行性。但是,当两种犯罪对应同一量刑幅度时,由于单位犯罪与自然人犯罪的差异性,在选择重罪或者主次犯罪上就存在难度,因为单位犯罪与自然人犯罪相互独立、具有同样地位,不同于犯罪既遂与未遂并存时选择既遂标准,故此时在选择重罪或者主次犯罪上带有不确定性,容易导致适法不一。另一方面,择一重罪或者按照主

要犯罪以单位犯罪或者自然人犯罪认定,并将较轻的犯罪作为酌情从重因素考虑,都未能充分评价单位犯罪和自然人犯罪,特别是两种犯罪之间的差异性。

五 对单位犯罪和自然人犯该罪进行并罚并不违反刑法规定,而且更加科学合理

根据刑法规定及司法实践,数罪并罚一般指异罪并罚,但是并未排除特殊情况下的同罪并罚。而且,在单位犯罪与自然人犯罪触犯同一罪名的情况下,由于两种犯罪存在差异,归责基础不同,视为数罪并进行并罚更能充分评价两种犯罪行为,确保罪刑均衡。就此而言,在不违反刑法规定的情形下进行并罚,更加科学合理,也便于操作。

综上,本案中陈某介绍他人虚开增值税专用发票,税款 21 万余元,应承担自然人的刑事责任;同时,陈某又作为创敏公司的实际经营者,让他人为公司虚开增值税专用发票,税款 130 万余元,应当承担单位犯虚开增值税专用发票罪的刑事责任,故应以虚开增值税专用发票罪和虚开增值税专用发票罪(单位)两罪并罚,并决定执行的刑罚。

(案例编写人:上海市浦东新区人民法院　罗开卷)

77

手段行为与目的行为触犯不同罪名的是否均应从一重处

简要案情

吴某在其经营的汽车美容店内,先后多次故意编造他人送修的车辆发生交通事故,并利用从他人处购得的伪造的道路交通事故认定书(简易程序)向保险公司申报理赔,共计骗得车辆保险理赔金5万余元。吴某另故意制造他人车辆与其所有的车辆发生交通事故,利用伪造的道路交通事故认定书(简易程序)向保险公司申报理赔,骗得车辆保险理赔金1万余元。案发后,民警在吴某处查获伪造、买卖的道路交通事故认定书(简易程序)14份30张。

主要问题

存在手段行为与目的行为牵连关系时,如何确定处罚规则?是否均应从一重处?

案例分析

一般认为,牵连犯,是指犯罪的手段行为或结果行为,与目的行为或原因行为分别触犯不同罪名的情况。其中,数行为之间的牵连关系以类型说为主流观点,即只有当某种手段通常用于实施某种犯罪,或者某种原因行为通常导致某种行为时,才宜认定为牵连关系。如以伪造国家机关公文的方法(手段行为)骗取公私财物(目的行为)的,被认为是牵连犯。

我国刑法总则未明文规定牵连犯的处罚规则,刑法理论界一般认为对于牵连犯,应当从一重处罚。刑法分则条文关于具体罪名存在牵连关系时应如何处理的规定不尽相同,有的规定数罪并罚,有的规定从一重处,有的未作规定。因此,对于司法实践中的个案如何处理,需要依据法律规定,遵循司法惯例,借鉴刑法理论,对不同情形的牵连关系适用不同的处断规则,以做到罪责刑相适应。

一 刑法分则有明确规定的依其规定

《刑法》第 198 条第 1 款第 4 项规定,投保人、被保险人故意造成财产损失的保险事故,骗取保险金的,构成保险诈骗罪。该条第 2 款规定,有前款第 4 项、第 5 项所列行为,同时构成其他犯罪的,依照数罪并罚的规定处罚。这是刑法分则对此种牵连犯数罪并罚的明确规定。刑法分则条文对牵连犯有明确规定的,必须严格依照刑法规定的处断规则处理。在此,没有适用刑法理论关于牵连犯从一重处的基础。

二 刑法分则未作明确规定的从一重处

如前所述,刑法关于保险诈骗罪的规定,明确了牵连犯的处罚规则,但是对于大部分犯罪,刑法分则并未明确处罚规则,如诈骗罪。行为人在实施诈骗行为时,也有可能实施伪造、买卖国家机关公文的行为,以获取被害人的信任,而诈骗行为和伪造、买卖国家机关公文行为之间也存在类型化的牵连关系。对此,在刑法分则未明确规定存在牵连关系如何处理时,可以依照刑法理论通说及司法惯例从一重处。

三 未形成现实具体的牵连关系的单独定罪处罚

牵连犯中手段行为与目的行为之间存在的牵连关系,应当是现实的、具体的牵连关系,如实施一起诈骗行为仅需伪造、买卖一份交通事故认定书。对诈骗行为对应的交通事故认定书以外的交通事故认定书,行为人只实施了伪造、买卖国家机关公文的手段行为,尚未利用其实施诈骗的目的行为,事实上的牵连关系并未成立。对此,没有适用牵连犯处断规则的基础,应当以行为人已实施的手段行为所涉罪名单独定罪处罚。

四　关于吴某行为的评析

本案中，吴某作为被保险人利用本人车辆故意制造交通事故，并伪造、买卖国家机关公文骗取车辆保险金1万余元，其行为构成保险诈骗罪和伪造、买卖国家机关公文罪，二者存在牵连关系，依照刑法规定予以数罪并罚；吴某利用他人车辆故意制造交通事故，并伪造、买卖国家机关公文骗取车辆保险金5万余元，其行为构成诈骗罪和伪造、买卖国家机关公文罪，二者存在牵连关系，依照刑法理论及司法惯例从一重以诈骗罪处罚；吴某另伪造、买卖国家机关公文14份，未用于具体的诈骗犯罪，其行为构成伪造、买卖国家机关公文罪。对吴某应以保险诈骗罪、诈骗罪和伪造、买卖国家机关公文罪数罪并罚。

（案例编写人：上海市宝山区人民法院　张国滨、常蓉京）

78

数罪并罚中时间差的处理

简要案情

顾某因犯敲诈勒索罪被判处有期徒刑一年,缓刑二年,并处罚金一万元(罚金已缴纳)。在缓刑考验期间,顾某又犯非法吸收公众存款罪,涉案金额300万元。后顾某因在缓刑考验期限内违反社区矫正规定,情节严重,被裁定撤销缓刑,收监执行原判有期徒刑一年(已执行完毕)。在顾某被收监执行后,发现其在缓刑考验期间涉嫌犯非法吸收公众存款罪,遂立案侦查,并在顾某原判刑罚执行完毕之日对其刑事拘留。

主要问题

数罪并罚中存在的时间差问题如何处理?

案例分析

本案中,关于对顾某是否应实行数罪并罚,存在两种不同意见:第一种意见认为,顾某的前罪刑罚已经执行完毕,故不应对其前罪和后罪实行数罪并罚;第二种意见认为,顾某的后罪发生在前罪缓刑考验期间,公安机关立案时,前罪刑罚尚未执行完毕,如对后罪的处置适当、及时,顾某应享受到数罪并罚限制加重的福利,不能因为后罪诉讼进程的耽搁而将不利后果归属顾某。故本案中,顾某的后罪诉讼期间,前罪刑罚虽已期限届满,但考虑到公平、公正和有利于被告人,仍应对其实行数罪并罚。笔者倾向于第二种意见。

一　数罪并罚中的时间差问题

所谓数罪并罚中的时间差问题，是指犯罪分子在判决宣告以后，刑罚执行完毕以前，被发现漏罪或又犯新罪，对于发现的漏罪或又犯的新罪需要经过立案、侦查、起诉、审判等诉讼程序环节，时间较长，可能导致漏罪或新罪的诉讼程序进行期间，前罪刑罚已经执行完毕的情况，从而引发在该情况下对被告人能否实行数罪并罚的争议。该问题实际上是一个老问题，不少学者已经开展过研究，较有共识的一点是，"数罪并罚"并的不是"数罪"，而是"数罚"，对此，笔者也深表认同。但有学者认为，数罪并罚所针对的"罚"，必须是数个同时生效、同时存在的可执行的刑罚，对于一个已经执行完毕的刑罚，法律和事实上都不存在数罪并罚的可能。因此，对于在漏罪或新罪诉讼期间，前罪刑罚已执行完毕的情况，直接执行新的刑罚即可。对此，笔者不以为然。数罪并罚中所并的"罚"并不必须是尚未执行完毕的刑罚，而是指广义的由人民法院判处的刑罚，既包括尚未执行完毕的刑罚，也包括已经执行完毕的刑罚。因为数罪并罚是一项刑罚裁量制度，而不是一项刑罚执行制度，前罪刑罚是否已经执行完毕，影响的只是刑罚的执行问题，并不会对刑罚裁量造成实质性的阻碍。这一点从《刑法》第 70 条判决宣告后发现漏罪实行"先并后减"的并罚规则也可以看出端倪，此处所并的是前罪的原判刑罚，而不是可供执行的余刑，也就是说，并罚的对象并不一定是可供执行的刑罚，已经执行过的那部分刑罚也是可以在刑罚裁量中予以并罚的，只不过是并罚以后要将已经执行过的那部分刑罚从决定执行的刑期中减去。前罪刑罚已经执行完毕实际上就等同于前罪全部刑罚已经执行过，既然执行过的刑罚可以用于并罚，那将前罪已经执行过的刑罚在刑罚裁量中予以并罚似也并无不妥，同样，只要在并罚以后将前罪已经执行的刑罚从最终决定执行的刑期中减去即可。

至于《刑法》第 71 条和有关司法解释中关于余刑并罚的规定，笔者认为，应当理解为一种制度设计，以彰显刑罚执行完毕以前犯新罪比发现漏罪在刑罚裁量上更重的一种处罚规则，而不能用来作为"数罪并罚必须以前罪有可供执行的刑罚为前提"这一观点的论据。

笔者认为，理解和把握数罪并罚中的时间差问题，还是应紧扣刑法条文规定。《刑法》第 70 条规定："判决宣告以后，刑罚执行完毕以前，发现被判刑的犯罪分子在判决宣告以前还有其他罪没有判决的，应当对新发现的罪作出判决，把前后两个判决所判处的刑罚,依照本法第六十九条的规定,决定执行的刑罚。已经执行的刑期,应当计算在新判决决定的刑期以内。”该条是关于发现漏罪的并罚规定,根据该条规定,发现漏罪的时间必须要在“判决宣告以后,刑罚执行完毕以前”,如果是在刑罚执行完毕以后才发现漏罪,那么就不符合该条规定,不能实行漏罪并罚。但该条除了规定发现漏罪的时间条件外,并没有规定其他如“发现的漏罪宣判时前罪刑罚尚未执行完毕的”之类的限制条件,过度解读并人为地增加此类限制条件并不妥当。根据前文对数罪并罚所并的对象并不限于可供执行的刑罚的分析,笔者的观点是,对于在“判决宣告以后,刑罚执行完毕以前”发现漏罪的情况,无论是否存在时间差,均应根据《刑法》第 70 条的规定予以数罪并罚。

对于“判决宣告以后,刑罚执行完毕以前”又犯新罪的并罚问题,同样应紧扣《刑法》第 71 条的规定来理解。《刑法》第 71 条规定:“判决宣告以后,刑罚执行完毕以前,被判刑的犯罪分子又犯罪的,应当对新犯的罪作出判决,把前罪没有执行的刑罚和后罪所判处的刑罚,依照本法第六十九条的规定,决定执行的刑罚。”该条规定了犯新罪的时间条件,必须是在“判决宣告以后,刑罚执行完毕以前”,并没有对发现新罪的时间作出规定,但该条又明确了并罚的方式是“把前罪没有执行的刑罚和后罪所判处的刑罚,依照本法第六十九条的规定,决定执行的刑罚”,也就是余刑并罚。余刑并罚的前提就是必须要有余刑存在,否则就难以实施,时间差问题在此就具有了较为重要的意义。对此,笔者认为,如果新罪被发现是在前罪刑罚执行完毕之后,因为此时并不存在“前罪没有执行的刑罚”,故不必也无法实行数罪并罚。

但如果新罪被发现是在前罪刑罚执行完毕以前,但对新罪作出判决时,前罪刑罚期限已经届满的,是否应当数罪并罚呢?有观点认为,此种情形下,因前罪刑罚已经执行完毕,没有余刑的存在,故不应也不能实行数罪并罚,只能对新罪作出判决,并直接执行新罪的刑罚。但如此做法,却使对被告人是否能够数罪并罚在很大程度上取决于新罪的诉讼进程,如果新罪在前罪刑罚期限届满之前作出判决的,对被告人应数罪并罚;如果新罪在前罪刑罚期限届满之后才作出判决的,就不能对被告人数罪并罚。客观而言,由于数罪并罚中有限制加重原则等存在,对被告人实行数罪并罚往往有利于被告人,因为诉讼程序进程这样一种不能归咎于被告人的原因而使被告人承担不能享受数罪并罚福利的不利后果似乎并不合理,且因诉讼程序进程的快慢有别,对同样情形的被告人有的实行数罪并罚,有的不实行数罪并罚,对被告人而言也不公平。

而且,造成时间差的原因往往并不是正常的诉讼程序进程的原因,而是有制度性的原因。1982 年《最高人民法院、最高人民检察院、公安部关于办理罪犯在服刑期间又犯罪案件过程中,遇到被告刑期届满如何处理问题的批复》规定:“办理罪犯在服刑期间又犯罪案件过程中,遇到被告原判刑期届满,如果所犯新罪的主要事实已经查清,可能判处徒刑以上刑罚,有逮捕必要的,仍应依照刑事诉讼法的规定,根据案件所处在的不同诉讼阶段,分别由公安机关、人民检察院、人民法院依法处理,即尚在侦查的,由公安机关提请人民检察院批准逮捕;正在审查起诉的,由人民检察院办理逮捕;已经起诉到人民法院审判的,由人民法院决定逮捕。公安机关在执行逮捕时,可向被告宣布:前罪所判刑期已执行完毕,现根据所犯新罪,依法予以逮捕。”公安机关往往依据该规定,对服刑期间又犯罪的罪犯并不采取强制措施,如果罪犯余刑并不很长的情况下,往往会等到其刑期届满之后再对其采取强制措施,本案实际上就是这种情况。对此,一般观念认为,因前罪刑罚已经执行完毕,不存在余刑,故在对新罪的审判中不能再与前罪余刑实行数罪并罚。但这无疑是在对本应符合数罪并罚条件的被告人制度性地制造不能数罪并罚的结果,不仅不利于被告人,而且在一定程度上虚置了数罪并罚制度,具有较大的不合理性。

如何化解时间差造成的上述不合理性?笔者认为,可以采取这样一种进路,即可将发现新罪后开始侦查、审查起诉及审判的期间视为对被告人的诉讼羁押期间,而不视为原判刑罚的执行期间,此时原判刑罚的执行处于一种中止状态,余刑就成了一个可固定的期限,也就为新罪判决时的数罪并罚提供了条件。这种新罪中止原判刑罚执行的模式,实际上在关于剥夺政治权利的执行中已有先例,2009 年《最高人民法院关于在执行附加刑剥夺政治权利期间犯新罪应如何处理的批复》明确:“一、对判处有期徒刑并处剥夺政治权利的罪犯,主刑已执行完毕,在执行附加刑剥夺政治权利期间又犯新罪,如果所犯新罪无须附加剥夺政治权利的,依照刑法第七十一条的规定数罪并罚。二、前罪尚未执行完毕的附加刑剥夺政治权利的刑期从新罪的主刑有期徒刑执行之日起停止计算,并依照刑法第五十八条规定从新罪的主刑有期徒刑执行完毕之日或者假释之日起继续计算;附加刑剥夺政治权利的效力施用于新罪的主刑执行期间。……”

关于新罪中止原判刑罚执行的时间点问题,也多有争议,主要有以下几种观点:一是再犯新罪之日;二是发现新罪之日;三是立案之日;四是采取强制措施之日。在这几种观点中,笔者比较倾向于第三种观点,即以立案之日作为中止原判刑罚执行的时间点。笔者认为,第一种观点以再犯新罪之日作为中止原判刑罚执行的时间点不具有可行性,因为如果在前罪刑罚执行完毕以前没有发现新罪,后来发现新罪时,前罪刑罚已经执行完毕,不存在中止的可能性。第二种观点以发现新罪之日作为中止原判刑罚执行的时间点也不合理,仅仅发现新的犯罪事实,尚未进入一个诉讼阶段,以此中止原判刑罚执行,中止后的羁押状态究竟是何性质难以说清。第四种观点,以采取强制措施之日作为中止原判刑罚执行的时间点,看似较为合理,但不可避免会遇到类似本案的制度性尴尬,即公安机关虽然发现服刑罪犯又犯新罪,且已立案,但却并不采取强制措施,而是等罪犯原判刑期届满后再对其采取强制措施。

相较而言,以立案之日作为中止原判刑罚执行的时间点更为合理。① 立案以后,新罪进入了侦查阶段,公安机关之所以没有对其采取强制措施,是因为犯罪嫌疑人本来就处于被羁押状态,因此,可以技术性地理解为犯罪嫌疑人正处于侦查羁押阶段。而且,因为立案之日是对新罪诉讼程序的起始之日,此时中止原判刑罚执行,更有利于保护犯罪嫌疑人的合法权益不因诉讼程序进程所需的时间而被压缩。因为余刑期限越长,在数罪并罚中往往对被告人越有利;余刑期限越短,在数罪并罚中则往往对被告人越不利。

二 对本案顾某应实行数罪并罚

本案顾某系在缓刑考验期间又犯新罪,但其犯新罪后并未立即被发现,却在某年9月2日因在缓刑考验期限内违反社区矫正规定,情节严重,被撤销缓刑,收监执行原判有期徒刑。顾某的新罪于同年11月14日刑事立案,依照《刑法》第77条第1款的规定,本应对其撤销缓刑,数罪并罚。但其缓刑已因违反社区矫正规定而被撤销,故对新罪立案时已无缓刑可撤销,但此时原判刑期尚未执行完毕。笔者认为,应将对顾某的新罪立案后的羁押期间视为新罪的诉讼羁押期间,原判刑罚自新罪立案之日起中止执行,最终作出判决时应将原判余刑与新罪所判处的刑罚实行数罪并罚,决定最终的执行刑期,新判决执行前羁押一日应折抵刑期一日。

(案例编写人:上海市高级人民法院　许浩)

① 笔者更倾向于将刑事立案之日视为法律上的发现新罪之日。

第四编

个罪精释

79

强制提取的血样可以作为危险驾驶罪的定案依据

简要案情

某酒店使用的公共地下停车库内，夏某饮酒后在车旁一名代驾的指挥下，驾驶小型轿车倒车时尾部撞上处于停止状态的他人轿车而发生交通事故，整个过程正好被在酒店用餐完毕后至地下停车库准备取车的被撞轿车车主裘某目击。裘某在与夏某的沟通过程中，察觉夏某有饮酒嫌疑，后因纠纷协商未果报警。代驾在双方纠纷过程中离开。

民警接报后赶至现场调查，询问夏某是否驾驶轿车，夏某谎称代驾驾驶。在调查过程中，民警发现夏某有酒驾嫌疑，即通知“110”指挥中心指派交警赶至现场处理。交警陈某至现场后多次要求夏某接受呼气酒精测试，但其拒绝配合。陈某与增援警力姜某、张某合力将夏某押上警车，带至医院，因夏某不配合抽取血样，在陈某、姜某控制其身体的情况下，该院医生抽取其血样。经鉴定，夏某血样中乙醇浓度为2.28毫克/毫升。

主要问题

本案的争议焦点主要在于危险驾驶罪中提取血样行为是属于行政强制措施还是刑事侦查行为；公安机关在抽取血样过程中违反相关行政法规的，所提取的血样能否作为刑事案件定案的依据。

案例分析

一 危险驾驶罪中强制提取血样行为属于行政强制措施

对于危险驾驶罪中强制提取血样行为是属于行政强制措施还是刑事侦查行为，存在不同观点。一种观点认为，强制提取血样行为属于行政强制措施。因为在强制提取血样时暂时限制了被提取人的人身自由，符合《行政强制法》第2条关于行政强制措施的定义。另一种观点则认为，根据《刑事诉讼法》第130条的规定，为了确定被害人、犯罪嫌疑人的某些特征、伤害情况或者生理状态，可以对人身进行检查，可以提取指纹信息，采集血液、尿液等生物样本。犯罪嫌疑人如果拒绝检查，侦查人员认为必要的时候，可以强制检查。因此，提取血样行为在性质上属于公安机关依照《刑事诉讼法》的明确授权而实施的相关刑事侦查行为，其目的是确定犯罪嫌疑人犯罪时的生理状态、收取和固定犯罪证据、追诉犯罪嫌疑人。

对此，笔者认为强制提取血样行为属于行政强制措施。根据《刑事诉讼法》《公安机关办理刑事案件程序规定》的规定，公安机关对于报案材料，应当按照管辖范围，迅速进行审查，认为有犯罪事实需要追究刑事责任的时候，应当立案。对于在审查中发现案件事实或者线索不明的，必要时，经办案部门负责人批准，可以进行初查。初查过程中，公安机关可以依照有关法律和规定采取询问、查询、勘验、鉴定和调取证据材料等不限制被调查对象人身、财产权利的措施。公安机关对已经立案的刑事案件，应当进行侦查，收集、调取犯罪嫌疑人有罪或者无罪、罪轻或者罪重的证据材料。

显然，刑事侦查活动始于刑事案件的正式立案，立案前公安机关根据查报的线索进行审查，可以采取不限制被调查对象人身自由及财产权利的初查行为。本案中，公安机关强制提取夏某的血样是在刑事立案之前，因此并非刑事侦查行为，强制提取血样因暂时限制了夏某的人身自由，亦不属于初查行为。此外，《刑事诉讼法》第130条的规定是在刑事立案后的检查手段，进而本案亦不符合该条规定。

同时，《道路交通安全法实施条例》第105条规定："机动车驾驶人有饮酒、醉酒、服用国家管制的精神药品或者麻醉药品嫌疑的，应当接受测试、检验。"《道路交通安全违法行为处理程序规定》第24条第4项规定，公安机关交通管理部门及其交通警察在执法过程中，为检验体内酒精、国家管制的精神药品、麻醉药品含量依法可以采取行政强制措施。在案交警支队填发的公安交通管理行政强制措施凭证(格式文本)等书证,也都明确强制检验血液属于行政强制措施。

二 公安机关在抽取血样过程中虽然违反了相关行政法规,但所提取的血样不会对司法公正产生严重影响的,可以作为定案的依据

《刑事诉讼法》第 54 条第 2 款规定:"行政机关在行政执法和查办案件过程中收集的物证、书证、视听资料、电子数据等证据材料,在刑事诉讼中可以作为证据使用。"同时,根据《最高人民法院关于适用〈中华人民共和国刑事诉讼法〉的解释》的相关规定,行政机关在行政执法和查办案件过程中收集的物证,经法庭查证属实,且收集程序符合有关法律、行政法规规定的,可以作为定案的根据。《刑事诉讼法》第 56 条第 1 款规定:"……收集物证不符合法定程序,可能严重影响司法公正的,应当予以补正或者作出合理解释;不能补正或者作出合理解释的,对该证据应当予以排除。"换言之,行政机关在行政执法和查办案件过程中收集的物证,只有在"收集物证不符合法定程序""可能严重影响司法公正""不能补正或者作出合理解释"三要件同时具备的情况下,上述物证才应当予以排除,不作为刑事证据使用。很明显,"可能严重影响司法公正"是上述三要件中的核心要件。

本案中,夏某涉嫌醉酒驾驶机动车发生交通事故,根据执法的相关规定,因其拒绝配合呼气酒精测试,公安人员应当立即按照程序提取其血样检验血液的酒精含量。在案证据证明,三名公安人员(其中一名负责录像)将夏某带至医院采集血样,经公安人员多次劝说,其仍拒绝配合抽血,两名公安人员遂控制其身体,由医生采集其血样,后医生在当事人血样提取登记表上签字确认采集血样过程。公安机关随后将抽取的血样及时送交司法鉴定机构进行检验,并将检验结果书面告知夏某。

在案证据显示,本案中公安机关在作出抽取血样行政强制措施的决定时违反了相关行政法规规定,如未开具检验血液的行政强制措施凭证(该凭证注明作为现场笔录使用),未告知被执法对象公安机关采取行政强制措施的理由、依据以及其享有的权利、救济途径,存有不当。但是,提取血样的过程并未违反法律规定,公安人员根据现场情况对夏某采取必要的暂时控制其身体的措施,未侵害其人身权利,对其血样检验结果的真实性、合法性不产生实质性影响。根据《最高人民法院关

于适用〈中华人民共和国刑事诉讼法〉的解释》的规定，认定《刑事诉讼法》第56条规定的“可能严重影响司法公正”，应当综合考虑收集物证违反法定程序以及所造成后果的严重程度等情况。故此，本案通过行政强制措施收集的物证，应认定“不可能严重影响司法公正”，即本案公安机关强制提取的血样可以作为定案的依据。

（案例编写人：上海市浦东新区人民法院　罗开卷；
上海市徐汇区人民法院　戚俊、赵拥军）

80

醉驾后脱逃的性质认定

简要案情

薛某原系公安分局辅助交管的勤务辅警。某日0时许，薛某酒后驾车遇派出所民警秦某设卡盘查，薛某驾车冲卡被拦停，秦某随即要求薛某熄火下车，接受呼气酒精测试，薛某拒不配合致呼气测试多次超时失败。其间，薛某亮明身份反复求饶，请求让其打手机，秦某不予理睬并呼叫增援。后当日值班领导副所长张某带领增援警力赶至，听取汇报后下令将薛某先带至派出所再行处理。在派出所期间，张某让薛某使用手机对外联系后，薛某所在单位民警邱某赶到要将薛某带走，在秦某的坚持下，薛某当着张某、邱某的面接受呼气酒精测试，呼气酒精含量值为183毫克/100毫升。随后，薛某未按规定被立即带去医院抽取血样反被放回，致其当天得以逃脱。后经他人举报，薛某被立案侦查。

主要问题

行为人在现场拒绝接受呼气酒精测试，在公安人员的帮助下被其单位人员带离，未接受血液酒精含量检验的，能否认定为在抽取血样之前脱逃？能否以呼气酒精含量检验结果作为认定其醉酒的依据？

案例分析

近年来，我国经济平稳快速发展，人民生活水平不断提高，机动车成为重要的代步工具，机动车保有量逐年提高。截至2021年9月，全国机动车保有量达3.9亿辆，比2010年增加了1.83亿辆,增幅高达88.4%,机动车驾驶人数量达4.76亿人,比2010年增加了2.63亿人。机动车数量的快速增长,在极大地方便了人民群众出行的同时,无视交通管理法规,违法驾驶机动车的现象也日益增多。为从严惩处醉驾行为,遏制酒后肇事犯罪,切实维护人民群众的生命财产安全,《刑法修正案(八)》将醉驾入刑。此后,大量醉驾型危险驾驶案件涌入司法机关,目前醉驾案件已占全部刑事案件的20%。

为了更好地指导实践部门办理醉驾型危险驾驶案件,贯彻落实宽严相济的刑事政策,2013年12月18日,最高人民法院、最高人民检察院、公安部联合发布了《关于办理醉酒驾驶机动车刑事案件适用法律若干问题的意见》(以下简称《醉驾意见》)。《醉驾意见》第5条规定:"公安机关在查处醉酒驾驶机动车的犯罪嫌疑人时,对查获经过、呼气酒精含量检验和抽取血样过程应当制作记录;有条件的,应当拍照、录音或者录像;有证人的,应当收集证人证言。"《醉驾意见》第6条第1款规定:"血液酒精含量检验鉴定意见是认定犯罪嫌疑人是否醉酒的依据。犯罪嫌疑人经呼气酒精含量检验达到本意见第一条规定的醉酒标准,在抽取血样之前脱逃的,可以以呼气酒精含量检验结果作为认定其醉酒的依据。"本案是一起公安人员未严格按照法定程序执法的酒驾案件,能否认定薛某的呼气酒精测试结果为183毫克/100毫升,能否认定薛某在抽取血样之前脱逃,以呼气酒精测试结果作为认定薛某醉酒的依据是本案需要重点讨论的问题。

一 能否认定薛某的呼气酒精测试结果为183毫克/100毫升

本案中,薛某及其辩护人均认为没有证据证明民警使用编号为34401441的呼气式酒精测试仪对薛某进行呼气酒精测试,不认可183毫克/100毫升的呼气测试结果。

根据对在案证据的梳理,一是相关《情况说明》《酒精测试仪检测发放情况》《酒精测试仪借用签收》证明,2020年1~7月,派出所被派发到3台编号分别为34401707、34401441和000603的呼气式酒精测试仪。二是《电子数据检验报告》证明,鉴定人对编号分别为34401707、34401441、000603的3台呼气式酒精测试仪内2020年8月24日23时许至28日0时至2时的测试结果进行提取固定,其中编号为34401441的呼气式酒精测试仪,在2020年8月24日23时许有呼气检测记录1条,结果是92毫克/100毫升,在2020年8月28日0时至2时有呼气检测记录1条,时间是1时46分11秒,结果是183毫克/100毫升;另外两台呼气式酒精测试仪在对应时间段内均未检出呼气检测记录。三是交通警察支队出具的《情况说明》及截图证明,编号为34401441的呼气式酒精测试仪于2020年8月28日0时10分开机,6次呼气测试超时,0时29分36秒关机。1时45分45秒第二次开机,1时46分11秒测试结果是183毫克/100毫升,1时48分01秒关机。四是证人秦某、张某、邱某的证言证明,2020年8月28日凌晨,秦某将薛某拦停后要求薛某下车接受呼气酒精测试,薛某拒不配合致呼气测试多次超时失败,后将薛某带至派出所。当日2时左右,薛某所在单位民警邱某赶到,在秦某的坚持下,薛某当着张某、邱某的面接受呼气酒精测试,秦某打印出测试单给薛某、邱某和张某看。其中,秦某提到测试结果好像是160以上,具体数值不记得了。张某提到,秦某说测出的数值很高,其拿到手里看了一下,测试数值已经超过100。薛某亦供述其曾在派出所接受呼气酒精测试。

笔者认为,上述证据具有合法性、客观性、关联性,从编号为34401441的呼气式酒精测试仪的来源、使用情况、测试过程到测试结果形成了完整的证据链,证据间相互印证,环环相扣,已足以排除合理怀疑,证实了2020年8月28日凌晨,秦某使用编号为34401441的呼气式酒精测试仪对薛某进行呼气酒精测试,且薛某的呼气测试结果为183毫克/100毫升。

二　能否认定薛某在抽取血样之前脱逃,以呼气酒精测试结果作为认定其醉酒的依据

2011年7月1日施行的《车辆驾驶人员血液、呼气酒精含量阈值与检验》(GB/T 19522—2010)规定了4种检测驾驶人员是否酒后驾驶的方法,即呼气酒精含量检验、血液酒精含量检验、唾液酒精含量检验、人体平衡试验。经研究,唾液酒精检测一般作定性检测。人体平衡试验虽然考虑了驾驶人员对酒精耐受力的个体差异,但可能受试验人员主观判断的影响,易产生争议,均不适合作为认定醉酒驾驶犯罪的检验方法。呼气酒精含量检验与唾液酒精定性检测和人体平衡试验相比,检验方法和结果更为科学、客观。但实践表明,呼气酒精含量检测结果会受到口腔酒精、吹气技术、呼出气体温度、周围环境温度湿度等主客观因素的影响,且呼出气体酒精含量检测仪在不同地域适用时稳定性不同,一些检测仪精确度不够高,特别是测出的数值处于临界

点时易受到质疑，故多在酒驾初查时使用。相较而言，血液酒精含量检验被证明是4种检测方法中最精准的方法。① 因此，《醉驾意见》第6条第1款规定血液酒精含量检验鉴定意见是认定犯罪嫌疑人是否醉酒的依据。同时规定，犯罪嫌疑人在抽取血样前脱逃的可以作为例外，以呼气酒精含量检验结果作为认定其醉酒的依据。

由于呼气酒精含量检验存在一定的误差，因此一般不宜作为认定犯罪嫌疑人、被告人醉酒的依据，但是一旦犯罪嫌疑人、被告人脱逃，逃避法律追究的，就应当承担脱逃行为带来的不利后果，否则会产生不良示范效应，不利于对社会安全和公众利益的保护。因此，本案中，能否认定薛某在抽取血样之前脱逃，是能否以呼气酒精含量检验结果作为认定薛某醉酒的前提。

根据对在案证据的梳理，一方面薛某身为辅助交管的勤务辅警，很清楚查处醉酒驾驶机动车的程序，但是其从一开始在现场拒绝接受呼气酒精测试，亮明身份反复求饶，使用手机对外联系，直至其工作单位民警邱某至殷行派出所将其带离，表明其具有逃避处罚的主观意愿和行为。另一方面公安人员应忠于职守，忠于事实和法律，严格执法。虽然本案中相关公安人员碍于薛某的辅警身份，基于其求情讨饶，未严格执行公安部《道路交通安全违法行为处理程序规定》第35条关于车辆驾驶人涉嫌醉酒驾驶的，公安人员应当对其检验体内酒精含量；车辆驾驶人对酒精呼气测试结果无异议的，应当签字确认的规定，既未让薛某在酒精呼气测试单上签字确认，也未对其抽取血样进行检验，帮助其脱逃。但是，本案二审审理期间，检察机关已对张某涉嫌徇私枉法立案侦查，薛某也并不因公安人员的违法行为而免除自己的责任。因此，应当认定薛某在抽取血样之前脱逃，从而根据《醉驾意见》第6条第1款的规定，以呼气酒精含量检验结果作为认定薛某醉酒的依据，即薛某的酒精含量值为183毫克/100毫升，属于醉酒。

（案例编写人：上海市第二中级人民法院　沈言）

---

① 参见高贵君主编：《危险驾驶刑事案件办案指南》，人民法院出版社2014年版，第357页。

81

生产、销售有毒、有害食品罪中“对人体健康造成严重危害”的认定

简要案情

叶鸭子餐饮文化有限公司(以下简称叶鸭子公司)系一家长期经营卤制鸭子及其他卤制品的餐饮公司,公司经理陈某和厨师任某已在该公司从业多年,且时常会在经营过程中了解知悉或经培训掌握餐饮业的相关食品卫生规则以及基本规定。原卫生部、国家食品药品监督管理局曾发布公告禁止餐饮服务单位采购、贮存、使用食品添加剂亚硝酸盐。其后,二人在明知亚硝酸盐属于有毒物质(过去卤制食品行规须在卤料中添加亚硝酸盐作为防腐剂和保色剂,少量添加的情形下会使卤制食品外观色泽红亮,过量添加则会导致人体中毒)的情况下,继续在公司连锁店之一的餐馆内制作并销售违法加入亚硝酸盐的冒鸭子及相关食品。某日18时30分许,被害人杨某等9人在该餐馆就餐后出现食物中毒现象,并经医院确诊为亚硝酸盐中毒。经检测,在该餐馆提取的冒鸭子肉亚硝酸盐含量为205mg/kg、冒鸭子中的鸭汤亚硝酸盐含量为56mg/kg、杨某呕吐物亚硝酸盐含量为47mg/kg、盐(当日盐)亚硝酸盐含量为23,803mg/kg、卤水(冒鸭子卤水)亚硝酸盐含量为178mg/kg。此外,证据显示,尚有黄某等6人就餐后身体出现不同程度的轻度不适反应。

主要问题

对叶鸭子公司及其公司经理陈某和厨师任某的行为应如何认定，存在4种不同的观点。

第一种观点认为，叶鸭子公司及陈某、任某虽然明知添加剂亚硝酸盐须按标准限量使用，但其过量添加亚硝酸盐系其操作失误，而致使9名被害人食用后中毒住院治疗及6人轻度不适的后果，但刑法及相关司法解释并未对"对人体健康造成严重危害"作出规定，按照法无明文规定不予评价原则，可认为其行为不属于"对人体健康造成严重危害"的情形，不构成犯罪，但应依法追究其相应的民事侵权赔偿责任。

第二种观点认为，叶鸭子公司及陈某和厨师任某在明知添加剂亚硝酸盐须按标准限量使用（案发时实际已禁止使用）的情况下，为谋取更多利益，仍在生产的食品中违规过量添加使用亚硝酸盐，并予以销售，致使9名被害人食用后中毒住院治疗和6人轻度不适的后果。从其行为来看，虽然其主观心理对造成不特定多数人中毒的危害后果不持希望态度，不是直接故意，但是持放任态度，属于间接故意。明知其实施的危险方法会危害公共安全，即危害不特定的多数人的生命、健康或者公私财产安全，并且希望或者放任这种结果发生，客观上也导致了9名被害人食用后中毒及6人出现轻度不适的严重后果，符合以危险方法危害公共安全罪的构成要件，应构成以危险方法危害公共安全罪。

第三种观点认为，叶鸭子公司及陈某和厨师任某在明知添加剂亚硝酸盐须按标准限量使用（案发时实际已禁止使用）的情况下，为谋取更多利益，仍在生产食品中过量添加使用亚硝酸盐，并予以销售，致使9名被害人食用后中毒住院治疗和6人轻度不适的后果，属于"对人体健康造成严重危害"的情形，构成生产、销售不符合安全标准的食品罪。

第四种观点认为，叶鸭子公司及陈某和厨师任某在明知添加剂亚硝酸盐须按标准限量使用（案发时实际已禁止使用）的情况下，为谋取更多利益，仍在生产食品过程中过量添加使用亚硝酸盐，并予以销售，致使9名被害人食用后中毒住院治疗和6人轻度不适的后果，属于"对人体健康造成严重危害"的情形，其行为构成生产、销售不符合安全标准的食品罪。但原卫生部、国家食品药品监督管理局已经发布公告禁止餐饮服务单位采购、贮存、使用食品添加剂亚硝酸盐，叶鸭子公司及陈某、任某依然继续制作销售亚硝酸盐严重超标的冒鸭子，致使9名被害人食用后中毒住院治疗和6人轻度不适的后果，属于“对人体健康造成严重危害”的情形，应以生产、销售有毒、有害食品罪追究其刑事责任。

案例分析

笔者赞同上述第四种观点。从本案涉案的犯罪事实来看，可能涉及适用的罪名为生产、销售不符合安全标准的食品罪、以危险方法危害公共安全罪和生产、销售有毒、有害食品罪，但从实质上来看，宜以生产、销售有毒、有害食品罪追究叶鸭子公司及陈某、厨师任某的刑事责任。

生产、销售不符合安全标准的食品罪源自《刑法》第144条生产、销售不符合卫生标准的食品罪，生产、销售不符合卫生标准的食品罪危害的是食品的单一性（卫生标准仅是食品的功能之一），而生产、销售不符合安全标准的食品罪危害的是食品的纯洁性（安全是食品最为基础的功能）。当然，生产、销售不符合安全标准的食品罪，生产、销售有毒、有害食品罪与以危险方法危害公共安全罪又有交叉，难以准确认定。在司法实践中，两者的关系通常被认为是一般与特殊的关系，在具体认定时，一般采用特别法优于普通法的原则。它们之间属于法条竞合而非想象竞合关系，其本质区别在于具体的行为方式不同。

一　以生产、销售有毒、有害食品罪予以认定之理由

《刑法》第144条对生产、销售有毒、有害食品罪的罪状描述如下：“在生产、销售的食品中掺入有毒、有害的非食品原料的，或者销售明知掺有有毒、有害的非食品原料的食品的……”从该法条规定来看，本罪的行为方式包括以下三种类型：在生产的食品中掺入有毒、有害的非食品原料；在销售的食品中掺入有毒、有害的非食品原料；明知掺有有毒、有害的非食品原料而销售。该罪属于危害食品安全犯罪主要涉及的罪名。

《刑法修正案（八）》将原第144条修订为：“在生产、销售的食品中掺入有毒、有害的非食品原料的，或者销售明知掺有有毒、有害的非食品原料的食品的，处五年以

下有期徒刑,并处罚金;对人体健康造成严重危害或者有其他严重情节的,处五年以上十年以下有期徒刑,并处罚金;致人死亡或者有其他特别严重情节的,依照本法第一百四十一条的规定处罚。"该条修改的内容为,取消了可以单处罚金的规定,体现了立法者对食品犯罪"刑要科、钱必罚"的坚定立场,提高了处罚标准。《刑法修正案(八)》取消了拘役刑,使犯生产、销售有毒、有害食品罪的起刑点升为有期徒刑。另外,按照《刑法》的规定,只有对人身健康造成严重危害的才可以处5年以上10年以下有期徒刑。《刑法修正案(八)》在"对人体健康造成严重危害"后面加上了"或者有其他严重情节的",也就是说,对犯生产、销售有毒有害食品罪没有对人体健康造成严重危害的,只要有"其他严重情节"的,也可以判处5年以上有期徒刑。取消了罚金的最高限额,对犯生产、销售有毒、有害食品罪的实行无限额罚金,为从经济上加大处罚力度提供了可操作空间。《刑法修正案(八)》删除了"造成严重食物中毒事故或者其他严重食源性疾患"的内容,在《刑法》第144条中增加"或者有其他严重情节的"作为生产、销售有毒、有害食品罪的适用条件,从而降低了该罪的侦查、调查、举证难度。[①]《刑法修正案(八)》第25条规定,在生产、销售的食品中掺入有毒、有害的非食品原料的,或者销售明知掺有有毒、有害的非食品原料的食品的,致人死亡或者有其他特别严重情节的,依照《刑法》第141条的规定处罚。而《刑法修正案(八)》第23条将《刑法》第141条第1款修改为:"生产、销售假药的,处三年以下有期徒刑或者拘役,并处罚金;对人体健康造成严重危害或者有其他严重情节的,处三年以上十年以下有期徒刑,并处罚金;致人死亡或者有其他特别严重情节的,处十年以上有期徒刑、无期徒刑或者死刑,并处罚金或者没收财产。"在经济犯去死刑化的大背景下,对于危害食品安全犯罪的刑事处罚不可谓不严厉。

就本案所涉及的罪名而言,生产、销售有毒、有害食品罪侵犯的是双重客体,即国家食品卫生管理制度和公民的生命权、健康权。生产、销售有毒、有害食品的行为,只要足以造成严重食物中毒事故或者其他严重食源性疾患,就构成犯罪,属于典型的危险犯。

按照《食品安全法》的规定,"食品安全标准"是指对生产、经营食品的总体要求和生产、销售某一类食品所必须达到的安全指标。其具体内容为:"食品安全标准应当包括下列内容:(1)食品、食品相关产品中的致病性微生物、农药残留、兽药残留、重

---

① 参见刘德法:《〈刑法修正案(八)〉关于民生保障之增补》,载《中州学刊》2011年第3期。

金属、污染物质以及其他危害人体健康物质的限量规定;(2)食品添加剂的品种、使用范围、用量;(3)专供婴幼儿和其他特定人群的主辅食品的营养成分要求;(4)对与食品安全、营养有关的标签、标识、说明书的要求;(5)食品生产经营过程的卫生要求;(6)与食品安全有关的质量要求;(7)食品检验方法与规程;(8)其他需要制定为食品安全标准的内容。”凡是符合安全标准的食品就是合格食品,凡是不符合安全标准的食品,就有可能构成本罪。

基于上述具体标准,笔者认为除了构成要件上的区别以外,区分生产、销售不符合安全标准的食品罪、以危险方法危害公共安全罪和生产、销售有毒、有害食品罪的关键,在于“添入的物质”。简单地说,认定生产、销售不符合安全标准罪与生产、销售有毒、有害食品罪的关键是“毒害”的不同。认定生产、销售不符合安全标准罪的“毒害”来自食品原料本身,而生产、销售有毒、有害食品罪的“毒害”来自食品中的非食品原料的毒性。这两个罪名与以危险方法危害公共安全罪的区别在于前二罪添入的“毒害”是食品原料本身或者是掺入有毒、有害的非食品原料的食品,而以危险方法危害公共安全罪添入的对象是有毒、有害的非食品原料本身,如国家食品质量监督检测中心明确不允许添加到食品中的“三聚氰胺”等毒源;再如,司法实践中曾经出现的将工业酒精(含有高浓度甲醇的乙醇)掺水后作为食用酒精销售给消费者。

由此观之,叶鸭子公司及陈某、任某的犯罪行为是在卤制鸭子过程中,在卤料内掺入了添加剂亚硝酸盐(原规定须按标准限量使用,但原卫生部、国家食品药品监督管理局已经发布公告禁止餐饮服务单位采购、贮存、使用食品添加剂亚硝酸盐,即案发时实际已明令禁止使用),并予以销售,致使9名被害人食用后中毒住院治疗和6名被害人轻度不适的后果,应以生产、销售有毒、有害食品罪定罪处罚。

二　“对人体健康造成严重危害”的认定之缘由

在刑期上,《刑法修正案(八)》规定,生产、销售不符合安全标准的食品,足以造成严重食物中毒事故或者其他严重食源性疾患的,处3年以下有期徒刑或者拘役;对人体健康造成严重危害的,处3年以上7年以下有期徒刑;后果特别严重的,处7年以上有期徒刑或者无期徒刑。这里面涉及三个量刑情节,三个法定刑幅度。按照《最高人民法院、最高人民检察院关于办理生产、销售伪劣商品刑事案件具体应用法律若干问题的解释》(以下简称《解释》)的规定,经省级以上卫生行政部门确定的机构鉴定,食品中含有可能导致严重食物中毒事故或者其他严重食源性疾患的超标准的有害细菌或者其他污染物的,应认定为"足以造成严重食物中毒事故或者其他严重食源性疾患"。生产、销售有毒、有害食品被食用后,造成轻伤、重伤或者其他严重后果的,应认定为"对人体健康造成严重危害"。生产、销售有毒、有害食品被食用后,致人死亡、严重残疾、3 人以上重伤,10 人以上轻伤或者造成其他特别严重后果的,应认定为"后果特别严重"。但是,需要注意的是,司法解释中关于三个量刑幅度的规定,其中没有规定已经造成严重食物中毒事故或者其他严重食源性疾患但尚未造成人员伤亡时的法律适用问题。笔者认为,已经造成严重食物中毒事故或者其他严重食源性疾患的,可以处以 3 年以下有期徒刑,相对于尚未出现这样后果的应适当从重处罚。但是如果造成多人中毒,可以根据中毒人数的多少、中毒程度的轻重、不符合安全标准的程度等,分别认定为对人体健康造成其他严重后果,或者对人体健康造成其他特别严重后果,适用不同的量刑幅度。

从本案来看,叶鸭子公司及陈某、任某的行为已经造成 9 名被害人中毒住院治疗(其中 2 名住院 3 天、4 名住院 4 天、3 名住院 5 天),没有造成轻伤、重伤的后果,但因《解释》中对"其他严重后果"的认定标准没有具体说明,所以,造成 9 名被害人住院治疗及 6 人轻度不适这样的后果是否可认定为"对人体健康造成严重危害"难以确定。但是,《刑法修正案(八)》中规定可处 3 年以下有期徒刑或拘役的量刑幅度,是适用"足以造成严重食物中毒事故或其他严重食源性疾病的"情况,也就是构成"危险犯"的情况,但本案确已造成 9 名被害人住院治疗及 6 人轻度不适的后果,属于"危险犯"加"实害犯"的情形。

对于这种"确已经造成严重食物中毒事故或者其他严重食源性疾患的"该如何处理,笔者认为应该从以下三个方面进行把握。

一是看确已经造成严重食物中毒事故或者其他严重食源性疾患的受染人员数量。如果出现中毒症状的人员很少,那么仍然可以考虑在第一档法定刑内量刑,也就是 3 年以下量刑,但应相比于没有出现人员中毒的适当从重处罚。如果出现中毒症状的人员较多,那么可以认定为"对人体健康造成其他严重后果",可以考虑在第二档法定刑内量刑,也就是 3 ~ 7 年量刑。如果出现中毒症状的人员规模大,数量广,如社会中大规模的人群出现中毒症状,社会影响较大的情况,那么可以认定为"对人体健康造成其他特别严重后果",可以考虑在第三档法定刑内量刑,也就是在 7 年以上有期徒刑或无期徒刑中量刑。

二是看含有“毒害”的种类以及人员中毒程度的轻重。食品中的“毒害物质”有很多种类,包括很多有害细菌或者其他污染物、添加物。《解释》中规定经省级以上卫生行政部门确定的机构可以对不符合安全标准及有毒、有害的食品进行鉴定。根据鉴定意见,我们可以看出该种“毒害”的名称、数量以及对人体的损害程度,同时结合所出现的人员中毒程度进行判断。如果中毒人员没有达到轻伤标准,但“毒害”的种类很严重,毒害的人群比较多,住院治疗的时间特别长,对人体机能的损失特别大,也可以考虑认定为“对人体健康造成其他严重后果”。

三是看作为食品添加剂添入“毒害”的超标程度。在食品生产过程中,都应当严格遵守相关食品安全法规,对于如“亚硝酸盐”等严格控制甚或禁止使用的食品添加剂更应当严格按照标准操作。如果不计后果地肆意添加,能够充分体现行为人的主观恶性,在综合考虑上述两项内容的情况下,“毒害”的超标程度也应当作为量刑情节予以考虑。

综上,本案中叶鸭子公司及陈某、任某生产、销售食品,是在明知添加剂亚硝酸盐须按标准限量使用(最大使用量为0.15g/kg)和案发时实际已禁止使用的情况下,为谋取更多利益,仍在生产食品中过量使用亚硝酸盐,查扣的冒鸭肉和冒鸭汤中亚硝酸盐含量的检验结果分别为205mg/kg、56mg/kg(国家标准限量以亚硝酸盐计,为残留量≤30mg/kg),属严重超标,致使9名被害人食用后中毒并使6人轻度不适,属于“对人体健康造成严重危害”的情形,依法应以生产、销售有毒、有害食品罪追究叶鸭子公司及陈某、任某的刑事责任。

(案例编写人:四川省成都市武侯区人民检察院、西南民族大学　薛培)

82

食品销售时保质期限应如何计算

简要案情

时任嘉外公司法定代表人、总经理的刘某在得知公司部分奶粉、奶酪已经过期及临近保质期后，经与华源公司负责人联系，以货款从华源公司走账的形式，将该批奶粉、奶酪通过华源公司销售给尚某经营的公司。嘉外公司将存放在林杰公司仓库内超过保质期的新西兰恒天然 NZMP 全脂奶粉 8330 袋（25kg/袋），以及存放在申宏公司仓库内的超过保质期的新西兰恒天然 NZMP 切达奶酪 269 箱（20kg/箱）移库至尚某公司，销售金额共计 294 万余元。相关执法部门在林杰公司、申宏公司的仓库查获部分奶粉及全部奶酪，上述物品现扣押于侦查机关。

主要问题

本案主要有三个焦点问题：一是涉案奶粉对外销售的时间如何认定；二是涉案奶粉超保质期的数量如何认定；三是嘉外公司是否构成单位犯罪。

案例分析

一 涉案奶粉对外销售时间如何认定的问题

一种观点认为，嘉外公司与华源公司签订的购买合同盖章时间是 2016 年 1 月 12 日，嘉外公司将涉案奶粉相对应的生产日期批次、数量详细告知华源公司，合同约定客户自提,自提时间是由客户确定,按照市场惯例,自合同签订时起该批奶粉所有权就属于华源公司。另一种观点认为,根据《民法典》规定,标的物所有权自标的物交付时起转移,法律另有规定或者当事人另有约定的除外。无论是从合同实际履行情况还是依据两份书面合同约定的内容,均应将2016年1月15日嘉外公司将涉案奶粉、奶酪移库实际交付的日期视为销售时间,嘉外公司应当履行交付时产品为保质期内合格产品的法定义务。笔者同意第二种观点。

本案对嘉外公司对外销售奶粉的时间需要结合相关证据并符合法律规定综合认定。依法成立的合同,除法律、行政法法规规定应当办理批准、登记等手续生效的依照其规定外,其他的自成立时生效。合同的生效并不意味着标的物的所有权当然地转移给买受人。一般来讲,买卖合同是买受人支付价款后标的物的所有权才会转移到买受人,除非当事人在买卖合同中又特别约定了标的物的所有权转移方式,否则买受人未履行支付价款或者其他义务的,标的物的所有权属于出卖人,这意味着在标的物所有权转移前,出卖人对标的物的质量仍负有保证义务。且标的物毁损、灭失的风险,在标的物交付之前由出卖人承担,交付之后由买受人承担,但法律另有规定或者当事人另有约定的除外。具体到本案,虽然嘉外公司与华源公司在2016年1月12日签订了购买合同,但是嘉外公司的奶粉存放于物流仓储公司即林杰公司,若没有嘉外公司的移库指令或相关凭证,华源公司即使拿着所谓的购买合同要求林杰公司将奶粉移库,林杰公司也不会遵从,毕竟林杰公司与嘉外公司签订的货物仓储合同明确规定了嘉外公司奶粉发货的流程,单凭购买合同是无法提货的,必须有嘉外公司的提货单或其他有效指令,这符合法律规定,即出卖人应当履行向买受人交付标的物或者交付提取标的物的单证,并转移标的物所有权的义务。换言之,在嘉外公司移库指令未达林杰公司之前,嘉外公司应当履行交付时奶粉为保质期内合格产品的法定义务。相关证据证实,林杰公司是于2016年1月15日接到嘉外公司奶粉移库的指令,且将奶粉移库给润恒帅公司。退一步讲,鉴于相关证据已证实华源公司并非涉案奶粉的实际买家,嘉外公司与华源公司签订的所谓购买合同并非真正意义上的购买合同,只不过是为了掩饰嘉外公司将涉案奶粉奶酪卖给润恒帅公司的事实,合同所签订的时间亦无真正效力。故无论是从合同法的规定还是从涉案奶粉买卖的真实情况来说都应该将涉案奶粉的销售时间认定为2016年1月15日而非1月12日。

二 涉案奶粉超过保质期的数量如何计算的问题

众所周知，食品保质期是食品生产经营者向消费者承诺的安全食用期，保证消费者在保质期内可以安全食用该食品。即使食品保质期到了最后一天，若被销售仍可以认定该食品尚在保质期内，只不过临期，但不能说商家销售过期食品，但是食品的保质期若超过了截止日期的最后一天凌晨12点后仍未下架、回收或销毁的话，我们可以说商家销售了过期食品，违反了相关行政法规甚至引起刑事责任。这里涉及一个问题，如何正确计算保质期限，将会导致对食品质量或数量认定的天壤之别。食品安全法明确保质期是指预包装食品在标签指明的贮存条件下保持品质的期限。根据《食品安全国家标准预包装食品标签通则》的规定，生产日期是指食品成为最终产品的日期，也包括包装或灌装日期，即将食品装入（灌入）包装物或容器中，形成最终销售单元的日期。保质期是指预包装食品在标签指明的贮存条件下保持品质的期限。在此期限内，产品完全适于销售，并保持标签中不必说明或已经说明的特有品质。企业可以自主决定以具体时间的形式或固定时间段的方式标示保质期，但保质期必须与生产日期具有对应关系，即以生产日期为保质期的计算起点或生产日期的第二天为保质期计算起点，预包装食品必须同时标示生产日期和保质期，通常可以采用以下两种方式的其中之一来表示：一是生产日期加保质期；二是生产日期加预包装食品的保质期的有效期限。具体到本案，奶粉的保质期正常是24个月，在把2016年1月15日确定为嘉外公司将涉案奶粉销售给润恒帅公司日期的情况下，这就意味着生产日期为2014年1月15日（包括1月15日）之前的均超过了保质期，超过保质期的奶粉数量为8330袋，涉案金额为291万余元。如果按照通则规定的保质期计算起点可以将生产日期的第二天作为保质期的计算起点，并以生产日期加保质期的方式，那就意味着如果生产日期为2014年1月15日的奶粉，第二天作为保质期的计算起点，即2014年1月16日计算，保质期将截至2016年1月15日，那么涉案奶粉的数量将减少，应调整为4764袋，涉案金额亦调整为166万余元，由于销售金额未超过200万元，量刑档次应由15年以上或无期徒刑调整为15年以下7年以上。但是本案相关证据已充分证实商家的涉案奶粉保质期限起算与截止时间标注得非常明确即采取×年×月×日—×年×月×日（加2年并少1日）。故本案在以2016年1月15日为销售时间的情况下，凡是保质期限起始时间标注为2014年1月16日（包括16日）之后的，或者截止日期标注为2016年1月15日(包括15日)之后的均为合格奶粉,反之则为过期奶粉。

三 嘉外公司是否构成单位犯罪的问题

一种观点认为,刘某未向嘉外公司董事会汇报将涉案奶粉销售给润恒帅公司,根据嘉外公司章程,在未经股东同意的前提下,不得与公司高管的关联公司(润恒帅公司的负责人尚某与刘某有亲戚关系)发生业务往来。刘某违反了公司规定,其行为损害了嘉外公司的利益,应是个人行为而非公司行为。另一种观点认为,刘某作为嘉外公司的法人代表、总经理可以代表嘉外公司对外进行经营活动,刘某的行为是为了嘉外公司的利益,且现无证据证实刘某从中牟取非法个人利益,故嘉外公司符合单位犯罪的构成要件。一般来讲,要认定单位构成犯罪,主要把握两个构成特征:一是犯罪意志的整体性,即单位故意犯罪是经单位集体研究决定或由负责人决定的。如果单位中的一般工作人员擅自为单位牟取非法利益,事后得到负责人认可或默许的,可以视为其危害行为具有犯罪意志的整体性,以单位犯罪论处;否则,应认定其危害行为系出于个人意志,以个人犯罪论处。二是非法利益归属的团体性,即单位故意犯罪在客观上表现为单位谋取非法利益的行为,或者违法所得实际属于单位或其中的部分股东单位。只有同时具备以上两个特征的行为,才能认定单位构成犯罪。

具体到本案,刘某具有嘉外公司的法人代表及总经理的身份和职位,其无论是从公司法还是从嘉外公司章程的角度都可以代表嘉外公司对外经营活动,且履职行为如与其他公司进行谈判、组织对外销售、签订合同等均具有法律效力,至于刘某的经营行为是否需经公司董事会同意并不影响刘某代表嘉外公司对外经营的法律效力,且不说刘某的履职行为并不违背公司法及公司章程的相关规定,更不用说任何一家正常公司一般都不会在董事会上讨论非法的经营活动,这既不符合常识,也违背基本的经营逻辑。相关证据已证实刘某不仅明知涉案奶粉过期,还积极对外联系下家并组织嘉外公司员工对外销售,尤其嘉外公司及刘某在超过保质期的切达奶酪获得上家赔偿的情形下仍将切达奶酪以及涉案奶粉销售给尚某公司,显然是置广大消费者的健康安全于不顾。在刘某可以代表嘉外公司意志的情况下,对外的销售款项也回到了嘉外公司的账上,且既无证据证实刘某从中牟取非法利益,也无证据证实刘某与润恒帅公司之间有违规关联关系,故应认定嘉外公司及刘某构成犯罪。

综上,本案案情虽然比较复杂疑难,尤其在能否认定单位犯罪上较难把握,但本案的审理思路最关键的是根据相关证据把嘉外公司的实际销售对象、销售时间、销售数量等几个事实点首先固定下来,然后以此事实点为基础,对照单位犯罪的两个基本特征认定嘉外公司构成单位犯罪。

(案例编写人:上海市高级人民法院　潘庸鲁)

83

非法获取内幕信息人员的认定

简要案情

申万证券研究所德赛电池公司(上市公司)筹划该公司的重大资产重组及融资项目。申万证券研究所亦为此成立“龙腾项目”工作组,时任该所企业客户中心负责人的王某任负责人。

王某在与其大学同学徐某的电话联系过程中向徐某透露了“德赛电池”股票即将因该公司重大资产重组而停牌的信息。徐某获悉该信息后,于同年2月6~8日亏损抛售其控制的陈某、唐某、徐某、徐双某证券账户内的股票,筹资并在上述证券账户内连续买入“德赛电池”股票62万余股,成交金额1328万余元。同年2月10日,“德赛电池”股票临时停牌;2月18日德赛电池发布《关于重大资产重组停牌公告》并于2月20日正式停牌;3月26日,德赛电池发布《关于终止筹划重大资产重组事项暨公司证券复牌公告》并于同日复牌,当日徐某所购“德赛电池”股票以收盘价计算账面盈利150万余元。

主要问题

内幕信息知情人员的大学同学以“中性”手段获悉内幕信息的能否认定为“非法获取内幕信息的人员”。一种观点认为,徐某属于非法获取内幕信息的人员。另一种观点则认为,徐某不是积极主动获取涉案内幕信息,认定徐某属于非法获取内幕信息的人员不公平。

案例分析

根据《刑法》第 180 条第 1 款的规定，内幕交易、泄露内幕信息罪的犯罪主体包括证券、期货交易内幕信息的知情人员和非法获取证券、期货交易内幕信息的人员。根据 2012 年《最高人民法院、最高人民检察院关于办理内幕交易、泄露内幕信息刑事案件具体应用法律若干问题的解释》(以下简称《内幕交易解释》)第 2 条的规定，非法获取证券、期货交易内幕信息的人员包括三类人员，即非法手段型获取内幕信息的人员、特定身份型获取内幕信息的人员和积极联系型获取内幕信息的人员。

非法手段型获取内幕信息的人员，是指利用窃取、骗取、套取、窃听、利诱、刺探或者私下交易等手段获取内幕信息的人员。此类人员获取信息的手段行为本身是非法的。实践中，对此类人员的认定应坚持主客观相统一原则，不仅要求行为人在客观上通过非法行为获取了内幕信息，并在敏感期内从事或者明示、暗示他人从事，或者泄露内幕信息导致他人从事与该内幕信息有关的证券、期货交易，而且要求行为人在获取信息时主观上明知该信息为内幕信息，防止客观归罪。

特定身份型获取内幕信息的人员，是指内幕信息知情人员的近亲属或者其他与内幕信息知情人员关系密切的人员，在内幕信息敏感期内，从事或者明示、暗示他人从事，或者泄露内幕信息导致他人从事与该内幕信息有关的证券、期货交易，相关交易行为明显异常，且无正当理由或者正当信息来源的人员。此类人员获取信息的手段行为未必是非法的，但其作为特定身份的人员不应获取内幕信息。内幕信息知情人员的近亲属或者其他与内幕信息知情人员关系密切的人员，因其获取内幕信息具有天然的便利条件，因此，为了加大对内幕信息的保密力度，除了强化内幕信息知情人员的保密力度外，还应设置内幕信息知情人员的近亲属以及其他与其关系密切的人员的保密义务。同时，根据《内幕交易解释》第 2 条第 2 项的规定，内幕信息知情人员的近亲属以及其他与其关系密切的人员，无论是主动获取还是被动获取内幕信息，均属于非法获取内幕信息的人员。实践中，非法获取内幕信息的人员也多为“特定身份型”。

积极联系型获取内幕信息的人员，是指在内幕信息敏感期内，与内幕信息知情人员联络、接触，从事或者明示、暗示他人从事，或者泄露内幕信息导致他人从事与该内幕信息有关的证券、期货交易，相关交易行为明显异常，且无正当理由或者正当信息来源的人员。此类人员主动联络、接触行为未必是非法的，但结合行为目的分析，行为人毕竟是从内幕信息的知情人员处获取不应该获取的内幕信息，因此其获取行为是非法的。①

综上，非法手段型获取内幕信息的人员和积极联系型获取内幕信息的人员，都是主动获取内幕信息。而特定身份型获取内幕信息的人员，既可以是主动获取也可以是被动获取内幕信息。因此，对于内幕信息知情人员的近亲属或者其他与内幕信息知情人员关系密切的人员之外的人，如果被动获取内幕信息，并在敏感期内从事与该内幕信息有关证券、期货交易的，一般不得认定为非法获取内幕信息的人员。

本案中，徐某与王某系大学同学，关系较好，且两人在投资方面联系甚多，徐某常向王某咨询投资项目，在王某的推荐下投资相关项目，两人还有共同投资，可见，徐某属于与王某关系密切的人员。王某属于德赛电池公司重大资产重组事项的内幕信息知情人员，在内幕信息敏感期内，向徐某透露了"德赛电池"股票即将因重大资产重组而停牌的消息。当时徐某给王某打电话的目的，是想和王某讨论是否继续投资相关项目的问题，在谈及德赛电池公司时王某主动将德赛电池即将进行资产重组这一内幕信息告知徐某，虽然徐某不是主动获取该内幕信息，但其作为与王某关系密切的人员，获取了不应该获取的内幕信息。而且，徐某早就得知德赛电池有重组、整体上市的消息，在此次获知德赛电池因资产重组而停牌的内幕信息后，既认为这是利好消息，也认识到王某作为证券从业人员向其透露德赛电池内幕信息属于违规行为。徐某作为与王某关系密切的人员，在获取了不应该获取的内幕信息后，理应严格遵守保密义务，却从事了与该内幕信息有关的证券交易，无疑属于特定身份型获取内幕信息的人员。值得注意的是，尽管徐某是以"中性手段"获取内幕信息的，但根据《内幕交易解释》第 2 条第 2 项的规定，无论是主动获取还是被动获取内幕信息，均不影响对其以非法获取内幕信息人员的认定。

（案例编写人：上海市浦东新区人民法院　罗开卷）

---

① 参见刘晓虎等：《〈关于办理内幕交易、泄露内幕信息刑事案件具体应用法律若干问题的解释〉的理解与适用》，载《人民司法》2012 年第 15 期。

84

“港股通”证券犯罪的刑事管辖和法律适用

简要案情

陈某利用从内幕信息知情人桑某处获取的内幕信息，通过“港股通”内幕交易港股，非法获利 1.25 亿余元，获利后以现金形式给付桑某 500 万元。

主要问题

“港股通”内幕交易的刑事管辖如何确定、如何适用法律？

案例分析

关于“港股通”内幕交易犯罪的诉讼管辖和法律适用，一种意见认为，“港股通”交易属于跨境证券交易，在诉讼管辖和法律适用上均应遵循“主场原则”。“港股通”内幕交易由于交易对象系在香港联交所上市的港股，其危害的主要是港股市场的交易秩序，故应由犯罪行为社会危害的主要发生地即我国香港特区行使刑事管辖权，并适用香港特区的刑事法律对内幕交易行为进行刑事评价。[①] 另一种意见认为，“主场原则”只适用于证券交易市场监管而不适用于刑事处罚，犯罪和刑罚只能由法律规定，虽然《内地与香港特别行政区股票市场交易互联互通机制若干规定》确立了沪港通证券交易监管的“主场原则”，但该规定的效力显然还未达到法律的层面，故无权规定犯罪与刑罚，因此，关于犯罪与刑罚的问题还是应当适用内地刑法并由内地行使管

① 参见刘宪权：《跨境证券犯罪刑事管辖及法律适用探讨》，载《政治与法律》2021 年第 4 期。

辖权。①

笔者倾向于第二种意见,即“港股通”内幕交易犯罪案件内地具有刑事管辖权并应适用内地刑法。

一　“港股通”证券犯罪不属于刑法属地管辖中有特别规定的情况

《刑法》第6条第1款规定:“凡在中华人民共和国领域内犯罪的,除法律有特别规定的以外,都适用本法。”第3款又对“在中华人民共和国领域内犯罪”进行了解释性规定,即“犯罪的行为或者结果有一项发生在中华人民共和国领域内的,就认为是在中华人民共和国领域内犯罪”。无论是内地还是香港,都是我国领土,因此,“港股通”内幕交易犯罪是发生在中华人民共和国领域内的犯罪这一点是确定无疑的。我国对此类犯罪是否有属地管辖权,关键在于是否存在“法律有特别规定”的情况。有观点认为,“法律有特别规定”的内容包括我国《香港特别行政区基本法》的相关规定,《香港特别行政区基本法》明确规定我国内地刑法不适用于香港特区,因此这就意味着我国内地刑法不能用于处理在香港特区发生(除危害国家安全犯罪)的刑事案件。② 笔者认为,该观点本身没有问题,但并不适用于“港股通”内幕交易犯罪的管辖。如果是犯罪行为和结果均发生在香港特区的普通刑事案件,内地刑法当然不能适用,这就是该条款中“法律有特别规定”的含义。而“港股通”内幕交易犯罪行为和结果涉及香港和内地两地,已经不能认为是单纯的“在香港特区发生”的刑事案件,不能认为属于“法律有特别规定”的情况,因此,由内地行使属地管辖权有法律依据。

二　区际刑事管辖冲突应确立先理优先规则

如果香港特区的刑事法律也主张对扰乱其港股交易秩序的“港股通”内幕交易犯罪行使管辖权,就会产生区际刑事管辖冲突问题。有学者认为,对于这种存在区际刑事管辖冲突的情况,会给行为人产生套利空间。如果冲突双方均有管辖意愿,就会产生“鹬蚌相争,渔翁得利”的结果;如果冲突双方均无管辖意愿,行为人就可能因此逍

① 参见于力、季敬聚:《对“沪港通”机制下证券犯罪的司法认定与管辖研究》,载《上海公安学院学报》2020年第2期。

② 参见刘宪权:《跨境证券犯罪刑事管辖及法律适用探讨》,载《政治与法律》2021年第4期。

遥法外；如果冲突双方监管和处罚强度不一，行为人就会尽其所能将其行为置于监管和处罚较弱的一方，从而逃避更严厉的惩处。[①] 对此，笔者认为也不必过于担忧，只要确立合理的管辖冲突解决规则，就可以有效避免上述情况的发生。实质上，区际刑事管辖冲突的产生不仅是因为双方均具有刑事管辖权，还因为双方均积极行使刑事管辖权。如果双方都不行使刑事管辖权，或者只有一方行使刑事管辖权，另一方不行使刑事管辖权，就不会发生现实的冲突。就如本案情况，香港特区从未主张过对本案"港股通"内幕交易犯罪行使刑事管辖权，现实的冲突根本不存在，那么，由内地行使刑事管辖权当然十分合理。如果香港特区确实主张对本案行使刑事管辖权，那就实实在在地涉及区际刑事管辖冲突问题，在双方均具有刑事管辖权的情况下，笔者认为，应当确立由先立案一方行使刑事管辖权的规则。这也与《刑事诉讼法》关于优先管辖的规则精神相契合。而且，由于哪一方先立案并不是由行为人决定的，因此也不存在行为人利用管辖冲突套利的空间。

三 刑事管辖权与刑事法律适用应保持统一

本案应适用内地刑法，而非香港特区刑事法律。有学者认为，当各国就同一涉外犯罪案件主张并行不悖的管辖权时，亦会竞相指引本国刑法的适用，刑法空间效力的冲突随之发生。为协调这一冲突，可将之与国际私法学中的方法相比照，在一国确定刑事管辖权的同时，存在适用外国刑法的可能。如果刑法空间效力的规定能够指引外国刑法的适用，那么国家间刑法空间效力的冲突就能在很大程度上得到缓和。[②] 依此观点推论，区际刑事管辖冲突中，一个地区在确定行使管辖权之后，似乎在法律适用上也可指引向另一地区的刑法适用。对此，笔者同样表示不敢苟同。冲突法的适用规则应该只能适用于国际私法领域，在作为公法的刑法领域不能适用。因此，在区际刑事管辖冲突中，管辖和法律适用应当是统一的，确定了管辖权，也就确定了法律适用，就是只能适用行使管辖权地区的刑事法律。正因为刑法的管辖和法律适用的统一性，《刑法》第 6 条第 1 款关于属地管辖的规定："凡在中华人民共和国领域内犯罪的，除法律有特别规定的以外，都适用本法。"其中的"都适用本法"，也应解读为关

① 参见张严方：《证券市场跨境监管研究》，华东政法大学 2019 年度硕士学位论文。

② 参见杨彩霞：《论刑法空间效力的法律性质——兼论效力冲突之协调》，载《武汉大学学报（哲学社会科学版）》2010 年第 3 期。

于法律适用的明确规定。

四 “港股通”证券犯罪刑事管辖与行政监管脱节问题有待进一步研究

需要指出的是,虽然按照刑法规定,我国内地对“港股通”内幕交易犯罪行使刑事管辖权并适用我国刑法没有问题,但此类犯罪中刑事管辖与行政监管的脱节可能确实是一个实实在在的问题。《内地与香港特别行政区股票市场交易互联互通机制若干规定》第3条明确规定:“内地与香港股票市场交易互联互通机制遵循两地市场现行的交易结算法律法规,相关交易结算活动遵守交易结算发生地的监管规定及业务规则,上市公司遵守上市地的监管规定及业务规则,证券公司或经纪商遵守所在国家或地区监管机构的监管规定及业务规则,本规定另有规定的除外。”这一规定一般被认为确立了“沪港通”股票交易行政监管的“主场原则”。通过“港股通”内幕交易港股的行为,由于交易是在香港联交所发生的,对交易的行政监管依照规定应适用香港特区的监管规定,由香港特区实施行政监管。在行政监管权归属于香港特区的情况下,内地行使刑事管辖权将不可避免地造成刑事管辖与行政监管的脱节。这个问题如何化解,笔者认为还有待进一步研究。

(案例编写人:上海市高级人民法院 许浩)

85

出具证明文件重大失实罪的认定

简要案情

会计分所为会计公司的分公司,无注册资本。杨某、陈某、王某、徐某在涉案期间均系会计分所的注册会计师。杨某以会计公司名义承接某公司的审计项目,并指派陈某为项目现场负责人,进驻公司进行现场审计。审计期间,杨某和陈某根据公司董事长卢某提出的要求,违反审计准则,在缺少相关证明材料的情况下对公司的营业收入、净利润、资本公积金进行审计调整,但陈某在起草审计报告的初稿后,拒绝以项目负责人名义签名。杨某遂安排他人代替陈某签名,还安排王某、徐某作为"签字会计师"签名。王某作为审计项目的签发人,徐某在未实际参与审计项目的情况下,均未对审计初稿进行审核,直接予以签名。之后,会计公司正式出具了审计报告,对该公司两个年度的财务报表均出具了标准无保留意见审计报告。公司据此获准发行1亿元的中小企业私募债券,并最终无力偿付该私募债本息,造成投资者的严重经济损失。

主要问题

在出具证明文件重大失实罪案件中,单位犯罪的适格主体是什么?如何认定行为人对失实证明文件的主观认识?如何认定涉案行为已经达到严重不负责任的入罪标准?

案例分析

一 单位犯罪适格主体的认定标准

审理出具证明文件重大失实罪案件时,一般应当将出具证明文件的法律主体作为单位犯罪的适格主体。具体到本案中,杨某、陈某、王某、徐某虽然系会计分所的注册会计师,但不能据此认定会计分所就是本案的适格主体。主要理由为:首先,《全国法院审理金融犯罪案件工作座谈会纪要》(以下简称《会议纪要》)认为,单位的分支机构能成为单位犯罪适格主体的条件,包括以单位的分支机构的名义实施犯罪以及违法所得亦归分支机构这两个要件。结合本案,第一,杨某虽然作为会计分所的工作人员接洽公司审计项目,但相关承接合同上的主体是会计公司,而非会计分所。第二,最终在审计报告上加盖的公章系会计公司公章,因此从法律关系上应当认为审计的主体系会计公司,而非会计分所。第三,公司支付的审计费用(违法所得)除少部分作为签字费支付给各行为人和相关人员外,大部分流向会计公司,而非会计分所。因此,将会计分所作为责任主体不符合上述《会议纪要》的相关精神。其次,从审计报告的制作流程来看,包括撰稿、现场负责人复核、部门经理复核、质量监管部复核、项目合伙人复核、质监会办公室意见、质量与技术标准委员会意见等诸多环节,参与这些环节的审计工作人员不仅包括会计分所的本案行为人,还包括会计公司的工作人员;特别是会计公司的法定代表人不仅对本案审计项目明确知晓,还授权王某作为签字注册会计师在本案审计报告上签字。因此,如果把会计分所作为责任主体,不利于对会计公司其他经办人员作出责任评价。最后,会计分所作为会计公司的分公司,无独立法人资格,无注册资本,不利于对单位执行罚金刑。

二 对失实证明文件主观明知的判断标准

提供虚假证明文件罪和出具证明文件重大失实罪同属《刑法》第 229 条条文,区别在于责任人员是否明知所出具的证明文件不属实,如果系明知而故意出具且情节严重的则应认定为提供虚假证明文件罪,如果确系不明知而因严重不负责任导致严重后果发生的则应认定为提供证明文件重大失实罪。从本案的证据情况来看,杨某和陈某在是否明知审计报告不属实这一问题上存疑,表现为:杨某、陈某到案后供称他们明知公司未提供相关合同、询征函、缴税凭证等证明巨额账外收入的基础材料,不明知股东会决议系虚假,但是由于审计任务紧、期限短等原因,在未要求补全和核实清楚相关材料的情况下匆忙出具了审计报告。依据《中国注册会计师审计准则》的相关规定,对于上述情况审计人员应当出具保留意见或者否定审计报告。但本案中,从杨某授意陈某如何落实公司的审计要求、陈某未在审计报告底稿和结论上标注或提示重大瑕疵、陈某拒绝在审计报告上签名等异常情况来看,应当认为杨某、陈某具有明知审计报告失实的嫌疑。然而,综合考虑在案其他证据难以进一步印证杨某、陈某具有明知,且无法查实公司有利益输送的证据,故按照存疑有利于被告人的原则,最终认定杨某和陈某构成出具证明文件重大失实罪。

三 严重不负责任的入罪标准

出具证明文件重大失实罪的构成要件之一,是行为人是否属于严重不负责任,因此审理此类案件时应当查明行为人究竟不负何种责任及其严重程度。本案中,会计公司系承担审计等职责的中介组织,其与组织内的相关从业人员在执行审计业务期间,均应当遵守相关注册会计师从业准则等规定。就杨某而言,其作为审计项目的负责人员,指派陈某等人进行现场审计,在缺乏有关证明材料的情况下与陈某商议如何落实公司的相关要求,在陈某拒绝在审计报告上签名后又指使他人代替陈某签名,还安排王某、徐某作为"签字注册会计师"签名。就陈某而言,其系本案审计项目的现场负责人和审计报告初稿的起草者,未对公司账外收入和股东捐赠等进行审核,亦未在审计报告底稿和结论上标注或提示上述重大瑕疵,最终出具无保留意见的审计结论,其行为违反了《中国注册会计师审计准则》的相关规定。陈某作为一名注册会计师,理应恪守忠实诚信的职业操守,自觉抵制、勇于揭发任何影响审计报告真实性、完整性的不当行为。其单方面地拒绝署名行为,并未有效避免犯罪结果的发生,不能成为正当的免责事由。就王某而言,其作为会计公司法定代表人授权的签字注册会计师,负责签发审计报告,故理应对审计报告的真实性、完整性进行复核。然而,其不仅没有核实公司巨额账外收入和股东捐赠等重要审计调整事项,甚至都未发现徐某并非审计项目现场负责人等重大瑕疵。就徐某而言,作为会计分所的注册会计师,在未实际参与公司审计项目现场审计的情况下,应杨某要求在审计报告上署名,严重违反《财政部关于注册会计师在审计报告上签名盖章有关问题的通知》中"出具审计报告应当由会计师事务所主任会计师或其授权的副主任会计师和一名负责该项目的注册会计师签名盖章并经会计师事务所盖章方有效”的规定。综上,杨某、陈某、王某、徐某分别在管理、执行、复核、署名等事项上违背职责、违法操作,显然已经违背了法律规定和职业道德,最终导致严重后果的发生,故应当以严重不负责任予以评价。

(案例编写人:上海市浦东新区人民法院　黄思嘉)

86

出具证明文件重大失实罪的追诉时效与注册会计师职业谨慎义务的认定

简要案情

中联物流公司拟发行中小企业私募债券，亚太事务所有限公司安徽分所工作人员田某以亚太事务所有限公司的名义承揽了中联物流公司发债审计业务，对该公司2011年度、2012年度的财务状况进行审计。亚太事务所有限公司安徽分所安排该分所工作人员胡某等人至中联物流公司，开展现场审计工作。胡某作为该审计项目的现场负责人，违反审计准则，未尽审计职责，在未履行核实相关财务凭证、合同等必要审计程序的情况下，起草的审计报告初稿内容与中联物流公司的实际财务状况严重不符，导致虚增营业收入4.2亿余元、利润8800余万元、资本公积6500余万元。时任亚太事务所有限公司安徽分所所长陈某、亚太事务所有限公司副主任会计师秦某作为此次发债审计报告的签字注册会计师，先后负责对胡某出具的审计报告初稿进行复核。陈某、秦某均未尽审计勤勉职责，严重不负责任，以亚太事务所有限公司名义出具含有上述重大失实财务数据的审计报告并签名确认，致使中联物流公司发行中小企业私募债成功。收取的约30万元审计费用由亚太事务所有限公司和安徽分所按比例分成。2016年7月债券到期后，中联物流公司无力支付0.9亿元债券本息，造成投资人的重大经济损失。

主要问题

本案中主要涉及三个问题：一是追究刑事责任是否超过追诉时效；二是各行为人是否已尽到充分必要的职业谨慎义务；三是投资人的损失与行为人的过失审计行为之间是否存在因果关系。

案例分析

一 出具证明文件重大失实罪的追诉期限应以行为出现危害后果为起算点

基于实现社会安全、经济成本、行为人自由之间的平衡，并充分展现宽严相济刑事政策，对行为人的刑事责任追究并不因为其社会危害性的严重性而被假定为无限制期限，正如加罗法洛所言："当时间已经逐渐地改变罪犯的道德，并使其成为有益和适用于社会的人时，刑罚的目的就停止作用了。"①因此，除特殊情况外，任何一个犯罪行为都有追诉时效。《刑法》第 87 条规定，犯罪经过下列期限不再追诉：(1)法定最高刑为不满 5 年有期徒刑的，经过 5 年；(2)法定最高刑为 5 年以上不满 10 年有期徒刑的，经过 10 年；(3)法定最高刑为 10 年以上有期徒刑的，经过 15 年；(4)法定最高刑为无期徒刑、死刑的，经过 20 年。如果 20 年以后认定必须追诉的，须报请最高人民检察院核准。所以，追诉时效是指根据刑法规定并评估行为人罪行轻重以确定其刑事责任的有效期限。② 换言之，超过了法定的期限限制，司法机关就不再追诉犯罪行为。当然，追诉时效期限以该罪行所对应的法定最高刑为标准，而不是以实际应当判处的刑罚为标准。以法定最高刑为标准，是指根据行为人所犯罪行的轻重，判断应当适用的刑法条款或相应的量刑幅度，按其法定最高刑计算追诉期限。追诉时效制度的设立，一方面能够促进犯罪人主动自我矫正与约束，以便有机会恢复合法社会成员之身份；另一方面督促司法机关和自诉人及时行使求刑权，以展现社会主体意志和社会正常秩序的诉求。

追诉时效涉及对起止时间的认定，《刑法》第 89 条规定了"追诉期限从犯罪之日

---

① [意]加罗法洛：《犯罪学》，耿伟、王新译，中国大百科全书出版社 1996 年版，第 324 页。

② 参见潘庸鲁、朱婷婷：《追诉时效适用问题研究》，载《法律适用》2013 年第 10 期。

起计算”。但是,这里的犯罪之日不能绝对地理解为犯罪行为发生之日、犯罪行为完成之日或犯罪行为停止之日等,需要根据犯罪的性质、类型或构成要件进行具体认定。例如,结果犯、行为犯、连续犯等犯罪之日的认定就是不同的,尤其对于以侵害结果为要件的犯罪而言,实害结果发生之日才是所谓的犯罪之日。那么,对于犯罪的追诉时效终止时间应作何理解,刑法并未作出明确的规定。张明楷教授认为,追诉不只是起诉的含义,而是包括了侦查、起诉、审判的全过程,因此追诉的终止期限应计算到审判之日为止,即只有在审判之日还没有超过追诉期限的,才能追诉。[①] 但此观点并没有得到司法实务界的广泛认可,从刑事诉讼法条文的规定看,诉讼包括立案、侦查、提起公诉、审判等诉讼阶段,可以说侦查机关的刑事立案就已意味着刑事诉讼活动的正式启动,也就是追诉的开始,如果把追诉理解为审判之日不仅会大大缩减追诉的期限长度,甚至还将国家追诉权变相分配给诉讼中的多方诉讼参与人,利用程序机制增加人为影响因素,产生追诉期限的不确定性,削弱对行为人刑事责任的追究力度。如2020年3月15日盗窃2000元,最高刑应判处有期徒刑3年,按照刑法规定,追诉期限为5年,计算到2025年3月14日。如果公安机关于2025年3月14日立案,按照立案之日为追诉期限终止之日,就不会超过追诉时效;如果按照审判之日认定,即使2025年3月14日刑事立案,只要不是在这一天审判都会导致追诉期间的经过,而因超过时效要求,不仅前期的诉讼活动归于无效,而且无法再追究被告人的刑事责任。显然,以审判之日为截止日存在明显的不合理,这无疑是对司法机关追诉行为的苛责。同时,《刑法》第88条第2款规定:“被害人在追诉期限内提出控告,人民法院、人民检察院、公安机关应当立案而不予立案的,不受追诉期限的限制。”这一条款已间接证明侦查机关的刑事立案会直接导致追诉期限计算的终止。综上,追诉期限起始于犯罪成立之日、截止于侦查机关立案之日(自诉的除外)。

具体到本案,辩护人提出秦某所涉罪名的追诉时效为5年,本案已过追诉时效的辩护意见,其理由包括:一是原判将投资人损失作为犯罪构成要件和追诉时效起始点系认定事实错误,其犯罪既遂时间应为行为完成之日,即《审计报告》的形成时间为2013年11月;二是立案不应是追诉时效的终止日,虽然刑法规定了追诉期限的起始日是从犯罪之日起计算,但对追诉期限的终止日,现行法律或相关司法解释均没有明确规定。既然《刑法》第88条规定“立案后逃避侦查或审判的,不受追诉期限的限

① 参见张明楷:《刑法学(上)》(第6版),法律出版社2021年版,第833页。

制”,那么,反向理解该条规定,如果立案后没有逃避侦查或审判的,追诉期限应连续计算。如果说立案之日就是追诉期限终止日,《刑法》第 88 条关于立案后逃避侦查的规定就没有意义,因此,立案不是追诉期限的终止日。本案的刑事立案之日是 2018 年 2 月 13 日,2019 年 3 月 14 日公开审理,从有利于被告人的原则,应该认定超过了追诉时效。

笔者认为上述意见并不成立。首先,犯罪之日是指犯罪成立之日,即行为符合法定犯罪构成要件之日。出具证明文件重大失实罪是指承担资产评估、验资、验证、会计、审计、法律服务等职责的中介组织的人员,严重不负责任,出具的证明文件有重大失实,造成严重后果的行为。本罪系过失犯罪,造成严重后果是犯罪构成要件之一,若单纯地出具证明文件重大失实,但没有造成严重后果的,并不构成本罪。根据立案追诉标准的规定,这里的严重后果是指给国家、公众或者其他投资者造成直接损失数额在 100 万元以上的。因此,本案中的行为人在出具审计报告后并不意味其行为已完全符合本罪的犯罪构成,还需要依据该行为造成他人经济损失的后果实际发生时,该后果是否已达到刑事追诉标准的严重程度进行判断。本案的犯罪之日是 2016 年 7 月中联物流公司无力兑付到期债券日,犯罪追诉终止日应为 2021 年 7 月,本案在 2018 年 2 月即已立案,根本无从谈起超过 5 年的追诉时效。退一步讲,即便按照辩护人的观点,本案二审审结之日是 2019 年 11 月 29 日,也未超过 5 年追诉有效期。

二　注册会计师必须履行必要的职业谨慎义务

真实、完整的信息披露是公司发行证券的关键一环,注册会计师是唯一有资格也有能力对公司财务状况作出权威认定的专业人士,公司财务数据或其形成的财务报告必须经过注册会计师的审核审计后才能对外发布,故注册会计师是证券市场信息披露的重要参与者,其是否在诚信、独立、客观、公正的基础上出具有关拟发行债券公司的财务审计报告,将直接关系到能否客观、公允地为投资者传递财经信息、提供投资决策、发挥资本预警作用,毕竟投资人只是被动地接受审计结论或者验资结果,而没有能力关注其查验的过程。因此,注册会计师之所以能够得到社会公众的认可,正是源于他的专业性和职业操守。

财政部颁布的《独立审计实务公告第 1 号——验资》第 4 条规定,注册会计师执行验资业务,应当恪守独立、客观、公正的原则,并对验资报告的真实性、合法性负责。

验资报告的真实性,是指验资报告应如实反映注册会计师的验资范围、验资依据、已实施的主要验资程序和应发表的验资意见。这里的"真实性"不是一种绝对真实(实践中注册会计师不可能对每笔交易和每个明细账户进行详细比对,往往不得不采用抽样的方法),而是一种过程真实和相对真实,是注册会计师严格遵循执业规则并结合自身经验法则得出的审计结论。因此,作为专业审计人员,必有特定的审核义务与之自洽,即"应有的职业谨慎"是注册会计师作为专业人士所应该具有的职业怀疑意识和职业判断能力,它贯穿审计业务的始终。

职业怀疑是指注册会计师执行审计业务的一种态度,包括采取质疑的思维方式,对可能表明由于错误或舞弊导致错报的迹象保持警觉,以及对审计证据进行审慎评价。在这种理念下,注册会计师具有批判和质疑的精神,摒弃"存在即合理"的逻辑思维,寻求事物的真实情况。注册会计师不应不假思索地全盘接受被审计单位提供的证据和解释,也不应轻易相信过分理想的结果或太多巧合的情况。职业怀疑要求对引起怀疑的情形保持警觉。例如,相互矛盾的审计证据,引起对文件记录或对询问答复的可靠性产生怀疑的信息,明显不合商业情理的交易或安排,其他表明可能存在舞弊的情况,表明需要实施除审计准则规定外的其他审计程序的情形。尤其对企业的文件可能是伪造的或文件中的某些信息已被篡改的,注册会计师必须作出进一步调查,并确定需要修改哪些审计程序或实施哪些追加的审计程序。谨慎义务的履行直接关系到后续的责任是否承担,根据最高人民法院颁布的《关于审理涉及会计师事务所在审计业务活动中民事侵权赔偿案件的若干规定》第 7 条规定:"会计师事务所能够证明存在以下情形之一的,不承担民事赔偿责任:(一)已经遵守执业准则、规则确定的工作程序并保持必要的职业谨慎,但仍未能发现被审计的会计资料错误;(二)审计业务所必须依赖的金融机构等单位提供虚假或者不实的证明文件,会计师事务所在保持必要的职业谨慎下仍未能发现其虚假或者不实;……"可见,认真履行职业的谨慎义务对会计师事务所和注册会计师意义重大。

辩护人认为秦某等人已履行必要的注意义务,不应为投资人的损失承担责任。本案相关证据已证实,亚太会计师事务所出具的审计报告与被审计对象中联物流公司的实际财务状况严重不符,导致虚增营业收入 4.2 亿余元、利润 8800 余万元、资本公积金 6500 余万元。在审计过程中,中联物流公司至少存在以下明显违背常理的情形:一是中联物流公司提供大量的增值税专用发票系复印件,甚至在该公司账册中存在同一发票号但金额不同的增值税发票复印件等明显虚假情况,但陈某、秦某未查看原始发票、完税凭证以及对有无相应资金流进行核对；二是中联物流公司电子账套的凭证附件依据不完整，销售合同、成本合同等存在许多复印的情形，虽然当时要求中联物流公司补充或者完善资料，但中联物流公司并没有按照要求提供，陈某、秦某并没有跟进和怀疑；三是中联物流公司2010年的营业利润明显亏损、营业额不过数百万元，而到了2011年和2012年却营业利润剧增，甚至营业额高达2亿余元，但其中绝大部分系现金营业收入，这巨大反差未引起陈某、秦某注意且没有查找原因，也未对大额现金营业收入实施应有的审计程序，未查看业务合同、发票原件以及原始账册等会计资料；四是在核算资本公积金项目时，该公司电子记账凭证明显显示会计核算不符规范，同时增加了预付账款、在建工程和资本公积金，违反了会计准则与有关会计核算的规定，在资本公积金核算不规范且数据明显异常的情况下，股东会未作出增加资本公积金的决议，陈某、秦某既未核实其金额差异原因，相应的资金往来是否真实发生，也没有对虚增的资本公积金按照审计程序对相关公司或个人发询证函，直接审定了资本公积金。这些普通人都可以发现的问题和异常，而本案的专业注册会计师即陈某、秦某却主观疏忽甚至视而不见，应该抽查核对原始凭证和银行对账单不去核对、应该发询证函却不发、应该怀疑的不去怀疑，只是简单了事地根据中联物流公司提供的电子账套所记载的财务数据制作审计初稿，三级复核程序流于形式，最终出具了重大失实的审计报告。陈某、秦某在整个审计过程中缺乏专业、审慎和客观的执业精神，不能认定为已遵守了执业准则、规则确定的工作程序并履行了必要充分的职业谨慎义务，其严重不负责任，应该为其出具的重大失实证明文件负责。

三　投资者的损失与重大失实财务数据的审计报告之间具有因果关系

辩护人提出投资者的损失与亚太会计师事务所出具的审计报告之间没有因果关系。笔者认为，亚太会计师事务所出具的审计报告应当对中联物流公司财务数据的真实性和合法性负责，承销商和投资者均对这一专业意见十分信赖，注册会计师本不应该程序性地走过场审查，而是应该依据相关单证、票据、合同、财务报表等财务会计资料并遵循审计准则及规范作出客观、公正、专业的审计意见，这是公司能够发行私募债券的第一前提和关键一环。试想，如果审计报告显示公司的财务状况不符合债券承销商承销标准，或者审计报告显示财务数据一塌糊涂，投资者就不会涉险投资。正因为中联物流公司提供了虚假的财务数据，而亚太会计师事务所的工作人员未尽职业谨慎义务对虚假财务数据作出错误的审计确认，导致中联物流公司的本来不符合发行要求虚假财务数据竟然成为符合私募债券发行要求。根据《深圳证券交易所中小企业私募债券业务试点办法》，私募债券发行前，承销商应将私募债券发行材料报送本所备案。备案材料包含以下内容：……（5）私募债券募集说明书；（6）承销商的尽职调查报告；（7）私募债券受托管理协议及私募债券持有人会议规则；（8）发行人经具有从事证券、期货相关业务资格的会计师事务所审计的最近两个完整会计年度的财务报告……显然备案所需的材料第8项对会计事务所的审计报告有明确要求，况且国海证券2014年1月20日制作的募集说明书中关于中联物流公司财务状况的信息就是根据亚太会计事务所出具的审计报告的内容进行编写的，陈某、秦某作为签字注册会计师在审计机构声明上签字确认。可见，亚太会计师事务所出具的审计报告不仅是中联物流公司发行私募债券的关键环节，更是能够成功发行的重要组成部分。试想，若审计报告不重要，中联物流公司显然不会耗费大量的人力、物力和财力去伪造相关票证。因此，陈某、秦某严重不负责任的过失行为引起投资人损害结果的发生，两者之间存在引起与被引起的刑法意义上的因果关系。辩护人否认审计报告在私募债券发行中的作用，既是对注册会计师这一职业价值的怀疑，也违背了相关法律规定的明确要求，更辜负了投资者对注册会计师这一专业能力和执业操守的信赖。

（案例编写人：上海市高级人民法院　潘庸鲁）

87

非法生产、销售赌博机的刑事责任认定

简要案情

日邦公司主要经营大型游戏机、机器零配件、模拟机、框体机等。钱某作为日邦公司的法定代表人、董事长，在全面负责日邦公司日常经营活动的过程中，组织员工非法生产、加工并对外销售具有赌博功能的游戏机。钱某经手或者由日邦公司销售员陈某按照钱某要求，分别向一公司的孙某、网吧的李某、优游电玩城的沈某销售名为“电影轮盘”、“黄金屋”、“DRAGON TREASURE Ⅲ”、“DRAGON DALACE”和“大明神”的游戏机共5台，销售金额40.5万元。上述5台机器经审核均系具有赌博功能的游戏机。后公安人员在日邦公司住所地及仓库查获各类游戏机共计330台，经审核其中有314台具有赌博功能。

钱某与黄某、樊某、徐某约定合作分成后，将10台“二七机”、1台“电影轮盘”、1台“NEW GOLDEN DICE”（八联机）、1台“GOLDEN BLACK JACK”（六联机）共计13台游戏机，分别放置于游戏机房、娱乐城内，供他人进行赌博活动。后10台“三七机”及1台“电影轮盘”因被损坏，无法使用，由黄某、徐某买断后转卖他人。经审核，上述13台游戏机均系具有赌博功能的游戏机。

主要问题

本案的争议焦点在于，日邦公司非法生产、销售赌博机的行为是否构成非法经营罪？其次是钱某以合作分成方式，将日邦公司非法生产的赌博机放置于游戏机房内供他人进行赌博活动的行为是否构成开设赌场罪？

案例分析

一 以提供给他人开设赌场为目的，非法生产、销售赌博机，情节严重的，构成非法经营罪

赌博属于违法或犯罪行为，赌博机作为赌博的工具，毫无疑问应属违禁品，根据“举轻以明重”的原则，非法生产、销售赌博机的行为更属法律所禁止的、构成违法或犯罪的行为。为依法惩治利用赌博机开设赌场犯罪活动，最高人民法院、最高人民检察院、公安部于2014年3月26日联合颁布了《关于办理利用赌博机开设赌场案件适用法律若干问题的意见》（以下简称《利用赌博机开设赌场意见》），其中第4条第1款规定：“以提供给他人开设赌场为目的，违反国家规定，非法生产、销售具有退币、退分、退钢珠等赌博功能的电子游戏设施设备或者其专用软件，情节严重的，依照刑法第二百二十五条的规定，以非法经营罪定罪处罚。”即非法生产、销售赌博机行为构成非法经营罪，必须具备4个主客观要件，下文具体阐述。

1. 以提供给他人开设赌场为目的

非法生产、销售赌博机行为构成非法经营罪，首先要求行为人在主观上“以提供给他人开设赌场为目的”。对于提供给非营利性娱乐场所等不以开设赌场为目的的，即使情节严重，也不能以非法经营罪处理，否则就是客观归罪。实践中，对于行为人是否“以提供给他人开设赌场为目的”，需要通过其客观行为表现进行推定。

2. 违反国家规定

2000年《国务院办公厅转发文化部等部门关于开展电子游戏经营场所专项治理意见的通知》（国办发〔2000〕44号）第6条第1款规定：“自本意见发布之日起，面向国内的电子游戏设备及其零、附件生产、销售即行停止。任何企业、个人不得再从事面向国内的电子游戏设备及其零、附件的生产、销售活动。一经发现向电子游戏经营场所销售电子游戏设备及其零、附件的，由经贸、信息产业部门会同工商行政管理等部门依照有关规定进行处理。”既然通知规定自2000年6月15日起不得再从事面向国内的电子游戏设备及其零、附件的生产、销售活动，具有赌博功能的电子游戏机更是禁止事项。由此可见，以提供给他人开设赌场为目的，生产、销售赌博机或者其专用软件的行为，是以为他人从事违法犯罪活动提供商品为经营业务的行为，显然违反了国家规定，可以认定为《刑法》第225条规定的“其他严重扰乱市场秩序的非法经营

行为”，情节严重的，以非法经营罪定罪处罚是适当的。同时，当前利用赌博机组织赌博的违法犯罪活动屡打不绝、屡禁不止的重要原因之一，就是存在受利益驱动生产、销售赌博机及其专用软件的上游产业链条，对其予以刑事打击具有现实必要性，在罪名适用上也体现了惩治源头犯罪的精神。

3. 非法生产、销售具有赌博功能的游戏机

根据《利用赌博机开设赌场意见》第1条的规定，赌博机是指具有退币、退分、退钢珠等赌博功能的电子游戏设施设备，即具有赌博功能的游戏机机型、机种。有些游戏机出厂时并不具有赌博功能，经营者为了逐利，将游戏机改造成具有退币、退分、退钢珠等赌博功能的，此时游戏机变成了赌博机。实践中，行为人是否从事了非法生产、销售赌博机行为，或者生产、销售的游戏机是否具有赌博功能，《利用赌博机开设赌场意见》第6条对此进行了明确，规定："对于涉案的赌博机，公安机关应当采取拍照、摄像等方式及时固定证据，并予以认定。对于是否属于赌博机难以确定的，司法机关可以委托地市级以上公安机关出具检验报告。司法机关根据检验报告，并结合案件具体情况作出认定。必要时，人民法院可以依法通知检验人员出庭作出说明"。

4. 达到情节严重程度

非法生产、销售赌博机，情节严重的才构成非法经营罪。对于情节较轻的，不以犯罪论处。根据《利用赌博机开设赌场意见》第4条第2款的规定，具有下列情形之一的，属于"情节严重"：(1)个人非法经营数额在5万元以上，或者违法所得数额在1万元以上的；(2)单位非法经营数额在50万元以上，或者违法所得数额在10万元以上的；(3)虽未达到上述数额标准，但两年内因非法生产、销售赌博机行为受过二次以上行政处罚，又进行同种非法经营行为的；(4)其他情节严重的情形。可见，构成非法经营行为"情节严重"的情形，既有第1、2项规定的数额标准，也有第3、4项规定的情节标准。也就是说，非法经营数额并不是非法经营行为构成非法经营罪的唯一标准。《利用赌博机开设赌场意见》第4条第3款还明确了构成非法经营行为"情节特别严重"的两种情形，即个人非法经营数额在25万元以上，或者违法所得数额在5万元以上的；单位非法经营数额在250万元以上，或者违法所得数额在50万元以上的。

5. 关于日邦公司非法生产、销售赌博机的刑事责任评析

(1)日邦公司非法生产、销售赌博机是以提供给他人开设赌场为目的。第一，日邦公司直接负责的主管人员钱某直接经手，或者由日邦公司销售员陈某按照钱某要求，将具有赌博功能的游戏机销售给明知为经营游戏业务营利性场所的人员，这些购

机者的目的显然在于投入游戏营业场所使用进行牟利。其间，日邦公司销售员陈某还应买家要求派人维修出现故障的具有赌博功能的游戏机。以上说明日邦公司在销售具有赌博功能的游戏机时，主观上应当明知他人购买这些游戏机的目的是用于开设赌场。第二，涉案赌博机均系大型游戏机，就常理而言，生产目的和销售对象应当主要是针对经营游戏业务的营利性场所。第三，钱某还通过与他人约定合作分成的方式，将日邦公司非法生产的 13 台赌博机分别放置于黄某等人的游戏机房内，这也更进一步反映出日邦公司积极追求其非法生产、加工的赌博机进入他人开设的赌场的主观故意。

(2)日邦公司违反国家规定从事了非法生产、销售赌博机行为。日邦公司系依法登记成立的企业，但是其除了在经营范围内从事电子游戏机的生产、销售外，还非法生产、加工具有赌博功能的游戏机，对外直接销售 5 台，将放置于他人游戏机房内供赌博使用的 11 台销售给黄某、徐某，被查扣正在翻新及准备翻新的具有赌博功能的游戏机 314 台。显然，日邦公司在其经营范围之外从事生产、销售赌博机的行为，违反了 2000 年《国务院办公厅转发文化部等部门关于开展电子游戏经营场所专项治理意见的通知》的规定。

本案中，为了确定日邦公司销售的 5 台游戏机、被查扣的 314 台游戏机以及放置于他人游戏机房内供赌博使用的 13 台游戏机是否具有赌博功能，公安机关委托市文化广播影视管理局进行审核。市文化广播影视管理局作为专门机构，根据国务院《娱乐场所管理条例》等规定，对涉案游戏机进行审核后，认定涉案游戏机具有赌博功能，禁止在营业性游戏机房内使用。购机者和开设赌场者也均证实，其购买或放置于游戏机房内供他人赌博使用的涉案游戏机具有赌博功能。此外，根据相关规定，对属于《赌博电子游戏机机型机种目录》中所列机型、机种的，无须鉴定，可直接认定为赌博电子游戏机，其中，包括“三七机”“牌机”等；对涉案机器有退币口的也可以直接认定为赌博机。以上足以认定日邦公司从事了非法生产、销售赌博机的行为。

(3)日邦公司非法生产、销售赌博机的行为达到了情节严重程度。主要理由为：第一，公安机关从日邦公司处查扣赌博机 314 台；查证日邦公司向他人销售赌博机 5 台，销售金额达 40.5 万元；还查证钱某将放置于他人游戏机房内供赌博使用的赌博机 11 台销售给黄某、徐某(销售事实确定，但销售金额未查证)。综合起来，日邦公司的行为具有严重的社会危害性，属于《利用赌博机开设赌场意见》第 4 条第 2 款第 4 项规定的“其他情节严重的情形”，其行为构成非法经营罪。第二，赌博机属于违禁品，且日邦公司未就上述赌博机的成本价格提供相关证据，可将其销售金额40.5万元视为违法所得，这样，日邦公司非法生产、销售赌博机的违法所得达到情节严重程度，其行为构成非法经营罪。第三，非法经营数额是指销售金额或者货值金额。从日邦公司处扣押314台赌博机，虽然这些赌博机的价格无法鉴定，但从价格40余万元销售5台赌博机的情况，推定被查扣的314台赌博机的价值不可能低于10万元。如此，已销售5台价值40余万元连同未销售被扣价值不低于10万元的314台，本案的非法经营数额至少达到50万元以上，从这个角度来看，日邦公司的行为也构成非法经营罪。

综上，日邦公司非法生产、销售具有赌博功能的游戏机行为，违反国家规定，属于其他严重扰乱市场秩序的非法经营行为，且情节严重，日邦公司与其直接负责的主管人员钱某构成非法经营罪。

二　以合作分成方式，将非法生产的赌博机放置于游戏机房内供他人进行赌博活动，构成开设赌场罪

1.在游艺娱乐场所设置赌博机组织赌博活动的属于开设赌场

2000年《国务院办公厅转发文化部等部门关于开展电子游戏经营场所专项治理的意见》第3条第7项规定，对设置具有退币、退钢珠、退奖券、荧屏记分和其他中奖方式等赌博功能的电子游戏机机型、机种、电路板的电子游戏经营场所，除由文化部门会同公安、信息产业、工商行政管理等部门依照有关规定分别处罚外，工商行政管理部门要吊销其营业执照或予以取缔，构成犯罪的，依法追究刑事责任。2016年国务院《娱乐场所管理条例》第19条规定："游艺娱乐场所不得设置具有赌博功能的电子游戏机机型、机种、电路板等游戏设施设备，不得以现金或者有价证券作为奖品，不得回购奖品。"根据以上规定，在游艺娱乐场所不得设置具有赌博功能的游戏机，否则，对轻者予以行政处罚，对重者追究刑事责任。

在游艺娱乐场所设置赌博机组织赌博活动，与传统开设赌场的行为性质相同，故《利用赌博机开设赌场意见》第1条明确，将其认定为《刑法》第303条第2款规定的"开设赌场"。该意见第2条第1款规定："设置赌博机组织赌博活动，具有下列情形之一的，应当按照刑法第三百零三条第二款规定的开设赌场罪定罪处罚：(1)设置赌博机10台以上的；……(4)违法所得累计达到5000元以上的；……"该条第2款还对

开设赌场“情节严重”的4种情形作了具体规定。同时,该意见第3条明确了开设赌场罪共犯的认定,具体规定可以构成共犯的5类情形,即提供赌博机、资金、场地、技术支持、资金结算服务的;受雇参与赌场经营管理并分成的;为开设赌场者组织客源,收取回扣、手续费的;参与赌场管理并领取高额固定工资的以及提供其他直接帮助的情形。

2. 关于钱某开设赌场的刑事责任评析

本案中,钱某与他人约定合作分成后,将日邦公司非法生产的13台赌博机放置在黄某、樊某、徐某经营的娱乐场所内,供他人进行赌博活动。钱某及日邦公司维修工等人还多次至安置赌博机的娱乐场所对涉案赌博机进行维修,抄码量以确定赌博机的输赢情况。市文化广播影视管理局接受公安机关委托,对涉案13台游戏机进行审核后,认定涉案游戏机均具有赌博功能,禁止在营业性游戏机房内使用。黄某、樊某、徐某等人员也确认放置于其娱乐场所内的游戏机具有赌博功能,是提供给他人进行赌博活动的。可见,钱某明知他人利用赌博机开设赌场,仍与他人通过约定分成,将具有赌博功能的游戏机放置于他人经营的娱乐场所内,供他人进行赌博活动,其行为构成开设赌场罪。

(案例编写人:上海市浦东新区人民法院　罗开卷)

88

伤人案件中“纠集者”主观罪过的认定

简要案情

韩某因为感情纠纷，纠集多人持砍刀、棍棒等追砍被害人司某，对其头部、腰部背部等处砍砸数刀，并追砍司某的朋友徐某，后逃逸。案发后司某被送至医院抢救，脱离生命危险后被家属带回原籍。经鉴定，司某遭他人打伤致颅脑损伤等，构成重伤。后司某在原籍死亡。

主要问题

在共同实施的伤人案件中，“纠集者”的主观罪过应当如何认定？

案例分析

本案的争议焦点在于定性问题。韩某系本起案件的纠集者，在实际打斗过程中，韩某等人持有具有较大杀伤力的长刀，被害人最终的受伤部位也是头部等要害部位，且经鉴定构成重伤，如不及时抢救会有生命危险，故公诉机关以故意杀人罪(未遂)起诉。但笔者认为，韩某作为“纠集者”，其授意内容并不包括剥夺他人生命，其对同案犯实施的伤害行为可能造成被害人死亡的结果也不具有放任的间接故意，故在主观方面不应认定其具有杀人的故意。具体分析如下。

一 认定韩某的授意内容包含杀人的直接故意违背经验法则

韩某纠集他人的目的在于帮忙“打架”，根据日常生活经验的判断，在没有特别说明的情况下,或在没有其他证据印证的情况下,“打架”所追求的结果只可能包括对他人身体造成的伤害,而不包括对他人生命的剥夺。尽管“打架”作为一种伤害他人身体的行为,在客观上既可能造成他人伤害的结果,也可能造成他人死亡的结果,也即一般而言,在认识因素上,行为人应当认识到“打架”可能造成他人的死亡,但在意志因素上往往并不存在对死亡结果积极追求的主观心态,故不能仅以韩某纠集他人帮忙“打架”就推定其具有杀人的直接故意。

在本案犯罪的实施阶段,被纠集者利用具有较大杀伤力的“长刀”故意砍击被害人的要害部位,毫无疑问,对于实施上述行为的被纠集者而言,其认识到其行为可能造成被害人死亡结果的发生,而且这种可能性具有现实的紧迫性,因而也可以推定其在意志上具有“希望”这种结果发生的主观心态。也即,上述被纠集者的行为应当认定为直接故意杀人。韩某因被同伙误伤而并未实施任何伤害被害人的客观行为,更没有证据证明其在仅有几秒钟的打斗过程中,与被纠集者临时形成杀人的犯罪沟通,客观上其也无法判断被其纠集者实施的犯罪行为已经升格。因此,被纠集者超出纠集者授意内容而实施的杀人行为,属于实行过限,不应由韩某承担责任。

二 杀人未达既遂,可以直接排除成立间接故意杀人的可能性

本案被害人经医院抢救而脱离生命危险,且根据鉴定,其伤势构成重伤,对该重伤结果,韩某等人应承担刑事责任。后被害人最终死亡,系由于“脱离生命危险后被家属带回原籍”这一介入因素的出现,韩某及被其纠集者的犯罪行为与被害人死亡结果之间的因果关系由此中断,所以即便指控罪名系故意杀人罪,但仍认定本案系未遂。上文已经论证,韩某不具有杀人的直接故意,那么对被其纠集者所实施的伤害行为可能导致的被害人死亡结果的发生是否具有放任的故意,从而构成间接故意杀人?

笔者认为,间接故意犯罪不存在未遂形态,如果特定故意犯罪的法定危害结果未发生,就可以由此直接推定相应行为不成立间接故意犯罪。间接故意在意志因素上表现为对危害结果的放任,但“放任不是标准完整的意志过程,能够标准完整地表现出来的仅仅是一种情绪情感态度”,①危害结果是否发生都不违背行为人的意志。而所谓犯罪未遂,系指“由于意志以外的原因而未得逞”,但在间接故意的主观心态之

---

① 尹东华:《间接故意未遂的司法认定》,载《人民法院报》2012年8月29日,第6版。

下,行为人的意志本身就是不确定的,更不存在“意志以外的原因”。如果认为存在间接故意犯罪的未遂,即未发生法定危害结果,但该法定危害结果的未发生也并不违背持“放任”心态的行为人的意志,故也无法得出行为人“未得逞”的结论,所以,“间接故意犯罪的未遂”本身就是一个逻辑悖论。故在本案中,故意杀人的法定危害结果即死亡结果并未发生,由此可以直接断定本案不成立间接故意杀人,相应地,韩某也不具有杀人的间接故意。

综上,韩某作为纠集者,仅具有伤害的主观故意,而不具有杀人的主观故意,对被其纠集者所实施的杀人行为也仅应在故意伤害的范围内承担共同犯罪的刑事责任。

(案例编写人:上海市静安区人民法院　葛立刚)

89

提供侵入计算机信息系统程序、工具罪中“侵入”的内涵

简要案情

古某、李某二人通过网络结识并经事先商议，由古某编写名为“水滴子”的计算机软件（其中包含“翼支付重置双密软件”“翼支付加入常用设备软件”“翼支付扫商家二维码软件”等一系列应用程序）并架设远程服务器用于软件的日常运营，李某负责通过QQ及微信将古某开发的“水滴子”软件销售给他人，所售钱款二人均分。该款名为“水滴子”的软件可供他人在计算机环境中运行，同时使用数量巨大的手机卡针对被害单位天翼公司旗下“翼支付”App及平台批量生成电子参码、手机型号等数据，从而模拟出正常“翼支付”用户进行注册、登录、修改密码、扫描商家二维码等操作，进而实现虚假交易套取天翼公司营销立减、代金券交易等活动的营销资金。二人通过网络向祁某出售“水滴子”软件，非法获利5000元；通过网络向徐某出售“水滴子”软件，非法获利1000元。古某通过网络向易某出售“水滴子”软件，非法获利3000元。

主要问题

本案在法律适用上的争议焦点主要集中在两个方面：一是《刑法》第285条第3款中的“侵入”应当如何理解，具体到本案中，涉案的“水滴子”软件是否属于“专门用于侵入计算机信息系统的工具”，这直接关系本案以提供侵入计算机信息系统工具罪定性的准确性；二是关于提供侵入计算机信息系统程序、工具罪量

刑标准的把握,本案中,以下家使用涉案"水滴子"软件实施诈骗造成被害单位的经济损失作为认定本案属于"情节特别严重"的依据,是否恰当?

案例分析

一 对《刑法》第285条第3款中的"侵入"的理解

1. 侵入的对象是否限于特定领域的计算机信息系统

《刑法》第285条规定了三个罪名,分别是该条第1款规定的非法侵入计算机信息系统罪、第2款规定的非法获取计算机信息系统数据、非法控制计算机信息系统罪和第3款规定的提供侵入、非法控制计算机信息系统程序、工具罪。其中第2款、第3款均是选择性罪名,本案公诉机关指控的提供侵入计算机信息系统工具罪即系第3款规定的罪名。

有观点认为,提供侵入计算机信息系统程序、工具罪中的"程序、工具"仅限于专门用于侵入国家事务、国防建设、尖端科学技术等特定领域的计算机信息系统的程序、工具,理由在于:根据《刑法》第285条第1款、第2款相关罪名的罪状表述,只有侵入国家事务、国防建设、尖端科学技术等特定领域的计算机信息系统才构成非法侵入计算机信息系统罪,针对特定领域以外的计算机信息系统,如果仅仅是侵入而没有非法获取系统数据或非法控制的,则不构成相应犯罪。那么,《刑法》第285条第3款规定的提供侵入计算机信息系统程序、工具罪中"侵入"的对象也仅限于第1款规定的特定领域的计算机信息系统,因为侵入非特定领域的计算机信息系统尚不构成犯罪,作为一种帮助行为,为"侵入"提供程序、工具的行为则更不应该入罪。即该观点认为,提供侵入计算机信息系统程序、工具罪与非法侵入计算机信息系统罪具有对应关系,两者中"侵入"的内涵具有一致性。

笔者对此持不同观点,认为提供侵入计算机信息系统程序、工具罪侵犯的计算机信息系统不限于国家事务、国防建设、尖端科学技术等特定领域。具体理由如下。

第一,将《刑法》第285条第3款中"侵入"的计算机信息系统限定在第1款规定的特定领域,并不符合刑法解释的基本原理。按照上文观点,侵入第2款规定的非特定领域的计算机信息系统不能独立构成犯罪,相应地,第3款中为"侵入"提供帮助的行为更不应入罪，所以第 3 款中的“侵入”只能限定在第 1 款规定的特定领域。然而，从法定刑的设置来看，第 1 款犯罪的最高法定刑为有期徒刑 3 年，而第 3 款的最高法定刑则为有期徒刑 7 年，为“侵入”提供帮助的犯罪的刑罚居然重于“侵入”的犯罪行为本身的刑罚，这同样不符合上文观点的逻辑前提。所以，以提供程序、工具系帮助行为，就认为其的定罪量刑标准应依附于被帮助的“侵入”行为的解释路径，在对《刑法》第 285 条前三款的解释中无法实现逻辑自洽，也未必符合立法的本意。在第 3 款罪状并未明确是否针对特定领域的情况下，就当然地将第 2 款规定的非特定领域排除在第 3 款罪名适用范围之外，没有充分的依据。

第二，《刑法》第 285 条第 3 款规定的提供侵入计算机信息系统程序、工具罪具有相对独立的社会危害性，定罪量刑标准并不完全依附于前两款。诚然，从罪名构造来看，提供侵入、非法控制计算机信息系统程序、工具，是对“侵入、非法控制计算机信息系统”的一种帮助行为，但帮助行为通过立法正犯化后，其定罪量刑标准并不必然依附于被帮助的“正犯”。正如，尽管吸毒不构成犯罪，但刑法却规定了容留他人吸毒罪，这便是因为，相较于吸毒而言，容留他人吸毒虽然是一种帮助行为，但是其却具有相对独立的，甚至更严重的社会危害性。同样，提供侵入计算机信息系统程序、工具罪的社会危害性，更多的不是体现在相关程序、工具被用于侵入何种领域的计算机信息系统，而是因为该罪名直接打击的是“提供”行为，而不是“侵入”行为。《最高人民法院、最高人民检察院关于办理危害计算机信息系统安全刑事案件应用法律若干问题的解释》（以下简称《解释》）第 3 条、第 4 条，就是主要从相关程序或工具所具有的功能、提供的人次、违法所得及造成的经济损失等方面，对提供侵入、非法控制计算机信息系统程序、工具罪的入罪及量刑标准进行了规定，而这与直接侵入计算机信息系统的犯罪定罪量刑所重点强调的侵入领域截然不同。进言之，相关程序、工具是否专门用于侵入《刑法》第 285 条第 1 款规定的三大特定领域的计算机信息系统，并非提供侵入计算机信息系统程序、工具罪定罪的依据，也即，该罪名的成立并不要求针对特定领域。

2. “侵入”的具体内涵

根据《刑法》第 285 条第 3 款的罪状表述，提供侵入计算机信息系统的程序、工具和提供非法控制计算机信息系统的程序、工具都适用该条款，那么，提供第 2 款规定中涉及的“非法获取计算机信息系统数据”的程序、工具是否能够构成该罪？《解释》第 2 条对此予以了明确，指出“专门用于侵入、非法控制计算机信息系统的程序、工具”,包括专门设计用于侵入、非法控制计算机信息系统、非法获取计算机信息系统数据的程序、工具。由此,虽然第 3 款的罪名及罪状中并未体现“非法获取计算机信息系统数据”,但提供专门用于非法获取计算机信息系统数据的程序、工具仍应适用第 3 款的规定。笔者认为,该解释的规定具有合理性,弥补了提供侵入、非法控制计算机信息系统程序、工具罪在立法上的不周延性,将提供非法获取计算机信息系统数据的程序、工具的行为明确纳入刑法规制范围。据此,在法律适用中,应将《刑法》第 285 条第 3 款中的“侵入”理解为包括“侵入”和“非法获取计算机信息系统数据”两种行为模式,即提供专门设计用于侵入计算机信息系统和非法获取计算机信息系统数据的程序、工具,均应以提供侵入计算机信息系统程序、工具罪论处。

本案中,涉案“水滴子”软件破解了前端“翼支付”App 软件的加密算法和通信协议,实现了通过伪造手机型号、手机 IMEI 号、按照“翼支付”底层通信协议进行虚假的数据加密等方式,绕开了天翼公司的安全防护措施,具体包括避开天翼公司后台服务器的通信加密检测和避开天翼公司后台服务器的手机设备识别检测,从而使犯罪分子得以伪装成正常的实体手机用户和被害单位天翼公司后台服务器之间进行数据响应与数据交换,最终实现“薅羊毛”的诈骗功能。因此,该“水滴子”软件具有避开或者突破天翼公司开发的“翼支付”App 软件以及架设的后台计算机信息系统的安全保护措施,且未经授权非法获取天翼公司后台计算机信息系统服务数据的功能,应当认定为专门用于侵入计算机信息系统、非法获取计算机信息系统数据的工具罪。

二 本案量刑标准的把握

根据《解释》第 3 条第 5 项之规定,提供侵入、非法控制计算机信息系统的程序、工具罪存在“违法所得”和“造成经济损失”两个定罪量刑标准。本案中,涉案“水滴子”软件出售给祁某、徐某等下家后,下家通过该软件使用代金券消费、立返充值的方式“薅羊毛”骗取被害单位天翼公司的优惠让利,造成公司损失共计达到 20 余万元。那么,能否将下家使用“水滴子”软件造成被害单位损失的数额作为本案的经济损失,据此认定古某、李某的犯罪行为“情节特别严重”?

笔者认为,下家利用“水滴子”软件骗取被害单位的钱款数额,不应认定为本案古某、李某造成的“经济损失”。《解释》第 11 条第 3 款明确指出,“经济损失”包括危害计算机信息系统犯罪给用户直接造成的经济损失,以及用户为恢复数据、功能而支出的必要费用。据此,作为提供侵入、非法控制计算机信息系统的程序、工具罪量刑标准的“经济损失”应当仅包括给用户造成的直接经济损失,而不包括间接损失。本案中,虽然古某开发、李某出售的“水滴子”软件具有针对“翼支付”App平台及其后台服务器非法侵入、非法获取计算机信息系统数据的各项功能,但造成天翼公司经济损失的直接原因确系下家购买该软件后,非法使用该软件对“翼支付”平台实施“薅羊毛”的诈骗犯罪所造成,也即古某、李某提供“水滴子”软件的行为与被害单位的经济损失之间不具有直接的因果关系。所以,上述“薅羊毛”行为所造成的天翼公司经济损失,不能认定为古某、李某提供“水滴子”软件给被害单位造成的直接经济损失。进而不能以此认定二人的犯罪行为属于“情节特别严重”,而应以古某、李某开发、出售“水滴子”软件的违法所得作为定罪量刑的客观依据。本案中,二人出售“水滴子”软件从下家处获取的对价属于“违法所得”,且达到了《解释》规定的5000元以上,属于“情节严重”。

综上,古某、李某结伙或者单独提供专门用于侵入计算机信息系统和非法获取计算机信息系统数据的工具,情节严重,对二人均应以提供侵入计算机信息系统工具罪定罪处罚。

(案例编写人:上海市高级人民法院　叶琦;

上海市静安区人民法院　葛立刚)

90

将在履行职责过程中获取的公民个人信息出售的定性

简要案情

王某利用担任小额贷款公司客户经理,具体负责房产权籍查询的职责便利,违背本人签订的保密《承诺书》,接受吴某等人的委托,将查询到的455条公民产调信息以每条18元左右的价格出售给吴某,从中获利。

主要问题

第一,如何认定"将在履行职责过程中获得的公民个人信息出售给他人"?相关法条如何适用?第二,接受获授权的信息收集人委托,能否成为阻却行为人出售信息行为非法性的抗辩事由?

案例分析

本案在法律适用上主要存在以下三个问题,现逐一分析。

一 王某的行为是否属于"将在履行职责过程中获得的公民个人信息出售给他人"

根据《刑法》第253条之一第2款的规定,违反国家规定,将在履行职责或者提供服务过程中获得的公民个人信息,出售或者提供给他人的,依照侵犯公民个人信息罪从重处罚。《最高人民法院、最高人民检察院关于办理侵犯公民个人信息刑事案件适用法律若干问题的解释》(以下简称《解释》)第 5 条明确,将在履行职责或者提供服务过程中获得的公民个人信息出售或者提供给他人,入罪及法定刑升格的数量或者数额标准减半。本案中,王某涉嫌侵犯的公民财产信息条数为 455 条,达到“情节严重”的一般认定标准(50 条以上),但尚未达到“情节特别严重”标准(500 条以上),如果认定其“履行职责”,则属于“情节特别严重”,应升格法定刑。

有观点认为,“履行职责或者提供服务”应仅限于政府部门或被授权行使一定行政职能的组织,以及金融、电信、交通、医疗等社会公共服务领域的单位工作人员,将不具有公共服务性质的公司、企业中的工作人员予以同等对待会造成罪刑失衡。笔者对此持不同观点。首先,将《刑法》第 253 条之一第 2 款的从重条款适用主体限定为上述特定主体,缺乏法律依据。《刑法修正案(九)》对侵犯公民个人信息犯罪的罪状进行了修改,将原来特殊主体的有关表述删除,对该从重处罚条款也未明确限定适用主体,这就意味着该罪的主体整体上已由特殊主体变更为一般主体。其次,从社会危害性看,除了上述提供公共服务的单位外,其他性质单位的工作人员在履职过程中也可能接触大量的公民个人信息,同样会成为信息泄露的“源头”,按照法律规定,其工作人员也应当遵守严格的保密义务,其在履职过程中获取、非法提供公民个人信息的危害性也同样很大。正如本案中王某所在的小额贷款公司,其不具有公共服务的性质,但其掌控或履职获取的公民个人信息一旦非法流出,可能造成的实际危害并不亚于上述特殊主体。综上,笔者认为,该款的适用主体应为一般主体,包括任何单位和个人。据此,本案王某的相关行为应依法认定为“情节特别严重”。

二 本案应否援引《刑法》第 253 条之一第 2 款对王某从重处罚

根据《解释》第 5 条的规定并结合上文所述,王某将在履行职责过程中获得的公民个人信息出售给他人,数量又达到《刑法》第 253 条之一第 1 款“情节特别严重”一般认定标准的一半以上,应当认定其行为属于“情节特别严重”,并在相应法定刑幅度内量刑。那么,是否还需要援引《刑法》第 253 条之一第 2 款的规定对王某从重处罚?

笔者认为,《解释》第 5 条相关数量或数额标准减半的规定是在入刑和确定法定刑幅度方面对《刑法》第 253 条之一第 2 款的具体落实,也即《解释》的上述规定就体现了对相关主体从重处罚的立法精神。如果将“将在履行职责或者提供服务过程中获得的公民个人信息,出售或者提供给他人”的情节作为《刑法》第253条之一第1款“情节严重”或“情节特别严重”的认定依据,就不得再适用《刑法》第253条之一第2款从重处罚的规定,也即不得在“破格”认定“情节严重”或“情节特别严重”的基础上再对王某从重处罚,否则将违反禁止重复评价原则。只有当相关犯罪数额或数量本就达到“情节严重”或“情节特别严重”的一般认定标准,同时又具有上述从重处罚情节的,才应当在依据第1款定罪量刑的基础上再依据第2款予以从重处罚。而本案就属于“破格”认定“情节特别严重”的情形,故不应再援引第2款的从重处罚规定。

三 接受获授权的信息收集人委托,能否成为阻却王某出售信息行为非法性的抗辩事由

《解释》第3条第2款规定,“未经被收集者同意,将合法收集的公民个人信息向他人提供的,属于刑法第二百五十三条之一规定的‘提供公民个人信息’……”据此,经得被收集者同意,属于相关行为非法性成立的阻却事由。本案中,经查,吴某作为贷款中介从业者,委托本案王某查询的455条信息中,55条信息经确认未获得客户的授权,另外400条信息系吴某在贷款中介业务过程中为审查客户资信而获得了客户授权。对于该400条信息,吴某获得权利人授权后又委托本案王某进行相关操作,王某可否因此在相应范围内免责?

应当看到,《刑法》第253条之一第1款规定了“出售”和“提供”公民个人信息两种行为,此处的“提供”应当理解为除出售行为以外的其他提供行为,否则将造成逻辑上的混乱。而《解释》第3条第2款明确,其规定针对的系“刑法第二百五十三条之一规定的‘提供公民个人信息’”。实际上,这种对“出售”和“提供”予以区分的规定,在其他部门法中亦有体现。《网络安全法》规定,“不得非法出售或者非法向他人提供个人信息”,同时还明确,“未经被收集者同意,不得向他人提供个人信息”。据此,经收集者同意而向他人提供个人信息的,并不为相关法律所禁止,《解释》将“未经被收集者同意”作为“提供”行为认定的条件之一,亦符合相关法律体系协调统一的要求。但对“出售”行为,是否经被收集者同意,并不影响对其非法性的认定。

实际上,本案中王某是否获被收集者同意并不明确,客户授权吴某获取相关信息,并不意味着客户同意受吴某委托的王某对涉案公民个人信息的相关处理行为。更为关键的是,“经被收集者同意”不具有对抗国家有关强制性规定的效力,王某违反国家有关规定,向吴某“出售”公民个人信息,即便相关客户同意,也不影响对王某出

售行为的非法性认定。

综上,王某违反国家有关规定,向他人出售公民个人信息,情节特别严重,应以侵犯公民个人信息罪定罪处罚。

(案例编写人:上海市静安区人民法院　葛立刚)

91

虚假诉讼罪主观恶意的认定

简要案情

某市查处的多起虚假诉讼案件,原告均持有某公司原法人代表某甲的借条,并加盖了公司印章,但是,这几笔数额很大的款项并未进入某公司的对公账户,也没有相应的货物购置入库,而某公司原法人代表某甲却长期居留外地不归。后经公安机关依法传唤,某甲归案后承认自己侵占了这几笔款项,然后唆使几位债主到法院提起民事诉讼。几位原告也承认是某甲个人借钱后逾期未还,后来某甲在借条上加盖了某公司更名前的旧印章,唆使几位债主通过民事诉讼向某公司追讨。法官遂对几位原告分别当庭训诫,几位原告先后撤回起诉。

主要问题

对虚假诉讼罪的主观恶意如何认定?

案例分析

《刑法修正案(九)》增设了虚假诉讼罪,即《刑法》第307条之一。其第1款规定:"以捏造的事实提起民事诉讼,妨害司法秩序或者严重侵害他人合法权益的",即可构成虚假诉讼罪。最高人民法院、最高人民检察院于2018年9月26日联合颁布的《关于办理虚假诉讼刑事案件适用法律若干问题的解释》,对虚假诉讼作了12条解释性规定,其中第1条属于基础性规定。根据这条规定,行为人在5种情况下必须是与相对人"恶意串通",另有两种情况,即"捏造知识产权侵权关系或者不正当竞争关系的”“在破产案件审理过程中申报捏造的债权的”，属于行为人独立实施的“捏造”行为，其恶意表现是不言自明的。这就是说，虚假诉讼罪的行为人，在主观上必须具有恶意。因此，准确认定行为人的主观恶意，是正确适用《刑法》第 307 条之一的关键。

一 “恶意”之概念解读

作为汉字的“恶”(e)，在一般情况下与“坏”同义，常用词组有凶恶、罪恶、恶劣、无恶不作、恶贯满盈等。《康熙字典·广韻》对“恶”的解释是“不善也”。《康熙字典·通论》解释道：“有心而恶谓之恶，无心而恶谓之过。”在我国的民事法律中，“恶意”之概念早已有之。如《民法典》第 500 条中的“恶意进行磋商”，《民法典》第 154 条中的“恶意串通”等。所谓“恶意”，应当是指行为人在主观上的一种认知状态，即明知自己的行为会侵犯他人的合法权益，或者明知自己的行为是违背法律或者违背公序良俗的，却故意为之。民法上与“恶意”相对的概念是“善意”。所谓“善意”，司法实践中通常是以是否知道来界定，即对虚假行为(表象)之真相明明知道或者应当知道的，则非为善意。所谓“应当知道”，是指第三人负有注意义务，且依据交易经验、交易常识等进行综合判断之下应当知道，属于盖然性的知悉。

二 从查明案件事实着手弄清行为人是否具有主观恶意

恶意虽然属于头脑中的意识，但并非虚无缥缈、不可捉摸的存在，而是必然表现于具体的行为之中。欲确认当事人是否具有主观恶意，不是靠主观臆断，而是要对原告的涉案行为进行全面的审查与考量，精心辨别其是否“以捏造的事实提起民事诉讼”。不应仅从表面上审查，认为有借条、有公章就可以确认不是虚假诉讼。司法实践中发生的虚假诉讼案件，有借条且盖有公司印章的不在少数。为辨明是非，应当对双方当事人的陈述和提供的证据进行全面的、辩证的分析，由表及里，由浅入深，去粗取精，去伪存真，务必准确把握案件事实。对证据有疑点的案件，应当对相关证据进行司法鉴定。特别是被告对原告提供的证据有疑点，请求对证据进行司法鉴定时，应当果断地依照规定程序进行司法鉴定。对于债权债务纠纷，司法人员还应当到相关银行调取当事人的银行流水，查清涉案的资金走向。一旦查明涉案人员通过虚假流水虚构债权债务关系的，即应果断地认定行为人具有主观恶意。

三　原告与第三方共同实施违法行为，应当认定为恶意串通

法律是惩恶扬善的。法律明文作出的禁止性规定，是一切公民必须遵守的底线，遵守即为善，违反即为恶。这本来是再普通不过的道理。如果不是这样，我们的法律还有什么用呢？所以，在审查涉嫌虚假诉讼案件时，如果发现民事诉讼中的原告与第三方共同实施违法行为，则应果断地认定为恶意串通。实际上，在司法实践中，虚假诉讼的行为人与第三方共同实施违法行为的情况并不鲜见。比如在债权债务纠纷中，虚假诉讼行为人为了虚构债权债务关系，往往公然违反公司法、会计法的明文规定，将名义上借给对方公司的巨额资金，全部汇入公司法人代表的个人账户，而且往往没有办理抵押和担保，对方公司既未得到资金，亦未得到货物，一旦法人代表从公司消失（包括辞职、死亡、出国定居等），公司则往往成为被追讨债务的替罪羊。如果在司法实践中遇到这种情况，必须坚持依法办事。原《民法通则》第 58 条规定："下列民事行为无效：……（五）违反法律或者社会公共利益的；……"我国《民法典》第 153 条第 1 款也作了与此相似的规定："违反法律、行政法规的强制性规定的民事法律行为无效。……"其第 2 款规定："违背公序良俗的民事法律行为无效。"应当说，这两款规定与原《民法通则》的上述规定之基本精神是一致的。不过，《民法典》第 153 条第 1 款还有但书："……但是，该强制性规定不导致该民事法律行为无效的除外。"这就是说，行为人的行为虽然违法，但由于主观或客观方面的原因，其依法应当履行的义务最终并未受到妨碍者，不导致其法律行为无效。比如，假若上述涉嫌虚假诉讼的行为人在实施民事法律行为时，虽然曾经违反法律规定将约定借给某公司的款项汇入该公司法人代表的个人账户，但是后来在亲友劝告下意识到自己面临的法律风险，为了确保自身利益，决定实施自救行为，遂又督促该公司法人代表将款项汇入公司的对公账户，未造成实际损失，因此，依据《民法典》第 153 条第 1 款但书之规定，该行为人的违法行为不导致其法律行为无效。

还应当说明，在审查涉嫌虚假诉讼案件中，判断行为人在实施违法行为之后，是否又实施了消除法律风险的自救行为，是否给相对人造成了损失，应当按照"谁主张，谁举证"的原则，由行为人自己举证。

（案例编写人：湖南师范大学、湖南省法学会刑法学研究会　马长生；
上海市浦东新区人民法院　罗开卷）

92

组织卖淫罪与容留卖淫罪及协助组织卖淫罪的界限

简要案情

王某将民房作为卖淫场所,招聘卖淫女,通过收取卖淫女的提成谋取利益,陈某协助王某负责看店。对自行或经介绍前来应聘的卖淫女,由王某负责面试,并规定卖淫女每卖淫一次,应将每次卖淫所得的150元嫖资中的提成费用50元,通过事先加好的微信转账给王某或陈某,或将现金放于店内的小包内。为监督卖淫女,王某在上述场所安装了监控探头,并与自己和陈某的手机相连,防止卖淫女卖淫后不上交费用。

主要问题

本案是构成组织卖淫罪、容留卖淫罪还是协助组织卖淫罪?

案例分析

一 组织卖淫罪作为重罪应从严把握入罪范围

有观点认为,王某招募卖淫女,通过对卖淫女规定卖淫时间、卖淫的收费标准、上交卖淫收入提成及在卖淫场所安装监控探头实施监控等,对卖淫女实施管理,其行为符合组织卖淫罪的构成要件,应以组织卖淫罪定罪处罚。

生活经验告诉我们,目前色情行业普遍具有一定的“组织性”,单一的强迫、引诱、容留、介绍卖淫行为已难觅踪迹。那么,有一定的“组织性”是否就一定构成组织卖淫罪呢？刑法对组织卖淫罪的罪状描述十分简单,但法定刑却很重,只要入罪就要判处5年以上有期徒刑,是名副其实的重罪。最高人民法院、最高人民检察院于2017年颁布的《关于办理组织、强迫、引诱、容留、介绍卖淫刑事案件适用法律若干问题的解释》(以下简称《解释》)第3条第1款规定:“在组织卖淫犯罪活动中,对被组织卖淫的人有引诱、容留、介绍卖淫行为的,依照处罚较重的规定定罪处罚。……”因此,司法实践中目前有一种对涉卖淫类犯罪一律按较重的组织卖淫罪论处的现象。究竟应如何正确选择罪名？

笔者认为,还是应从涉卖淫类犯罪中法定刑最重且与各罪名最易混淆的“组织卖淫罪”入手。厘清了这个罪名,对其他罪名的理解也大有裨益。那么,究竟什么是“组织卖淫罪”？刑法未作阐述,笔者主要参考的是《解释》第1条第1款:“以招募、雇佣、纠集等手段,管理或者控制他人卖淫,卖淫人员在三人以上的,应当认定为刑法第三百五十八条规定的‘组织他人卖淫’。”但该解释也很抽象。什么是“招募、雇佣、纠集”？什么是“管理、控制”？在当今的复杂社会形势下,不是所有的涉卖淫类犯罪都具有一定的“组织性”,笔者认为,一定要站在组织卖淫罪是重罪的立场上,来理解这一罪名,对其入罪标准从严把握,不可忽视引诱、容留、介绍卖淫罪中也可能存在一定组织性,不能片面地理解司法解释、一律按重罪论处,否则不但架空了其他罪名,也不利于对被告人合法权益的保护。

具体而言,在认定组织卖淫罪时可参考以下几点:第 ,是否纠集卖淫人员形成较为成熟的卖淫组织。组织卖淫罪之所以在同类案中量刑较重,是因为其将分散的卖淫活动聚集起来,产生更大的社会危害性。这种将分散的卖淫人员纠集起来,系统管理、协调安排所体现出来的组织性是组织行为的主要特征。第二,是否具有分工明确的“管理层”。虽然一人也能构成组织卖淫罪,但在实践中,组织卖淫罪通常表现为共同犯罪,成员之间具有较为明确的成员分工,有一套较为严密的人、财、物管理措施,通过一定的组织架构实施犯罪、抵抗执法打击。第三,是否对他人卖淫活动达到了“可管”“可控”的程度。这里的“管理”“控制”指的是对卖淫活动的控制,如调度卖淫女、规定卖淫的时间、地点、价格、项目等。控制性体现在组织者与卖淫者之间是支配与被支配的关系,在这种关系下,卖淫者的人身自由不一定丧失,但其在卖淫活动中需服从组织者的安排与管理,通过实施卖淫行为、遵守活动规则、服从组织管理来获取非法利益。

本案中,王某虽将三处相邻的房屋作为卖淫场所,但"管理层"只有她和另一名同案犯,二人之间没有明确的分工和人财物管理制度,他们与卖淫女之间的关系也较为松散。王某虽然对卖淫女有一定的管理行为并安装监控探头,但其不管嫖客来源,不调度、安排卖淫女卖淫,不经手嫖资,仅每单收取卖淫女上交的 50 元提成,其安装探头的目的是监控卖淫女的逃费行为,而非监控、管理卖淫行为,故难以认定王某有控制他人卖淫活动的行为。

二 本案系以"便利性"为主导的容留卖淫案件

根据《解释》,容留 3 人以上卖淫的即可构成容留卖淫罪,故本案构成容留卖淫罪毫无悬念。但本案同时还有向卖淫女收取每单 50 元提成以及一定程度的管理等行为,是否已突破容留卖淫罪的边界了呢?

笔者认为,一个行为是否突破容留卖淫罪的边界,与行为人是否牟利、是否对卖淫活动施加影响等因素没有必然联系。在当今复杂的社会环境下,似乎已难以找到纯粹的仅提供卖淫场所的容留卖淫案例了。现实中,容留卖淫罪的行为人多以牟利为目的,且在牟利背景下多少会对卖淫女及其卖淫活动施加一定程度的影响与控制,但其本质仍是以提供卖淫场所为纽带,为他人卖淫活动提供便利。换言之,在组织性与便利性相交织的提供卖淫场所的案件中,关键在于判断二者之间的从属关系。如果"便利性"占主导,则倾向于构成容留卖淫罪;如果"组织性"占主导,则有可能构成组织卖淫罪。

本案中,何者占主导,首先可以看行为人的组织程度与管理程度,上文中已有论述,在此不再赘述。其次,行为人收取的提成费也是重要参考。本案中,王某为卖淫女提供卖淫场所的主要目的是收取每单 50 元的提成。该收费标准较低,符合容留卖淫犯罪中行为人为卖淫活动提供便利性服务的特点。在类似的组织卖淫案件中,行为人的收费均远高于这一标准,往往是行为人拿"大头",卖淫女拿"小头",这更符合组织卖淫罪中行为人对卖淫活动的支配控制地位。综上,本案虽是一起"便利性"与"组织性"交织的刑事案件,但以"便利性"为主导,故应认定为容留卖淫罪。

三 协助组织卖淫罪依附于组织卖淫罪而成立

根据《解释》的规定,明知他人实施组织卖淫犯罪活动而为其招募、运送人员或者充当保镖、打手、管账人等的，以协助组织卖淫罪定罪处罚。因此，笔者认为，协助组织卖淫罪是依附于组织卖淫罪而成立的。本案中，既然王某没有被认定为组织卖淫罪，那么在源头缺失的情况下，自然无法再认定陈某的"协助组织卖淫行为"。此时，陈某要么无罪，要么构成其他犯罪。根据本案查明的事实与证据，对陈某以容留卖淫罪论处比较合适。

（案例编写人：上海市高级人民法院　熊理思）

93

事后查获的毒品能否认定为贩卖的毒品

简要案情

姜某向他人转账1万元用以购买毒品。姜某飞赴外地，取得毒品后于次日乘飞机携毒品返回。姜某在其住处小区门口，将其中约1克冰毒以800元的价格贩予他人。后姜某被抓获，民警当场从其住处查获3包毒品，净重17.87克，均检出甲基苯丙胺成分。

主要问题

事后从行为人住所等处查获的毒品能否认定为其贩卖的毒品？贩毒故意的推定是否应受“当场性”要件的限定？

案例分析

司法实践中，绝大多数的贩卖毒品犯罪案件中贩毒行为均表现为零包贩卖。对实践中常见的在贩毒现场仅查获少量毒品而在贩毒人员住处又查获较大数量的毒品等情形，如何确定罪名，实践中做法不一，客观上影响了对毒品犯罪的打击效果。[①] 为解决这一法律适用问题，《全国法院毒品犯罪审判工作座谈会纪要》（法〔2015〕129号）中规定，“贩毒人员被抓获后，对于从其住所、车辆等处查获的毒品，一般均应认定

---

① 参见高贵军、马岩、方文军、李静然：《〈全国法院毒品犯罪审判工作座谈会纪要〉的理解与适用》，载中华人民共和国最高人民法院民事审判第一、二、三、四、五庭主办：《中国刑事审判指导案例5》，法律出版社2017年版，第999～1000页。

为其贩卖的毒品",此即贩毒故意的推定规则。贩毒故意推定规则的确立,不仅解决了实践中的难题,更形成了打击毒品犯罪的高压态势,具有重要的现实意义。既然是推定,必然导致行为人责任范围的扩大,正确理解、准确适用,才能避免与责任主义原则相冲突。

一　贩毒故意推定规则的适用以实施了贩毒行为为前提

从文理解释的角度来讲,贩毒故意的推定规则是指行为人实施贩毒行为被抓获后,对从其住所、车辆等处查获的毒品,均计入行为人贩卖毒品的数量。简言之,该规则通过扩大解释,将处于行为人控制下的毒品数量推定包含于经查证属实的行为人贩毒故意之中。一旦推定成立,行为人要为查获的全部毒品承担贩卖毒品罪既遂的罪责。[①] 因此,适用贩毒故意的推定规则,首要条件是行为人实施了贩卖毒品的罪行,由此才能从一及百,将行为人住所等处查获的毒品计入其贩卖毒品的数量。失去了贩毒行为这一前提,故意的推定也即无处依存。

二　贩毒故意推定规则的适用应以"当场性"要件为限定

准确理解贩毒故意的推定规则,还需要结合体系解释的解释理由。行为与责任同时存在是责任主义原则的基本内容,贯穿整个刑法体系。行为人因贩毒行为被当场抓获,将当场从其住所等处查获的毒品数量推定包含于其贩毒故意之中,尚在不违背责任主义原则的扩大解释语意射程之内;行为人因先前贩毒行为被抓获,将从其住所等处查获的毒品数量推定包含于其贩毒故意之中,以先前贩毒故意推定其对当前毒品有贩卖故意,显然已成为违背责任主义原则的类推解释。故从体系解释的角度言之,贩毒故意推定规则的适用受"当场性"要件的限定是应有之义。因此,能否适用贩毒故意的推定规则,还取决于是否满足"当场性"要件。至于先前贩毒行为与查获毒品之间的时隔长短,显非需要考虑的因素。

---

① 对此,理论上和实践中有不同观点和做法,通说及惯例以犯罪既遂论处。参见陈洪兵:《毒品犯罪定性基本问题研究》,载《检察日报》2020 年 12 月 29 日,第 3 版。

三 关于姜某行为的评析

本案中,民警抓获姜某并在其住处查获毒品,之后才查实姜某之前有贩毒行为。故涉案毒品非姜某因贩毒行为被当场抓获后从其住处查获,不能适用贩毒故意的推定规则,认定为其贩卖的毒品。但姜某为贩卖毒品而购买、运输毒品 20 克并已贩卖部分予他人,其行为构成贩卖、运输毒品罪。

(案例编写人:上海市宝山区人民法院　张国滨、常蓉京)

94

刑法中“以公共财产论”的私人财产的认定

简要案情

国航公司系国有企业法人，航机厂系由某航空工业（集团）有限公司（占股权25%）、某工业公司（占股权20%）和37名自然人出资（占股权55%）成立的国内合资有限责任公司。自2005年开始，上级单位航空工业（集团）有限公司指定国航公司为航机厂出口代理分离机等业务。具体方式是由航机厂与外商商定价格，由国航公司与外商签订外贸出口合同，办理相关出口手续，外商收货后将货款汇入国航公司，国航公司扣除出口垫付的相关费用及代理费（2%）后，将余款（含退税款）支付给航机厂。

竺某进入国航公司担任业务员，后担任国航公司非航业务部副主任，负责开发、承接、操作进出口和国内贸易业务。国航公司上级单位航空工业（集团）有限公司决定关闭国航公司，即日起国航公司不再承接新业务，并采取积极措施加快对现有业务的清理收尾工作；对现有的工贸结合项目，转移至航机厂处置；现有的在职员工向航机厂等单位进行分流。竺某解除与国航公司的劳动关系，被安置在航机厂工作，并受国航公司委托继续处理履行合同等其在该公司的未了业务（主要是进出口单证、结算、催欠款、退质量保证金等）。

竺某在担任国航公司业务员、非航业务部副主任期间，或虚构支付广告设计制作费、运费等名义，将国航公司账面资金共计15万余元予以侵吞；或以支付航机厂货款为名，将国航公司出口代理退税款20余万元，支付给某木材经营部，为源平木业支付货款（该公司由竺某妻弟胡某实际控制），并以与实际收款单位不符的发票冲账。

竺某在担任国航公司非航业务部副主任及国航公司停业后受国航公司委托处理遗留业务期间，陆续以支付航机厂货款、退余款等名义，从国航公司分离机出口代理业务账面签领大量支票等共计300余万元截留侵吞，部分用于套取现金，部分用于供源平木业经营所需或偿还债务等。

主要问题

本案中对国航公司分离机出口代理业务账面的资金性质该如何认定？竺某的行为能否认定为贪污罪？

案例分析

一 国航公司分离机出口代理业务账面的资金应当认定为国有财产

对于国航公司分离机出口代理业务账面的资金的性质，一种观点认为，国航公司作为国有公司，其账面的资金就可以直接认定为国有财产。但笔者认为，由于国航公司为航机厂出口代理分离机等业务，外商收货后将货款汇入国航公司，国航公司扣除出口垫付的相关费用及代理费(2%)后，将余款(含退税款)支付给航机厂。因此，国航公司分离机出口代理业务账面上2%的资金可以说是国有财产，但其余的98%是应当支付给航机厂的，而航机厂不是国有公司，因此该笔资金不属于国有财产。同时，根据《刑法》第91条第2款的规定，在国家机关、国有公司、企业、集体企业和人民团体管理、使用或者运输中的私人财产，以公共财产论。国航公司分离机出口代理业务账面上98%的资金可以认为是在国有公司管理的财产，但是否属于私人财产呢？

根据《刑法》第91条的规定，本法所称公共财产，是指下列财产：(1)国有财产；(2)劳动群众集体所有的财产；(3)用于扶贫和其他公益事业的社会捐助或者专项基金的财产。《刑法》第92条规定，本法所称公民私人所有的财产，是指下列财产：(1)公民的合法收入、储蓄、房屋和其他生活资料；(2)依法归个人、家庭所有的生产资料；(3)个体户和私营企业的合法财产；(4)依法归个人所有的股份、股票、债券和其他财产。如果上述条文中的“私人财产”和“私人所有财产”不存在区别，则本案中国航公司分离机出口代理业务账面上的资金扣除国有财产部分,都应当属于航机厂的财产。但是航机厂系由国有公司、集体企业和自然人合资的有限责任公司,即属于公司法人。根据《公司法》第3条的规定,公司是企业法人,有独立的法人财产,享有法人财产权。公司以其全部财产对公司的债务承担责任。可见,在现代企业制度之下,公司作为我国企业的最主要组织形式,其存在形式打破了原先的所有制结构,在不同的出资者将其资产注入进公司后,出资者就失去了其所有权,而拥有的是股权(股份),并享有分红等权利。除非是完全的国有或集体所有的公司,其余形式的国有或集体控股、参股的公司,作为公司法人的财产,其性质将不再是国有或集体所有,但也不应当是私人所有,而是有别于《刑法》第91条(公共财产)和第92条(私人财产)规定之外的"非公非私"财产。据此,则在刑法中无法找到对其进行保护的法条依据。

因此,在承认立法现状的前提语境下,对刑法分则条文进行梳理,可以发现刑法分则中,没有一个条文中使用"私人财产"或"私人所有财产"的字样,只有若干条文使用"公私财物"或者"公私财产"。也就是说,《刑法》第92条所规定的"本法所称公民私人所有的财产",其实是没有直接的解释对象的,顶多只是和《刑法》第91条结合起来对刑法分则中的"公私财物"或者"公私财产"进行补充解释。

据此,对于《刑法》第91条第2款中的"私人财产"的解释,可不受《刑法》第92条的限制。从而,从《刑法》第91条第1款可以得出,根据一般公众对"非公即私"的普通理解,公共财产之外的都是非公共财产,即私产,就可以认为是私人财产。

不过仍然需要注意的是,如果说《刑法》第92条所规定的"私人所有财产"是存在解释对象的话,那么唯一的可能就是对《刑法》第91条第2款中的"私人财产"进行解释。此时,《刑法》第92条第3项规定个体户和私营企业的合法财产属于私人所有财产,再根据1988年《私营企业暂行条例》第2条的规定,即本条例所称私营企业是指企业资产属于私人所有、雇工8人以上的营利性的经济组织;第6条规定的私营企业分为以下三种:(1)独资企业;(2)合伙企业;(3)有限责任公司。可以得出,有限责任公司属于私营企业,则本案中的有限责任公司航机厂的财产就属于私人财产。但问题是,有限责任公司可以这样解释,股份有限公司的财产就无法进行解释了。

综上,就解释的妥当性和体系性角度而言,只能采取"非公即私"的解释方法,从而将本案中国航公司分离机出口代理业务账面上98%的资金性质认为私人财产,进而根据《刑法》第91条第2款的规定,将其认定为公共财产,且是在国有公司中管理的,进而认定为公共财产中的国有财产。

二 竺某的行为构成贪污罪

根据《刑法》第93条第2款的规定，国有公司、企业、事业单位、人民团体中从事公务的人员以国家工作人员论。同时根据最高人民法院《全国法院审理经济犯罪案件座谈会纪要》第1条第4项的规定，所谓的从事公务，是指代表国家机关、国有公司、企业、事业单位、人民团体等履行组织、领导、监督、管理等职责。公务主要表现为与职权相联系的公共事务以及监督、管理国有财产的职务活动。本案中，竺某负责国航公司出口代理业务，以及国航公司与其他公司合作开展的出口代理等业务，皆是与其职权相联系的公共事务，并代表国有公司履行监督管理国有财产的职务活动，理当属于在国有公司中从事公务，因此竺某在尚未与国航公司解除劳动关系之前属于国家工作人员。其虚构支付广告设计制作费、运费等名义，将国航公司账面资金共计15万余元予以侵吞，或以支付航机厂货款为名，将国航公司出口代理退税款20余万元，支付给木材经营部，为源平木业支付货款并以与实际收款单位不符的发票冲账的行为，可以根据《刑法》第382条第1款的规定认定为贪污罪。

竺某与国航公司的劳动关系解除后，根据《刑法》第382条第2款的规定，受国有公司委托管理、经营国有财产的人员可以构成贪污罪的主体，其在受国航公司委托处理遗留业务期间侵吞国航公司分离机出口代理业务账面资金共计300余万元，应当认定为贪污罪。

（案例编写人：上海市徐汇区人民法院　赵拥军、黄姣蛟）

95

“借用型”受贿的认定

简要案情

李某系一名国家工作人员，其利用职务便利，承诺为朱某的企业经营发展提供帮助。李某向朱某提出借用一辆汽车，朱某遂以其公司的名义专门为李某购置了价值46万余元的奥迪牌Q5新车一辆，此后长达5年供李某免费使用，直至李某在被组织调查的情况下，将该车归还朱某。

主要问题

如何认定国家工作人员以借为名，长期占有、使用他人给予的未办理权属变更的财物？

案例分析

在国家反腐高压的态势下，行为人收受贿赂方式变得愈加隐蔽，往往为自身犯罪行为披上合法的民事外衣，借用型受贿即为其中的典型代表。这种行为在一定程度上容易模糊罪与非罪的界限，给司法适用带来难题。因此将此种新类型行为在刑法意义上分析和定性，对于解决理论和实务中的困惑，准确定罪量刑都是非常必要的，本案即为借用型贿赂的典型案例。

本案的主要争议焦点在于：在未办理权属变更的情况下，李某长期借用朱某以公司名义购置的一辆价值46万余元的奥迪牌Q5汽车，上述事实能否认定为李某受贿，该46万余元能否计入李某的受贿总额。本案在审理过程中，存在以下4种观点。

第一种观点认为不成立受贿。主要理由为,一方面李某主观上没有非法占有车辆的故意,自始至终均称是借用车辆;出借人朱某也称是免费借给李某使用。另一方面涉案车辆始终登记在朱某公司的名下,该公司以及朱某对奥迪车没有失去控制。因而,李某长期借用车辆不构成受贿。

第二种观点认为成立受贿,但受贿金额应当按照租金而非车辆自身的价值进行计算。这种观点从本质上是认定李某收受的非奥迪车,而是因免费使用车辆所带来的消极性财产性利益,即本应支出的租金因朱某行贿的车辆使用权而得以免除。对于被收买的职务行为来说,享受了权利因而节省了一定的金钱或者财物的代价,实质上等同于获得了一定的金钱或者财物。李某在使用涉案车辆的过程中,曾经由于年检和缴纳保险等原因让其司机将车辆交还朱某处理,说明李某并无取得奥迪车完整所有权的故意,其为朱某谋取利益而要求朱某支付的对价仅仅是车辆的使用权,受贿金额可以比照市场租金计算。

第三种观点认为成立受贿,但是应当按照汽车的折旧额计算受贿金额。观点三和观点二有很大的相似性,都认同李某构成受贿,并且都认为李某收受的不是狭义上的财物,而是与财物的价值上具有相当性的财产性利益,并且都可以用货币进行计算。唯一不同在于计算方法为折旧额而非租金。主要理由是,一方面长期借用,出行次数、公里里程数等无法计算,不具有可操作性;另一方面汽车租金除了包括使用汽车造成的价值损耗外,还包括出租汽车带来的经济收益,而这部分收益本质上是期待权利,犯罪数额的计算方法只能按照实际犯罪数额而非期待数额,因而按照车辆购买价值减去车辆折旧额计算较为合理。

第四种观点认为成立受贿,并且应当按照车辆的自身价值计算受贿金额。这种观点从主客观相一致原则出发,主张综合双方平时的关系、李某有无借用的合理事由、借用时间的长短、有无归还的条件与能力、有无归还的意思表示及行为等因素予以考虑。

笔者赞同第四种观点,李某不仅构成受贿,而且受贿的是车辆本身。观点一认为不构成受贿的部分理由是站不住脚的,原《物权法》第 24 条和现在的《民法典》第 225 条均规定:“船舶、航空器和机动车等物权的设立、变更、转让和消灭,未经登记,不得对抗善意第三人。”根据该规定,对于汽车权属变更来讲,物权登记仅仅是对抗要件而非生效要件,在该案中车辆已经交付,李某是车辆的直接占有人,朱某和其公司是否成立间接占有尚存疑问。即使借用的物品是采取登记生效主义的不动产,也可能因违反法律、行政法规的强制性规定而导致借用无效。因而还是应当回归到长期借用车辆是民事借用还是受贿上来。观点二和观点三是对观点一和观点四的一种折中方案,一方面认同观点四长期借用是一种刑事法上的受贿,另一方面主张受贿金额是因借用而带来的财产性利益。因而要解决本案的定性问题,第一,要区分民事意义上的借用和受贿;第二,如果构成受贿,那么李某收受的贿赂是车辆这个财物所有权本身还是由其衍生出来的财产性利益。

对于第一个问题,李某的行为应当构成受贿罪还是民事意义上的借用,应当结合2003年《全国法院审理经济犯罪案件工作座谈会纪要》第3条第6项的规定以及2007年《最高人民法院、最高人民检察院关于办理受贿刑事案件适用法律若干问题的意见》第8条的规定作综合判断。《全国法院审理经济犯罪案件工作座谈会纪要》第3条第6项规定,国家工作人员利用职务上的便利,以借为名向他人索取财物,或者非法收受财物为他人谋取利益的,应当认定为受贿。具体认定时,不能仅仅看是否有书面借款手续,应当根据以下因素综合判定:(1)有无正当、合理的借款事由;(2)款项的去向;(3)双方平时关系如何、有无经济往来;(4)出借方是否要求国家工作人员利用职务上的便利为其谋取利益;(5)借款后是否有归还的意思表示及行为;(6)是否有归还的能力;(7)未归还的原因;等等。笔者认为,李某长期占有使用涉案车辆成立受贿,理由如下。

第一,李某与朱某存在权钱交易的关系。朱某是一名商人,其结识身为国家工作人员的李某后,请李某对其企业的发展提供支持和关心,李某答应帮忙。因此,李某提出借车的要求后,正是看重了李某手中的权力能为其带来利益。

第二,李某没有正当、合理的借车事由,且具有归还车辆的条件与能力。案发前,李某作为领导干部,其公务用车由市、区两级政府等统一配置。李某以其与前妻矛盾激化,不能再开前妻的汽车为借口,向朱某提出借车。朱某为此专门购买了一辆奥迪牌Q5新车交给李某,李某仅将该车作为私家车使用。可见,李某借车并无正当、合理事由。且其归还该辆车后不久即购入了一辆梅赛德斯－奔驰牌GLK 300二手车,可见李某具有归还朱某奥迪牌Q5汽车的条件与能力,其要归还该辆车没有任何客观障碍。

第三,李某提出借车时,借用的前提不存在。李某提出借车时,朱某及其公司尚未取得涉案车辆的所有权,李某借用的前提也不存在。朱某为讨好李某,特意购置了一辆新车交给李某占有和使用,作为取得李某关照的资本,李某答应关照其企业发展,国家工作人员的职务行为已被收买,国家工作人员的职务廉洁性已受到侵害。

第四,虽然涉案车辆未登记于李某名下,但并不能否定李某占有车辆的客观事实。根据《最高人民法院、最高人民检察院关于办理受贿刑事案件适用法律若干问题的意见》第8条第1款的规定,国家工作人员利用职务上的便利为请托人谋取利益,收受请托人房屋、汽车等物品,未变更权属登记或者借用他人名义办理权属变更登记的,不影响受贿的认定。朱某已向李某交付涉案车辆,李某事实上长期控制占有涉案车辆。因此,虽然涉案车辆未登记于李某名下,但并不影响对李某收受、占有该车辆的认定。

第五,李某和朱某之间就如何借用车辆并无具体约定。两人不仅无详细的书面借用合同,而且口头达成的协议也欠缺合同的诸多因素,如借用期限、费用负担、违约责任、有无租金等事项。朱某自为李某购置车辆并交付李某使用开始,就没有要回车辆的打算。

第六,李某长期占用涉案车辆,在得知被组织调查的情况下才将车辆予以退还。李某向朱某借车时未提及借用期限。之后,其将涉案车辆交给朱某进行第一次年检后又主动要回继续使用,直至5年后,李某得知其被组织调查,为掩饰犯罪才将涉案车辆退还给朱某。可见,李某具有非法占有的故意,且实际占有使用长达5年,若不是被查处,其会继续占有使用涉案车辆。

综上,结合李某与朱某之间的官商互相利用的关系、借用前提不存在、合同约定不明确、李某有条件归还但是不归还等因素,可以判定李某以公权力为代价换取涉案车辆的占有,认定其受贿行为的证据链充分。

在解决了李某收受奥迪车构成受贿后,反观本节事实的受贿金额,问题焦点集中于李某收受的是车辆的完整所有权抑或因长期使用车辆带来的财产性利益。

随着经济的多元化,受贿罪的对象早已从有价值的、可供管理的有体物和无体物扩展到更为广泛的财产性利益上。受贿罪是以权换利的不正当交易,将能够转移占有的财产性利益解释为财物,完全符合受贿罪的本质。司法实践中,将收受财产性利益作为受贿犯罪来处理是大量存在的,如接受免费房屋装修、免费旅游等。但是从本案的事实来看,李某收受的是车辆这个财物本身,并不是使用车辆带来的财产性利益。理由如下。

如前所述,涉案车辆已经交付李某占有和使用,李某已经获得了车辆的所有权,未进行变更登记不影响所有权的改变,主张用租金或者折算的金额计算犯罪金额的观点没有认识到车辆所有权已经发生了改变。

就李某主观而言,其向朱某提出所谓的借车,即想无限期地非法占有和使用朱某提供的车辆。李某向朱某借车时未提及借用期限,从借用到实际归还,时间长达 5 年之久,在借用期间,其曾将车辆交给朱某进行年检后立即要回并继续使用,若非得知已被组织调查,其还会继续占有使用涉案车辆,并且朱某也从没想过要回该车或者行使所有权人的权利。

李某曾将车辆暂时归还朱某,让朱某负责年检和保险等费用并不能说明李某没有完整占有涉案车辆的故意。李某在获取车辆的所有权后,本应自行负担车辆年检和保险等费用,但其将上述费用以权力寻租为手段转移到朱某身上,这部分费用也应计算为犯罪金额。

根据以上几点分析,李某自始至终都将自己当作车辆的所有权人,朱某也默认了这一事实,因此,李某收受的是涉案车辆完整的所有权。

在审理贿赂犯罪的司法实践中,只要牢牢把握贿赂犯罪权钱交易的本质,结合相关因素对客观行为进行抽丝剥茧的综合判断,就能够在罪与非罪、此罪与彼罪中间划出清晰界限,在牢守法网的同时做到不枉不纵。

(案例编写人:上海市第二中级人民法院　沈言)

96

国家出资企业中受委派从事公务人员的认定

简要案情

百联集团系国有公司，物贸公司系百联集团与其他股东共同出资成立的国有控股公司，利德木业公司则系物贸公司与其他股东共同出资成立的有限公司。

邱某受物贸公司党政班子的推荐，经百联集团批准和利德木业公司董事会聘任，担任利德木业公司总经理。邱某利用负责利德木业公司采购营销和全面管理工作的职务便利，在公司与供货商陆某业务往来的过程中，为陆某谋取利益，先后多次非法收受陆某所送的贿赂款共计160万元，用于个人炒股及日常开销等。

主要问题

本案的争议焦点在于邱某是否属于国家工作人员，如是，其行为构成受贿罪；如否，则构成非国家工作人员受贿罪。

案例分析

笔者认为，邱某受物贸公司党政班子的推荐，经百联集团批准和利德木业公司董事会聘任，担任利德木业公司总经理，负责利德木业公司采购营销和全面管理工作，属于在国家出资企业中从事公务的人员，应以国家工作人员论。

第一，根据2010年《最高人民法院、最高人民检察关于办理国家出资企业中职务犯罪案件具体应用法律若干问题的意见》（以下简称《意见》）第7条第1款的规定，国家出资企业包括国家出资的国有独资公司、国有独资企业，以及国有资本控股公司、国有资本参股公司。因此，本案中的百联集团、物贸公司、利德木业公司都属于国家出资企业。邱某在国家出资企业利德木业公司中担任总经理，负责公司的采购营销和全面管理工作，是否属于受委派从事公务的国家工作人员，关键是看邱某是否接受委派、是否从事公务。

第二，根据《全国法院审理经济犯罪案件工作座谈会纪要》的规定，所谓委派，即委任、派遣，其形式多种多样，如任命、指派、提名、批准等。根据《意见》第6条第1款的规定，经国家机关、国有公司、企业、事业单位提名、推荐、任命、批准等，在国有控股、参股公司及其分支机构中从事公务的人员，应当认定为国家工作人员。具体的任命机构和程序，不影响国家工作人员的认定。本案中，邱某在国家出资企业利德木业公司中担任总经理，虽经物贸公司党政班子的推荐和利德木业公司董事会的聘任，但前提是已经取得了国有公司百联集团的批准，因此，邱某在国家出资企业利德木业公司中担任总经理，属于接受国有公司的委派。

第三，《意见》第6条第2款对《刑法》第93条第2款规定的委派主体作出了适度扩张解释，将过去司法实践中通常认为不属于国家工作人员的部分间接委派人员有条件地纳入受委派从事公务人员的认定范畴。如《意见》规定：经国家出资企业中负有管理、监督国有资产职责的组织批准或者研究决定，代表其在国有控股、参股公司及其分支机构中从事组织、领导、监督、经营、管理工作的人员，应当认定为国家工作人员。本案中，物贸公司党政班子成员均由百联集团直接任命或推荐，代表百联集团在物贸公司中行使经营、管理国有资产职责，因此，物贸公司党政班子系物贸公司中负有管理、监督国有资产职责的组织。物贸公司党政班子从国有资产保值增值的角度出发，经考察后推荐邱某担任利德木业公司总经理，体现了国有控股股东在选择经营管理层人选时的意志，该行为并未超越法律规定，利德木业公司根据物贸公司的推荐，由董事会聘任邱某为总经理，属于对物贸公司推荐行为的回应，按照《公司法》的规定履行法律手续。因此，从这个角度，邱某接受物贸公司党政班子的推荐，并经百联集团批准，在国家出资企业利德木业公司中担任总经理，也属于刑法意义上的“委派”。

第四，邱某在国家出资企业利德木业公司中担任总经理，主要负责行政管理工作及主抓销售、采购，其职责中包含了对国有资产进行监督、管理等工作职能，即代表国家出资企业物贸公司在利德木业公司负有管理、监督国有资产职责，属于从事公务。

综上,邱某既接受委派又在国家出资企业中从事公务,属于受委派从事公务的人员,应以国家工作人员论。邱某利用国家工作人员的职务便利,非法收受他人财物,为他人谋取利益,其行为应以受贿罪定罪处罚。

(案例编写人:上海市浦东新区人民法院　罗开卷;
上海市青浦区人民法院　汪爱珍)

97

受国有公司事业单位委托从事公务的人员性质

简要案情

诚信公司系自然人成立的有限责任公司，梁某先后担任诚信公司的项目经理及副总经理，负责企业的动迁工作。诚信公司受国有事业单位委托实施房屋拆迁补偿安置工作，梁某利用负责房屋拆迁补偿安置工作的职务便利，多次收受被动迁企业钱款，共计9.2万元。

主要问题

梁某是否属于国家工作人员？有观点认为，梁某受国有事业单位委托从事房屋拆迁补偿安置工作，系受国有事业单位委托从事公务的人员，应以国家工作人员论，其收受贿赂的行为构成受贿罪。也有观点认为，梁某系诚信公司人员，其个人与国有事业单位之间没有法律关系，故不能认为其属于受国有事业单位委托从事公务的国家工作人员，其收受贿赂的行为构成非国家工作人员受贿罪。

案例分析

一 区分非国家工作人员受贿罪与受贿罪的前提在于犯罪主体是否属于国家工作人员

两罪的主要区别在于：第 ，犯罪主体不同。受贿罪的主体为国家工作人员，而非国家工作人员受贿罪的主体为非国家工作人员即公司、企业或者其他单位的工作人员。第二,法定刑不同。受贿罪的最高法定刑为死刑,而非国家工作人员受贿罪的最高法定刑为15年有期徒刑。第三,入罪门槛不同。根据2016年《最高人民法院、最高人民检察院关于办理贪污贿赂刑事案件适用法律若干问题的解释》的规定,国家工作人员受贿3万元以上,或者1万元以上并具有司法解释规定的从重情节的,构成受贿罪;非国家工作人员受贿罪为纯正的数额犯,收受贿赂6万元以上的构成犯罪。

尽管两罪均为职务犯罪,但两罪的法定刑及定罪量刑标准存在较大差别,因此,要确保此类案件定性准确、量刑适当,前提在于正确区分犯罪主体是否属于国家工作人员。

二 非国有公司人员从事其所在公司承接国有单位的动拆迁工作属于非国家工作人员

1. 国家工作人员的范围

《刑法》第93条规定:"本法所称国家工作人员,是指国家机关中从事公务的人员。国有公司、企业、事业单位、人民团体中从事公务的人员和国家机关、国有公司、企业、事业单位委派到非国有公司、企业、事业单位、社会团体从事公务的人员,以及其他依照法律从事公务的人员,以国家工作人员论。"根据该条规定,刑法上的国家工作人员具体包括4种人员:一是国家机关中从事公务的人员;二是国有公司、企业、事业单位、人民团体中从事公务的人员;三是国家机关、国有公司、企业、事业单位委派到非国有公司、企业、事业单位、社会团体从事公务的人员;四是其他依照法律规定从事公务的人员。以上4种人员中,除国家机关中从事公务的人员外,其余均以国家工作人员论即"准国家工作人员"。

对"其他依照法律规定从事公务的人员"的把握应当严格解释,防止不当扩大"以国家工作人员论"的范围。具体而言,是指依照法律规定选举或者任命产生,从事某项公共事务管理的人员。如根据《全国人民代表大会和地方各级人民代表大会代表法》的规定,全国人民代表大会和地方各级人民代表大会代表,代表人民的利益和意志,依照宪法和法律赋予本级人民代表大会的各项职权,参加行使国家权力。根据2004年《全国人民代表大会常务委员会关于完善人民陪审员制度的决定》的规定,人民陪审员依照本决定产生,依法参加人民法院的审判活动,除不得担任审判长外,同法官有同等权利。故此,2003年《全国法院审理经济犯罪案件工作座谈会纪要》第1

条第3款规定："刑法第九十三条第二款规定的'其他依照法律从事公务的人员'应当具有两个特征：一是在特定条件下行使国家管理职能；二是依照法律规定从事公务。具体包括：(1)依法履行职责的各级人民代表大会代表；(2)依法履行审判职责的人民陪审员；(3)协助乡镇人民政府、街道办事处从事行政管理工作的村民委员会、居民委员会等农村和城市基层组织人员；(4)其他由法律授权从事公务的人员。"

根据2000年《全国人民代表大会常务委员会关于〈中华人民共和国刑法〉第九十三条第二款的解释》的规定，村民委员会等村基层组织人员协助人民政府从事下列行政管理工作时，属于《刑法》第93条第2款规定的"其他依照法律从事公务的人员"：(1)救灾、抢险、防汛、优抚、扶贫、移民、救济款物的管理；(2)社会捐助公益事业款物的管理；(3)国有土地的经营和管理；(4)土地征用补偿费用的管理(已修改为"土地征收、征用补偿费用的管理"①)；(5)代征、代缴税款；(6)有关计划生育、户籍、征兵工作；(7)协助人民政府从事的其他行政管理工作。

2. 非国有公司人员从事其所在公司承接国有单位的动拆迁工作属于非国家工作人员

就该案而言，诚信公司属于没有任何国有资产成分的有限责任公司，梁某与诚信公司一年一签劳动合同，并受诚信公司聘用先后担任公司的项目经理及副总经理。至案发，梁某一直是诚信公司中的一员即只与诚信公司存在劳动人事关系，并从诚信公司领取工资报酬。显然，梁某既不是在国家机关中从事公务的人员，也不是在国有公司、企业、事业单位、人民团体中从事公务的人员。梁某没有接受国有单位委派到非国有公司即诚信公司中从事公务，故梁某也不属于受委派从事公务的人员。那么，梁某是否属于"其他依照法律规定从事公务的人员"？

本案中，梁某作为诚信公司中具有一定职务的人员，在诚信公司受国有事业单位委托实施房屋拆迁补偿安置工作，具体负责该项房屋拆迁补偿安置工作，在特定的时空条件下确实行使了一定的国家管理职能。在外界看来，梁某代表国有事业单位从事房屋拆迁补偿安置工作，似乎属于受国有事业单位委托从事公务的人员。但实际上，梁某一直是诚信公司的人员，从诚信公司领取工资报酬，并未受聘于国有事业单位，也未从国有事业单位领取任何报酬，梁某在特定时空下行使该项管理职能是基于

---

① 根据2009年8月27日《全国人民代表大会常务委员会关于修改部分法律的决定》第2条的规定，将《全国人民代表大会常务委员会关于〈中华人民共和国刑法〉第九十三条第二款的解释》中的"征用"修改为"征收、征用"。

其所任职的诚信公司与国有事业单位签订的委托合同及委托事项而衍生，而不是依据法律规定产生。因此，认定梁某属于“其他依照法律规定从事公务的人员”缺乏法律依据。

认为梁某属于受国有事业单位委托从事公务的人员的观点，源于“职责论”，即虽然梁某没有被列入国有事业单位编制，但受国有事业单位委托从事房屋拆迁补偿安置工作这一公务，所以梁某属于受国有事业单位委托从事公务的人员，应以国家工作人员论。该观点注意到了梁某从事公务这一情形，但是忽略了“梁某是否受国有事业单位委托”以及“受国有事业单位委托从事公务的人员能否以国家工作人员论”这两个关键问题。关于第一个问题，本案诚信公司接受国有事业单位委托，诚信公司完成委托事项，国有事业单位给予诚信公司一定的劳务费用。梁某与国有事业单位之间不存在受委托与委托的法律关系，其只是按照诚信公司的要求，从事国有事业单位委托给诚信公司的房屋拆迁补偿安置工作。因此，尽管表面上梁某代表国有事业单位从事房屋拆迁补偿安置工作，实质上梁某并未受国有事业单位的委托。关于第二个问题，2002 年《全国人民代表大会常务委员会关于〈中华人民共和国刑法〉第九章渎职罪主体适用问题的解释》规定：“在依照法律、法规规定行使国家行政管理职权的组织中从事公务的人员，或者在受国家机关委托代表国家机关行使职权的组织中从事公务的人员，或者虽未列入国家机关人员编制但在国家机关中从事公务的人员，在代表国家机关行使职权时，有渎职行为，构成犯罪的，依照刑法关于渎职罪的规定追究刑事责任。”即对受国家机关委托从事公务的人员以及没有列入国家机关编制但在国家机关中从事公务的人员，立法解释将其视为渎职罪主体中的国家机关工作人员。对于受国有公司、企业、事业单位、人民团体委托从事公务的人员，能否依照该立法解释规定的精神被视为国家工作人员，没有法律规定，故不能认定，否则违反罪刑法定原则。依此，即使梁某属于受国有事业单位委托从事公务的人员，也不能以国家工作人员论。总之，梁某不属于国家工作人员，而属于公司工作人员。

此外，一个未受聘于国有单位、未受国有单位委托或者委派，也未从国有单位领取工资报酬的非国家单位人员，因为临时性从事了某项公共事务管理的，而将其以国家工作人员论，并对其收受贿赂行为以受贿罪定罪处罚，除了违反刑法规定外，也直接导致行为人的权利义务不对等，承担了畸重的法律责任，造成不当入罪或者轻罪重刑。

三　非国有公司人员利用负责其所在公司承接国有单位动拆迁工作的职务便利收受财物的，构成非国家工作人员受贿罪

由于非国有公司人员从事其所在公司承接国有单位的动拆迁工作属于非国家工作人员，故其利用动拆迁工作的职务便利，收受他人贿赂，为他人谋取利益，数额较大的，根据《刑法》第163条的规定，构成非国家工作人员受贿罪。再根据《最高人民法院、最高人民检察院关于办理贪污贿赂刑事案件适用法律若干问题的解释》第11条的规定，非国家工作人员受贿罪的"数额较大"、"数额巨大"的数额起点分别为6万元、100万元。

本案中，梁某作为公司工作人员，利用职务上的便利，非法收受他人钱款9.2万元，为他人谋取利益，数额较大，其行为构成非国家工作人员受贿罪。

（案例编写人：上海市浦东新区人民法院　罗开卷；
贵州省松桃苗族自治县人民检察院　何旭东）

98

离职国家工作人员利用影响力进行“权钱交易”的认定

简要案情

杨某曾为国家工作人员，在离职后利用原职权、地位形成的便利条件，通过其他国家工作人员的职务行为，为请托人谋取不正当利益，索取请托人350万元。

主要问题

杨某是否利用原职权或地位形成的便利条件为请托人谋取不正当利益？是否具有索贿情节？

案例分析

本案的主要争议焦点在于杨某是否利用原职权或地位形成的便利条件为请托人谋取不正当利益以及是否具有索贿情节。经审查，认为杨某的行为属于离职的国家工作人员，利用其国家工作人员原职权或者地位形成的便利条件，通过其他国家工作人员职务上的行为，为请托人谋取不正当利益，索取请托人财物的情形，构成利用影响力受贿罪。理由如下。

一 利用原职权或地位形成的便利条件

刑法规定的利用影响力受贿罪的行为主体有两类，第一类是国家工作人员的近亲属或者其他与该国家工作人员关系密切的人,通过该国家工作人员的职务行为为请托人谋取不正当利益,索取、收受贿赂;第二类行为主体是离职的国家工作人员及其关系密切的人利用原职权或者地位形成的便利条件实施前述行为。杨某的身份是离职的国家工作人员,属于上述第一类情形,即离职的国家工作人员利用原职权或者地位所形成的便利条件,通过其他国家工作人员的职务行为,为请托人谋取不正当利益,索取、收受贿赂。因此,杨某作为离职国家工作人员符合利用影响力受贿罪的主体要件。

如何认定杨某在客观方面是否达到利用影响力的程度是本案审理的难点之一。根据《全国法院审理经济犯罪案件工作座谈会纪要》(以下简称《纪要》)的规定,“利用本人职权或者地位的便利条件”是指行为人与被其利用的国家工作人员之间在职务上虽然没有隶属、制约关系,但是行为人利用了本人职权或者地位产生的影响和一定的工作联系,如单位内不同部门的国家工作人员之间、上下级单位没有职务上隶属、制约关系的国家工作人员之间、有工作联系的不同单位的国家工作人员之间等。据此,笔者认为,凡是能够在请托人和国家工作人员之间搭建起桥梁,使国家工作人员承诺为请托人谋取不正当利益的,就足以推定特定关系人在客观上具备并且利用了影响力。杨某曾任中国人民银行上海总部金融服务一部支付处的处长,与时任金融服务一部支付处清算组织监管科科长施某是上下级领导关系,施某负责对第三方支付公司进行分类评级初审,如果分类评级等级低就可能会被吊销牌照或者影响牌照的续展。施某对请托人黄某公司的分类评级具有职权行为和职务便利。杨某明知黄某有具体请托事项,不仅打电话给施某让其帮助调高请托人所在公司的分类评级分数,还帮忙联系宴请国家工作人员施某。由此可以认定,本案中杨某利用了原职权或者地位产生的影响和工作联系。无论是否达成请托目的,杨某在客观方面均可以认定为具备并且利用了影响力。

二 积极为请托人谋取不正当利益且属既遂

不同于受贿罪,为请托人“谋取不正当利益”是利用影响力受贿罪的法定构成要件。何谓“不正当利益”?在刑法理论上,不正当利益大致包括两个方面:一是将不正当利益等同于非法利益,即违反法律、法规和政策而取得的利益;二是指特定关系人在实现请托利益时所采取的手段、方式、方法不正当。根据《最高人民法院、最高人民检察院关于办理行贿刑事案件具体应用法律若干问题的解释》第12条的规定,“不正当利益是指行贿人谋取的利益违反法律、法规、规章、政策规定,或者要求国家工作人员违反法律、法规、规章、政策、行业规范的规定,为自己提供帮助或者方便条件。违背公平、公正原则,在经济、组织人事管理等活动中,谋取竞争优势的”。因此,谋取不正当利益包括实体和程序两个方面问题,同时运用公平、公正原则进行衡平。

本案中,请托人黄某因第三方支付分类评级打分过低会影响其公司的牌照续展,为确保牌照的顺利续展,黄某积极寻求具有相应职权的国家工作人员在调高分类评级分数、确保牌照续展的事项上提供帮助,显然属于不正当利益。为帮黄某达到上述目的,杨某明知黄某有具体请托事项,通过电话、宴请等方式让施某帮助调高黄某公司的分类评级分数,施某同样明确清楚黄某的具体请托事项。《纪要》规定,“为他人谋取利益包括承诺、实施和实现三个阶段的行为。只要具有其中一个阶段的行为,如国家工作人员收受他人财物时,根据他人提出的具体请托事项,承诺为他人谋取利益的,就具备了为他人谋取利益的要件。明知他人有具体请托事项而收受其财物的,视为承诺为他人谋取利益”。杨某为黄某谋取不正当利益的行为包含了承诺和实施两个阶段的行为,其行为符合利用影响力受贿罪的客观要件,可以认定为为请托人谋取不正当利益。

三 以购房“借款”之名而行索贿之实

在司法实务中,特定关系人常常通过欠条形式、交易形式、收受干股、合作投资、委托理财等将受贿行为伪装成合法的债权债务关系,以逃避侦查。对此,应当结合具体案情,对涉案行为进行实质审查,判断特定关系人是否利用了职权或者地位形成的便利条件,债权债务关系是否偏离正常的市场交易行为。经审查如果符合权钱交易本质,以借为名索取财物,或者非法收受财物为请托人谋取利益,应当认定为受贿犯罪。在具体认定方法上,《纪要》规定,“不能仅仅看是否有书面借款手续,应当根据以下因素综合判定:(1)有无正当、合理的借款事由;(2)款项的去向;(3)双方平时关系如何、有无经济往来;(4)出借方是否要求国家工作人员利用职务上的便利为其谋取利益;(5)借款后是否有归还的意思表示及行为;(6)是否有归还的能力;(7)未归还的原因;等等”。

实践中,贪污贿赂的形式更为隐蔽和复杂。根据《最高人民法院、最高人民检察院关于办理贪污贿赂刑事案件适用法律若干问题的解释》(以下简称《解释》)第12条的规定,“贿赂犯罪中的‘财物’,包括货币、物品和财产性利益。财产性利益包括可以折算为货币的物质利益如房屋装修、债务免除等,以及需要支付货币的其他利益如会员服务、旅游等。后者的犯罪数额,以实际支付或者应当支付的数额计算。”财产性利益也经常表现为某种债权债务关系,包括积极财产的增加和消极财产的减少。准确把握贿赂犯罪的界限,判断行为是受贿犯罪还是正常的债权债务关系,关键是要把握“权钱交易”这个本质特征。杨某在约施某吃饭的两天后,主动给黄某打电话约喝茶,以买房缺钱为由,向黄某索要350万元。该过程中,黄某一是出于感谢杨某出面帮忙分类评级和牌照续展的事情,二是考虑到杨某在行业中的影响力,出于后续还想让杨某在行业中帮忙的目的,将350万元给了杨某,并不再向杨某主张还款。该事实亦有杨某的供述予以印证。辩护人提出该350万元实际上是杨某的借款,与其原职权或地位形成的便利条件并无任何对价关系,显然有悖于查明的事实。根据《解释》的相关规定,免除债务可以作为一种财产性利益理解为《刑法》第385条规定的“财物”,且索取或者收受贿赂包括请托人向第三人提供贿赂的情形,那么免除第三人的债务亦可以成为受贿罪的对象。杨某的行为侵犯了国家工作人员职务行为的公正性,以及国民对国家工作人员职务行为不可收买性的信赖,其本质上仍然是“权钱交易”。

此外,辩护人提出索贿行为应同时具有主动性、勒索性和交易性三个特征。公诉机关所指控的索贿事实虽是杨某主动提起,但并不具备勒索性,杨某没有以职务行为威胁行贿人,没有向行贿人明示或暗示任何拒绝行贿的不利后果,未违背行贿人意志,不属于索贿,不应从重处罚。笔者认为,索贿是国家工作人员利用职务上的便利,主动向他人索要或勒索并收受财物,既包括勒索行为,也包括索要行为。索要,是国家工作人员在进行职务活动时,向当事人以明示或者暗示的方式要求贿赂,但未使用要挟、胁迫的方式;勒索,是采用要挟、胁迫的方式,明示或者暗示如不送财物就有不利后果,而迫使对方给予财物的行为。一般的索贿,国家工作人员利用职务上的便利主动要求他人给予财物即可。本案中,杨某利用其曾在中国人民银行上海总部担任相应职务的便利和影响力,以女儿出国、购房缺钱等为由向他人以借款的方式索要明确数额的钱款,其既没有约定还款的时间和方式,又没有明示或暗示还款的意思表示,在其有足够归还能力的情况下直至案发都未归还。而行贿人或出于受杨某职务、工作上的管理制约,或出于与杨某所在单位有业务往来,不敢得罪杨某,向杨某支付钱款且直至案发亦未主张归还,杨某的行为属于“以借为名”的索取财物,具有主动性和索取性。应当认定为具有索贿情节。

四 关于特定关系人的相关行为认定

除上述讨论的问题外,还应注意国家工作人员与特定关系人成立受贿罪共犯的问题。一般而言,可以将国家工作人员与特定关系人之间是否存在通谋,作为判断构成利用影响力受贿罪还是受贿罪共犯的标准。根据《纪要》关于共同受贿犯罪的规定,即“根据刑法关于共同犯罪的规定,非国家工作人员与国家工作人员勾结伙同受贿的,应当以受贿罪的共犯追究刑事责任”。因此,特定关系人是否构成受贿罪共犯,取决于双方有无共同受贿的故意和行为,根据《纪要》的规定,可以进一步划分为4种情形:一是特定关系人向国家工作人员代为转达请托事项,收受请托人财物并告知该国家工作人员;二是国家工作人员明知其收受了他人财物,仍按照特定关系人的要求利用职权为他人谋取利益;三是特定关系人以外的其他人与国家工作人员通谋,由国家工作人员利用职务上的便利为请托人谋取利益,收受请托人财物后双方共同占有;四是国家工作人员利用职务上的便利为他人谋取利益,并指定他人将财物送给其他人。

与国家工作人员关系密切的人员收受请托人财物,利用国家工作人员的职权和地位,为请托人谋取不正当利益的行为,既可能构成受贿罪共犯,也可能构成利用影响力受贿罪。从刑法理论上看,此种情形可能会形成法条竞合关系,特定关系人和国家工作人员同时构成利用影响力受贿罪的共同犯罪和受贿罪的共同犯罪。区分的关键在于国家工作人员与特定关系人之间是否存在共同的受贿故意和行为,即通谋。如果存在通谋,不管是否共同占有贿赂,谋取的利益是否正当,都应当以受贿罪的共犯论处;如果没有通谋,只是特定关系人利用国家工作人员的地位和职权实施的行为,那么该国家工作人员因为没有犯罪故意和犯罪行为而不构成犯罪,特定关系人不构成受贿罪的共犯,而应当以利用影响力受贿罪论处。具体到本案,根据现有证据,难以证实施某对请托人黄某与杨某之间具有请托牟利关系知情,即施某不知道杨某曾以购房借款为由向黄某索贿350万元,杨某与施某之间没有形成受贿通谋,因此不构成受贿罪的共犯。

基于以上论述,杨某作为离职的国家工作人员利用原职权、地位所形成的便利条件，通过其他国家工作人员的职务行为，为请托人谋取不正当利益，索取请托人350万元，数额特别巨大，其行为构成利用影响力受贿罪。

（案例编写人：上海市松江区人民法院　胡亚斌；
上海市奉贤区人民法院　李晓杰、殷雄）

99

反复挪用同笔公款的数额认定

简要案情

朱某在担任生产资料交易市场(系国有企业,以下简称生资市场)财务经理期间,利用其负责管理单位账外资金的职务便利,单独或者伙同他人,多次挪用公款进行营利活动:(1)从其个人保管的“公款私户”账户内4次划款30万元、一次划款20万元至其个人工商银行银证通账户,用于个人申购新股,每次使用后均很快归还;(2)从其个人保管的“公款私户”账户内划款16万元,提现单位大额存单14万元,一共30万元存入上述银证通账户,用于股票交易,使用后很快归还;(3)将从生资市场银行账户内提前领取单位暂扣的职工效益工资共计21万余元,先后用于申购新股、购买理财产品等营利活动,使用后也很快归还。

主要问题

本案中,对朱某以挪用公款罪定罪没有争议,但对其挪用公款的数额是认定30万元,还是65万余元抑或191万余元,存在以下三种不同观点。

第一种观点认为,朱某在担任生资市场财务经理期间,利用其负责管理单位账外资金的职务便利,单独或伙同他人,多次将单位公款划入个人股票账户,用于申购新股、进行股票交易等营利活动,共计65万余元。

第二种观点认为,本案中,虽然朱某每次挪用公款后都很快归还其单位,但每次挪用公款行为都独立构成挪用公款罪,且为既遂,属于刑法理论上的连续犯,应比照多次盗窃、贪污、受贿犯罪数额累计计算的做法,对每次挪用公款的数额累计计算,以此作为挪用公款的总数额。这样,朱某挪用公款的数额就应该是

6 次挪用"公款私户"账户内资金 156 万元和提现的单位大额存单 14 万元及单位职工效益工资 21 万余元,共计 191 万余元。

第三种观点认为,本案中的公款包括"公款私户"内的公款、提现的单位大额存单 14 万元及单位职工效益工资 21 万余元。就朱某 7 次挪用公款行为而言,处于不同时间段,且每次使用后均很快归还,属于反复挪用。尽管 7 次被挪用的公款共涉及三笔,但都是同一单位的公款,且公款为种类物,因此,其挪用行为对其单位而言,属于间断性地侵犯单位一定数额公款的占有、使用和收益权,而不是同时侵犯了三笔公款的占有、使用和收益权,故在挪用公款数额的认定上,应以单次最高挪用的公款数额即 30 万元作为挪用公款的数额,其多次挪用公款的行为可作为量刑情节考虑。

案例分析

多次挪用同笔公款的宜以单次最高挪用公款的数额或者单次挪用公款的数额(每次挪用数额相同的)作为挪用公款的数额,"多次"作为量刑情节。

一 挪用公款数额应为公款实际被占用的数额

挪用公款罪的客体为国家工作人员职务行为的廉洁性和对公款的占有、使用、收益权,如此,挪用公款数额应为公款实际被占有、使用、收益的数额。反复挪用同笔公款归个人使用,进行非法活动,或者数额较大,进行营利活动,每次使用后均归还的;或者反复挪用同笔公款归个人使用,数额较大,每次超过三个月后均归还的,尽管每次挪用行为均是已经既遂的独立的犯罪行为,但由于不是同时挪用几笔公款,而是连续或者间断地挪用同笔公款中不同或者相同数额的公款,加之公款属于种类物,因此,实际上被占用的公款数额,或者说侵害公款占有、使用、收益权的数额,仅仅是单次最高挪用的公款数额。如果反复挪用的公款数额相同的,则为单次挪用的公款数额,而不是累计计算的总数额。否则,就可能出现不符合常理现象,甚至造成罪刑不均衡。例如,某单位有一笔公款 100 万元,国家工作人员利用职务便利先后 5 次反复挪用 100 万元用于炒股,每次使用后很快归还,显然,该国家工作人员的行为对于其单位来说,侵害的是100万元公款的占有、使用和收益权,而不是500万元。再如,某单位有一笔公款50万元,国家工作人员利用职务便利在两年内先后三次反复挪用50万元用于经商,每次使用后很快归还,或者仅一次挪用50万元用于经商,也于两年内归还,显然,难以评价两种情况下何种行为的社会危害性孰轻孰重,但如果对前种行为的数额累计计算,就会导致不合理。

再从量刑上看,一笔公款2万元,反复挪用5次用于炒股,每次使用后很快归还,如果累计处理就是10万元,构成挪用公款罪,处五年以下有期徒刑或拘役;而如果将公款2万元非法占为己有,属于贪污,因不具有司法解释规定的特定情节,不构成犯罪。从社会危害性角度,贪污行为较之挪用行为具有更严重的社会危害性,在贪污行为都不构成犯罪的情况下将挪用行为作为犯罪处理,显然不合理。再如,一笔公款100万元,反复挪用4次用于炒股,每次使用后很快归还,如果累计处理就是400万元,构成挪用公款罪,处五年以上有期徒刑,即在五年至十五年有期徒刑范围内量刑;而如果将公款100万元非法占为己有,构成贪污罪,如不具有司法解释规定的特定情节,则处三年以上十年以下有期徒刑。同样,贪污行为较之挪用行为具有更严重的社会危害性,如此处理出现了刑罚轻重倒挂。因此,对于反复挪用同笔公款的,不宜累计反复挪用的数额。

当然,如果反复挪用涉及不同笔公款的,则侵害了不同笔公款的占有、使用和收益权,此时,应累计不同笔公款实际被占用的数额,即累计每笔公款被单次最高挪用数额或者单次挪用数额(挪用数额相同的情况)。而且,上述反复挪用公款,是指反复挪用公款用于某一种活动的情况。对于反复挪用公款用于不同种活动的,由于用于不同种活动在构成挪用公款罪上的要件不同,故不宜直接以单次最高挪用数额或者单次挪用数额作为挪用公款数额,而应以社会危害性最为严重即处刑最重的某次挪用公款行为作为入罪的行为类型,以其数额作为定罪数额。此外,对于反复挪用公款,如果使用公款用于一般活动,每次使用后在3个月内即归还,即使数额较大的,也不构成挪用公款罪。

二 反复挪用公款不同于“多次挪用公款不还”和“以后次挪用的公款归还前次挪用的公款”

根据1998年《最高人民法院关于审理挪用公款案件具体应用法律若干问题的解

释》(以下简称《挪用公款解释》)第4条的规定,多次挪用公款不还,挪用公款数额累计计算。显然,该规定是指多次挪用公款不还的情况,而不包括每次都归还的情形。且多次挪用公款不还,每次挪用公款的行为都侵害了不同公款的占有、使用和收益权,故应累计计算,否则就是轻处犯罪行为。该解释第4条还规定,多次挪用公款,并以后次挪用的公款归还前次挪用的公款,挪用公款数额以案发时未还的实际数额认定。该规定是考虑到后次挪用的公款并没有使公款的占有、使用、收益权受到新的侵害,因为后次挪用的公款又归还了单位,此时公款仍归单位占有,挪用行为所侵害的公款数额只能是实际占有、使用和收益的部分。相形之下,反复挪用公款,每次使用后均归还的情形,比以后次挪用的公款归还前次挪用的公款的社会危害性相对要小,如果在认定数额上反而累计计算,也显得不合理。

三 将反复挪用行为作为从重情节或者“情节严重”考虑

反复挪用同笔公款,每次使用后均归还的,属于多次侵害同笔公款占有、使用和收益权的行为,与一次挪用行为相比,尽管被挪用的公款数额可能相同,但“反复”挪用的事实表明行为人具有更深的主观恶性和更大的社会危害性,从这个意义上来说,应处以较重的刑罚。基于此,应将反复挪用作为量刑情节考虑,确保罪刑均衡。

根据刑法的规定,挪用公款情节严重的,处五年以上有期徒刑。所谓“情节严重”,根据《挪用公款解释》第3条的规定,是指挪用公款数额巨大,或者数额虽未达到巨大,但挪用公款手段恶劣;多次挪用公款;因挪用公款严重影响生产、经营,造成严重损失等情形。依此,对于反复挪用公款,如果挪用公款的数额为巨大的,将反复挪用作为从重量刑情节考虑即可实现罪刑均衡。而对于挪用公款的数额为较大的情形,是否将反复挪用作为“情节严重”考虑,笔者认为不能一概而论。第一,挪用公款数额接近巨大的起点时,应将反复挪用作为“情节严重”考虑。如《挪用公款解释》也规定,挪用公款数额虽未达到巨大,但多次挪用公款的,属于情节严重。显然,“多次挪用公款”应包括多次挪用公款、每次使用后均归还的反复挪用情形。第二,在挪用公款数额较大的情形下,如果反复挪用的次数非常多,判处五年以下有期徒刑或者拘役不足以罚当其罪的,宜将反复挪用作为“情节严重”考虑。第三,在挪用公款数额较大的情形下,如果反复挪用的次数不是很多,且将反复挪用作为从重情节能实现罪刑均衡的,宜作为从重量刑情节考虑。可见,反复挪用公款的事实仅是可以认定为情节严重,而不是必须认定为情节严重。

四 关于朱某挪用公款的数额

本案中,朱某挪用的公款涉及三笔。其中,从“公款私户”账户内挪用了 6 次用于营利活动,每次使用后均很快归还,属于反复挪用同笔公款,宜以单次最高挪用数额即 30 万元为挪用公款数额。此外,朱某还挪用提现其保管的单位大额存单 14 万元和单位职工效益工资 21 万余元,侵害了 35 万余元公款的占有、使用和收益权。综合起来,朱某的挪用行为共侵害其单位 65 万余元公款的占有、使用和收益权,属于挪用公款数额较大,其行为构成挪用公款罪,应处五年以下有期徒刑或者拘役。

(案例编写人:上海市浦东新区人民法院　罗开卷)

第五编

量刑情节

刑事疑难案例精析

100

形迹可疑型自首的认定

简要案情

温某至建材市场楼梯口,趁无人之际,用携带的钥匙将被害人张某停放在此的一辆电动车车锁打开,并以搭线的方式将该车窃走。经鉴定,该车价值3050元。

主要问题

关于温某的行为是否构成自首,出现了两种不同意见。第一种意见认为,温某是在为其盗窃的电动自行车换锁的过程中被抓获的,其被抓获时人赃俱获,到案后虽能如实供述自己的罪行,但该行为属于坦白,而非自首。第二种意见认为,公安人员在盘问温某时,并未掌握温某实施盗窃的事实,且温某给电动自行车换锁的地点位于一合法营业的电动车行,时间也是在上午9时。公安人员对温某的盘问仅是凭借工作经验和职业敏感进行的一般询问,此种情形属于仅因形迹可疑被盘问、教育后,主动供述自己的罪行,应当认定为自首。

案例分析

笔者赞同第二种观点,温某的行为属于因形迹可疑被盘问、教育后,主动供述自己的罪行,构成自首。

一 自动投案的一般认定

《刑法》第 67 条第 1 款、第 2 款对自首的认定作了规定，即“犯罪以后自动投案，如实供述自己的罪行的，是自首。对于自首的犯罪分子，可以从轻或者减轻处罚。其中，犯罪较轻的，可以免除处罚。被采取强制措施的犯罪嫌疑人和正在服刑的罪犯，如实供述司法机关还未掌握的本人其他罪行的，以自首论”。从中可以看出，一般自首的成立条件有两个：犯罪以后自动投案、归案后如实供述自己的罪行。《最高人民法院关于处理自首和立功具体应用法律若干问题的解释》（以下简称《解释》）第 1 条规定，“仅因形迹可疑，被有关组织或者司法机关盘问、教育后，主动交代自己罪行的”，应当视为自动投案。

由此可见，刑法中对自首成立条件之一的“主动投案”规定的情形有三种：一是犯罪行为人实施犯罪后，在被有关机关抓获或被群众扭获之前，主动将自己置于有关机关的控制之下；二是已经被采取强制措施的犯罪嫌疑人和正在服刑的罪犯，因其已经缺乏自动归案的现实可能性，如果其能如实供述司法机关尚未掌握的本人其他罪行的，对其也视为自动投案；三是仅因形迹可疑而被盘问、教育后，主动交代自己的罪行的，亦视为自动投案。

自动投案是指犯罪行为人实施犯罪以后，在被有关机关抓获或被群众扭获之前，出于本人的意愿而主动将自己置于司法机关、司法工作人员或其他法律规定的组织、个人的控制之下，并接受司法机关进一步审查自己犯罪事实的行为。一般而言，自动投案的认定应当符合以下条件。

1. 时间规定

自动投案行为必须是发生在犯罪行为人实施犯罪后，被抓获或被扭获之前，这是自动投案的时间规定。我国司法实践中对自动投案的时间认定主要有 5 类：(1)犯罪发生后，但尚未被有关机关发觉之前；(2)犯罪事实已被司法机关发现，但司法机关尚未发觉犯罪行为人的；(3)司法机关已发现犯罪事实，并已确定犯罪行为人，但是还未对犯罪分子采取强制措施的；(4)司法机关尚未发现犯罪事实或者尚未确定犯罪分子，仅因形迹可疑而被审查、教育后，犯罪行为人主动交代的；(5)司法机关已经发现犯罪事实并已确定犯罪嫌疑人，但未对犯罪行为人采取强制措施，犯罪行为人接到司法机关通知后主动至公安机关的。

2. 意志条件

意志条件是认定自动投案的关键。犯罪分子是基于自己独立的意志和选择的自由而实施的归案。如果犯罪分子是被亲戚、朋友采取捆绑等方式强行带到司法机关的,因其既非出于自身意志,也非出于选择的自由,因而不能认定为自动投案。如果犯罪分子是因他人采用欺骗手法带到司法机关的,因不是出于其自身的意志,亦不能认定为自动投案。至于投案的动机,则不宜作过于严苛的规定。但是应注意的是,犯罪分子投案的动机如果是为其他犯罪行为人逃脱或者毁灭证据拖延时间,抑或为了实施其他违法犯罪行为的,则不能认定为自动投案。

3. 投案对象

从《解释》第1条的规定可以看出,犯罪分子实施犯罪后既可以向公安机关、人民检察院或者人民法院投案,同时犯罪嫌疑人可以向其所在单位、城乡基层组织或者其他有关负责人员投案。在司法实践中,除向国家机关投案外,犯罪分子的下列投案行为也视为自动投案:(1)犯罪嫌疑人向其所在单位投案;(2)犯罪嫌疑人向其所在的街道办事处、居委会、乡镇政府、村委会等基层组织投案;(3)犯罪嫌疑人向其就读的学校或者其监护人所在的单位或者居住地的基层组织投案;(4)犯罪嫌疑人向其他有关组织或负责人员投案。

二 "形迹可疑"的认定

《解释》中对"形迹可疑"的判断标准并未作出详细的规定。实践中,对于"形迹可疑"的认定,存在两种观点。第一种观点认为,"形迹可疑"是指有关组织或司法机关在没有掌握任何犯罪事实和犯罪证据的情况下,仅凭职业敏感或日常工作经验,通过观察行为人异常的神态、举止,而主观怀疑其可能存在违法犯罪嫌疑,进而对其进行盘问和排查。如某人在公共场合看到警察后神色慌张、躲躲闪闪,公安人员凭借办案经验和职业敏感怀疑此人存在问题,通过上前盘问,行为人主动交代了犯罪事实,此种情况才属于仅因形迹可疑被盘问后主动供述犯罪事实。第二种观点认为,不应简单从行为人被盘查的原因来判断行为人的嫌疑程度,而应综合考量具体案情、时空环境等因素,来判断行为人被盘问时有关组织是否掌握了基本犯罪事实或是否有相关证据印证行为人实施犯罪的嫌疑,以此来判断行为人被盘问究竟是基于"一般嫌疑"还是"重大嫌疑"。司法机关或有关组织仅凭借职业敏感和办案经验查获的犯罪行为人只是形迹可疑情况的一种。事实上，在司法实务中，司法机关或有关组织对大部分嫌疑人进行盘查的过程中，都是带有倾向性的，在盘查前，司法机关或有关组织可能事先已经掌握了嫌疑人的大致外貌特征或活动范围，抑或从行为人处发现了可疑的物品，从而对行为人进行盘问。此时，只要司法机关尚未掌握犯罪的基本事实或行为人具有重大作案嫌疑，行为人经盘问后如实供述自己罪行的，亦可认定为自动投案。例如，公安机关通过侦查一起抢劫案发现犯罪嫌疑人案发时穿着一件黄色羽绒服，民警在广场巡逻时发现一个人穿着一件黄色羽绒服，身体轮廓与嫌疑人相似，遂上前盘问，该人经盘问后主动交代了抢劫的犯罪事实，此种情况也应当认定为主动投案。

笔者赞同第二种观点，因为其不仅考虑到了司法实务中具体案情的复杂多样性，同时也与自首立法的目的和宗旨相吻合。第一种观点仅凭司法机关或有关组织的办案经验或职业敏感作为判断依据，缩小了自首认定的范围，不利于鼓励行为人犯罪后积极悔罪。因为在司法实务中，司法机关或有关组织在盘问行为人时，可能已经从其处发现了可疑物品或可疑线索，但此时有关组织并未掌握基本犯罪事实，这些可疑线索或物品并不足以证明行为人实施了犯罪行为，行为人被盘问后，如实供述了自己的行为，既帮助司法机关快速查明案情，侦破案件，节约了司法资源，也是嫌疑人犯罪后认罪悔罪的积极表现。

因此，所谓“仅因形迹可疑被盘问、教育”，是指司法机关或有关组织在没有掌握犯罪的基本事实或者足以断定某人实施了某种犯罪的重要证据之时，仅凭职业敏感或工作经验，抑或只凭借极少量线索，而对被怀疑对象进行的盘问。

三 “形迹可疑”的实务判断

是否为“仅因形迹可疑”，需要根据具体案情进行综合考量，在司法实务认定中应当注意几点：第一，行为人在被盘问后如实交代了自己的罪行，并且其实际上已经被司法机关或有关组织控制，如果行为人主动供述后又逃脱的，其再次被抓获后不能认定为自首。第二，司法机关和有关组织在对行为人进行盘问时，并未掌握犯罪基本事实或行为人实施犯罪的重要证据。第三，行为人主动交代的罪行与司法机关或有关组织掌握的犯罪是否系同种。司法机关如果已经掌握了行为人实施犯罪的事实或证据的，在对其盘问时，行为人如实供述同种其他犯罪事实的，属于坦白；行为人如果如实供述罪行与司法机关的掌握系不同种犯罪的，司法机关对其供述的犯罪也没有掌握的,则可对该不同种犯罪认定为自首。第四,盘问的内容为犯罪事实。对于数额型、次数型等作为既遂标准的犯罪,如果司法机关掌握的行为人的涉案事实仅为一般违法事实,达不到构罪标准,行为人因违法行为被司法机关盘问时,如实供述了其他违法事实,从而达到构罪标准的,亦应认定为自首。

1. 仅因行为人自身特征被盘问

在实务判断中,行为人在被盘问时,司法机关并未掌握其犯罪事实,而是仅因其举止、神态、言行异于常人或衣着、体貌特征与嫌疑人相似,而被侦查机关查问、教育后,如果主动交代了自己罪行的,一般都可以被认定为自首,获得从轻处罚。但是,行为人如果处于特定时空或具有典型特征,司法机关据此查获行为人的,则不宜认定为自首,如案发地处于人烟罕至的野外,又处于深夜,司法机关在追踪嫌疑人的过程中,发现行为人神色慌张、行为可疑,而将其控制盘问,虽然行为人交代了犯罪事实,但其因具有"重大嫌疑",对其不应认定为"仅因形迹可疑被盘问、教育"。

2. 在行为人处发现可疑物品

司法机关或有关组织在对行为人进行盘问时,在其处发现可疑物品的,应当对该可疑物品涉嫌犯罪的可能性进行研判。如果该物品为一般物品,行为人对物品的来源、特征等能够作出说明,并且其持有该物品符合一般生活常理的,即使该物品为犯罪所得或者犯罪所用,只要司法机关或有关组织没有证据证实存在犯罪事实,行为人经盘问后如实供述犯罪事实的,亦可以认定为仅因形迹可疑被盘问。而行为人持有的物品如果为违禁品,如枪支弹药、毒品等,因其行为本身已经构成了犯罪,而不是"仅因形迹可疑被盘问",对其一般不能认定为自首。但行为人在违禁品被司法机关或有关组织发现之前主动交出来,并如实供述了犯罪事实的,可以认定为仅因形迹可疑被盘问型的自首。此外,嫌疑人在违禁品被查获后,主动交代了司法机关尚未掌握的其使用违禁品实施的其他犯罪的,亦可以认定为自首。

本案中,温某给电动自行车换锁的地点位于一合法营业的电动车行,时间也是在上午9时,该种行为符合日常生活常理。公安人员在盘问温某时,并未掌握温某实施盗窃的事实或证据,仅是凭借工作经验和职业敏感进行的一般询问,此种情形属于仅因形迹可疑被盘问、教育后,主动供述自己的罪行,应当认定为自首。

(案例编写人:上海市松江区人民法院 刘磊)

101

供认收款行为但辩称非受贿行为的能否认定为自首

简要案情

邢某在担任国有公司下属公司保障部部长兼搬迁工作小组组长期间，利用其直接负责、具体经办该下属公司土地出让相关厂区职工集体宿舍楼等清退工作的职务便利，伙同他人，以奖励费的名义，向业务单位索取、收受钱款共计10万元。邢某在接到办案机关的电话通知后，主动投案，到案后对其伙同他人收受业务单位钱款的事实供认不讳，但辩称该款系经其上级单位领导同意，由业务单位主动给予其方收受，属于奖励费性质，系合法收入。

主要问题

行为人自动投案后对客观行为供认不讳，但辩称非犯罪行为，能否认定为自首？

案例分析

根据《刑法》第67条第1款的规定，犯罪以后自动投案，如实供述自己的罪行的，是自首。成立自首必须具备自动投案和如实供述自己的罪行两个法定要件，两者缺一不可，否则不能认定为自首。1998年《最高人民法院关于处理自首和立功若干具体应用法律若干问题的解释》对"自动投案"及"如实供述"的具体认定标准作出了明确的规定，其中"如实供述自己的罪行"是指犯罪嫌疑人自动投案后，如实交代自己的主要犯罪事实。如实交代自己的主要犯罪事实，应包括对客观行为的交代和主观认识的交代。

本案中,办案机关电话通知邢某,邢某接到电话后即主动至办案机关并交代了自己收受钱款的行为,但提出自己收到的钱款具有奖励性质,系其在办理公司清退活动中与业务单位发生的业务往来,业务单位作为土地收购方为了顺利完成该地块的搬迁任务,联合其所在公司根据搬迁进度多次奖励其和其他人,并非受贿款,即否认其收受钱款的行为为犯罪行为。对邢某关于并非以受贿的主观认识收受钱款的交代,是否就是对受贿主观故意的否认,是能否认定其成立自首的关键。有观点认为,就如实供述的字面含义,"如实"需是真实和自愿的,即该陈述必须包括对行为的客观方面和主观方面的描述,该主观方面的描述应包含自己具有犯罪至少是违法性的认识,邢某虽然陈述自己拿到了钱款但也陈述该钱款是奖励费的合法收入,从根本上否定了自己的行为系犯罪的主观认识,否认了自己收受钱款时的主观故意,不符合如实供述中的"如实"特征,因此,不应认定为自首。也有观点认为,对主客观的供述应允许个体差异,特别是对主观方面的供述,不应预设所有行为人具有高度的法律知识,不应苛求行为人均能认识到行为的违法性。

笔者认为,行为人自动投案后对客观行为供认不讳,但辩称非犯罪行为,且该辩称属于对行为性质的辩解而非对行为时意思表示的否认时,仍应认定为自首。主要理由如下:第一,司法实践中,普通人的思维方式、认识角度毕竟与具有专业法律知识的司法人员存有差异,行为人在案发后作出的供述仅是个体主观思维、主观表述的结果,有比较客观的陈述,不可避免带有主观倾向,要求每个行为人都与司法工作人员具有同样的法律、法理认识水平,显然过于苛刻,故行为人在行为时即使不具有对自己行为犯罪性、违法性的深刻认识,甚至案发后也未能作出认识或者改变认识的,符合常理,个体认识与司法人员认识不一致的现象并不影响行为人案发后对自己行为的自觉、自愿的供认。第二,对《刑法》第 67 条第 1 款的规定不能作机械的理解,也不能僵硬地适用上述解释,而应结合立法意图把握自首的认定,即应体现执法公平、罚当其罪,对自首行为的肯定能促进行为人积极悔改和改造,同时有助于降低抓捕成本和取证成本,故对客观上已经作了主要供述,虽然对行为性质还存在辩解的,仍应认定为自首。为此,2004 年《最高人民法院关于被告人对行为性质的辩解是否影响自首成立问题的批复》明确,被告人对行为性质的辩解不影响自首的成立。

本案中,邢某自从接到电话协助调查其他人员的经济问题,至办案机关后即主动对自己收受钱款的行为进行没有隐瞒、避讳或歪曲的交代,其交代的行为尚未被办案机关掌握,其交代行为对受贿犯罪的侦破具有重要意义。尽管其辩解自己的行为并非犯罪,认为该钱款系合法收入,但该辩解不能改变因其自动到案并如实供述收受钱款行为对本案破获带来的正面意义,该认识上的偏差仍是基于法律知识的不足,由认识偏差而造成的辩解属于对自己行为性质的辩解,不影响其对犯罪事实的交代。因此,邢某对自己行为性质的认识并不因此否定其如实供述客观行为的成立,其自动投案后对客观行为供认不讳,但辩称非犯罪行为,应认定为自首。

(案例编写人:上海市第二中级人民法院　陈春丹)

102

被通过锁定网络IP地址找到后作如实供述的能否认定为自首

简要案情

韩某制作完成“顶顶大名”恶意发帖软件后在淘宝网上公开出售，部分用户购买该软件后，在东方财富信息股份有限公司旗下的“股吧论坛”互联网论坛上恶意发帖“灌水”，造成上述论坛的正常运营受到严重影响。经鉴定，涉案软件通过预先设置，提供了网站本身不具备的自动顶帖、发帖、跟帖群发和站内信群发等功能，对网站的正常操作流程和正常运行方式造成了破坏，属于破坏性程序。

经查，韩某销售上述“顶顶大名”恶意发帖软件，非法经营数额共计469,910.43元。后公安人员找到韩某进行调查，韩某交代了上述犯罪事实。

主要问题

对侦查人员通过锁定网络IP地址后找到韩某进行调查，韩某便如实供述其犯罪事实的，能否认定为自首，存在两种不同意见：第一种意见认为，韩某的行为“体现犯罪嫌疑人投案的主动性和自愿性”，能够最大限度地缩减司法成本，也能够鼓励他人投案，完全符合自首制度的设立目的及其旨趣，应当以2010年《最高人民法院关于处理自首和立功若干具体问题的意见》第1条中的“其他符合立法本意，应当视为自动投案的情形”而认定为自首。第二种意见认为，只能认定为坦白。因为在网络IP地址被锁定后，韩某现实的物理地址便已确定，且韩某有能力操作电脑，则可以直接认定韩某实施了犯罪行为。此种情形下，就如同司法机关已经掌握了犯罪嫌疑人的犯罪行为,其自动投案已经失去意义。意即,即使犯罪嫌疑人不投案并如实供述,司法机关也可以有充足的证据证明犯罪嫌疑人实施了网络犯罪行为。

案例分析

笔者同意第一种意见,即韩某的行为可以认定为自首。理由如下。

首先,从自首的作用来看,无论是一般自首,还是特别自首,从刑法及相关规范性文件中可以看出,行为人没有自动投案并如实供述或者被采取强制措施而如实供述司法机关尚未掌握的其他罪行的,司法机关并没有在其本人和犯罪行为之间建立必然的关联性。也就是说,正是由于行为人的原因,才在其本人和犯罪行为之间建立了一种必然的关联性。从此种意义上讲,自首制度的设立主要是在行为人和犯罪行为之间不具有必然的关联性时,为了节约司法成本而进行的一种功利性的制度设定。否则,这种必然的关联性的建立或者建立的可能势必耗费大量的司法资源。

其次,从锁定网络 IP 地址的效果来看,由于信息网络中的外网 IP 地址是独一无二的,通过外网 IP 地址一般可以确定行为人的网络位置,从而可以进一步查明其现实的物理位置。但是,一方面,虽然外网的 IP 地址是独一无二的,但是在内网中的 IP 地址确存在多种可能性。比如在内网中,每台用户机所占有的 IP 地址是随机分配的,并且一般是不对外显示的(除非有的设备本身附带此功能);也就是说,在此种情形下,很难将 IP 地址具体确定到某一台特定的用户机上。另一方面,即使是通过 IP 地址,锁定到某一台电脑,也无法直接推定该电脑的所有者或者使用者就是犯罪嫌疑人。要作出这样的推定,还需要结合其他证据(如有证据可以证明在网络犯罪行为的时刻,其正在使用这台机器等)组成完整的证据链才行。即锁定 IP 地址并不意味着行为人与犯罪行为之间具有必然的关联性。

因此,在信息网络犯罪中,在犯罪行为与锁定的 IP 地址关联后,只是表明:第一,犯罪行为与现实地址建立了可能的关联,但并不意味着必然的关联。如果存在利用 IP 地址随机分配等情形,则不能得出犯罪行为与锁定的 IP 地址的现实地点之间的必然关联。第二,即便前述关联确立,亦不能直接建立现实地点与行为人之间的关联。即仍然需要在现实地点与行为人之间确定必然的关联性,以此才可以最终认定行为人与网络犯罪行为之间的关联性。由此可见,笔者认为上述第二种意见与自首的认定是两个方面的问题。“当IP地址锁定,韩某的物理地址确定,且韩某有能力操作电脑,则可以直接认定韩某实施了网络犯罪行为”,这其实是在诉讼过程中,如果被告人不认罪,根据证据采信等证据规则来推定被告人是网络犯罪行为人的证明过程。其实质并不能直接根据“IP地址锁定,物理地址确定以及行为人有能力操作电脑”等因素直接认定,而是根据一般的社会观念等证据规则推定的诉讼证明过程。

综上,本案中韩某的行为由于不具有自动投案的典型性,但正是由于韩某的如实供述才在其本人和犯罪行为之间建立了一种必然的关联性,能够“体现犯罪嫌疑人投案的主动性和自愿性”,并最大限度地鼓励他人投案和缩减司法成本,完全符合自首的设立目的及其旨趣。因此,可以根据2010年《最高人民法院关于处理自首和立功若干具体问题的意见》第1条中的“其他符合立法本意,应当视为自动投案的情形”认定为自首。

应当强调的一点是,在遇有难以确切判断凭借有关线索、证据是否“足以合理地将行为人确定为是某宗罪行的犯罪嫌疑人”时,则应当本着“疑案有利于被告人”的理念和鼓励犯罪人自首的刑事政策精神,认定此时尚不足以合理地将行为人确定为犯罪嫌疑人,也即,这类行为人若能在接受盘查或者讯问时能主动如实供述其罪行的,仍应当认定其成立自首。[①]

(案例编写人:上海市徐汇区人民法院　赵拥军、李晓萍)

① 参见高憬宏、杨万明主编:《基层人民法院法官培训教材(实务卷·刑事审判篇)》,人民法院出版社2005年版,第39页。

103

对犯罪主观故意的否认是否构成自首

简要案情

钟某在网吧内,趁被害人万某熟睡之际,将万某的背包1只,内有手机2部(经鉴定价值4500余元)等物窃走。此后经被害人联系,钟某将上述赃物寄回网吧。

主要问题

关于钟某的行为是否构成自首,有两种不同意见。第一种意见认为,钟某在实施盗窃犯罪后,在被抓获之前,能够主动至公安机关投案,其到案后如实供述了主要犯罪事实,虽然其在公安的第一次讯问中辩称拿走被害人的财物是代被害人保管,而非想据为己有,但是这种辩解属于对行为性质的辩解,不影响对其自首的认定,因此钟某的行为构成自首。第二种意见认为,公安机关接到被害人的报警后,通过侦查掌握钟某实施盗窃犯罪的证据后,通知钟某至公安机关。钟某虽系接到公安人员的电话通知后主动至公安机关,但在接受公安机关第一次讯问时,其否认窃取被害人的财物,而是辩解替被害人保管财物,这种对犯罪主观心态的否认直接影响了钟某行为的定性。缺少非法占有目的的行为不构成犯罪,而没有犯罪,也就根本谈不上自首。因此,钟某的辩解是对主要犯罪事实的否认,其行为不符合自首的条件。

案例分析

笔者认为,犯罪主观心态属于犯罪构成事实不可或缺的部分,缺少犯罪主观心态,犯罪构成就不可能齐备,也就不能成立犯罪,而没有犯罪,就没有自首。因此,对犯罪主观心态的否认,属于对主要犯罪事实的否认,不能认定为自首。

一 成立自首的条件

《刑法》第 67 条第 1 款规定:“犯罪以后自动投案,如实供述自己的罪行的,是自首。对于自首的犯罪分子,可以从轻或者减轻处罚。其中,犯罪较轻的,可以免除处罚。”即认定一般自首需满足两个基本条件:一是在犯罪后自动投案,二是到案后如实供述自己的罪行。

自动投案,是指犯罪行为人实施犯罪以后,在被有关机关抓获或被群众扭获之前,出于本人的意愿而主动将自己置于司法机关、司法工作人员或其他法律规定的组织、个人的控制之下,并接受司法机关进一步审查自己犯罪事实的行为。

如实供述,是指犯罪行为人到案后,客观、全面、完整地将自己所实施和参与的犯罪行为向司法机关作出交代,而不得有隐瞒、歪曲的行为。《最高人民法院关于处理自首和立功具体应用法律若干问题的解释》第 1 条第 1 款第 2 项规定:“如实供述自己的罪行,是指犯罪嫌疑人自动投案后,如实交代自己的主要犯罪事实。”

二 犯罪主观心态属于“主要犯罪事实”

犯罪是具有社会危害性、刑事违法性、依法应受刑罚处罚的行为。犯罪事实是客观存在的有关犯罪的各种情况的总和,自首中犯罪行为人所应供述的犯罪事实应是作为犯罪构成要件的基本事实,这种事实是影响犯罪行为人定罪和量刑的重要客观依据。犯罪构成是指依照法律规定,判断某一具体行为的社会危害性及其程度,认定该行为是否构成犯罪所必需的一切客观和主观要件的有机统一。犯罪构成事实是判断和认定犯罪的基础和依据,因此其应属于主要犯罪事实。就犯罪构成角度而言,犯罪事实应该既包括犯罪行为人实施和知悉的客观事实(犯罪的时间、地点、危害行为、危害结果等),还包括犯罪行为人实施犯罪过程中的主观要件变化情况(行为人实施危害行为时和对危害后果的主观心态及变化)。

首先,主观罪过是承担刑事责任的基础。主观罪过形态可以分为故意和过失,它在认定行为人是否构成犯罪、构成何种犯罪和是否属于数罪中起着基础性作用。如果行为人没有主观罪过,即使其所实施的行为客观上对社会造成了危害,但是因缺乏归责的基础,对其不能科处刑罚,其行为当然也就不属于犯罪。

其次,主观罪过是危害行为的核心。危害行为是行为人在意识、意志支配下危害社会的身体动静,它是犯罪客观方面最核心的要素。人的行为有很多种,既有有意识的行为,也有无意识的行为(如条件反射、精神病人实施的行为等),既有意志支配下实施的行为,也有违背其自身意志实施的行为(如被人胁迫、不可抗力等)。其中只有行为人在主观意识和意志支配下实施的危害社会的行为才属于刑法中的危害行为。行为人对主观罪过的否认,即是对危害行为的否认,也就是对犯罪事实的否认。因此,犯罪的主观心态属于自首中犯罪行为人应当如实供述的“主要犯罪事实”内容,对犯罪主观心态的否认,也就是对主要犯罪事实的否认,不能构成自首。

将对犯罪主观心态的否认视为对犯罪性质辩解的观点,忽略了犯罪的本质。首先,犯罪构成事实是判断和认定犯罪的基础和依据,是构成犯罪所必需的一切客观和主观要件的有机统一。无论是客观事实,还是主观心态,都是在业已发生的犯罪构成要件事实中客观存在的,它们在行为人实施犯罪时就已经客观存在,不会因为时间的流逝或行为人主观心态的变化而发生改变,是能够通过证据审查进而作出认定的客观对象。行为人对犯罪主观心态的否认,实质上就是对业已发生的犯罪构成事实的否认。对行为性质的辩解则不同,是指行为人对自己实施的行为是否构成犯罪、构成何种犯罪的辩解,其应当是在肯定整个犯罪构成事实的基础上,由于法律认知的不同而产生的意见分歧。就本质上而言,对行为性质的辩解是属于主观性的,其会因主体的不同、法律认知改变等因素而不断发生变化。其次,行为人对主观心态的辩解将会直接影响案件的定性和量刑,因为犯罪主观心态是犯罪构成不可或缺的组成部分,缺少了主观罪过心态,犯罪构成就不能够齐全,也就不能够认定行为人构成犯罪,如盗窃中缺少非法占有目的,就不能构成盗窃罪。同时,对主观心态作出与事实不符的交代,也会引起行为定性的变化,如故意杀人案中,否认杀人的故意,而供述系失手打死对方的,实质上就是对故意杀人事实的否认。对行为性质的辩解则不会对案件的定性产生影响,对行为性质的辩解是在承认了基本犯罪构成事实的基础上形成的主观意见分歧。犯罪构成事实已经决定了行为性质的定性,不会因为主观认知的分歧而发生改变。

本案中,钟某虽系接到公安人员的电话通知后主动至公安机关,但在接受公安机关第一次讯问时,其否认窃取了被害人的财物,而是辩解替被害人保管财物,这种对犯罪主观心态的否认直接影响了对钟某行为的定性。缺少非法占有目的的行为不构成犯罪,而没有犯罪,也就根本谈不上自首。因此,钟某的辩解是对主要犯罪事实的否认,其行为不符合自首的条件。

(案例编写人:上海市松江区人民法院　刘磊)

104

未如实供述加重情节的能否认定为坦白

简要案情

邹某以1500元的价格向他人贩卖2包冰毒,以500元的价格向他人贩卖1包冰毒,以1000元的价格向他人贩卖2包冰毒。邹某到案后如实供述了前两次的贩毒事实。

主要问题

认定构成坦白是否受加重情节的影响?加重犯如实供述主要犯罪事实,但据此不足以认定其有加重情节的,能否认定为坦白?

案例分析

邹某贩卖毒品三次,属于多次贩卖毒品,根据《刑法》关于贩卖毒品罪的相关规定,应认定为情节严重。邹某到案后仅如实供述了前两次贩卖毒品的罪行,依据其所供述的罪行还不能认定其犯贩卖毒品罪情节严重。能否认定邹某具有坦白情节,涉及如何理解坦白和加重情节的关系。

一 刑法规范未将加重情节作为认定坦白的限制性条件

《刑法》第67条第3款规定,如实供述自己罪行的,可以从轻处罚,这是对坦白的一般规定。为规范司法实践中对坦白的运用,最高人民法院出台了《关于处理自首和立功若干问题的意见》(以下简称《意见》),其中第 2 条专门对"如实供述自己的罪行"的具体认定作出了解释。根据《意见》的规定,从正面理解,认定坦白仅需比较犯罪嫌疑人已供述的犯罪事实与未供述犯罪事实的危害程度。犯罪嫌疑人多次实施同种罪行的,应当综合考虑已交代的犯罪事实与未交代的犯罪事实的危害程度,决定是否认定为如实供述主要犯罪事实;虽未交代全部犯罪事实,但如实交代的犯罪情节重于未交代的犯罪情节,或者如实交代的犯罪数额多于未交代的犯罪数额,一般应认定为如实供述自己的主要犯罪事实。从反面理解,犯罪嫌疑人如实供述了自己的主要犯罪事实后,只有隐瞒自己的真实身份且影响对其定罪量刑的,才能认定其未如实供述自己的罪行。

由此,相关刑法规范均未将加重情节作为认定坦白的限制性条件,只要求如实供述主要犯罪事实,即供述了构罪事实,且如实供述部分占查明事实的主要部分。从违法性认识的理论分析,行为人成立犯罪且具有加重情节时,对其依照加重情节对应的量刑档次处刑,并不要求行为人对该加重情节有所认识。但在认定坦白时,以行为人所供述的事实未达到加重情节的适用条件为由否认其如实供述,显然加重了行为人的法律负担。

二　加重犯坦白情节的认定应以基本犯为基准

根据行为的社会危害性程度的轻重不同,刑法理论将犯罪分为基本犯、加重犯和减轻犯。其中基本犯是刑法分则条文规定的不具有法定加重、减轻情节的犯罪,加重犯、减轻犯反之。加重犯又可细分为结果加重犯与情节加重犯。就贩卖毒品罪而言,根据刑法分则的相关规定,贩卖少量毒品的,处 3 年以下有期徒刑、拘役或者管制,并处罚金,这是对基本犯的规定;贩卖毒品,情节严重的,处 3 年以上 7 年以下有期徒刑,并处罚金,这是对加重犯的规定。

根据前述分析,刑法规范未将加重情节作为认定坦白的限制性条件,故对于加重犯坦白情节的认定,应当以基本犯为基准。即在行为人已供述的事实构成犯罪的前提下,根据已如实供述的犯罪事实在已查明全案事实的占比情况,综合认定其是否已如实供述主要犯罪事实;加重情节作为标准用以确定基准刑,并综合是否具有坦白等其他法定、酌定从轻、减轻情节进而确定宣告刑。若行为人未能供述构罪事实,即便其如实供述部分占主要部分,亦不能认定为坦白。如行为人三次盗窃,其到案后如实供述了两次盗窃事实，因为刑法条文规定多次盗窃的才能构罪，故对行为人不能认定为坦白。简言之，未如实供述构罪事实必然不成立坦白，未如实供述量刑事实未必不成立坦白。

三 关于邹某行为的评析

本案中，邹某第一次贩毒 2 包，收取毒资 1500 元，第二次贩毒 1 包，收取毒资 500 元，第三次贩毒 2 包，收取毒资 1000 元。虽每次贩毒数量无法查实，但邹某多次贩毒，应当认定为情节严重，判处 3 年以上有期徒刑。在此，根据邹某贩毒次数这一其他加重情节确定基准刑，故对其如实供述主要犯罪事实的认定也应当以此为准。邹某到案后如实供述了前两次贩毒事实，已如实供述了主要犯罪事实，应认定其具有坦白情节。

（案例编写人：上海市宝山区人民法院　张国滨、常蓉京）

105

不违背单位自首意志的单位成员能否构成自首

简要案情

四某公司(已另案判决,被认定具有自首情节)在未经批准的情况下,通过业务人员向社会不特定公众公开宣传所谓理财产品项目,并虚假承诺保本付息的高额回报以吸引社会公众投资。刘某在四某公司中担任业务经理,带领其业务团队参加了单位吸收社会公众存款活动。案发后,刘某被公安机关抓获,后如实交代了主要犯罪事实。

主要问题

在已经认定单位自首的前提下,单位成员被抓获到案后如实供述公安机关已经掌握的单位犯罪事实,能否被认定为自首?

案例分析

刑法总则中的自首以自然人为规范样式进行规定,实践中对于单位自首等问题存在诸多争议,故有必要从单位犯罪的原理出发,探究单位自首效力能及于单位成员的正当性依据和普适性理由,给司法实践中的困境提供解决路径。单位成员具有"单位人"和"自然人"的双重属性,[①]单位成员基于个人的自首意志,以自然人的身份自动投案并如实供述的,能构成自首;对单位成员基于"单位人"的身份认定自首则需考

① 参见周加海、庄丽丽:《试论单位自首》,载《国家检察官学院学报》2003 年第 6 期。

量单位意志这一关键要素，若单位成员违背单位自首意志的不能认定为自首。具体分述如下。

一 单位自首的效力应当及于单位成员

1. 单位自首的效力及于单位成员是单位自首整体性的要求

单位犯罪构成中的单位意志具有整体性，正如有学者指出："单位成员或是单位犯罪意志的肇始者，或是单位犯罪意志的具体实行者，单位成员意志属于单位意志的一部分，其意志内容是统一的。"①正因如此，就单位角度而言，单位将单位成员统一于单位意志之下实施犯罪活动，故能成为法律拟制的犯罪主体；就单位成员角度而言，单位成员的意志具有从属于单位意志的特性，其所实施的犯罪行为是单位犯罪的组成部分，不能以个人犯罪来评价。

单位要构成自首当然需以单位自首意志为前提，然而单位自首意志是单位意志的一种衍生，同样具有整体性。换言之，单位自首意志之下的自首是单位整体的自首，单位成员作为单位这一主体的构成要素，在没有证据可以证明单位成员违背单位意志的前提下应视为自首，在逻辑上是由整体推及部分的关系。

2. 单位自首效力及于单位成员符合刑法对单位的处罚原则

单位自首意志的整体性决定了单位自首意志并不是为单位某个个人服务的，而是基于单位整体利益的考虑，谋求单位犯罪行为获得法律上的从宽处罚。我国对单位犯罪大多数采双罚制，即同时处罚单位和单位成员；少数罪名采单罚制，即只处罚单位成员。可见，无论是双罚制还是单罚制，都要处罚单位成员。就这个角度而言，单位自首意志谋求单位成员获得从宽处罚亦属于单位的自首目的。否则，单位自首的作用和司法效果必将大打折扣，特别是在单罚制的罪名中，单位自首效力若不能及于单位成员，那么单位自首的意义便不存在。

3. 单位自首效力及于单位成员是司法实践的需要

单位自首，是指单位自愿置于司法机关控制之下，如实供述单位的犯罪事实，配合司法机关追究单位的刑事责任。因此，单位犯罪的基本事实在单位自首后已经为侦查机关所掌握，侦查机关可以根据办案人员的工作节奏和案件的实际情况，适时掌

① 周加海、庄丽丽：《试论单位自首》，载《国家检察官学院学报》2003年第6期。

握调查取证的方向和进度,单位成员未全部自动到案并不会增加侦查机关的调查难度、浪费司法资源。因此,在单位自首的前提下,要求单位成员必须自动投案才可能被认定自首,不仅没有必要,也不现实。①

二　单位成员不违背单位自首意志的应认定为构成自首

单位自首效力能及于单位成员,并不意味着单位成员必然、绝对地构成自首。笔者认为,在单位构成自首的前提下,单位成员不违背单位自首意志的,才能构成自首。

最高人民法院、最高人民检察院相关部门负责人就《最高人民法院、最高人民检察院关于办理职务犯罪案件认定自首、立功等量刑情节若干问题的意见》答记者问时亦明确指出,单位自首的效果可及于个人,但需以个人如实交代其掌握的罪行为条件。② 笔者认为,最高司法机关在走私犯罪和职务犯罪两个领域就同一问题表达了同样的观点,显然是基于理论和实践方面的考量,这也从侧面反映了单位自首的效力能及于单位成员这一结论应当是普适的,不受特定犯罪领域的限制。得出"单位自首效力能及于单位成员"这一结论主要是从单位意志的整体性等理由进行考察的,但单位自首意志形成后,还有赖于单位成员贯彻执行才能实现。单位成员的意志除具有单位从属性外,还具有个人独立性,其个人意志必然对单位的整体意志作出反应,或遵从,或违背。对于遵从单位自首意志的单位成员,其行为与单位自首行为保持一致性,当然能构成自首。

司法实践中,许多作出单位自首意志的单位负责人或者直接负责的主管人员在未告知其他单位成员的情况下自动投案,许多单位成员直到被侦查机关讯问或采取强制措施甚至直到庭审阶段才知晓单位自首的情况。笔者认为,这些单位成员只要不违背单位自首意志,即不逃避法律追究和能如实供述单位犯罪事实的,应该与遵从单位自首意志的单位成员一视同仁。理由有以下两点:第一,根据单位犯罪的实际情况来看,由于单位成员众多,单位往往难以做到及时、完全地传达自首意志。因此,将不知晓单位自首意志的单位成员排除在自首范围之外,无疑剥夺了他们获取从宽处罚的机会,不符合刑法的谦抑精神,也容易造成量刑失衡。第二,不知晓单位自首意

---

① 参见石磊:《单位犯罪适用》,中国人民公安大学出版社 2012 年版,第 213 页。

② 参见徐日丹:《最高人民法院、最高人民检察院有关部门负责人就〈关于办理职务犯罪案件认定自首、立功等量刑情节若干问题的意见〉答记者问》,载《检察日报》2009 年 3 月 20 日,第 3 版。

志的单位成员，只要能如实交代单位犯罪事实和不逃避法律追究的，则在认罪悔罪、帮助司法机关查明案件事实和追责等方面与遵从单位自首意志的单位成员具有同质性，故不应对两者区别对待。

三 单位成员违背单位自首意志的不应当认定为自首

对于违背单位自首意志的单位成员而言，其个体行为必然表现出对抗单位自首意志，不能认定为自首。一般而言，在单位已经自首、单位犯罪事实已经被司法机关基本掌握的情况下，单位成员一般不会违背单位自首意志从而丧失从宽处罚的机会，但仍不能排除有单位成员存在侥幸心理的可能性。结合司法实践，违背单位自首意志的行为可以表现在两个方面，对这两种表现不应认定为自首：一种表现为逃避法律追究。例如，拒捕、逃匿、转移资产、毁灭罪证、串供等对抗司法机关调查、妄图逃避追责的行为。另一种表现为拒不交代自己知道的单位犯罪事实。因为单位犯罪是单位成员犯罪行为的综合体，所以单位成员如实供述的犯罪事实不应仅限于自己实际参与实施的犯罪事实，还应包括自己所知道的单位架构、组织关系、成员分工等其他单位犯罪事实，这样才能体现出单位成员的认罪悔罪态度和接受法律追究的诚意。否则，对于拒不交代单位犯罪事实或者只交代自己的犯罪事实，而故意隐瞒其他单位犯罪事实、帮助他人逃避法律追究的，显然不是单位自首意志的应有体现，故不能认定为如实供述，进而不能认定为自首。

此外，就实际操作层面而言，如果在裁判文书中表述“被告人被抓获到案，能如实供述犯罪事实，应认定为自首”则存在违反罪刑法定原则的风险，容易造成社会公众对法院裁判的误解。在当前关于单位自首相关规定存在立法空白的情况下，建议采用“在被告单位构成自首的情况下，被告人作为被告单位直接负责的主管人员（或者直接责任人员）能如实供述单位犯罪事实，自愿接受法律追究，应当认定为自首”的表述方式。

（案例编写人：上海市浦东新区人民法院　黄思嘉）

106

作案时间跨越前罪刑罚执行期间的连续犯的累犯认定

简要案情

钱某,2016年8月因犯寻衅滋事罪被判处有期徒刑7个月,2017年1月4日刑满释放。

2015年12月23日晚20时许,钱某与他人结伙,至被害人贺某家中,声称伙同他人跟踪贺某收集其违法违纪证据,并在其车辆上安装有定位仪等,向贺某出示跟踪调查搜集的行踪信息,并以此勒索钱财。次日,贺某给予钱某现金5万元,钱某承诺"以后不再有纠结和任何关系"。

2016年1~2月,钱某通过微信联系、上门蹲守等方式,以索要路费、看望亲戚、购买同伙手机等为由,先后3次勒索被害人贺某共计13,300元。

2017年3月,钱某再次通过微信联系,以给父亲看病为由,勒索被害人贺某2600元。

主要问题

作案时间跨越前罪刑罚执行期间的连续犯,如何认定累犯?

案例分析

钱某曾因故意犯罪于2016年8月被判处有期徒刑,并于2017年1月4日刑罚执行完毕。本起案件涉及的三节犯罪事实中,前两节犯罪事实发生在前罪判决之前,后一节犯罪事实发生在前罪有期徒刑刑罚执行完毕后5年内。那么,钱某是否构成累犯?

本案钱某实施的数次敲诈勒索行为均基于同一犯罪故意,并且是针对同一被害对象连续实施同一性质的犯罪行为,属于典型的连续犯,故在司法裁判上应作整体评价,并以一罪论处。但整体评价,并不意味着连续犯中只要有犯罪行为发生在前罪刑罚执行完毕后5年内就可以认定累犯。根据《刑法》第65条的规定,刑罚执行完毕后5年内,只有"再犯应当判处有期徒刑以上刑罚之罪"的,才构成累犯。累犯设立背后的制度逻辑是,在前罪刑罚执行完毕后仍不思悔改、继续实施故意犯罪,反映了行为人的人身危险性大,因而需要承担更重的责任。在法律规定的期限内,后罪一旦实施,便表明前罪刑罚效果不佳,需要配置与其人身危险性相适应的更重的刑罚,所以,累犯认定中后罪"再犯"的时间应是犯罪开始实施的时间,而不是犯罪行为结束的时间,同样,也不能认为只要有犯罪行为发生在前罪刑罚执行完毕后5年内就要认定累犯。

基于对累犯制度的一般分析,应当判处有期徒刑以上刑罚之连续犯开始实施的时间如果在前罪刑罚执行完毕后5年内,即使犯罪结束时间在5年以外,仍应整体认定累犯,因为行为人"再犯"所反映的主观恶性仍在持续。但如本案中,钱某开始实施犯罪时前罪尚未判决,犯罪结束时间正处于前罪刑罚执行完毕5年内,并有部分犯罪行为发生在该期间内,还能否认定累犯?实际上,连续犯虽然是处断上的一罪,但连续犯中的数个性质相同的犯罪行为发生的时间,对于确定各自行为所反映的行为人的主观恶性仍具有相对独立的评价意义。如果连续犯中的一个或数个犯罪行为发生在前罪刑罚执行之前,那显然就不能将累犯的责任强加于其;如果连续犯中的一个或数个犯罪行为发生在累犯制度所规定的期间内,仅仅因为连续犯中其他较早实施的犯罪行为发生在该期间之前就不认定累犯,同样也难以做到罪责刑相适应。故而,连续犯中的数个犯罪行为时间跨越前罪刑罚执行期间的,应当拆分评价以判断其是否构成累犯。

进言之,在前罪刑罚执行完毕之前实施的犯罪行为并不能在累犯认定中予以考虑,但如果连续犯中的部分犯罪行为系在前罪刑罚执行完毕5年内实施,那么,对于该期间实施的犯罪行为及在其之后实施的犯罪行为,就应在累犯认定中予以综合评价,如果可以独立构成犯罪且足以判处有期徒刑以上刑罚,则应认定累犯;反之,则不能构成。综观本案,只有第三节犯罪事实发生在前罪刑罚执行完毕5年内,钱某"再犯”所体现的主观恶性也仅仅体现在这一节犯罪事实中,但该节事实虽可独立成罪,却不足以判处有期徒刑以上刑罚,故不能认定累犯。

(案例编写人:上海市静安区人民法院　葛立刚)

107

因请托他人帮助逃避法律制裁而被骗继而检举他人诈骗行为的能否认定为立功

简要案情

王某在担任某医药集团有限公司副总经理期间，请托时任该药业公司董事长的吴某，为其在药品经销代理等业务中牟取不正当利益，王某先后5次给予吴某贿赂共计65万元。在查办吴某受贿犯罪中，因发现王某有行贿犯罪嫌疑，办案人员遂通知王某前往办案机关交代相关问题。吴某所在单位员工徐某知晓该事后，以其可帮助王某“摆平”此事，使王某免受司法追究为由，从王某处收取400万元的“活动经费”并用于个人挥霍。因深信徐某能“摆平”行贿一事，王某遂拒不到案接受调查。后办案机关决定对王某以涉嫌行贿罪立案侦查并决定刑事拘留。王某被抓获到案后，供述了相关行贿事实及徐某诈骗其巨额钱款的事实。徐某被抓获到案后，对诈骗事实供认不讳。

主要问题

本案的争议焦点在于，王某作为徐某诈骗案的被害人，其对徐某进行检举的行为能否认定为立功？

案例分析

笔者认为，王某因请托他人帮助逃避法律制裁而被骗，继而检举他人诈骗犯罪的行为，虽然在形式上符合立功的规定，但作为特殊被害人，其检举的线索源于自身的违法行为,无论是从法律精神,还是从法律规定、法律逻辑上,该行为都不宜认定为立功。具体理由如下。

一 从法律精神上看,此类特殊被害人不构成立功

“任何人不得从其违法行为中获利”是法律维护公平正义的一项原则,这一原则的基本含义是法律不认可任何人从其违法行为中获取利益。

本案中,王某在犯罪以后,为逃避法律制裁,请托徐某代为“活动”,该行为本身就是违法行为。王某在从事该违法行为的过程中上当受骗成为被害人,再以被害人身份揭发徐某的诈骗犯罪行为,如若认定其构成立功,就等于以法律的形式认可其从违法行为中获取利益,这明显与“任何人不得从其违法行为中获利”这一法律原则的精神相悖。

二 从法律规定上看,此类特殊被害人不构成立功

《刑法》第 68 条第 1 款、《最高人民法院关于处理自首和立功具体应用法律若干问题的解释》第 5 条,均将“犯罪分子到案后有检举、揭发他人犯罪行为,查证属实的”作为立功的情形之一。同时,《最高人民法院关于处理自首和立功若干具体问题的意见》(以下简称《自首立功意见》)第 4 条规定:“犯罪分子通过贿买、暴力、胁迫等非法手段,或者被羁押后与律师、亲友会见过程中违反监管规定,获取他人犯罪线索并‘检举揭发’的不能认定为有立功表现。”这一规定实际上强调构成立功的检举、揭发,必须具备他人犯罪线索获取手段的合法性。

本案中,王某到案后检举、揭发徐某诈骗犯罪,且查证属实,但其获取徐某诈骗犯罪线索的手段系自己为逃避法律制裁,请托徐某代为“活动”的违法行为。虽然该情形并不属于上述《自首立功意见》第 4 条规定的典型情形,但根据法律精神,应当对上述规定进行适当的扩张解释。王某的检举、揭发,因获取他人犯罪线索的手段不具备合法性,故不宜认定构成立功。

三 从法律逻辑上看,此类特殊被害人也不构成立功

本案中,如果认定王某的检举、揭发行为构成立功,就会形成逻辑悖论,即无论王

某请托徐某帮助的目的能否实现,其都能在一定程度上或者逃避法律制裁或者获取从宽处罚。具体而言,如果徐某接受请托后确实帮助王某"摆平"了行贿一事,王某则得以顺利逃避法律制裁;如果徐某接受请托后未帮助王某"摆平"此事,王某则可以以被害人的身份检举、揭发徐某的诈骗行为,通过构成立功受到从轻或者减轻处罚。也就是说,无论出现哪种情形,对王某来说都是一个"利好",这是严重违反法律逻辑的,故不能认定本案中王某的检举、揭发行为构成立功;否则,对其他"老实"接受刑事处罚的被告人而言,明显不公平。

(案例编写人:上海市高级人民法院　李长坤)

108

非法进入合租房内盗窃是否属于“入户盗窃”

简要案情

某日凌晨，刘某、章某经预谋后至被害人张某的住处，由章某望风，刘某采用溜门的方式入户，窃得3000余元。某日凌晨，刘某、章某经预谋后至被害人朱某的住处，由章某望风，刘某翻窗入户，窃得500余元。某日凌晨，刘某、章某经预谋后至被害人杨某与他人合租的房屋，采用上述相同的方法进入该室客厅，窃得4000余元。某日凌晨，刘某、章某经预谋后至被害人邱某的住处、被害人李某的住处，采用上述相同的方法，在邱某的住处窃得人民币若干及价值1910元的三星牌平板电脑1台，在李某的住处窃得2000余元。某日凌晨，刘某至被害人陈某的住处、被害人武某的住处、被害人邓某的住处，采用上述相同的方法，在陈某的住处窃得700余元及价值400元的iPhone4手机1部，在武某的住处窃得500余元及价值1938元的iPhone4S手机1部，在邓某的住处窃得1700余元。此后，刘某又至被害人王某的住处，在实施盗窃过程中被王某发现而逃跑，后被保安扭获。

主要问题

关于刘某、章某至被害人杨某与他人合租的房屋，窃取4000余元一节是否属于入户盗窃，有两种不同意见。第一种意见认为，入户盗窃中“户”的认定应当要求居住人员之间为家庭成员或者具有血缘关系。本案中，刘某、章某在该节中盗窃的地点为被害人杨某与他人合租房屋的客厅内，合租人员之间并非家庭成员或亲属关系，不符合“户”的认定标准，因此该节盗窃不属于入户盗窃。第二种意见则认为，虽然该房屋为合租房屋，但系被害人杨某一家和另一户人家为了生活租住，两家的人员相对固定，并且已对房屋做好了防护措施，符合“与外界相对隔离”和“供家庭生活之用”的“户”的基本特征。两家租住的客厅作为房屋的生活功能区，同样属于“户”的范围。因此，该节盗窃行为应认定为入户盗窃。

案例分析

笔者认为，“户”的认定并不必然要求居住的人员为家庭成员或具有血缘关系的人，只要人员相对特定，并且系以生活为目的的，即使是合租房屋，亦可以认定为“户”。

一 “户”的基本特征

1999年《全国法院维护农村稳定刑事审判工作座谈会纪要》指出，“入户盗窃”的“户”是指家庭及其成员与外界相对隔离的生活场所，包括封闭的院落、为家庭生活租用的房屋、牧民的帐篷以及渔民作为家庭生活场所的渔船等。集生活、经营于一体的处所，在经营时间内一般不视为“户”。2000年《最高人民法院关于审理抢劫案件具体应用法律若干问题的解释》第1条规定，“入户抢劫”是指为实施抢劫行为而进入他人生活的与外界相对隔离的住所（包括封闭的院落、牧民的帐篷、渔民作为家庭生活场所的渔船、为生活租用的房屋等）进行抢劫的行为。2005年《最高人民法院关于审理抢劫、抢夺刑事案件适用法律若干问题的意见》第1条对“入户抢劫”中的“户”作出了进一步界定，是指供他人家庭生活和与外界相对隔离的住所，前者为功能特征，后者为场所特征。一般情况下，集体宿舍、旅店宾馆、临时搭建工棚等不应认定为“户”，但在特定情况下，如果确实具有上述两个特征的，也可以认定为“户”。换言之，“入户抢劫”的“户”仅限于供他人家庭生活之用与外界相对隔离的住所。2013年《最高人民法院、最高人民检察院关于办理盗窃刑事案件适用法律若干问题的解释》，对“入户盗窃”作了规定，即为非法进入供他人家庭生活，与外界相对隔离的住所盗窃的，应当认定为“入户盗窃”。可以看出，对“户”的界定，要求具有“与外界相对隔离”这个场所特征，在功能特征上则逐步向“供家庭生活之用”的功能转变。因此，对

“户”的认定应当坚持两个基本特征:“与外界相对隔离”和“供家庭生活之用”。

1. 私密性——与外界相对隔离

家是最安全的港湾。家的概念早已从最原始的储存财物、繁育后代的简单处所演变成人们的心理依赖。家不仅是人们遮风避雨、休养生息的场所,亦是人们交流情感、维系家庭感情、陶冶心理的最核心的地方。在这里,人们所面对的都是世界上最亲密、最信任的人,在这里,人们可以放下所有的戒备,尽情发泄自己的情绪。人们对住所采取的严密防护措施,既为了保护人身、财产的安全,也为自己和家人提供心理安全的保障。因此,“户”应具有私密性——与外界相对隔离,这种私密性体现在两个方面:

物理的隔离。物理的隔离是指人们使用门锁、门禁等有形的设备对住所采取与外界相分离的防范措施。“户”是供家庭成员及特定的人员居住、休息、生活的特定场所,个人、家庭的隐私和生活习惯等都不愿让其他人获悉。物理的隔离以有形的方式向共同居住之外的其他人宣示,未经居住人员的允许,不允许其他人进入住所。物理的隔离对保护家庭财产安全,保障居住安宁有着重要的作用。就法律层面而言,任何未经居住人员的允许,破坏门锁等设备擅自进入房间的行为都是违法的,都要承担相应的法律责任。我国的法律也保护这种物理隔离的状态,违反规定的将会承担民事甚至刑事责任。

心理的隔离。心理的隔离是无形的,但又是可以感知的。对于房屋的居住人员而言,他们当然不希望其他人员随意进入,打扰他们的居住安宁,威胁人身财产安全;对于居住人之外的其他人而言,他们也理应知晓不可随意闯入别人的住所,更不可以随意进入别人的家中拿取财物。心理的隔离在房屋居住人和其他人员之间形成一道无形的屏障,这种无形的屏障亦受法律的保护。即使房屋居住人员由于疏忽或其他原因未对住所采取关闭门窗、上锁等物理隔离措施,但该住所对其他人而言仍属于“禁区”,未经居住人允许,擅自进入房屋的行为亦属于违法甚至犯罪的行为。这就是“溜门”盗窃亦构成“入户盗窃”的原因所在。

2. 实用性——供家庭生活之用

“户”最基本的功能是供人们存放财物、饮食起居、日常生活、繁衍后代。刑法中对针对“户”的犯罪进行专门的打击,一方面是为了维护人民群众的居住安全,另一方面也是考虑到该类犯罪行为已经触及了人们的安全底线,极易引发群众的恐慌心理,危害了整个社会的正常生活、生存秩序。与外界相对隔离的生活场所,通常被人们认为是生活最安全的地方,在这种地方抢劫,会破坏人们生活的最后底线,因此,在他人的户内犯罪,其社会危害性远比在其他场所实施犯罪要大。但是,对“户”的认定又不宜作过宽解释,否则就违反了刑法的谦抑性原则的要求。正如上文所述,刑法针对“户”的专门保护,是因为该类犯罪行为打破了人们内心对家作为最安全地方的认可和依赖,触及了人民的安全底线。因此,对“户”的认定不能脱离其作为居家生活的基本功能,这种功能体现在以下两个方面。

第一,目的具有生活性。居所最原始、最基本的功能就是为了居家生活,人们在住所内储藏财物、饮食起居、休养生息、繁衍后代等。随着经济和社会的发展,在旅馆、宿舍和工业、商业用房内居住人员的现象已极为普遍。但这些居住人的目的仅是短暂的休息或寻找睡觉的场所,这些地方并不具备居家生活的基本特征和功能,而且这些地方也不具备私密性,因此不能作为刑法意义上的“户”予以评价。刑法意义上的“户”应当是居住人为了家庭生活而较长时间使用的房屋。一方面,居住人在较长时间内居住在该房屋内,并且目的是居家生活,使用了房屋的全部或主要生活功能,而非单纯作为睡觉的场所。另一方面,对于“户”的范围认定,笔者认为只要是为生活所用与主屋共同构成功能主体并且为居住人员采取了防护措施的部分亦应认定为“户”,如厨房、厕所等及农村庭院内的柴房、厕所等。不能评价为家庭住所的,不应认定为“户”。

第二,人员具有相对特定性。有一种观点认为,“入户盗窃”侵犯的是家庭的居住安宁和家庭成员的财产安全,因此,对“户”的认定应当坚持以居住成员的关系为认定标准,即“户”内的居住人员之间应当是家庭成员或具有一定血缘关系的人。合租房因为居住的人员较为复杂,因此不能作为入户盗窃中的“户”予以认定。对于这种观点,笔者不能认同。以血缘关系作为认定“户”的标准的观点仅从表象看问题,忽略了“户”的实质。对“入户盗窃”中“户”的认定应当坚持居住功能为主、居住成员为辅的判断标准,即只要居住场所具有“户”的基本功能、居住人员相对固定简单并且系为了生活目的的,亦应认定为“户”。

诚然,从传统意义上来看,由于人员流动不大,居住关系较为简单,一般同住的人大多为家庭成员或者亲属等有特定关系的人员。但是,随着经济的发展和交通的日益便利,现代社会流动人口大幅提高,人们的生活方式和观念已经发生了极大的变化,家庭结构复杂化,生活方式亦日益多元化。现在长期在一起居住生活的人之间并不必然都有血缘或姻缘关系,如情侣、同性恋者等以共同生活为目的,长期稳定地居住在一起。同时,加之住房成本高,现在城市中以家庭为单位的合租现象也已极为普遍。这些人员租住房屋的目的也是生活,他们也应享有基本的居住安全和住所安宁的权利。如果因为他们之间不具有家庭成员间的血缘关系就否定其住所为“户”,不仅从情理上难以说清,与法律的规定亦不相符。另外,城市化进程的发展打破了传统的居住环境。长期以来,中国的家庭都奉行“独门独户”的居住观念,户与户之间的界限较为明显,家庭之间的生活也极少交集。然而,随着城市化进程的推进,这种“独门独户”的居住环境被打破。现在的居住多以集中式的公寓为主,其中的诸多生活功能部分要共用。尤其是面积较大的房屋,内有几个套间,一些家庭为了节约成本,往往两个或两个以上的家庭合租在一起,形成一个人员相对固定、独立于外界的居住环境,其中的客厅、厨房、厕所等设施共用。这些家庭之间租房的目的也是居家生活之用,并且他们对租住的房屋也采取了严密的防护措施,防止外人随意进入。对他们而言,这里亦是他们最安全的港湾,他们也享有住所安全和居住安宁的权利。如果仅因他们是合租关系就区别对待,就是犯了舍本逐末的错误。“家庭生活”并不仅指亲属关系的家庭成员所进行的衣、食、住、行等活动,而且泛指房屋内的居住人(包括亲属及非亲属)所进行的相对于工作、学习、经营活动等行为而言的日常起居活动。

故此,“户”中居住的人员并不必然为家庭成员或具有血缘关系的人,只要人员相对特定,并且系以生活为目的,亦可以认定为“户”。

二 入户具有非法性

“入户盗窃”相对于普通盗窃行为而言,在侵害他人财产权益的同时,亦对他人的人身安全和居住安宁构成了较大威胁,并且该类案件容易转化为抢劫、杀人等暴力犯罪,从而引发民众的恐慌,社会危害性极大。因此,对“入户盗窃”的认定不仅要求行为人有在户内盗窃他人财物的行为,同时亦要求入户具有非法性。这种非法性体现在两个方面。

1. 入户行为具有非法性

“户”相对于居住人而言是一个私密的场所,其他人员未经居住人的同意随意擅自进入房间的即为非法进入。一般而言,居住人都会对住所采取加门锁、门禁等设备防护措施,行为人通过破坏这些防护设备进入房间的行为即可直接认定为具有非法性。另外,居住人由于通风、短暂离开或疏忽等原因没有将住所的门窗关闭,行为人随意进入房间的行为亦应认定为具有非法性。如果受居住人员之邀或经居住人员允许后合法进入房屋,再萌生犯意实施了盗窃行为的,因其入户行为不具有非法性,因此就不能认定为入户盗窃。但是,如果行为人之前已意图实施盗窃,后采用欺骗的方式进入房间,并实施了盗窃行为的,该种行为属于非法进入房间,亦应认定为入户盗窃。

2. 入户目的具有非法性

定罪和量刑都应坚持主客观相统一原则。刑法对入户盗窃行为之所以专门予以打击,就是因为该种行为相对于普通盗窃而言,具有相当的社会危害性,同时亦反映出行为人较大的人身危险性。这些行为人在犯罪之前即已预谋好,对房间内的被害人无所顾忌,非法进入房内实施盗窃,极易给被害人的财产和人身安全造成较大侵害。因此,入户盗窃不仅要求入户的行为具有非法性,入户的目的也应是非法的,即其入户之前即已预谋好要实施违法的行为。在一些特殊情况下,因为房屋着火、漏水等紧急情况,威胁房屋安全的,其他人员为了保护居住人的利益强行进入房间,因为入户的目的不具有非法性,因而也就不构成入户盗窃。

本案中,涉案房屋虽然为被害人杨某与他人合租,但是该房屋为两家生活居住之用,室内居住人员也相当单一、固定,且被害人杨某等人对房屋采取了严密的防护措施,该房屋相对于外界而言具有隐私性和排他性,符合"与外界相对隔离"和"供家庭生活之用"的"户"的认定标准。客厅等共用区域系生活不可或缺的功能区,与其他部分构成了整个房屋的生活功能主体,亦符合刑法意义上对"户"的认定。因此,刘某、章某的该节盗窃行为属于入户盗窃。

(案例编写人:上海市松江区人民法院　刘磊)

109

以嫖娼为名进入卖淫女的住所实施抢劫的能否认定为“入户抢劫”

简要案情

案例1:金某从网上获知化名“小玉”的卖淫女周某的信息后,遂萌生借嫖宿之机抢劫钱财之意。某日20时许,金某携带封箱带、布条进入周某家中嫖宿,至第三天9时许,金某趁周某裸睡之机,手扼周某颈部,将丝袜塞入周某嘴中,再用封箱带封住其嘴,用布条反绑其双手,并殴打周某身体,要其交出财物。后金某从室内床垫处劫得500元、信用卡1张及笔记本电脑1台(经鉴定,价值3330元)。

案例2:顾某、雍某经预谋后,以嫖娼为名联系被害人李某并获知其住址。顾某、雍某遂结伙至李某的住处,诱骗李某开门、进入室内,对李某实施捂嘴、捆绑双手的暴力行为,并以喷雾剂喷瞎双眼相威胁,李某被迫将全部现金交出。

主要问题

上述案例中的行为人能否被认定为入户抢劫,关键在于卖淫女的住所能否被认定为“户”。一种观点认为,被害人虽在租借的涉案房屋内进行卖淫,但亦在其中居住,并不完全对外开放,属兼具非法经营性和日常家居性场所,在行为人进入该房前或没有进行卖淫嫖娼时,具有供被害人生活并与外界相对隔离的特性,理应认定为刑法意义上的“户”,且“户”的认定也不以一人居住或家庭成员多人居住为标准,故行为人以嫖娼为名,有预谋地携带作案工具骗开被害人住所的房门后进行抢劫,具有入户的非法性,依法应认定为入户抢劫。

另一种观点认为,被害人的住处兼有家庭生活及卖淫嫖娼两种功能,在被害人不从事卖淫活动时,房屋主要用于被害人的个人生活起居,其符合“户”的功能性特征无疑。但在卖淫期间,房屋的功能则由生活起居转变为从事非法活动,不再具有“户”的功能性特征。在被害人允许行为人进入房屋之时起,就可以视为被害人开始实施约定的卖淫活动,其住处也就失去了家庭生活这一“户”的功能性特征。同时,被害人通过网络向不特定的多数人发布招嫖信息,其他人只要以嫖娼为名联系被害人,很容易就能进入被害人的住处。故在从事卖淫活动时,被害人实际上主动放弃了对其住处私密性的保护,其住处仅有公民住宅的外形,而实质上与其他用于非法经营活动的开放性场所没有本质区别。因此,被害人的房屋在约定从事卖淫活动期间不属于刑法意义上的“户”,行为人以嫖娼为名进入被害人住处并采用暴力、威胁手段劫取财物,其行为构成一般抢劫而非入户抢劫。

案例分析

笔者认为,刑法对“户”的保护显然与户主的性别、职业等因素无关,只要其符合刑法中对“户”保护的立法旨趣,就应当无差别地进行刑法保护。所以,在对“户”进行界定时,既不能为了打击犯罪而随意认定为“户”,也不能不考量被害人的法益保护而不认定为“户”,而应当在行为人和被害人之间进行利益保护平衡的双重性考量。

可以肯定的是,当兼有家庭生活及卖淫嫖娼两种功能的卖淫女住所在其不从事卖淫活动时,房屋主要用于其个人生活起居,其符合“户”的功能性特征无疑。但当其从事卖淫活动时,其住所是否就可以认为“在被害人允许行为人进入房屋之时起,就可以视为被害人开始实施约定的卖淫活动,其住处也失去了家庭生活这一‘户’的功能性特征”?照此观点,卖淫女的住所在其从事卖淫期间不属于“户”就在于其开门“接客”,其中包含开门动作和将要“接客”行为。对于既是小卖部又是“户”的烟酒小卖店,在营业结束后,半夜有人敲门买烟,主人起身开门后,是否就意味着又处于营业中?此时行为人进入店内抢劫一般就不认为入户抢劫,理由好像就因其是营业场所。那么,由此看来,对于这样的住所里的主人而言,开门行为就意味着将“户”的性质改变?无论是什么时候,只要有人买烟,或者是以买烟为借口让主人把门打开进去抢劫,就不算是入户抢劫?所以,仅一个开门动作应当是无法将其住所的性质变为卖淫场所，因为开门只是表示允许进入而已。就如同行为人敲门冒充修水表的，主人开门允许其进入后，行为人便抢劫，此时不能认为主人允许其进门便不认定为入户抢劫一样。那么，此时不外乎就是卖淫女即将进行的“卖淫”行为将其住所的性质变了。问题是，如果贩卖毒品的人在其住所内贩毒，行为人知晓后，冒充购毒者进入后，实施抢劫，能够否定其属于入户抢劫吗？如果答案是否定的，实施贩毒的犯罪行为都未改变其住所的性质，那么实施性质更轻的卖淫违法行为又何以改变了住所的性质呢？

更进一步疑问的是，如果认定卖淫女的住所在其从事卖淫期间不属于“户”，则等于是在宣示，以卖淫女为抢劫对象的，就算是想入户抢劫，一定要在其卖淫期间抢劫，先嫖个娼或者假装嫖娼后再抢劫，如此便可以认定为普通抢劫。或者当卖淫女不想卖淫时（不在卖淫期间的住所属于“户”基本没有多大的争议），若行为人意图规避“入户抢劫”，便以高出市场很多倍的价格引诱卖淫女开门后而实施抢劫的，也认定为普通抢劫，其背后隐含着“谁叫你是卖淫女”的标签化歧视的嫌疑相当明显。

因此，笔者认为，由于“户”通常是一个相对封闭的环境，犯罪行为不易被发现，被害人孤立无援，入户抢劫更易得逞。[①] 所以，入户抢劫的实质危害在于行为人在一个封闭的空间中对被害人实施暴力劫取财物时，处于其中的被害人无法向外界求救。正是因为“户”是安身立命之所，才导致一般人不能随意进入。2016 年《最高人民法院关于审理抢劫刑事案件适用法律若干问题的指导意见》（以下简称《抢劫案件指导意见》）中指出，“因访友办事等原因经户内人员允许入户后，临时起意实施抢劫，或者临时起意实施盗窃、诈骗等犯罪而转化为抢劫的，不应认定为‘入户抢劫’”，此处的重点不应放在“户内人员允许入户”，而应重点关注“因访友办事等原因”。即只有与“因访友办事等原因”具有等同性质的客观上可以反推的原因，后经户内人员允许入户后进行的盗窃、抢劫等图财犯罪才不认定为入户盗窃或者入户抢劫。否则，只要是“户内人员允许入户”的就不认定为入户抢劫的话，势必导致行为人想方设法采取手段让户内人员允许入户而规避法律。所以，“对于白天从事经营，晚上用于生活起居的场所，行为人在停业时间以购物为名骗开房门入内抢劫的，应认定为‘入户抢劫’”。[②] 本案中卖淫女在其居所从事卖淫行为后，尽管是对不特定的多数人开放，但也只是对欲进入嫖娼的人开放，即只有特定的嫖娼人员才被允许进入。换句话说，在

① 参见中华人民共和国最高人民法院刑事审判第一、二、三、四、五庭主办：《中国刑事审判指导案例 4（侵犯财产罪）》，法律出版社 2012 年版，第 62 页。

② 周道鸾、张军主编：《刑法罪名精释（下）》（第 4 版），人民法院出版社 2013 年版，第 630 页。

欲嫖娼的人进入卖淫女的居所后,其他想嫖娼的不特定人员是不可能像一般的商店等营业场所那样,可以没有限制地自由进入的。比如案例 1 中的金某可以在周某家中嫖宿几日,这表明欲入户嫖娼者需和周某联系并确定好时间方可入户。

因此,可以推定的是,当卖淫女的住所处于"营业"状态时,一般人也应该是不能随意进入(包括后续的嫖娼者)的。此时,卖淫女的居所何来开放性?行为人一旦以嫖娼为名进入进行抢劫的,卖淫女所处的情境与一般人在户内所处的情境没有区别,其住所并没有因其卖淫而改变其相对封闭的特点。此时行为人抢劫的,卖淫女同样因孤立无援而丧失了向外界求救的可能。所以,《抢劫案件指导意见》指出,以侵害户内人员的人身、财产为目的,入户后实施抢劫,包括入户后实施盗窃、诈骗等犯罪而转化为抢劫的,应当认定为入户抢劫。对行为人以抢劫为目的,以嫖宿为名进入卖淫女的住所,实际上进行了嫖宿,待嫖娼结束后实施抢劫的,也应认定为入户抢劫。故此,笔者同意下列观点,"当行为人在主观上是借嫖宿之名欲行抢劫之实,并在客观上以嫖宿为名进入卖淫女的住所时,只要行为人未明确放弃劫取财物的概括性目的,无论本次嫖宿活动持续多长时间,也不管行为人在本次嫖宿期间有无出入户的行为,只要行为人在嫖宿过程中或在嫖宿结束后,在户内实施了抢劫行为,就应认定为入户抢劫"。[①]

(案例编写人:上海市浦东新区人民法院　罗开卷;
上海市徐汇区人民法院　万瑾)

① 蔡丽明、陈柱钊:《进入卖淫女住所嫖宿数天后再行抢劫之定性》,载《人民司法(案例)》2010 年第 10 期。

110

盗窃后持枪抗拒抓捕是否属于“持枪抢劫”

简要案情

刘某与周某经预谋后多次结伙实施盗窃。一日凌晨,刘某、周某又到一针织有限公司,先用携带的毒鸭肉毒死看门狗,后用大力钳剪断窗栅进入厂房实施盗窃,刘某将不同样式的价值近2万元的袜子扔出窗口,周某将袜子装进事先准备的蛇皮袋运离现场。后因被巡逻的联防人员徐某等人发现,刘某为抗拒抓捕,使用随身携带的枪支(经鉴定该枪支以火药发射为动力,可以击发并具有杀伤力)向徐某射击,致使徐某构成轻伤。

主要问题

实施盗窃后持枪抗拒抓捕的行为能否认定为“持枪抢劫”?

案例分析

行为人在实施盗窃行为后,为了抗拒抓捕而使用事先准备好的枪支抗拒抓捕,并致他人轻伤,其行为属于转化型抢劫,构成抢劫罪,对此不存在争议。本案的难点在于在实施转化型抢劫的暴力行为过程中伴随持枪的情形,应否认定为“持枪抢劫”情节。根据《刑法》第263条的规定,对于一般抢劫行为,处3年以上10年以下有期徒刑,并处罚金。对于具有持枪抢劫等法定加重处罚情节的抢劫行为,要升格法定刑,处10年以上有期徒刑、无期徒刑或者死刑,并处罚金或者没收财产。对“持枪抢劫”情节的科学认定,直接影响对本案量刑幅度的选择。对这一问题的解答,要严格遵循罪责刑相适应原则,厘清重复评价与充分评价的关系,全面考察行为的社会危害性。

一 将盗窃后持枪抗拒抓捕的行为认定为持枪抢劫,与相关文件精神一致

对“持枪抢劫”和转化型抢劫相关规定的理解,应当遵循立法原意,进行实质解释。对于本案,可以在类似的文件中探寻到立法本意。2005 年《最高人民法院关于审理抢劫、抢夺刑事案件适用法律若干问题的意见》明确规定,入户实施盗窃被发现,行为人为窝藏赃物、抗拒抓捕或者毁灭罪证而当场使用暴力或者以暴力相威胁的,如果暴力或者暴力胁迫行为发生在户内,可以认定为“入户抢劫”。“入户抢劫”作为抢劫罪的一种法定加重处罚情节,在“入户”与后续的转化型抢劫行为相承接的情况下,并未要求“入户”之初始目的与抢劫财物的目的之间存在直接的统一性,而是要求具有概括的统一性即可。“入户”只是一种客观存在的事实状态。由于入户抢劫与持枪抢劫的法律地位与法律效果相同,因此该文件中关于“入户抢劫”司法认定的规定,对于本案情节的准确认定具有非常重要的参考意义。因为“任何法律体系,都具有内在的逻辑性。这种内在的逻辑性对于法来说,不仅是一种形式上的要求,而且是法的内在生命。在刑法中,由于涉及对于各种犯罪的规定与处理,从公正的意义上来说,相同的行为应该得到相同的处理,不应该存在明显的矛盾与疏漏。刑法的协调,主要是指犯罪之间的刑罚协调,对于社会危害性基本相同的犯罪,在刑罚处罚上也应当大致相同,不应存在太大的出入”。[①]

就立法目的而言,刑法之所以将“持枪抢劫”作为抢劫罪的法定加重处罚情节,主要是因为枪支比刀具、棍棒等工具具有更大的威慑力与杀伤力,对他人的生命、健康等人身权利之危害尤甚,严重危及社会公共安全。我国对枪支实行严格的管理制度,行为人使用枪支进行抢劫,严重破坏国家的枪支管理制度,同时会对公众的社会安全信赖感造成比较大的伤害。行为人在实施盗窃行为的过程中,随身携带枪支,其主观目的已经概括地包含了确保顺利取得财物并逃离现场的意图。因此,“持枪抢劫”中的“持枪”应当理解为一种客观事实状态,对持枪抢劫的目的性应当综合考量行为人非法占有财物之目的的概括性与客观行为的整体性,而不宜进行分割考察。

---

① 陈兴良:《刑法的价值构造》(第 2 版),中国人民大学出版社 2006 年版,第 277 ~ 278 页。

二　将盗窃后持枪抗拒抓捕的行为认定为持枪抢劫，与禁止重复评价原则不矛盾

我国刑法中虽然没有明确规定禁止重复评价原则，但是罪刑法定原则与罪责刑相适应原则中均蕴含着禁止重复评价的精神，这也是现代法治理念的体现。对本案情节的认定是否违反禁止重复评价原则，要看定罪情节和量刑情节是否绝对彼此孤立。定罪情节和量刑情节关系很复杂，二者在对同一个行为的评判上具有承接关系，同时二者在功能上又具有交叉重合关系，即一个犯罪情节在某种情况下可能既是定罪情节又是量刑情节。从定罪与量刑的基本关系来看，定罪是量刑的基本前提。司法实践中，认定某一行为构成犯罪的主要依据是行为的社会危害性，在裁量刑罚时，社会危害性也是重要的参考因素。《最高人民法院关于审理抢劫案件具体应用法律若干问题的解释》第5条明确规定，刑法中的“持枪抢劫”，是指行为人使用枪支或者向被害人显示持有、佩带的枪支进行抢劫的行为。在这种场合下，使用枪支或者向被害人显示其持有、佩带的枪支的行为属于暴力、胁迫行为，而暴力、胁迫行为是构成抢劫罪的客观方面要件。在行为人单一使用、显示其持有、佩带的枪支进行抢劫的场合，持枪情节既是入罪情节，也是量刑情节。在一个罪名具有多个法定刑幅度的情况下，定罪情节与量刑情节的交叉越发明显。作为定罪情节的行为之社会危害性程度超越了该罪之基本量刑幅度时，依据法律规定适用相应的提升法定刑的量刑幅度，并不违反禁止重复评价原则，相反，这是实现刑法充分评价的必然要求。本案中，从定罪情节考量，对“持枪抗拒抓捕”评价的重点是反映行为人是否使用暴力；作为量刑情节，对“持枪抗拒抓捕”评价的重点是反映行为人实施暴力的程度。

三　将盗窃后持枪抗拒抓捕的行为认定为持枪抢劫，符合罪责刑相适应原则

对盗窃后持枪抗拒抓捕行为的司法认定，要以法律规定为基础，对行为人的行为进行适当而充分的评价，以实现罪责刑相适应。罪责刑相适应原则的含义是：犯多大的罪，就应承担多大的刑事责任，法院也应判处其相应轻重的刑罚，做到重罪重罚，轻罪轻罚，罪刑相称，罚当其罪；在分析罪重罪轻和刑事责任大小时，不仅要看犯罪的客观社会危害性，而且要结合考虑行为人的主观恶性和人身危险性，把握罪行和罪犯各方面因素综合体现的社会危害性程度，从而确定其刑事责任程度，适用相应轻重的刑罚。行为人在实施盗窃行为时携带枪支以备用，其主观恶性、人身危险性和社会危害

性较之于实施盗窃后临时起意使用暴力抗拒抓捕的行为尤甚。行为人在实施盗窃行为时携带了国家明令管制的枪支以备用,并在被他人发现以后持枪抗拒抓捕,其社会危害性和人身危险性较大,如果适用一般抢劫的法定刑,难以实现罪刑均衡。本案中,刘某致使被害人徐某轻伤,虽然没有造成致人重伤以上的实际后果,但是“持枪抢劫”作为抢劫罪的特殊法定情节,是因为其社会危害性大,同时也侵犯了国家的枪支管理制度,与实际造成他人伤害的程度无紧密关联。

四 关于刘某行为的评析

本案中,刘某在实施盗窃时,随身携带枪支,在被他人发现后,为了抗拒抓捕,而当场使用枪支向抓捕人员射击并致人轻伤,其主观恶性、人身危险性和行为的社会危害性较大,根据相关文件的精神以及罪责刑相适应原则,对其行为进行充分评价,认定为“持枪抢劫”。

(案例编写人:上海市浦东新区人民法院　陆红源、白艳利)

后　记

在新中国刑法学的主要奠基人、获国家级荣誉的人民教育家高铭暄先生的支持、关注与指导下，《刑事疑难案例精析》经过诸多同仁十几个月的紧张工作，很快就要开印了。50万字的书稿，凝聚了众多同仁的辛苦与心血。特别是本书的主编之一，也是提供案例最多的作者罗开卷法官，更是在繁忙的工作之余呕心沥血，笔耕不辍，才完成了全部书稿。我已是八旬老人，如果没有罗开卷等同志与我全力合作，将是很难在这么短暂的时间里完成书稿的。更何况，还有另外一本书稿即《湖湘刑法学家论文精粹》也在同时编辑之中，而后者耗费了我的更多时间。

本书共收集110个案例，均由实务经验丰富的法学教授、法官、检察官及律师编写而成。特别是上海市高级人民法院刑庭副庭长李长坤、立案庭副庭长叶琦、审判员潘庸鲁、金俊、许浩、熊理思及冯国波博士，上海市第二中级人民法院刑庭副庭长沈言、审判员陈春丹，上海市浦东新区人民法院刑庭副庭长刘娟娟、李俊、少年庭副庭长陆红源、审判员白艳利、陆玮、张奕、黄思嘉、夏艳，上海市松江区人民法院副院长胡亚斌、审判员刘海林、刘磊，上海市徐汇区人民法院刑庭副庭长戚俊、审判员彭涛、赵拥军、法官助理陈涛、邱宗轲、黄姣姣、李晓萍、万瑾，上海市奉贤区人民法院刑庭庭长李晓杰、法官助理殷雄，上海市黄浦区人民法院审判员孙明德、郑莹，上海市青浦区人民法院刑庭副庭长汪爱珍、姚丽萍，上海市普陀区人民法院审判员薛依斯，上海市静安区人民法院审判员葛立刚、法官助理祁婷婷，上海市闵行区人民法院刑庭副庭长赵宇翔，上海市宝山区人民法院刑庭副庭长张国滨、法官助理常蓉京，湖南省郴州市中级人民法院执行局副局长陈建华，江苏省扬州市人民检察院检察委员会专职委员姚仕廉，四川省成都市武侯区人民检察院副检察长薛培，四川省成都市青白江区人民检察院副检察长刘竹，贵州省松桃苗族自治县人民检察院副检察长何旭东，湖南省长沙市雨花区人民检察院检察员罗小红，湖南三湘律师事务所主任马峻，湖南师范大学法学院副教授、兼职律师赵冠男，感谢你们提供高质量的案例！

本书在编辑过程中受到湖南和北京、广东、广西、山东、江苏、四川、江西、贵州等诸多省市的刑事司法人员、律师和其他法律工作者的热情关注与支持。特别是湖南省法学会刑法学研究会会长孙昌军教授、副会长陈炜博士，湖南省刑事法治研究会会长黄明儒教授，湖南师范大学法学院院长、全国人大代表肖北庚教授和该院刑法学硕士点主持人刘健教授、该院刑法学硕士点执教多年的硕士生导师、湖南省司法厅原副厅长、一级巡视员唐世月教授，湖南工商大学法学院院长刘期湘教授、党委书记谭志君教授，北京德和衡(长沙)律所主任段启俊教授，湖南科技大学法学院蒋兰香教授，长沙理工大学法学院党总支书记田兴洪教授等学界知名学者，均对本书的编辑给予热情关注与支持。还有政法机关的司法实务专家如湖南的胡建福、赵光友、罗长胜、周亚红、马贤兴、马晓云、黄燕、刘润发、刘北斗、朱盼标、吴平安、熊利波、李朝阳、兰志龙、周丹、周赞、简绍恒、黄润恒、蒋辉民等同志，北京的王斌同志，江苏的刘小军、姚仕廉同志以及广东、四川、广西、贵州的实务专家赵小亮、李梓亮、孙涛、任中伦、何旭东同志等等，都对本书的编辑给予了热情的关心与支持。当然，必须提及的是，本书的两位副主编辜志珍、伍志坚都为本书投入了颇多精力，有效减轻了我的负担，自是功不可没。需要特别提及的是，青年企业家兼律师吴童博士对两本书的出版给予了热情赞助，使本书和《湖湘刑法学家论文精萃》的顺利出版得到有效保障。

在本书统稿过程中，上海市浦东新区人民法院法官助理苏岑、曹铭、白杨、吴越、黄亚男、黄一笛等，在繁忙的工作之余帮忙校对书稿，在此一并表示感谢！

法律出版社法律应用分社社长冯雨春、责任编辑朱海波等同志为本书的出版付出了诸多辛劳。鉴于上述种种情况，我谨代表本书编委会向我们尊敬的高铭暄先生，向所有为本书的编辑、出版付出心血的同仁，向关注、支持本书的编辑、出版工作的所有朋友们，致以最衷心的感谢！

马长生

2023 年 9 月 8 日于长沙寓所